여성의 눈으로 본
대학사회와 젠더정치

여성의 눈으로 본
대학사회와 젠더정치

인 쇄 | 2012년 8월 25일
발 행 | 2012년 8월 30일

엮은이 | 경상대학교 여성연구소 · (사)전국여교수연합회
발행인 | 부성옥
발행처 | 도서출판 오름
등록번호 | 제2-1548호 (1993. 5. 11)

주 소 | 서울특별시 서초구 서초1동 1420-6
전 화 | (02)585-9122, 9123   팩 스 | (02)584-7952
E-mail | oruem9123@naver.com / oruem@oruem.co.kr
URL | http://www.oruem.co.kr

ISBN 978-89-7778-379-9   93330

이 도서의 국립중앙도서관 출판시도서목록(CIP)은 e-CIP홈페이지(http://www.nl.go.kr/ecip)와
국가자료공동목록시스템(http://www.nl.go.kr/kolisnet)에서 이용하실 수 있습니다.
(CIP제어번호: CIP2012003875)

여성의 눈으로 본
대학사회와 젠더정치

경상대학교 여성연구소 · (사)전국여교수연합회 엮음

책을 내면서

대학은 다른 사회보다 보수적이지 않고 좀 더 자유로운 분위기일 것이라 흔히 상상하지만 의식과 제도, 그리고 관행의 면에서 남성중심적 문화의 영향에서 크게 벗어나 있지 않은 것이 오늘날 대학의 현실이다.

정부가 지난 2003년부터 대학의 여성인력 참여확대를 위해 '국공립 대학 여성교수 임용목표제'를 도입하여 시행해 왔으나 아직 충분하지 못하다. 국립대를 중심으로 개별 대학들에게 '양성평등조치계획 보고서'를 제출하도록 하고 일정한 평가에 의하여 인센티브를 제공하는 제도 도입도 대학의 자구노력과 인식개선을 가져온 성과는 있었다고 할 수 있지만 대학마다 편차가 크다. 실제로 대학관련 성평등 정책의 영향력은 대학마다 차이가 있어서 구체적으로 개별 대학의 젠더정치의 역학구도에 따라서 변화의 속도가 다른 것이다.

이 책은 대학과 젠더정치 주제와 관련하여 경상대학교 여성연구소 학술대회 발표원고 및 관련원고, (사)전국여교수연합회 소속 교수들의 원고를 모아서 엮은 것으로 내용은 총 3부로 구성되어 있다.

　제1부는 성평등 공간으로서의 대학사회로 대학과 성평등에 대한 전반적인 현황과 공간의 문제 등을 다루었다. 제1장은 평등의 실행 공간으로서의 대학의 중요성을 제기했으며, 제2장은 대학사회의 여성과 공간의 문제를 다루었다. 제3장은 남녀교수의 성평등 의식을 구체적으로 조사했고, 제4장은 고학력 대졸여성의 진로현황과 과제를 다루었다.

　제2부에서는 대학사회와 성주류화의 방향을 다루었다. 제5장은 대학사회 성평등 이슈와 관련된 전반적인 현황과 정부의 대학사회 관련 여성정책의 현황을 다루었고, 제6장은 대학사회 성주류화 방향과 과제를 구체적인 대학사례를 중심으로 검토하고 방향과 과제를 제시했다. 제7장은 독일 대학의 성주류화 현황과 과제를 여성신진학자 지원정책을 중심으로 살펴보았다.

　제3부에서는 여교수 역량강화 방안과 젠더정치를 살펴보았다. 제8장은 여교수 지위 현황을 중심으로 대학사회의 젠더정치를 살펴보았으며, 제9장은 여교수회의 활동과 의미를 경북대 여교수회의 결성과 활동의 경험을 통하여 구체적으로 살펴보았고, 제10장은 대학사회 몰성성(沒性性) 극복을 위한 여교수 역량강화 방안을 제시하였으며, 마지막 제11장은 (사)전국여교수연합회의 활동을 소개하고 앞으로의 방향과 과제를 제시하였다.

　이 책은 기획 단계부터 쉽게 쓰는 것을 목표로 하여 각 분야의 현황을 쉽게 풀어쓰려고 했으며 전체적으로 통일성을 유지하려고 노력하였다. 그러나 여러 필자들이 작업을 한 것을 모으다 보니 문장투나 관점, 수준 등이 일치하지 않은 점이 있으며 약간 중복된 부분도 있다. 이처럼 부족한 부분이 있으나 대학사회와 젠더정치라는 공동의 주제를 가지고 함께 작업을 했다는 것에 의의가 있다고 하겠다. 이것을 계기로 앞으로도 계속 관련 작업들이 이어졌으면 한다.

　특히 대학과 관련된 성평등 및 여성 이슈들은 그것이 갖는 중요성에도 불구하고 그간 연구도 적었고 대중성 있는 기존의 저서가 거의 없는데, 이 책은 이 분야에 대한 첫 단행본으로서 대학과 성평등 및 여성 이슈들에 대한 중요성을 알릴 수 있는 매우 뜻깊은 시도라고 할 수 있다. 이 주제에 대한 본격적이고 체계적인 연구가 많지 않은 현실에서 또 여러 가지 대학관련 이슈들에 묻혀서 대학사회 성평등 및 여성 이슈에 대한 관심이 적어지고 있는 현실에서 이 책의 발간은 적지않은 의의를 지닌다고 하겠다. 이와 함께 경상대 여성연구소의 학술행사의 결과일 뿐 아니라, (사)전국여교수연합회와 함께한 공동연구라는 점에서 앞으로 보다 더 발전적인 연구 성과를 기대할 수 있을 것이다.

　이 책은 여성주의 및 여성정책 전반에 대해 관심을 둔 독자들을 기본적인 대상으로 한다. 특히 대학사회와 성평등 및 여성 이슈, 대학사회와 젠더정치에 관심 있는 연구자나 일반인들, 대학행정을 담당하고 있는 공무원들이나 대학교수, 특히 여교수들에게 도움이 되기를 바란다. 끝으로 이 책의 원고정리를 꼼꼼히 해 준 경상대 사회학과 박사과정의 이정희님, 어려운 여건에서도 이 책의 출간을 선뜻 맡아주고 편집과 교정을 위해 수고한 오름 출판사 측에도 깊은 감사를 드린다.

2012년 7월

경상대학교 여성연구소장　이혜숙
(사)전국여교수연합회 회장　송은선

차 례

• 책을 내면서_5

| 제**1**부 | 성평등 공간으로서의 대학사회

제1장 | 평등의 실행 공간으로서의 대학　　　　　| 오정진 |

　　Ⅰ. 누구에게나 있는(?) 학번　　　　　　　　　　　21
　　Ⅱ. 제 몫을 다하지 못하는 대학　　　　　　　　　22
　　Ⅲ. 너무 자연스러운 위계와 불평등　　　　　　　23
　　Ⅳ. 참거나 괴물이 되거나　　　　　　　　　　　　24
　　Ⅴ. 性 동일성, 그리고 젠더 차별의 상처들　　　　26
　　Ⅵ. 위계와 성 불평등이 겹쳐질 때　　　　　　　　30
　　Ⅶ. 불평등과 부조리는 서로 연결되어 있다　　　　37
　　Ⅷ. 대학에서 평등을 실행하기　　　　　　　　　　37

제2장 | 대학에서의 숨은 그림 찾기, '공간-여성-권리-정치'

| 임애정 |

Ⅰ. '사라진 그녀들'에 대하여   39

Ⅱ. 대학에서의 사회적/관계적 '공간' 찾기   41

Ⅲ. 대학공간에서의 '여성' 찾기   43

Ⅳ. 여성의 대학공간에 대한 '권리' 찾기   48

Ⅴ. 여성의 대학공간에 대한 '정치' 찾기   63

Ⅵ. 대학에서의 '공간주권 구현'에 대하여   65

제3장 | 남녀교수들의 성평등 의식, 현주소를 보다 | 최정혜 |

Ⅰ. 대학사회 성평등 문제제기가 필요한 이유   67

Ⅱ. 대학 내의 성차별적 구조는 어떠한가?   70

Ⅲ. 남녀교수들의 성평등 의식 조사방법   79

Ⅳ. 경상대학교 남녀교수들의 성평등 의식   80

Ⅴ. 남녀교수들의 성평등 의식 전환을 위한 과제   92

제4장 | 고학력 대졸여성의 진로 현황 | 김상대 |

Ⅰ. 여성 취업자 천만 명 시대   97

Ⅱ. 대졸 취업자 전체 현황   98

Ⅲ. 대졸자 계열별 취업 현황 및 업무만족도   101

Ⅳ. 결론 및 제언   120

제2부 대학사회와 성주류화의 방향

제5장 | 대학사회 양성평등, 어디까지 왔나?　　| 송인자 |

　　Ⅰ. 대학사회 양성평등의 필요성　　125

　　Ⅱ. 대학교육과 양성평등 현황　　129

　　Ⅲ. 대학 내 양성평등 증진을 위한 정책　　142

　　Ⅳ. 대학사회 양성평등을 위한 성주류화 도구　　145

　　Ⅴ. 대학사회 양성평등 실현 방안　　150

제6장 | 대학사회 성주류화, 방향과 과제는 무엇인가?　| 이혜숙 |

　　Ⅰ. 대학 및 교수사회의 성평등 이슈의 중요성　　153

　　Ⅱ. 성주류화의 전략과 구성요소　　156

　　Ⅲ. 사례 : 국립 경상대학교　　159

　　Ⅳ. 대학사회 성주류화: 방향과 과제　　169

제7장 | 독일 대학의 성주류화: 여성신진학자 지원정책을 중심으로

　　　　　　　　　　　　　| 하이케 헤르만스, 강보길 |

　　Ⅰ. 들어가며　　181

　　Ⅱ. 독일 대학에서 여성의 위상　　182

　　Ⅲ. 여성의 교수직 진출에 나타나는 문제점　　185

　　Ⅳ. 여성신진학자 지원 정책　　192

　　Ⅴ. 앞으로의 과제　　203

제3부 여교수 역량강화 방안과 젠더정치

제8장 | 여성교수의 지위 현황으로 본 대학사회의 젠더정치

| 구자순 |

Ⅰ. 대학사회와 여성교수 209
Ⅱ. 여성과 정치 211
Ⅲ. 여성교수의 지위 현황 212
Ⅳ. 여성교수의 지위와 젠더정치화 사례 221
Ⅴ. 국공립대학 여성교수 임용목표제의 정치적 의미와
　　문제점 226
Ⅵ. 여성교수 확대 방안 및 연구의 한계 234

제9장 | 여교수회의 활동과 의미:
경북대 여교수회 결성과 활동의 경험 | 김영화 |

Ⅰ. 들어가기 237
Ⅱ. 1987년 당시 교수들의 모습 238
Ⅲ. 개인적 경험: 담배 피우는 여교수 240
Ⅳ. 1987년 3월 1일에서 2004년 5월 14일
　　(경북대 여교수회 창립일)까지 242
Ⅴ. 2004년 여교수회를 창립하기까지 245
Ⅵ. 여교수회 창립총회 247
Ⅶ. 여교수회의 활동과 의미 249
Ⅷ. 여교수회 창립 그 이후: 2011년 타인의 눈에 비친
　　경북대학교 여교수회의 모습 252
Ⅸ. 글을 마무리하며: 전망과 과제 258

제10장 | 대학사회의 몰성성(沒性性) 극복을 위한
성인지적 여교수 역량강화 방안 | 권희경 |

    Ⅰ. 대학사회의 몰성성(沒性性)   261
    Ⅱ. 여교수 역량강화 요구도 조사   264
    Ⅲ. 여교수 역량강화 방안   275
    Ⅳ. 여교수 역량강화를 위한 3요소 제안   282

제11장 | 전국여교수연합회의 활동과 과제 | 조성남 |

    Ⅰ. 전국여교수연합회의 창립과 초기 활동   285
    Ⅱ. 초창기 전국여교수연합회의 활동과
       당시 여교수의 지위와 역할   291
    Ⅲ. 전국여교수연합회의 성장기 활동   298
    Ⅳ. 고급여성인력개발과 전국여교수연합회
       활동의 지평 확대   312
    Ⅴ. 전국여교수연합회 10년과 제2의 도약   322
    Ⅵ. 전국여교수연합회의 향후 과제와 여교수의 사회적 책임   333

• 참고문헌 _ 341
• 색인 _ 355
• 필자 소개(원고게재 순) _ 360

▌표 차례

〈표 1-1〉   징계의 기준(제2조 관련) (개정 2011.7.18) _35

〈표 4-1〉   2011년 졸업상황 및 건강보험DB 연계 취업 통계 _99

〈표 4-2〉   2011년 계열별 졸업상황 및 건강보험DB 연계 현황 _99

〈표 4-3〉   4년제 대학교 소재지별 졸업 및 건강보험DB 연계 취업상황 _100

〈표 4-4〉   인문계열 졸업 후 진로 현황 (2010) _102

〈표 4-5〉   인문계열 취업자의 취업 현황 (2010) _102

〈표 4-6〉   인문계열 직업별 전공 - 업무 일치도 (2010) _103

〈표 4-7〉   인문계열 만족도가 높은 직업 (2010) _104

〈표 4-8〉   사회계열 졸업 후 진로 현황 (2010) _104

〈표 4-9〉   사회계열 취업자의 취업 현황 (2010) _105

〈표 4-10〉   사회계열 직업별 전공 - 업무 일치도 (2010) _106

〈표 4-11〉   사회계열 만족도가 높은 직업 (2010) _106

〈표 4-12〉   교육계열 졸업 후 진로 현황 (2010) _107

〈표 4-13〉   교육계열 취업자의 취업 현황 (2010) _108

〈표 4-14〉   교육계열 직업별 전공 - 업무 일치도 (2010) _108

〈표 4-15〉   교육계열 만족도가 높은 직업 (2010) _109

〈표 4-16〉   공학계열 졸업 후 진로 현황 (2010) _109

〈표 4-17〉   공학계열 취업자의 취업 현황 (2010) _110

〈표 4-18〉   공학계열 직업별 전공 - 업무 일치도 (2010) _111

〈표 4-19〉   공학계열 만족도가 높은 직업 (2010) _111

〈표 4-20〉   자연계열 졸업 후 진로 현황 (2010) _112

〈표 4-21〉   자연계열 취업자의 취업 현황 (2010) _113

〈표 4-22〉   자연계열 직업별 전공 - 업무 일치도 (2010) _113

〈표 4-23〉   자연계열 만족도가 높은 직업 (2010) _114

〈표 4-24〉　의약계열 졸업 후 진로 현황 (2010)　_115

〈표 4-25〉　의약계열 취업자의 취업 현황 (2010)　_115

〈표 4-26〉　의약계열 직업별 전공 - 업무 일치도 (2010)　_116

〈표 4-27〉　의약계열 만족도가 높은 직업 (2010)　_116

〈표 4-28〉　예체능계열 졸업 후 진로 현황 (2010)　_117

〈표 4-29〉　예체능계열 취업자의 취업 현황 (2010)　_118

〈표 4-30〉　예체능계열 직업별 전공 - 업무 일치도 (2010)　_118

〈표 4-31〉　예체능계열 만족도가 높은 직업 (2010)　_119

〈표 5-1〉　대학의 남녀교수 구성비 변화　_130

〈표 5-2〉　일반대학 계열별 여성교수 구성비 변화　_131

〈표 5-3〉　대학의 직위별 여성교수 구성비 변화　_133

〈표 5-4〉　전문대학과 4년제 대학의 성별비율 (2009)　_134

〈표 5-5〉　4년제 대학의 계열별 성별비율 (2009)　_135

〈표 5-6〉　대학원생의 성별비율 (2009)　_136

〈표 5-7〉　4년제 대학생 희망직업순위　_137

〈표 5-8〉　희망직업 선택기준　_138

〈표 5-9〉　4년제 대학생의 취업관련 지원내용　_140

〈표 5-10〉　취업준비 애로점　_141

〈표 5-11〉　교육과학기술부 성별영향평가 대상사업　_148

〈표 6-1〉　성주류화의 구성 요소 및 활동 내용　_158

〈표 6-2〉　2011년 총장 후보의 비전 및 전략, 공약 비교　_161

〈표 6-3〉　2012년 경상대학교의 비전, 목표, 추진전략　_163

〈표 6-4〉　계열별 여교수 임용 현황　_164

〈표 6-5〉　계열별 신임여교수 임용 현황　_165

〈표 6-6〉　여성 보직교수 현황　_166

〈표 6-7〉　대학 내 각종 위원회 참여 여교수 현황　_167

〈표 7-1〉　대학에서의 여성 비율　_185

〈표 7-2〉   대학 신입생의 전공별 학생수 (2008) _188
〈표 8-1〉   대학교 직위별 여교수 비율 _216
〈표 8-2〉   교수 및 시간강사의 여성 비율 _217
〈표 10-1〉   여교수의 고충 사항 _270
〈표 10-2〉   여교수 역량강화 방안에 대한 인식 _272
〈표 11-1〉   일반 대학의 남녀교수 구성비 변화 _303
〈표 11-2〉   대학교 직위별 여교수 비율 _305
〈표 11-3〉   국공립대 및 사립대의 여성보직자 비율 (2001) _307
〈표 11-4〉   국공립대학의 주요 보직 여성교수 현황 _309

▌그림 차례

〈그림 3-1〉   경상대학교 계열별 여교수 임용 현황 _75
〈그림 3-2〉   계열별 여학생 비율 대비 여교수 비율 _76
〈그림 3-3〉   여교수의 보직 비율 현황 _77
〈그림 3-4〉   대학 내 주요 위원회의 여교수 비율 _78
〈그림 3-5〉   대학사회 내 성차별 영역 _81
〈그림 3-6〉   교수들의 일반적인 성차별 의식 _82
〈그림 3-7〉   여교수채용목표제에 대한 의식 _83
〈그림 3-8〉   적절한 여교수 비율 _84
〈그림 3-9〉   여교수 비율이 낮은 이유 _85
〈그림 3-10〉   남녀차별의 개선에 대한 의식 _86
〈그림 3-11〉   남녀차별 경험의 정도 _87

〈그림 3-12〉 교수의 남녀차별의 사례 경험 _87
〈그림 3-13〉 교수들의 대학 내 성희롱 경험 정도 _88
〈그림 3-14〉 교수들의 성희롱 대처방법 _90
〈그림 3-15〉 성희롱에 아무런 대응을 못한 이유 _91
〈그림 3-16〉 여교수 지원제도에 대한 의식 _92
〈그림 7-1〉 대학에서의 여성 (2009) _187
〈그림 8-1〉 한국 대학의 여학생과 여성교수 비율 변화 _213
〈그림 8-2〉 계열별 여성교수 구성비 변화 (1980, 2000, 2006, 2011) _214
〈그림 8-3〉 여교수의 보직 및 위원회 활동 현황 (2004~2006) _219
〈그림 8-4〉 여교수의 총(학)장 현황 (2006~2011) _220
〈그림 10-1〉 연령별 분포 _265
〈그림 10-2〉 혼인 상태 _266
〈그림 10-3〉 자녀수 _266
〈그림 10-4〉 첫째 자녀 연령대 _267
〈그림 10-5〉 막내 자녀 연령대 _267
〈그림 10-6〉 직급별 분포 _268
〈그림 10-7〉 단과대별 분포 _269
〈그림 10-8〉 임용기간별 분포 _269
〈그림 10-9〉 여교수 역량강화 방안 실천 모델 _275
〈그림 10-10〉 여교수 역량강화 방안의 실천 구조 _282

▌**참고자료 차례** ────────────────────────────

〈참고자료 1-1〉 성폭력 교수 징계는 '품위 손상'이라는 이유로,
             2년 내에만 가능하다 _33
〈참고자료 1-2〉 성희롱은 돈이나 다른 폭력보다는 사소한 문제? _35
〈참고자료 5-1〉 성인지 관점이란? _126
〈참고자료 5-2〉 알파걸과 골드미스 _127
〈참고자료 5-3〉 유리천장 _132
〈참고자료 6-1〉 여교수에 대한 학내 인식 사례 _154
〈참고자료 6-2〉 우리시대 여교수가 사는 법 _171
〈참고자료 6-3〉 여교수가 바라본 남교수 Worst 5 _177
〈참고자료 6-4〉 남교수가 보는 여교수 _178

〈부록 11-1〉   전국여교수연합회 연혁 _338

제1부

성평등 공간으로서의 대학사회

- 제1장 평등의 실행 공간으로서의 대학   오정진
- 제2장 대학에서의 숨은 그림 찾기, '공간-여성-권리-정치'

임애정
- 제3장 남녀교수들의 성평등 의식, 현주소를 보다   최정혜
- 제4장 고학력 대졸여성의 진로 현황   김상대

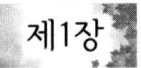

평등의 실행 공간으로서의 대학

오정진 | 부산대학교 법학전문대학원 교수

I. 누구에게나 있는(?) 학번

우리 사회에서는 흔히 새로 사람을 알게 됐을 때 그 사람의 이름보다도, 직업 · 나이 · 고향 · 결혼 여부 · 아이 유무와 수(나아가서는 아이의 성별과 학년까지) 등 '기본 정보'를 먼저 파악하곤 한다. 통상적인 사회생활이 직업을 중심으로 이루어지다보니 뭘 하는 사람인지는 별달리 알려고 애쓰지 않아도 처음부터 정보가 주어져 있는 경우가 많지만, 나이는 외관상 짐작되는 정도일 뿐이라서 그런지, 그중에서도 나이에 대한 직 · 간접적인 정보 수집은, 딱히 나이를 알아야 할 이유도 없건만 거의 필수적이라 할 정도로 행해진다. 물론 근래에는, 프라이버시 존중이라는 시대 추세가 반영된 것인지, 직접적으로 나이를 묻는 건 '좀 그렇다'고 느끼는 사람들이 늘어나 언제부터인가 "학번이 어떻게 되시

느냐?"는 표현이 사용되고 있다(대체로 그 경우 전공과 학교는 세트 메뉴로 추가 정보가 요청된다). 대부분의 사람들이 이런저런 대학에 들어가는 세상이니만큼 그와 같은 질문은 그다지 문제되지 않는 세련된 화법인지도 모르겠지만, 모든 사람들이 대학을 경험하는 건 아닌데도 '학번'은 그렇게, 누구에게나 묻는 질문사항 중 하나가 되어 버렸다.

II. 제 몫을 다하지 못하는 대학

그런데 그처럼 통상적으로 '학번'을 언급하는 것에 비해, 그 '학번'을 산출한 대학은 제 몫을 다하지 못하고 있는 것 같다. 우선, 세계에서 유례가 없을 정도로 한국의 많은 사람들은 대학교육을 받고 있지만 그러한 고등교육에 의해 교양과 의식수준의 향상이 그만큼 이루어졌는지는 의문스럽다. 작금의 대학은, 대학 거부 사례(김예슬, 2010)에서 보듯이, 진리를 논하고 자유를 구가하는 공간이라기보다는 그 전의 삶은 '그 곳을 가기 위해서' 거의 바쳐지는 것이 어쩔 수 없이 당연시된 곳으로, 그 내부에서의 삶은 그 이후의 소위 성공적인 삶을 위해 학사학위를 비롯하여 각종 자격증 등 증빙자료를 획득하기 위한 곳에 그치고 있는 것이다.

그런가 하면 채용 비리, 직권 남용, 연구비 횡령, 성희롱, 기합 등 사회의 다른 공간에서 일어나는 많은 문제들이 대학에서도 종종 비슷한 양상으로 불거지고 있다. 대학 역시 사람들이 모인 곳이니 어느 정도의 갈등과 문제는 자연스러운 것으로 받아들인다고 해도 대학은 지성인이 모여 있는 공간이라는 점에서, 그나마 양식 있는 사회구성원을 길러낼 것이 기대되는 공간이라는 점에서 대학에서의 그러한 문제들은 좀더 우울한 느낌을 자아낸다. 더욱이 대학에서 발생하는 문제들 중 상당

수는 대학에서도 근절되지 못한, 아니 오히려 어쩌면 대학이기에 더욱
고질적인 특유의 위계성과 불평등과 맞닿아 있기에 더욱 착잡해진다.

III. 너무 자연스러운 위계와 불평등

"모든 국민은 법 앞에 평등하다. 누구든지 성별·종교 또는 사회적
신분에 의하여 정치적·경제적·사회적·문화적 생활의 모든 영역에
있어서 차별을 받지 아니한다"라는 대한민국헌법 조문(제11조 1항)
에서 보듯, 사회의 모든 공간에서 모든 구성원들은 당연히 평등하다.
또한 평등은, 구해야 하는 대상이 아니라 당연한 전제이다(랑시에르,
2008).

그런데 문제는, 자연스럽게 당연하게 평등을 행하는 것이 실은 간단
하지 않다는 점에 있다. 실제에 있어서는 평등은 그것을 위해 많은 것
을 무릅쓰고 싸워야 함은 물론이고, 때로는 어떤 것이 불평등한지 아닌
지를 잘 알 수 없어 더욱 곤혹스럽다. 요즘 시대에 기존의 방식과 제도
상 노골적으로 차별을 표방한 것은 드물 터인데, 이제껏 별 생각 없이
따르고 행해온 것을 비판적으로 보기란 여간 어려운 일이 아니다. 누구
에게는 부당하게 느껴지지만 다른 누구에게는 아무런 문제도 느껴지
지 않는 사안도 많고, 문제점을 느낀다고 정색하고 본격적으로 일일이
문제 삼는 것처럼 보이는 모습도 부담스러운 것은 물론이다. 사회 전반
적으로 불평등과 위계가 익숙하게 스며들어 있는 까닭이다.

대학 역시 크게 다르지 않다. 학번에 따라 선배니 후배니 하면서 말
을 높이고 낮추는 것, 교수가 학생에게 반말을 하는 것, 학생이 먼저 교
수에게 인사를 해야 한다고 생각하는 것, 직위를 나타내는 '교수님'이
라는 말 대신 '선생님'이라고 불리면 기분 나빠하는 교수, 자신이 맡았

던 최고의 보직이 이후에도 그 사람을 부르는 명칭이 되는 것―예컨대 한 번 학장은 영원한 '학장님'―등이 다분히 자연스럽다. 그런 것들이 또는 그중 몇몇 것들이 그다지 바람직하지 않다고 생각하는 사람들도 있지만 대체로 대학에서의 그런 문화는 위계적이거나 불평등하다기보 다는 사소한 습관이나 그다지 문제될 것 없는 문화 혹은 교수에 대한 응당한 존중으로 여겨진다.

IV. 참거나 괴물이 되거나

그런 분위기 속에, 자연히 교수의 견해에 대해 비판할 엄두를 못 내 고, 불만이 있어도 말하지 않는 것이 낫다는 상황 판단이 작동하게 된 다. 학생에게 개인적인 업무를 '시키는'(요컨대 '부탁'도 아닌 경우가 많다) 교수, 스승의 날에 맞춰 은근히 기대되는 선물, 후배에게 가해지 는 선배의 기합 등은 예외적인 사례로 취급되거나 다들 알면서도 마땅 히 은폐되어야 할 금기가 되어 버린다. 중이라면 절이 싫어서 떠나면 그만인지는 모르겠으나 그렇게 어렵게 들어와서 비싼 등록금 내고 다 니는 대학은 그저 간단히 그만둘 수 없기에 억울하고 부당하다고 느껴 도 힘없는 학생이나 후배는 대부분의 경우 참게 된다. 더욱이 그 고통 을 끼치는 문제의 인물이 학생의 성적이나 진로에 막강한 영향력을 행 사할 수 있는 교수라면 더욱 그러하다. 그런 경우엔 이러니저러니 해도 죽었다고 생각하고 꾹 참는 게 상책이다.

그런가 하면 참아야 하는 자신의 처지와 자존감의 불일치를 해결하 기 위해 다른 방도를 택하는 경우도 있다. 바로 오히려 닮아가기 혹은 한 술 더 뜨기이다. 대학의 같은 공간에서 상당한 기간 동안 지내서 관 록이 쌓이거나 기간의 장단 여부에 관계없이 수완이 좋은 대학원생이 전형적인 후보군인데, 이들은 교수나 보직자 등 소위 '윗분들'의 뜻을 잘 헤아려서 학생들을 적절히 도닥거리고 통제하는 역할을 담당한다. 일단 '완장'을 차면 권력을 휘두르는 입장에 서니 자긍심도 진작하고 여러 가지 고민이 해결된다는 원리이다. 실제로 이런 전략은, 유감스럽게도 계파의 문법이 아직 꽤 작동하는 대학과 학계에서, 한정된 정보에 근거해서 사람을 판단하는 우리 사회에서, 게다가 그 사람이 왕년에 보여 준 충성심과 성실성으로 인간 됨됨이는 물론 향후의 예상 산출량을 가늠하곤 하는 실적 중심주의의 풍토에서는, 그 유효성이 더러 입증되기도 한다. 그러니 홍상수 영화의 대사처럼 "인간이 되기는 힘들어도 괴물은 되지 말아야" 하겠지만, 인간으로 버티기 힘들었던 이가 택한 그런 전략을 쉽게 비난할 수만은 없는 노릇이다.

한편 대학의 사정이 그러하다 보니, 딱하게도 교수는 자신이 어떻게 되어 가고 있는지 몰라 점점 자신만의 세계에 빠져들어 소위 '꼴통'이 될 가능성이 다분하다. 연구는, 적어도 양적인 측면에서는 요즘 대학도 기업처럼 워낙 몰아붙이니 논문을 써대야 하고, 그러자면 학회에서 때로는 비판에 노출되는 것도 감수해야 하고(물론 학술발표회의 지정토론자는 으레 발표문의 흠집을 잡는 임무를 맡는다고 통상적으로 생각되는 고로 비판을 받아도 그것이 자신에게 깊은 흔적을 남겨서 성찰의 계기로 작용하는 경우는 드물다), 수업 역시 꼬박꼬박 평가를 받으니(물론 수업평가는 그 자체로 불완전한, 수강자의 선호의 문제로 해석되어 상당 정도 무시할 수 있다) 학생들 눈치도 봐야 하지만, 그래도 큰 문제를 일으키지 않는 한 그의 행동이나 태도에 대고 불만을 제기하거나 비난하는 일은 드물다. 학생들은 불만이 있어도 참고, 동료들 역시 교수의 생리상 큰 일이 아닌 한 남의 일에 개입하길 꺼려 웬만하면 나서지 않는 탓이다. 그런데 그러한 독자성은 교수의 독창적인 학문과 연구 활동을 지속하게 하는 중요한 원천이 되기도 하지만 자칫 고립과 심한 자가당착, 타인에 대한 배타성으로 연결되어 유감스럽거나 대단히 불행한 결과를 낳기도 한다.

V. 性 동일성, 그리고 젠더 차별의 상처들

기실, 상당수의 교수 집단은 비단 개인만이 아니라, 대단히 동질적인 개별 집단의 인적 구성으로 인해 집단적인 배타성을 띠게 될 위험성이 상당히 높다. 교수의 수가 적은 학과에서는 소속 교수 모두 같은 학부 출신이거나 심지어 대부분이 같은 고등학교 선후배 사이도 있다. 그렇지만 출신 학교의 동일성은 내부적으로 견제와 균형 원리가 작동하거나 그렇지 않더라도 인원이 많아지는 경우에는 자연스럽게 흐려진다. 하지만 인원이 많고 적음과 그다지 관계없이 동일성이 발휘되는 요인이 있으니 바로 성의 동일성이 그것이다.

대학에서의 여학생 비율이 증가해서 반을 넘어선 요즈음에도 교수 요원의 남녀 비율은 아직 그러한 변화가 반영되지 않은 상태라 아직도 남성교수만 있는 학과도 많다. 또한 종래 남성교수로 주로 이루어져 온 대부분의 학과에서는 여교수채용목표제를 통하여 개선되기는 했으나 여전히 여교수의 비율은 미미하며 여전히, 여교수를 뽑기 위해서는 대단한 결심을 해야 하는 것으로 여겨지곤 한다(교수사회는 채용 시 길게는 몇십 년을 같이 지낼 식구를 뽑는다는 생각에서, 아무리 실적 중심이라 하더라도 그에 덧붙여 같이 지낼 만한 사람인지 아닌지를 대단히 중요하게 따진다. 때문에 지원자에 대한 정보를 이곳저곳에서 수집하는 것이 아주 보편적인데, 유치한 수준이지만 여교수를 뽑으면 같이 사우나에 가기 곤란하다든지 하는 얘기를 우스개처럼 공공연히 하기도 한다). 그리고 비록 의도한 것은 아니라 하더라도 그와 같은 성 동일성이 다른 성에 대한 몰이해와 결합되는 순간 웃지 못 할 일이 대학에서 일어나기도 한다. 다음은 그러한 사례이다.

학과 역사상 최초의 여교수인 A를 위한 교수환영회. 동료 교수들의 단골집인 2차 장소가 마담이 옆에 앉아 술을 따라주는 곳이긴 했지만 모든 사람이 그런 서비스를 받는 것은 아니었던지라 그냥 넘어갔다. 그런데 그냥 따라간 3차 장소에서 A는 가방도 못 챙기고 이내 뛰쳐나왔다. 여러 명의 아가씨들을 죽 세워놓고 골라서 옆에 앉히는 술집이었다. A는 마치 자신이 그 아가씨 중 한 명과 다름없이 무력한 느낌이었고 여성으로서의 억울함과 깊은 슬픔이 북받쳐 높은 다리 위에 올라가 차가운 바람을 맞으며 계속 울었다.

A는 그렇게 뛰쳐나오는 대신 조목조목 그런 행위의 부당함을 따져야 했을까? 혹은 좋은 말로 '이건 곤란하다'라고 하는 게 나았을까? 아니면 아예 그 자리에서 그냥 우는 게 나았을까? A가 더 마음을 다잡았다면 여자들이 흔히 그렇듯 바보같이 도망치지 않고 어느 쪽이든 달리 행동했을 수도 있겠다. 문제는 그런 마음의 준비를 하기에 앞서 종종 사건이 터진다는 것이지만.

그 뒷얘기를 하자면, 다행히 남은 동료들 중 일부가 사태를 파악하고 A를 찾아 사과했으며 당해 학과에서는 그때 이후 그와 같은 3차 장소에는 다시 가지 않는다(그들은 결코 그런 사건이 생기기 전에는 자신들의 그러한 환영 관행이 새로 뽑은 여교수에게 상처가 될 것이라는 점을 아무도 예상하지 못했었다. 혹은, 응당 생각했어야 하는데 하지 않은 것일 수도 있다. 젠더문제는 그들에게는, 몰라도 사는 데 아무 관계없는 것이었을 테니. 인간은 결국 보는 만큼만 알고 아는 만큼만 보는 것인가?). 그래도 이후 몇 년 동안이나 A는 어쩌다 그때를 떠올리면 세상의 부조리함에 다시 눈물이 났다.

한편 2차 장소는 여전히 선호되고 있으며 A는 이제 1차까지만 간다. 그렇게 많은 다른 여자들처럼, A도 어느 정도 포기를 했다. A가 안 보지만 2차에서는 마담이 여전히 술을 따를 것이며, A의 동료는 아닐지라도 다른 많은 남자들이 3차에서는 줄 맞춰 세워진 여성을 고르고 있을 것이다. 대학교수이건 아니건 다를 바 없이 남자들이 그런다는 건 여전히 우울한 일이지만, 어차피 대학교수라고 인격이 고매한 것은 아니라는 걸 알아 버렸기에 남자교수들에게만 특별히 높은 인격을 요구할 수는 없다고도 생각한다. 그래도 적어도 인격 함양을 위해 노력하거나 노력하는 시늉이라도 내지 않는 건 너무 심하지 않은가 하고 가끔 생각한다. 어떻게 된 게, 사회적 지위와 인격은 오히려 반비례하다고 보는 게 좋다고 말하게 된 것이 우리 사회이고, 인품은 실은 개차반 같아도 교수로서, 심지어 사회적 정의와 선을 주창하는 학문 활동을 버젓이 그럴 듯하게 수행하는 불가사의한 일이 가능한 것이 대학이지만 말이다.

마찬가지로 학과 최초의 여교수인 B가 재임용심사에서 탈락했다. 공식적인 이유는 논문의 질적 평가가 낮았기 때문. 그런데 (모두 같은 대학 학부 출신 선후배 사이의 남성인) 같은 과 교수들은 굽 높은 구두를 신은 B가 걸을 때 보조를 못 맞춘다는 불평을 했으며, B가 못생겼다며 노골적으로 타박하기도 했다. 논문 질 평가 시 5명의 심사위원 중 외부 2인은 높은 점수를 준 데 비해 3명의 내부 심사자는 최저점을 줬다.

B의 재임용심사 탈락과 동료 교수들의 B에 대한 개인적인 평가는 아무 관련이 없다고, 여전히 대학인은 양식을 지니고 있다고 믿고 싶다. 그래서일까? 비공식적인 자리에서 B에게 최저 점수를 주자는 의논을 했다는 얘기를 당사자에게서 들은 사람은 B를 위해 발언할 것을 거부했고(심지어, 그중 어떤 중견 여교수는 남편에게 물어 봤더니 하지 말라고 했다고도 했다), B의 심사탈락에 여교수회는 의문을 제기했고(여교수회에 가입조차 하지 않았던 B는 새삼 여교수회의 필요성과 중요성을 깨달았다고도 했다), 동료 여교수가 작성한 탄원서에 많은 사람이 서명했지만 같은 대학 교수들 중 상당수(그중에는 같은 시기 임용됐던 여교수도 있었다)는 서명을 거부했다. 행여나 불이익이 있을지 모른다는 이유였다. 말도 안 되는 얘기면 좋겠지만 실명으로 탄원서를 작성하고 연판장을 돌린 교수에게, 본부 보직을 맡은 같은 과의 동료 교수 한 명은 본부에서 주시하고 있다는 정보를 전해 준 데 이어 그보다 더 높

은 본부 보직자는 그녀에게 전화를 해서 "괜스레 문제에 휘말리지 말 것"을 진정으로 충고하기도 했다. 그녀는 그런 것을 전혀 개의치 않았지만 그런 얘기는 B에게도 전해졌고 그러는 사이 서서히 B와의 연락도 뜸해졌다. 중요한 일이지만 내 일이 아닌 한 끈질기게 붙들고 있기에는 너무 바쁜 것이 교수의 삶이란 게 변명이 될지는 모르겠지만.

B는 각종 법적 단계를 거쳐 소송을 제기했고 2심까지 이긴 상태이다. 승소하게 되면 B가 돌아올지 어떨지는 모르겠다. 시간을 오래 끌면서 결국 혼자 싸우고 있는 그녀가 돌아오고 싶은 직장일지는 더욱 모르겠다. 대학이 성의 차이로 인한 자연스러운 다름도 소화하지 못할 정도로 옹색한 곳이라는 점이 얼마나 개선되었을지 자신이 없어서이다. 교수가 캐주얼 옷차림을 해도 괜찮고 연구실에 붙어 있지 않아도 별 얘기가 들리지 않는 곳이 대학이기도 하지만 자유로운 복장은 수업이 없을 때라는 조건이 자연스럽게 작동하고 연구 실적이 있기 때문에 연구실 붙박이인지 아닌지 일일이 체크하지 않는 것이기 때문이다.

성차 역시 되도록 여성 쪽에서 남성 교수사회에 맞추는 것(술자리에 잘 어울린다든지, 위계서열을 확실히 존중한다든지, 다른 곳에서 당해 학과에 이익이 될 정보를 곧잘 수집해 오는 것과 같은 종류의 탁월한 능력을 발휘한다든지)이 당연시되었다. 실제로 B에 대해 안타까움을 표명한 많은 동료교수 역시 남녀를 불문하고 "좀 잘 지내지 않고서…" 라면서 B의 대인관계 문제를 거론하기도 했다. 기존의 모습과 다른 것, 통상의 시선에서 봤을 때 좀 모난 것, 특이한 것을 그저 그대로 받아들이지 못하고 다르거나 모난 부분을 결국 깎아내 버리고야 마는, 그러지 않으면 들어올 생각을 하지 못하게 하는 우리 사회의 조직의 논리와 폭력이 대학에서도 어김없이, 어쩌면 더욱 완고하게 작동하고 있는 것이 아닐까.

VI. 위계와 성 불평등이 겹쳐질 때

교수사회의 그러한 젠더 몰이해와 배타성은 그래도 문제를 제기할 수 있는 사람 역시 교수라는 지위를 갖고 있기에 시간은 소요될지언정 차츰 개선되는 양상을 보인다. 그에 비해 대학에서 두드러지는 교수-학생 간의 위계성, 교수의 성찰 부족에다 우리 사회의 성불평등이 겹쳐질 때 발생하는 문제는 더욱 심각하다. 그 대표적인 경우가 바로 대학 내 성폭력이다. 그렇지 않아도 성폭력이나 성희롱은 다른 비위나 범죄와는 달리 피해자를 의심하고 심지어 사안의 전말이 드러나더라도 오히려 피해자에게 책임을 돌리는 등의 문제가 만연해 있다. 특히, 주로 문제가 되는, 남자교수의 여학생에 대한 성폭력은 성불평등과 대학의 위계성이 겹쳐져 상당히 복잡한 양상으로 전개되곤 한다. 모든 대학이 대학내 성폭력에 관한 규정을 갖고 있고 사건이 발생하면 처리하는 기구를 두고 있으며, 실제로 공개되거나 공식적으로 처리된 사건도 더러 있지만 그러기 위해 치러내어야 하는 과정은 결코 녹록치 않다. 사정이 그러할진대 수면에 떠오르지도 못하고 묻었거나 묻힌 사건은 오죽 많으며 당사자들은 얼마나 착잡할지 짐작이 간다.

우선 앞서 본 위계적이고 교수 중심적인 대학의 문화상, '성폭력'은 대학에서 거론하기조차 어려운 사건이자 단어이다. 사회적으로도 신문기사나 사람들 간의 대화에서 엄연히 강간을 성폭행이라고 에둘러 말하기도 하지만, 대학에서는 대부분의 경우 잘 알던(그것도 나를 예뻐하던) 교수에게서 성폭력 피해를 입은 피해 학생 당사자는 물론, 심지어 성폭력으로 학내 기구에서 조사를 하는 책임 있는 직에 있는 사람조차 성폭력이란 말 대신 '나쁜 짓', '이상한 짓', '불미스러운 일', '부적절한 행동' 또는 아예 '그런 행동' 등 지시어만으로 얘기하곤 한다(많은 성폭력 관련 대학 규정들이 '피해자'란 말은 쓰지만 '가해자'란 말은 쓰지 않고 대신 '행위자'라고 표기하는 것 역시 이와 무관하지 않을 것이다). 성폭력은 그 자체로 '센' 용어인데 학문을 하는 대학교수가 저지른 행동을 묘사하기에는 그야말로 '적절하지 않다'고 느끼기 때문이기도 하고, 피해자는 자신이 겪은 일을 잊고 싶어서, 듣는 쪽에서는 정말 그런 짓을 했을까 반신반의하기 때문이기도 하다. 그러나 사안을 따져 보기 전이라면 그런 조심스러움이 타당하지만 학교 교칙에 따라 '성폭력'이었음을 확인했을 때조차 비록 문서에는 그리 쓰더라도 얘기할 때는 여전히 직접적으로 그 표현을 쓰길 주저한다. 그처럼, 대학에서 성폭력사건은 어떻게든 피해상황만이 아니라 그에 직면하는 것을 피하고 싶은 문제인 것이다.

용어 자체에 대한 거북함이 그럴진대 당해 사건이 성폭력이라고 문제를 제기하는 것은 더욱 간단치 않다. 교수가 성적으로 뭔가 불쾌한 행동을 내게 했다고 학생 처지에 바로 그것에 대해 '해서는 안 될 행동,' 나아가서 '성폭력'이라 명명하기는 쉽지 않다. '실수로 손이 닿은 것이겠지', '과음해서 그런 것이겠지' 하다가 스스로 봐도 그런 차원의 문제를 벗어날 때에야 비로소 내게 심상치 않은 일이 생겼음을 인식하게 된다.

더욱 안타까운 것은 그럴 때 주위를 둘러 봐도 도움을 청할 곳이 마땅치 않다는 점에 있다. 모든 대학들이 성폭력 상담 및 처리 기구를 두고 있긴 하지만 그러한 기구의 존재 자체를 잘 모르고(대학 성폭력 예방교육이 유명무실하다는 것과 물론 관련 있다), 몇몇 기구는 '성폭력'이란 단어를 피해서 '성평등'만을 표기하고 있기 때문에 성폭력 문제를 다루는 것이 맞는지 어떤지 이름만으로는 알기 힘들기도 하다. 또한 그러한 기구가 있는 것을 안다 하더라도 공식적인 문제제기를 결심하는 것은 여전히 쉽지 않다. 보통의 경우 생각하는 최대치는, 학과의 얘기가 통할 것 같은 여교수님 혹은 여학생 조직이 그나마 있는 경우는 여학생회나 학생회 여성위원회이며 실제에 있어서는 친구나 연인에게 호소하는 것 정도이다(실 사례를 통해 볼 때 이 중 사건 신고로 이어지는 비율은 얘기를 들은 연인이 울분에 겨워 신고한 쪽이 제일 높고, 의외로 여교수가 사건을 먼저 알았을 경우 그 선에서 유야무야되는 경우가 많다. 아무래도 교수인지라 다른 동료교수에 대한 그런 종류의 문제제기는 수습하기 부담스러운 것일 수도 있겠지만 그처럼 성폭력에 대한 회피가 교수사회 내부에서 심하다는 반증이기도 할 것이다. 한편 사건 처리를 위한 지속성을 봤을 때는 연인에 의한 문제제기는 번번이 '더 이상 문제가 불거지는 것은 원하지 않는다'며 당사자 혹은 연인이 요청해서 '피해자의 의사 존중'이라는 원칙상 그저 그런 일이 있었다고 정리하는 데에 그치는 경우가 많으며, 친구의 경우는 자신이 신고한 경우는 드물어도 사건 처리과정에서 추가증언을 하거나 증인이 되는 일이 많고, 학생회 차원에서 문제가 제기된 경우는 조사 및 처리과정에서 공식적으로 자격이 있는 한 참석은 하지만 원론적인 얘기만 반복하는 양상을 띠는 경우가 많다. 어쩌면 노동조합이 종종 성폭력 문제에 대해 둔감하듯이 대학의 학생회 역시 성폭력을 부차적인 것으로 치부하는 게 아닌가 하는 생각이 들기도 한다).

다행히 대학의 담당 기관에서 성폭력을 다루게 되어도 그때부터도 만만치 않다. 성폭력 관련 학칙상 대학에서 다루는 성폭력사건은 사법기관에서의 그것과는 대상사안이나 처리방식을 달리 하건만 번번이 조사위원들조차 소위 '불편부당성', '공정성'의 함정에 빠져서 쌍방 대질신문을 해야 한다느니 하며 사건에 대한 판단을 어렵게 한다. 이는 신고된 성폭력을 그 자체로 보지 않고 '다른 의도'—피해자가 당해 가해교수에게 이런저런 이유로 불만을 가졌거나 반대세력인 교수에게 위해를 가하기 위해서라는 등—를 품은 것으로 보기 때문이기도 한데, 설령 그러한 다른 의도, 심지어 음모가 있다 하더라도 그것은 또 다른 차원의 문제이다. 성폭력이나 성희롱이 그로 인해 무화되는 것이 아닌데도 높은 지성을 가졌다는 교수들이 속절없이 그러한 의구심에 휘둘리는 것은 대단히 유감스러운 일이 아닐 수 없다.

아울러 우여곡절 끝에 대학에서 당해 사안을 성폭력으로 판단한다 하더라도 그에 대해 적절한 조치가 취해지리라고 기대하긴 힘들다. 학칙은 기본적으로 학생에게 규율을 부과하는 장치인 만큼 가해자가 학생이라면 하고자 마음만 먹으면 징계를 발동하는 것은 비교적 쉽지만, 교수가 가해자라면 비록 학내 성폭력이 있었다는 판단이 내려지더라도 징계를 받게 하는 것은 간단한 문제가 아니기 때문이다.

물론 국공립대학이건 사립대학이건 간에 교수의 성폭력 행위는 '품위 유지 의무 위반'으로서 징계사유에 해당하기는 한다. "대학교원에게는 일반인에 대하여 요구되는 정도의 인격적, 사회적 가치기준보다 더 높고 엄격한 가치기준의 설정과 그에 기한 행동이 요구된다"는 이유에서이다(교원징계재심위원회 2000-4 해임처분 취소청구 사건 결정;

〈참고자료 1-1〉 성폭력 교수 징계는 '품위 손상'이라는 이유로, 2년 내에만 가능하다

'국가공무원법'
제78조(징계 사유) ① 공무원이 다음 각 호의 어느 하나에 해당하면 징계 의결을 요구하여야 하고 그 징계 의결의 결과에 따라 징계처분을 하여야 한다.
  1. 이 법 및 이 법에 따른 명령을 위반한 경우
  2. 직무상의 의무(다른 법령에서 공무원의 신분으로 인하여 부과된 의무를 포함한다)를 위반하거나 직무를 태만히 한 때
  3. 직무의 내외를 불문하고 그 체면 또는 위신을 손상하는 행위를 한 때
    제83조의2(징계 및 징계부가금 부과 사유의 시효) ① 징계의결 등의 요구는 징계 등의 사유가 발생한 날부터 2년(금품 및 향응 수수, 공금의 횡령·유용의 경우에는 5년)이 지나면 하지 못한다.

'사립학교법'
제61조(징계의 사유 및 종류) ① 사립학교의 교원이 다음 각호의 1에 해당하는 때에는 당해 교원의 임면권자는 징계의결의 요구를 하여야 하고, 징계의결의 결과에 따라 징계처분을 하여야 한다.
  1. 이 법과 기타 교육관계법령에 위반하여 교원의 본분에 배치되는 행위를 한 때
  2. 직무상의 의무에 위반하거나 직무를 태만히 한 때
  3. 직무의 내외를 불문하고 교원으로서의 품위를 손상하는 행위를 한 때
    제66조의3(징계사유의 시효) ① 징계의결의 요구는 징계사유가 발생한 날부터 2년(금품 및 향응 수수, 공금의 횡령·유용의 경우에는 5년)을 경과한 때에는 이를 행하지 못한다.

교원징계재심위원회 2003-26 해임청구 취소청구 사건 결정; 교원징계
재심위원회 2003-139 해임처분 취소청구 사건 결정).

그렇지만 실제에 있어 성희롱은, 공금 횡령이나 입학 비리 등과 달
리, 그저 '품위 손상'만 한 정도의 행위로서 다른 비리와 중복되지 않는
한 경징계 정도에 그치는 것이 다반사이다. 대학 본부는 대학 성폭력처
리기관의 성폭력 판단마저(적어도 대학 안에서는 유일하게 당해 기관
만이 그 판단 권한을 갖고 있더라도) 믿고 싶어 하지 않으며, 판단 결과
를 마지못해 인정하더라도 성희롱은 했지만 '실력은 있는' 교수를 대
단히 애석해 하며 징계가 필요 없도록, 그 전에 사직서를 낼 것을 권유
하기도 한다(그래서 연금 혜택도 받고 다른 곳으로 옮기는 것도 가능하
도록 한다. 아니, 다른 대학에서는 비슷한 성폭력 문제가 불거져도 괜
찮다는 말인가?).

더욱이 사유가 발생한 날로부터 2년을 경과하면 징계를 못하므로,
'체면 또는 위신을 손상하는 행위를 한 때'를 '성폭력 행위를 한 때'로
만 해석하는 한, 대부분의 경우 이미 그 이상의 시간을 경과하기 마련
인 학내 성폭력사건은 징계처리되기가 더 어렵다.

따라서 규칙을 개정하여 성희롱 등에 대한 징계기준을 명시하고는
있지만 여전히 그것은 금품비리나 다른 폭력에 비해서는 사소하게 취
급되고 있어, 대학 내 성희롱에 대한 인식변화와 대학당국의 적극적인
대처의지가 뒷받침되지 않는 한 관련 규정은 그야말로 유명무실할 뿐
이다.

한편 대학 내 성폭력 관련 규정들은 통상적으로 개인에게 발생한 피
해만을 대상으로 하는 관계로 수업에서 일상적으로 행해지는 교수의
성차별적인 언동은 유감스럽지만 어디에나 있으며(정말 그런 교수들
많다), 달리 어쩔 수도 없는(왜? 교수니까) 문화의 일부분으로 여겨지
기도 한다(졸업하면 그만 보는 게 그나마 다행).

〈참고자료 1-2〉 성희롱은 돈이나 다른 폭력보다는 사소한 문제?

교육공무원 징계양정 등에 관한 규칙

　제2조(징계의 기준) 「교육공무원 징계령」 제2조제1항에 따른 교육공무원징계위원회
(이하 "징계위원회"라 한다)는 징계혐의자의 비위(非違) 유형, 비위 정도 및 과실의
경중(輕重)과 평소 행실, 근무성적, 공적(功績), 뉘우치는 정도 또는 그 밖의 정상(情
狀) 등을 참작하여 별표의 징계기준에 따라 징계를 의결하여야 한다.

　제4조(징계의 감경) ② 제1항에도 불구하고 다음 각 호의 어느 하나에 해당하는 경우
에는 징계를 감경할 수 없다.
　2. 「공무원 징계령 시행규칙」 제2조제2항에 따른 직무와 관련한 금품수수(金品授
　　受) 비위
　4. 「성폭력범죄의 처벌 등에 관한 특례법」 제2조에 따른 성폭력범죄를 범하여 징계
　　의 대상이 된 경우
　5. 학생에게 상습적이고 심각한 신체적 폭력 행위를 하여 징계의 대상이 된 경우

〈표 1-1〉 징계의 기준(제2조 관련) (개정 2011.7.18)

비위의 정도 및 과실 비위의 유형	비위의 정도가 심하고 고의가 있는 경우	비위의 정도가 심하고 중과실인 경우 또는 비위의 정도가 약하고 고의가 있는 경우	비위의 정도가 심하고 경과실인 경우 또는 비위의 정도가 약하고 중과실인 경우	비위의 정도가 약하고 경과실인 경우
1. 성실의무 위반				
가. 공금횡령 · 유용, 업무상 배임	파면	파면-해임	해임-강등	정직-감봉
나. 직권남용으로 타인 권리침해	파면-해임	강등-정직	감봉	견책
다. 직무태만 또는 회계질서 문란	파면	해임	강등-정직	감봉-견책
라. 시험문제를 유출하거나 학생의 성적을 조작하는 등 학생 성적과 관련한 비위 및 학교생활기록부 부당 정정과 관련한 비위	파면	해임	해임-강등-정직	감봉-견책
마. 신규채용, 특별채용, 승진, 전직, 전보 등 인사와 관련한 비위	파면	해임	해임-강등-정직	감봉-견책
바. 그 밖의 성실의무 위반	파면-해임	강등-정직	감봉	견책

2. 복종의무 위반				
가. 지시사항 불이행으로 업무 추진에 중대한 차질을 준 경우	파면	해임	강등-정직	감봉-견책
나. 그 밖의 복종의무 위반	파면-해임	강등-정직	감봉	견책
3. 직장 이탈 금지 위반				
가. 집단 행위를 위한 직장 이탈	파면	해임	강등-정직	감봉-견책
나. 무단결근	파면	해임-강등	정직-감봉	견책
다. 그 밖의 직장 이탈 금지 위반	파면-해임	강등-정직	감봉	견책
4. 친절·공정의무 위반	파면-해임	강등-정직	감봉	견책
5. 비밀 엄수의무 위반				
가. 비밀의 누설·유출	파면	파면-해임	강등-정직	감봉-견책
나. 비밀 분실 또는 해킹 등에 의한 비밀 침해 및 비밀 유기 또는 무단 방치	파면-해임	강등-정직	정직-감봉	감봉-견책
다. 개인정보 부정 이용 및 무단 유출	파면-해임	해임-강등	정직	감봉-견책
라. 개인정보의 무단 조회·열람 및 관리 소홀 등	파면-해임	강등-정직	감봉	견책
마. 그 밖에 보안관계 법령 위반	파면-해임	강등-정직	감봉	견책
6. 청렴의무 위반				
가. 금품수수	파면	해임	해임-강등-정직	감봉-견책
나. 그 밖의 청렴의무 위반	파면	해임	강등-정직	감봉-견책
7. 품위 유지 의무 위반				
가. 성희롱	파면-해임	해임-강등	정직-감봉	견책
나. 성폭력	파면	해임	강등-정직	감봉-견책
다. 미성년자에 대한 성폭력	파면	파면-해임	해임-강등-정직	정직
라. 학생에 대한 상습적이고 심각한 신체적 폭력	파면	해임	해임-강등-정직	감봉-견책
마. 그 밖의 품위 유지 의무 위반	파면-해임	강등-정직	감봉	견책
8. 영리 업무 및 겸직 금지 의무 위반	파면-해임	강등-정직	감봉	견책
9. 정치운동 금지 위반	파면	해임	강등-정직	감봉-견책
10. 집단 행위 금지 위반	파면	해임	강등-정직	감봉-견책

※ 비고: 제7호에서 "성희롱"이란 「국가인권위원회법」 제2조제3호라목에 따른 성희롱을 말한다

VII. 불평등과 부조리는 서로 연결되어 있다

그런데 앞서 본 대학의 위계성과 자연화된 불평등 및 무성찰, 젠더에 대한 몰이해와 성폭력 등은 각각 다른 문제가 아니라는 것이 대학의 문제를 읽는 핵심이다. 대학에서조차 사람들은 서로 대등한 존재로서 대하고 대접받기보다는 위계적이고 불평등한 관행을 문화 혹은 예의라는 이름으로 정당화하면서 고민을 회피하며 그럭저럭 자연스럽게 받아들이고 또 그대로 답습하고 있는 것이고, 그런 실은 비정상적인 조건 하에서 잘못된 것에 대한 발언과 비판이 억제되다 보니 기존의 것들과 다른 것에 대해 배타적인 것 역시 정당화되는 것이며, 나아가 성폭력과 같은 사태가 발생하는 데도 그에 대해 제대로 파악하지도, 대처하지도 못하는 것이다. 물론 그것만이 대학의 모습은 아니지만 그처럼 익숙해진 불평등과 묵인된 부조리가 엄연히 있거늘, 다들 알면서도 그에 대한 본격적인 비판과 자기반성이 행해지고 있지 않는 것 자체가 더욱 암담한 일이 아닐 수 없다.

VIII. 대학에서 평등을 실행하기

그렇지만 여전히, 대학은 모든 사람이 거치는 것은 아니지만 그렇기 때문에 어쩌면 오히려 더욱더, 대학을 거치는 기회를 가진 사람들이 자유와 해방과 더불어 일정 기간이라도 평등을 느끼고 실천하는 경험을 가짐으로써 이후의 삶에서 그 평등의 기억을 확산할 수 있는 공간일 수는 있다. 또한 응당 대학은 그런 역할로서 제 몫을 다해야 한다. 아울러 대학은, 원칙상 평등하지만 실제는 그렇지 않은 이 사회에서 그나마 평등을 경험하고 행할 수 있는 거의 유일한 공간이기도 하다. 비록 학생은 아르바이트와 영어 공부 등 취업 준비에 여념이 없고 교수는 프로젝트와 평가 준비에 전전긍긍하지만 나이 대신 학번을 질문받았을 때 떠올려지는 대학시절은 여전히 많은 사람에게 다른 시간의 그것과는 다른 독특한 느낌을 가져다주는 것이다.

  그러기 위해서라도 대학은 생활 전반에서 평등을 실행하는 공간으로 거듭나야 한다. 한국 사회의 특성상, 불행하게도 독립적인 인격으로 성장하지 못한 채 대학에 들어온 이들이 그나마 대학에서 자신도 평등한 존재로서 존중받고 그럼으로써 이후 다른 이들 역시 그리 대할 수 있도록 대학은 몸으로 평등을 체험하는 공간이 되어야 할 것이다. 그런 맥락에서, 종래의 위계적이거나 차별적인 관념에서 상대적으로 자유로운 사람들, 특히 여교수들이 강의실에서, 회의석상에서, 대학의 전 캠퍼스에서 자유롭고 평등하게 행동하는 것은 매우 중요하다. 그를 통해 대안적 역할모델을 제공함은 물론, 대등한 인격체로 서로 대우받고 대우한다는, 지극히 기본적이지만 우리 사회에서 누리기 힘든 당연한 원칙이 대학공간에서 자연스럽게 적용되는 것을 경험한다면 이후의 삶에서도 그를 기대하고 신뢰할 수 있게 되지 않을까 희망을 걸어본다.

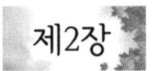

대학에서의 숨은 그림 찾기,
'공간 – 여성 – 권리 – 정치'

임애정* ∣ 부산대학교 여성연구소 전임연구원

I. '사라진 그녀들'에 대하여

2008년 어느 날 아침, 여느 때와 같이 나는 내 옷매무새나 책가방보다는 유치원과 할머니댁으로 나설 아이들의 도시락과 수저, 기저귀며 옷가지 등을 먼저 챙기느라 분주하였다. 너무나 분주한 탓에 눈길 한 번 제대로 줄 수 없었던 텔레비전 뉴스에서 불현듯 나의 시선을 고정시키는 인터뷰가 흘러 나왔다.

"여학생이 무섭다."

---

* 한국연구재단 사회과학지원사업(SSK) 공간주권구현 연구팀 보조연구원.

이 말은 다름 아닌 남녀공학 고교를 다니는 남학생 자녀를 둔 학부모가 남녀공학보다는 남고를 선호한다며 한 말이다. 그 이유는 여학생들의 내신 성적이 남학생들보다 높아 대학진학에 있어 남학생이 불리하다는 것이다.

지금도 심심치 않게 들려오는 '막강 내신, 여학생이 무섭다'라는 인터뷰와 기사 문구[1]를 접할 때면, 대학이란 공간에 있는 나는 궁금해진다.

> "고교 남학생들의 대학진학을 위협하던 그녀들은 대학이란 공간, 그 어디에 있단 말인가."

이 물음은 '대학공간에서 여성은 어떤 모습으로 어떻게 생활하고 있는가, 여성의 삶에 있어 대학공간에서의 활동이 의미하는 바는 무엇인가'에 관한 것이다. 그리고 이러한 물음에 대한 살핌은 대학공간에서의 여성의 권리 실현과 이를 위한 생활정치 활동의 중요성을 밝히기 위한 것이다. 나아가 이는 대학공간에서의 여성인권 실현과 공간정치의 모색이 다름 아닌 공간주권 구현의 일환임을 상기하고 모두의 '살만한 삶을 위한 공간정치를 상상하기' 위해서이다.

그렇다면 이즈음에서 앞서 제기한 물음의 '대학공간에서 그녀들의 사라짐'이 의미하는 바를 밝힌다면, 이때의 '대학'과 '여성,' 그리고 '사라짐'은 단순히 '대학에 다니는 여성이 없다'라는 의미가 아니다. 이는 언제나 있어 온 '공간'의 '사회적/관계적 성격'을 망각해버림으로써, 늘 있어 온 '여성'의 망각된 '권리와 활동'을 말하는 것이다.

따라서 우리가 여성과 대학을 논함에 있어, 더욱이 여성의 대학공간에 대한 권리와 생활정치 구현의 중요성을 부각시키고 그 구현 방안을

---

1) 인터넷 기사 "울산 남녀공학고교 내신성적 여학생 '강세'," 『연합뉴스』, 2008년 9월 16일자; 인터넷 글, "여학생이 공부를 더 잘하는 이유," http://blog.daum.net/amadacy/17289904 등.

모색함에 있어 '공간'이란 틀을 바탕으로 고찰하는 것은 매우 중요하
다 할 것이다.

II. 대학에서의 사회적/관계적 '공간' 찾기

"아침에 일어나 밤에 잠자리에 들 때까지 계속 공간적 활동을 하고 있
지만, 사람들은 대부분 자신의 머묾과 이동의 장소에 대해 의식하지 않
는다. 간혹 의식하는 경우에도 마치 텅 빈 공간 속에서 어떤 활동이 이루
어지는 것처럼 생각한다."(최병두, 2009: 26)

보다시피 우리는 항상 일정한 공간을 필요로 하며, 공간 없이 살아갈
수 없는 공간적 존재임에도 불구하고(안숙영, 2011: 11), 우리에게 공간
은 오랫동안 '텅 빈 환경'이라는 뜻 이외의 다른 어떤 것도 떠올리지 못
한 채 객관적이고 중립적인 실재로서 수학적인 것들과 공학에 속하는
것으로 간주되어 왔다(포세, 2010: 64).

그러나 인간은 물리적 공간 속에서 타인과 관계를 맺음으로써 사회
적 관계를 만들어 나가며 이렇게 만들어진 사회적 관계 속에서 생활한
다. 따라서 인간은 아주 다양한 공간에서 활동하는 공간적 존재이며,
매일 매일의 일상은 공간에 표현되는 인간존재의 의미인 것이다(안숙
영, 2011: 11).

또한 실제로 공간은 텅 비어 있지 않다. 공간은 항상 사물과 사건들
로 가득 차 있으며, 이러한 사물과 사건과의 관계를 통해 공간은 생성,
유지, 소멸된다. 공간은 그 자체로 존재하는 실체라기보다 어떤 활동의
특성을 규정하고 다시 그에 따라 성격이나 의미를 부여받은 관계성이
라 할 수 있다(최병두, 2009: 26).

그러므로 이러한 관계성으로 인해 공간은 기본적으로 '사회적 공간' 혹은 '관계적 공간'으로서의 성격을 갖는다. 공간은 사회적 관계가 구성되고 해체되고 재구성되는 사회적 공간으로서의 의미를 함축하며, 계급, 젠더, 섹슈얼리티, 인종, 연령 및 장애와 같은 다양한 사회적 관계가 응축되어 나타나는 장소이다(포세, 2010: 68).

그러나 앞서 말한 바와 같이 우리는 공간적 존재임에도 불구하고 일상의 공간이란 관계가 구성되고 해체되고 재구성되는 사회적/관계적 공간임을 망각해버림으로써 단순히 물리적이고 가시적인 것만으로 인간의 삶이 살만한지 아닌지를 진단해 버리기 십상이다. 다시 말해 이는 그/녀가 그 공간에 '있다'는 것만으로 그/녀가 그 공간에서 무엇을 '한다'라고 여겨버리는 경향을 말하는 것이다.

더욱이 이러한 경향은 '살만한 삶'을 논함에 있어 다음과 같은 문제를 야기시킨다. '그/녀가 그 공간에서 살만한 삶을 산다'는 것은 그/녀가 그 공간에 '제대로/온전히 있음'과 더불어 '제대로/온전히 무엇을 함'을 의미한다. 그러나 우리는 공간의 사회적/관계적 성격을 망각한 채 그/녀가 그 공간에 '있음'만을 가지고 그/녀가 그 공간에서 '살아간다'라고 감히 말하곤 한다. 이는 공간적 존재로서 인간의 '살만한 삶'은 단순히 그 공간에 그/녀가 있다는 물리적 사실만을 가지고 섣불리 진단할 수 없음을 뜻한다. 또한 공간의 사회적/관계적 성격에 대한 망각은 그/녀가 무엇을 제대로/온전히 할 수 있는가, 없는가에 대한 고찰을 차단시켜 버릴 수 있음을 지적하는 것이다. 다시 말해 그/녀의 공간에 대한 권리 구현을 논함에 있어 사회적/관계적 공간에 대한 인식이 무엇보다 중요함을 말하는 것이다.

따라서 대학에서의 여성인권과 생활정치 구현을 고찰하기 위해서는 '공간'에 대한 인식은 물론 그 '사회적/관계적' 성격에 주목하여야 할 것이다.

III. 대학공간에서의 '여성' 찾기

1. 왜 '여성'의 대학공간에 대한 권리인가

"대학공간에 대한 권리를 논함에 있어 굳이 '여성'의 대학공간에 대한 권리를 논하는가?"

이 물음은 대학공간에 대한 권리의 논의에서뿐만 아니라, 성평등 내지 여성인권을 논함에 있어 줄곧 제기되는 것이다. 더욱이 인간의 권리를 뜻하는 인권이면 될 것을 굳이 '여성' 인권이냐며 말이다. 그러나 우리는 '여성의 인권이 바로 인권이다', '장애인의 인권이 바로 인권이다', '아동의 인권이 바로 인권이다' 등의 말에서 알 수 있듯이 소수자의 인권 보장이 바로 만인의 인권을 보장하는 시발점이며 완결임을 주지하여야 한다. 다시 말해 우리는 소수자의 인권을 소홀히 하면서 인권 보장이 실현되었다고 말할 수 없는 노릇이다. 또한 특정 소수자에 대한 인권감수성의 발휘는 또 다른 소수자에 대한 인권감수성으로 전이되는 계기가 되기 마련이기에 이는 인권의 불가분성과 만인의 소수성을 잘 보여주는 것이다.

따라서 어떤 공간에서 여성이든, 장애인이든, 아동이든 '소외되고 배제된 이들의 공간에 대한 권리' 주장은 바로 '모든 이들의 공간에 대한 권리'를 주장하는 것과 반드시 결부되어 있는 것이다(임애정, 2011: 77-78). 그러므로 '여성의' 대학공간에 대한 논의는 '모든 이'의 대학공간에 대한 논의로 확장되는 계기가 될 것이다.

또한 대학공간에서 여성은 그 여느 약자/소수자보다도 '다수임에도 불구하고' 이들과 마찬가지로 폭력과 배제로 인해 침묵하거나 소외를 경험한다. 이는 다수임에도 불구하고 쉽사리 일반화/보편화시킬 수 없는 이들의 특수성이 있음을 간과한 탓이기도 하다. 더욱이 여기서 주지하여야 할 점은 다름 아닌, 물리적 공간의 배치와 긴밀하게 관계되어 있는 공간의 사회적/관계적 성격이 망각되고 있다는 것이다. 따라서 대학공간에 대한 권리의 논의는, 다수임에도 불구하고 좀처럼 보장되지 않는 '여성의' 권리에서부터 시작하는 것이 향후 '모두 내지 약자/소수자'의 대학공간에 대한 권리를 논의하는 데 있어서도 그 보편성과 특수성을 함께 견지할 수 있기 때문에 매우 유용할 것이다. 이를 테면 획일적이고 모호한 방식이 아니라 구성원들의 경험과 요구를 토대로 보다 구체적이고 실질적인 방식으로 공간에 대한 논의를 전개할 수 있는 길을 알려 줄 수 있기 때문에, 굳이 '여성의' 대학공간에 대한 권리를 논하는 것부터 시작하고자 한다.

2. 여성의 침묵과 소외: 여성에 대한 폭력과 배제

"공학의 남성중심성은 '다층적 여성배제 공간으로서의 남녀공학대학교', '일상적 여성 침묵 공간으로서의 남녀공학대학교', '남성중심적 문화 재생산 공간으로서의 남녀공학대학교' 등의 하위 범주로 구체화할 수 있다."(나임윤경, 2006: 158-159)

이와 같이 나임윤경(2006: 148)은 남녀공학대학교의 공학성 실종에 관한 문제를 논하면서 대학공간을 ① 다층적 여성배제의 공간으로, ② 일상적 여성 침묵 공간으로, ③ 남성중심적 문화재생산의 공간으로 지적하고 있다. 이러한 남녀공학대학교에 관한 구체적인 공간적 논의는 대학공간에서의 여성의 침묵과 소외가 대학공간 문화에 내재되어 있는 남성중심성에서 기인하는 여성에 대한 폭력과 배제의 문제임을 여실히 보여 준다.

통계청 자료(2011: 26)에 따르면 2000년만 해도 여성의 대학진학률은 65.4%로 남성의 70.4%에 미치지 못하였다. 그러나 2009년에 이르러 여학생의 대학진학률이 82.4%로 남학생 81.6%를 앞지르며, 2010년 여학생의 대학진학률은 80.5%로 남학생 77.6%보다 높게 나타났다.

그러나 여학생의 대학진학률이 남학생보다 높다는 것만으로 여성의 대학공간에 대한 권리가 당연히 구현되고 있다고 단정지을 수 없는 것이다.

다음의 인터뷰는 여성이 대학에 다닌다는 것만으로는 여성의 권리가 구현된다고 단정할 수 없음을 보여준다.

• 인터뷰 1 (여학부생)

"왜곡된 성가치관을 가지고 있는 경우가 많아 피해 여학생은 당혹스럽고 대처방법도 몰라 분노를 속으로 삭여야 하는 경우가 있다."(임애정, 2011: 61)

• 인터뷰 2 (여학부생)

"같은 일(성폭력)을 또 당한다면 신고 못 할 것 같아요…. 불특정 다수가 달려드는데… 물론 그들이 나의 실명을 알고 덤비는 것은 아니지만, 너무 힘들었어요."(나임윤경, 2006: 124)

• 인터뷰 3 (비정규직 여교수)

"주제를 토의할 때… 여학생들을 주눅 들게 합니다. 속내를 털어 놓았다가는 독한 여학생, 나대는 여학생으로 혹은 발랑 까진 여자로 몰릴까 두렵기도 하고, 남학생들의 반박에 일일이 대응하는 것이 귀찮아서라도 침묵하고 만다는 여학생들이 꽤 있거든요."(임애정, 2011: 60)

보다시피, 대학공간이라는 교육현장에서 여성들에게 침묵이 강요되고 있다. 여성의 침묵은 성적 폭력에 관해서만이 아니라 학습 활동에서도 전반적으로 나타나고 있다. 더욱이 그 강요라는 것이 눈에 보이거나 규정되어 있는 것이 아니기 때문에 누가 어떤 방식으로 여성들에게 침묵을 강요하는가에 대한 문제를 제기하는 것은 쉽지 않다(나임윤경, 2006: 172). 그 까닭은 절대다수의 남성 의사결정권자들이 있는 공간으로서의 대학은 남성들에게 일방적인 권한이 주어진 공간이기 때문이다(나임윤경, 2006: 129).

따라서 대학공간에서 여성들은 대학에 들어오기 전에 겪지 않았던 소외의 경험을 하는 것으로 드러났다. 의사소통의 어려움을 겪거나, 의도하지 않게 대상화되거나, 주류에서 배제되는 등의 경험을 하는 것이다. 이러한 경험들은 엄연히 성차별이다. 그러므로 이러한 성차별이 일어나고 있는 대학공간은 개인적 차원에서는 '여성을 위한 언어 부재 공간'이며, 자치공간 차원에서는 '예비역을 비롯한 남자들의 공간'이고, 학교 차원에서는 '남교수와 남학생에게 전유되는 공간'이라 말할 수 있다(나임윤경, 2006: 159). 이러한 점에서 여성은 막연히 '자연'스럽거나 혹은 '중립적'일 것으로 여겨졌던 (대학)공학의 환경이 여성들에게 부자연스럽거나 전혀 성평등적으로 경험되고 있지 않음을 보여준다(나임윤경, 2006: 148).

이러한 성차별적인 대학공간의 모습은 사이버 공간에서도 그대로 재현된다. 이는 다름 아니라 대학 홈페이지와 같은 사이버 공간을 말하는데, 그 운영 역시 남성이 주도하는 가부장적인 공간이자 여성과 남성이 성별화된 담론의 장으로 형성되어져 있다. 여학생의 경우 학내 홈페이지의 자유게시판에 글을 올리는 경우는 대체로 칭찬릴레이, 물물교환, 분실물찾기 등이 주를 이루는 반면, 남학생의 경우 정치적 사안 등이 주를 이룬다. 이렇듯 대학의 사이버 공간 역시도 현실의 대학공간을 고스란히 옮겨 놓기라도 한 듯 남학생 중심의 담론의 장으로 운영되고 있다. 심지어는 남성중심적인 담론 형성으로 인해 성폭력 피해자의 이차적 피해가 발생하는 사례가 빈번하다. 그런 까닭에 사이버 공간에서의 여성에 대한 폭력과 배제 역시 사이버 공간에서조차도 여성을 침묵하게 만들고 여성을 소외시키고 있는 것이다(임애정, 2011: 61).

이와 같이 현실적으로 대학공간 내에서 작동하고 있는 공간에 대한 젠더적 관점은 부당하게 부적합한 방식으로 작동되고 있다. 따라서 대학공간에 상존하는 젠더불평등 요인으로 다음 세 가지를 들 수 있다.

첫째, 여성의 비가시성과 그로 인한 소외를 들 수 있다. 이는 대학공간 내에 물리적으로 존재하는 여성에 대한 비가시성은 여성이 대학 공간 내 구성원이며 주된 교육활동을 활발히 하고 있음에도 불구하고 정당한 구성원으로 받아들여지지 않고 있음을 말하는 것이다.

둘째, 효율성을 이유로 남성중심적 일반화가 일구어 낸 형식적이고 획일적인 공간의 배치를 들 수 있다. 이는 대학 내 실존하는 여성의 경험적 목소리를 은폐함은 물론 대학공간 내에서의 다양한 구성원들의 존재를 망각함으로 인해, 그 어떤 누구의 욕구에도 부합하지 않는 어정쩡한 공간의 배치를 지속적으로 일구어 냄으로써 섣불리 추구하고자 했던 효율성조차도 획득하는 데 실패하는 것을 말한다. 따라서 이는 효율성이라는 미명 아래, 우리 사회가 쉽게 행하는 일반화의 오류와 다르지 않다.

셋째, 성역할 고정관념 등으로 인해 공간을 왜곡된 방식으로 젠더화하고 이와 더불어 보편적인 모두의 공간주권을 등한시하는 점을 들 수 있다. 이를 테면, 대학 내 젠더화된 대표적인 공간은 돌봄 지원에 관한 공간이다. 돌봄 지원 공간은 대개의 경우 가임기 내지 육아기 여성의 요청에 따라 마련되고 이들을 중심으로 운영되고 있음이 현실이다. 그러나 여성뿐만 아니라 돌봄을 수행하는 구성원이라면 그 누구든지 교수-학습-지원 등의 활동을 병행하기 위해 돌봄을 위한 공간을 요청할 수 있으며, 응당 그래야 한다. 그러나 여전히 돌봄이란 가임기와 육아기 여성의 몫이라고만 여긴다. 그런 탓에 정작 자신이 돌봄활동을 하고 있음에도 불구하고 여성이 아니기에 요청하거나 이용할 수 없다고 여기며, 돌봄 지원 공간은 '오로지 여성만을 위한 공간'으로 여긴다. 따라서 여성은 대학이란 교육공간에서도 역시 일차적인 돌봄활동의 의무자로 고착화되고 여성전용의 돌봄 지원 공간을 요청하거나 마련되어 이용하려면 시혜적인 공간을 요구하고 이용한다는 곱지 않은 시선을 감내해야 하는 일이 발생하는 것이다. 반면 여성이 아닌 이들의 돌봄활동은 정작 드러나지도 않으며, 이들이 돌봄 공간에 대한 목소리를 내는 것은 자신의 몫이 아니라 여기게 된다. 그런 탓에 대학공간에 돌봄 지원 공간을 마련하는 것을 꺼리게 되고 어쩌다 돌봄 지원 공간이 마련되더라도 실효적으로 운영되지 못하여 폐쇄의 기로로 들어서는 애물단지로 취급되는 것이다. 이는 살만한 삶을 위한 모든 이들의 대학 공간에 대한 권리가 등한시되어 온 것을 여실히 보여주는 것이다.

따라서 대학공간에 대한 물리적 구체성과 기능적 이념성은 현실적으로 공간을 이용하는 구성원들에 대한 구체적 현황 파악과 공간이 추구하고자 하는 궁극적인 목적과 구체적인 활동에 대한 온당한 의미부여가 반드시 이루어져야 하는 것이다.

그러므로 여성의 역량강화와 자아실현을 위한 대학에서의 구체적인 물리적 공간의 배치에 대한 노력과 더불어 원활한 교수-학습-지원 활동을 위한 공간주권 구현의 이념을 추구할 것이 요청된다.

IV. 여성의 대학공간에 대한 '권리' 찾기[2]

"여성에게 대학이란 공간은 자신의 역량을 강화하고 자아를 실현하는 주요한 장으로 엄밀히 말하면 여성 인권 실현의 가장 근간이라 말할 수 있다."(임애정, 2011: 52)

오늘날 우리 사회에서 교육이란 인간의 삶을 조건 짓는 의미 있는 활

---

2) 이 부분은 연구자의 연구논문 "대학공간에 대한 권리와 여성"(임애정, 2010)의 일부를 발췌하여 재구성한 것임.

동이다. 그런 까닭에 교육공간에서의 여성의 인간으로서의 존엄과 여성으로서의 차이에 대한 인정은 성평등한 의식 형성은 물론 여성의 지위향상을 위해 필수불가결한 것이다. 더욱이 대학이란 공간이 지식을 생산하고 소통의 기능을 하는 장이라는 점에서 사회구성원들의 성평등한 의식을 함양하고 이러한 문화를 조성함에 있어 대학이 그 역할을 다하여야 함은 당연한 것이다. 또한 대학 내의 이러한 움직임은 대학 담장을 넘어 사회까지 그 영향을 미칠 것이 분명하다. 따라서 우리는 대학이란 공간에서부터 성평등과 여성인권에 대한 외침에 귀 기울여 여성의 인간으로서의 존엄과 여성으로서의 차이를 인정할 수 있는 발전적 방안을 모색하는 것이 바람직하다.

따라서 대학이라는 공간은 여성에게 교육의 기회를 균등하게 보장하고, 직업 선택의 자유의 길을 열어주며, 심지어는 자아실현을 통한 행복 추구까지 꿈꿀 수 있는 곳이다. 그러므로 대학이란 공간은 여성에게 자신의 역량을 강화하고 자아를 실현하며, 심지어는 의사소통과 참여의 기회를 열어주는 여성인권 실현의 주요한 장인 것이다.

그렇다면 현실의 대학 공간이 과연 여성인권의 실현이 가능한 근간이라 하기에 손색이 없는지 진단해 볼 필요가 있다. 이에 우리는 다음과 같은 주요 사항을 인지하고 인정하여야 한다.

첫째, 여성은 대학이라는 공간에서 여학생으로, 여교수자로, 여직원으로 실제로 활동하고 있다. 그리고 이들은 소수든 다수든, 그리고 생애 전반에 걸쳐 한시적이든 반영구적이든 '대학 공간에서 생활하고 있는 구성원'이다. 이를 인지함은 대학이라는 교육공간에서 다층적으로 소외되거나 배제되는 여성이 교육공간의 정당한 행위자로 자리매김하기 위해 필수적이고 기본적인 것이다.

둘째, 여성은 학업을 목적으로든, 취업을 목적으로든 생리기, 출산기, 육아기 내지 돌봄노동기와 맞물려 대학 공간을 이용할 여지가 남성보다 절대적으로 다분한 것이 현실이라는 점이다. 이에 대한 인지는 현행 대학 통계 항목으로는 읽혀지지 않는 출산기, 육아기 내지 돌봄노동기에 있는 대학구성원(여성을 비롯한 모든 이용자)의 현황과 실태 및 욕구를 파악할 수 있는 토대가 되어 줄 것이다. 또한 이는 성평등한 문화조성을 위한 대학공간의 재배치에 있어 보다 적절한 규준을 마련하여 줄 것이다.

셋째, 여성은 물리적이든 정서적이든 폭력에 노출될 여지가 높은 사회적 분위기에서 대학 공간을 접하고 있다는 사실이다. 이에 대한 인지는 여성에 대한 폭력이 여성에 대한 차별임을 깨닫게 하고, 대학이 남성중심적(가부장적, 군사주의적) 문화를 재생산하는 공간으로서가 아닌 각자의 역량을 개발하고 발휘할 수 있는 성평등한 교육환경을 제공하는 공간으로 거듭나는 데에 있어서 중요하다.

넷째, 대학공간에 대한 논의는 향후 여성뿐만 아니라 필연적으로 남성을 포함한 다양한 성이 결부된 논의로 확장되어야 한다. 이러한 인식은 대학구성원의 성별뿐만이 아니라 연령, 활동유형 등과 같은 다양한 요소들을 고려한 대학공간에 대한 논의로 확장될 수 있는 계기가 될 것이 분명하다.

이와 같은 전제에 대한 공감은 여성의 대학공간에 관한 권리를 논함에 있어 반드시 필요한 최소한의 것이다. 이에 대한 공감이야말로 우리가 여성과 대학공간에 대해서 논의하는 것이 바로 여성인권 실현을 위한 구체적인 방안 마련과 연관되어 있다는 것을 직시할 수 있게 해 준다. 더 나아가 이는 모든 이들의 공간 주권을 구현하고자 하는 노력들의 일환이기도 하다.

여기서 우리는 대학에서의 여성의 인권 실현을 위한 '공간주권 구현의 이념'을 대학공간의 물리적 구체성과 기능적 이념성을 결부시켜 다음과 같이 제시할 수 있다.

다시 말해, 대학공간에 대한 여성의 권리는 ① 교수-학습, ② 편의, ③ 안전, ④ 돌봄 지원 등에 관한 것으로, 그 기능적 이념성과 물리적 구체성을 결부시켜 도출하여 볼 수 있다. 이때 눈여겨 볼 것은 이러한 제시 항목이 앞서 논한 대학공간에서 여성의 인권이 실현되기 위하여 공감하여야 하는 전제들과 일치한다는 점이다.

다시 말해, 첫째, 대학공간을 이용하는 여성은 대학구성원으로서 대학공간에 대한 권리를 가지고 있다. 따라서 여성의 대학공간에 대한 권리가 보편적으로 실현되기 위해서 교수-학습에서의 여성의 주변화 내지 배제의 실태를 파악하여야 한다.

둘째, 여성의 공간에 대한 보편적 권리 실현과 더불어 실질적인 권리 실현이 요구되어진다. 따라서 편의시설의 균등한 제공과 더불어 그 조건과 결과까지도 실질적으로 성평등하게 이루어지고 있는지에 대해 살펴보아야 한다.

셋째, 모성과 같은 여성의 특수성이 적절하게 보장되는 것은 여성의 역량강화와 긴밀한 관계를 가지고 있다. 따라서 이를 고려하여 대학공간이 구성되어 있는지에 대한 주의 깊은 관심이 필요하다.

이와 더불어 대학 내 부당한 성억압적인 사회 · 문화적 기제로 인해 여성이라는 이유로 성차별과 성폭력의 위험에 직면할 요인이 있는지에 대해 규범적으로 성찰하여야 한다.

따라서 여성의 대학공간에 대한 권리는 대학공간의 물리적 구체성과 기능적 이념성에 관한 논의를 중심으로 ① 교수-학습, ② 편의, ③ 안전, ④ 돌봄 지원 등에 관하여 살펴 볼 수 있다.

우선, 교수-학습 활동에 있어 그 구체적인 물리적 공간은 강의실과 도서관 내지 연구실 등으로 거론된다. 그리고 그 기능적 이념성은 여성의 역량강화와 자아실현은 물론 이를 위한 의사소통과 의사결정 등 여성의 원활한 교수-학습-지원 활동의 지향으로 논할 수 있다.

그리고 편의/안전/돌봄 지원에 관한 공간은 화장실, 기숙사, 휴게실, 체육시설, 탈의실, 샤워실, 흡연실, 보행시설 및 치한방안, 수유실 및 보육실 등을 들 수 있다. 그리고 앞서 열거한 편의/안전/돌봄 지원에 관한 공간은 성별화된 공간으로 상존하고 있다. 따라서 성별에 따라 대학공간을 이용함에 있어 직면하는 공간문제가 다름을 짐작할 수 있다. 그 예로 여성은 화장실, 휴게실, 보행, 치한, 수유실, 보육실 등에 대한 의견이 상대적으로 많았으며, 남성(주로 남학부생)은 흡연실, 주차장, 스터디룸에 대한 의견이 상대적으로 높은 비중을 차지함을 들 수 있다.

이를 바탕으로 대학이란 공간이 여성인권 실현의 장으로서 갖추어야 하는 공간으로서의 이념성을 다음과 같이 제시하고자 한다. 여기서 제시되는 의견은 부산대학교 부산캠퍼스를 중심으로 '〈대학공간〉에 대한 이용자 의견서'를 취합한 것의 일부이다.[3]

첫째, 대학공간은 여성의 교수-학습에 관한 교육권이 보편적으로 보장될 수 있어야 한다.

교수-학습 공간에 대한 논의에서 우선, 여교수와 여학생 모두가 교수-학습활동이 주로 이루어지는 강의실을 이용할 경우, 가방을 둘 곳이 마땅히 없음을 지적하였다.

그리고 비정규직 여교수의 경우 대학 내 지정된 연구공간이 없기 때문에 강의 시 책을 비롯하여 교재 및 교구와 소지품이 담긴 가방 등을 들고 강의실에 들어가야 하는데, 이것들을 강의하는 동안 잠시 둘 곳도, 해당 학기 동안 보관하여 둘 곳이 마땅치 않음을 지적한다. 이런 여건에서 교수-학습활동이 원활하게 이루어지기를 기대하기란 어렵다.

또한 강의실의 의자가 차갑고 딱딱하여 여성의 경우 신체적 특징상 오래 앉아 있기 힘들고 신체에 무리가 오며 심지어는 불쾌감 내지 통증 등으로 인해 학습에 집중하기 어려운 경우가 있다.

---

3) 당시 이용자 의견서는 1차와 2차에 거쳐 취합되었으며, 1차 취합은 2010년 11월 9일부터 26일에, 2차 취합은 2011년 1월 7일부터 10일에 거쳐 진행되었으며, 의견자는 총 126명이다. 본 의견서를 작성한 이용자 총 126명의 현황은 다음과 같다. (1) 여교수 5명(① 정규직 1명: 기혼, 20여 년 근무, 출산 육아 유경험자, ② 비정규직 4명: 기혼, 출산 육아 경험자 2명, 출산 육아 무경험자 2명), (2) 여직원 2명(① 정규직 1명, ② 비정규직 1명), (3) 여대학원생 4명(① 석사과정생 1명, ② 박사과정생 2명, ③ 박사수료생 1명: 기혼, 출산 육아 무경험자, 외국인유학생), (5) 여학부생 77명(외국인유학생 3명 포함), (6) 남학부생 13명, (7) 성별무표기 학부생 25명(타대학생 2명 포함).

 그리고 여학생의 경우 건물 배치와 이동거리에 있어 여학생이 많은 학과 내지 단대가 정문과 먼 곳에 위치하고 있기에 불편하다고 한다. 남학생 역시 약학과, 예술관, 제2사범관이 너무 외진 곳에 있다고 지적하는데 마침 거론된 학과 내지 건물은 여학생이 많은 학과이거나 단대가 있는 건물임을 알 수 있다. 학과 내지 단대의 위치가 학내에서 외진 곳에 있고 접근하기가 용이하지 못한 경우 주이용자들은 상대적인 박탈감을 느낄 수 있다.

 이와 같이 교수-학습 공간에 대해 여성들은 강의실 내 부족한 수납공간, 불편한 책걸상, 외진 곳에 위치한 건물 등을 문제점으로 제시하고 있다.

 이에 혹자는 가방 내지 소지품 등을 둘 곳이 마땅치 않음 등이 뭐가 대수냐라고 되물을 것이다. 뿐만 아니라 혹자는 이런 경우는 여성만이 아니라 대학 강의실을 이용하는 사람이라면 남성도 겪을 일이거늘 굳이 여성만의 문제로 강조할 사항은 아니라고 말할 것이다. 그러나 이는 대수롭게 여겨서는 아니 될 사항이며, 더욱이 이는 여성의 문제임과 동시에 바로 우리의 문제임이 분명하다. 이를 확인시켜주는 경험적 사례를 들어 보도록 하겠다.

 나는 한 여학생이 강의실이든, 휴게실이든, 심지어는 음식점과 커피숍에서조차도 줄곧 가방을 무릎 위에 두고 앉아 있기에 처음에는 치마를 입었기 때문에 그러는 줄 알았다. 그러나 바지를 입었을 때도 여전히 가방을 무릎 위에 두기에 왜 그러냐고 그 이유를 물으니, 학교 다니는 동안 가방 둘 곳이 마땅치 않아 무릎에 두었더니 이제는 습관이 되었다고 한다. 심지어는 농담 반 진담 반으로 무릎에 가방이 없으면 허전하다며 가방은 신체일부라고까지 하며 웃어 보였다. 이는 여학생의 소지품을 수납할 수 있는 공간이 강의실에 구비되어 있는지의 여부가 생활습관을 좌우하기도 함을 여실히 보여주는 것이기도 하다. 그렇기에 마냥 대수롭지 않게 여길 사항은 아니다.

 또한 이에 덧붙여 강의실 내 수납공간이 마땅치 않음이 굳이 '여성

의 문제인가'라는 되물음에 대해서는 앞서 제시한 경험적 사례에서 여
학생의 행위에 대해 제기한 남학생들의 '의아함'과 그 의아함에 맞선
여학생들의 '얼버무림'을 그 예로 들어 '여성의 문제가 바로 우리의 문
제이다'라고 답할 수 있다.

앞의 사례에서 여학생이 가방 둘 곳이 마땅치 않아 무릎에 둔다는 말
에 대다수 남학생들은 가방을 강의실 바닥에 두든지 옆 책상 내지 의자
에 두면 될 것을 '왜 (쓸데없이, 뭐 하러) 그러냐'라며 의아해했다. 그
러자 그 여학생을 비롯한 다수의 여학생들은 '어떻게 (가방도 더러워
지고 다른 사람도 앉아야 하는데) 그러냐'라며 얼버무리는 것이다.

이와 같이 남학생들에게 쓸데없이 여겨지는 여학생들의 이러 저러
한 생활습성은 도무지 이해할 수 없고 고려의 여지가 없는 것이 되어버
리기 십상이다. 반면, 여학생들 역시 이에 매번 대응하여 주장한 이런
저런 이유가 구차한 변명거리로 치부되어 버리는 탓에 굳이 번거롭게
설득하려 들지 않는다.

보다시피, 물리적인 공간의 배치에 따른 성별화된 생활습성이 있음
은 간과할 수 없는 현실이다. 더욱이 그 생활습성을 자아내는 심리 내
지 정서적 이유와 그 표현방식이 '성별에 따라 다를 수 있음'을 알 수
있다. 이때 주의하여야 할 점은 여기서 논하고자 하는 바가 그저 성별
화된 특수성의 보장을 위해 대다수가 그러하다는 이유로 성별에 따른
생활습성의 차이를 쉽사리 일반화시키고자 하거나 더욱이 보편적인
본질적 차이로 환언시키고자 하는 것이 아니라는 것이다. 여기서 우리
가 중요하게 여겨야 할 점은 물리적 공간의 배치로 인해 공간 내에서의
활동이 '성별에 따라 달라질 수 있다는 점'이며, 더욱이 이때의 차이가
성별에 따른 일반적이거나 본질적이라는 점보다도 '사회적이고 관계
적으로 구성된 것이라는 점'이다. 그리고 이때의 차이는 사회적/관계
적으로 구성된 것이기에 자칫 '차별적일 수 있다는 점'이다. 또한 앞의
사례에서는 이러한 사회적/관계적으로 구성된 차이가 비록 성별에 따
른 차이로 강조되었지만, 실은 얼마든지 연령, 사회적 신분 등에 따른

'다양한 복수적 차이로도 논의될 수 있다는 점'이다. 따라서 물리적 공간의 배치에 따라 성별에 미치는 영향이 다름을 강조하는 것은 여성의 문제임은 물론이거니와 '이것이 굳이 여성만의 문제인가라는 되물음'이 역설적으로 뒷받침해주듯이 차이의 문제를 다룸에 있어 '우선 여성의 문제로 간주하여 다룸'으로써 우리는 '다시금 누구의 문제인가라는 되물음'을 통해 성별을 비롯하여 연령, 사회적 신분 등등의 문제일 수 있다는 인식으로 확장하여 나아갈 수 있다. 다시 말해 우리는 이러한 방식에 힘입어 여성에게, 남성에게, 학생에게, 교수에게, 직원에게 대학공간의 물리적 구체성과 기능적 이념성이 미치는 영향이 어떠한지에 대해 상상할 수 있으며, 그리하여 차이를 고려한 보편적인 교육권을 실현할 수 있게 될 것이다.

둘째, 대학공간은 여성의 신체적 특수성과 현실적인 상황적 요소를 고려한 편의 제공을 통해 건강권을 보장하도록 해야 한다.

대학 공간에서 편의시설이라 하면 휴게실, 화장실, 흡연실, 기숙사, 체육시설, 탈의실, 샤워실, 사물함 등을 들 수 있다. 이때 여학생은 여성 휴게실을 여성의 신체적 특징상 필수적인 휴게공간으로 여기고 있으며, 그 부재와 부족, 관리, 폐쇄 등의 문제를 거론하였다. 그리고 화장실을 최소한의 품위 유지를 위한 공간으로 여기고 있으며 여성의 신체적·생리적 특징상 칸막이 화장실의 적절한 크기와 변기의 형태, 여성위생용품 판매기 설치, 화장실 칸마다 휴지가 배치되어 있어야 한다고 말한다. 또한 화장실 내의 소지품 거치공간의 확보와 파우더 룸의 필요를 이야기한다. 이뿐만 아니라 화장실 내부가 외부로부터 적절히 차단될 수 있는 칸막이 등이 설치되기를 희망한다.

휴게실의 경우, 여학생 휴게실과 분리된 비정규직 여교수 휴게실이 필요하다는 의견이 있었다. 이에 여학생 휴게실이 있는데, 비정규직 여교수 휴게실이 왜 필요하냐고 생각하는 이들도 있을 것이다. 어떤 이는 여학생과 함께 쓰면 될 것이라 생각할 것이다. 실제로 여학생 휴게실을 이용하고자 했던 비정규직 여교수의 경험에 따르면 교수와 마주친 학생들이 당황해 하며 제대로 쉬지 못하기에 매우 난감하였다고 한다. 랑시에르(Jacques Ranci re)가 그의 저서 『무지한 스승』에서 말하는 교실 내 지적 해방이 이뤄지지 않는 한, 우리 사회의 학교라는 공간에서 교수와 학생 간의 불필요한 위계질서는 여전할 터인데, 여학생과 여교수를 같은 공간에서 제대로 쉬지도 못하고 서로 난감함을 감내할 것을 강요하는 것은 바람직하지 않다.

또한 걸핏하면 휴게실 관리가 잘 되지 않는다는 이유로, 휴게실을 이용하는 자가 적다는 이유로, 공간이 부족하다는 이유로 휴게실의 존폐를 운운하여 여학생들이 휴게실을 이용함에 있어 눈치를 보는 일 또한 바람직하지 않다. 오히려 운운되어야 할 것은 휴게실을 어떻게 제대로 관리할 것인가이다. 다시 말해, 관리가 제대로 되지 않아 이용에 불편함이 생겨 이용자가 줄지 않도록 지속적인 관리가 필요한 것이다. 물론 대학공간 내 휴게공간은 비단 여성들뿐만 아니라 모든 이용자에게 중요한 공간이다. 그렇다면 이즈음에서 그동안 대학이 공간을 배치함에 있어 물리적으로도 기능적으로도 오로지 학습에만 치우쳐 휴식의 중요성을 간과하는 것은 아닌지, 그리고 휴식을 간과한 채 학습에만 치우친 것이 과연 학습효과를 높일 수 있었던 것인지를 진단하여 볼 필요가 있다(이에 관해서는 이후에 제시되는 의견 1, 2, 3을 통해 더 자세히 논하도록 하겠다).

화장실의 경우, 대학공간 하면 화장실이 생각날 정도라는 의견이 있을 만큼 여학생에게 화장실은 상당히 많은 것을 공간적 문제로 안겨주는 곳임이 분명하다. 더욱이 여성에게 화장실이란 공간은 최소한의 품위를 유지하기 위한 공간이라는 의견에 공감한다. 여성의 신체적 조건에 따라 생리현상을 해결하는 곳이 바로 화장실이며 말 그대로 학교 공간 안에서 가장 개인적인 공간이다. 따라서 그러한 공간을 이용함에 서로가 민망하지 않을 정도의 시선을 차단해 주는 칸막이가 필요하다는 의견이 있었다. 특히 남녀 모두가 남자화장실에 대한 적절한 시선 차단이 필요함을 말하는데, "화장실의 경우 … 특히 남자화장실이 많이 오픈되어 있는 것 같아 조금 민망한 경우가 많이 있는 것 같습니다(여학부생)"와 "남자화장실이 너무 개방되어 있어 이용하기 불편합니다(남학부생)"라며, 적절한 시선의 차단의 필요성을 여성은 민망함으로, 남성은 불편함을 들어 이야기하였다.

또한 여성은 신체적 · 생리적 특징상 여성이라면 누구나 화장실이라는 공간에서 당황스런 일을 경험한다. 생리대가 없어서 혹은 휴지가 없어서 말이다. 그럴 때 최소한의 이동으로 이러한 여성용품을 구할 수 있다는 것은 여성의 자존감을 덜 훼손시키며, 수치심을 감소시킬 수 있다. 물론 불쾌감 역시 감소시킬 수 있다. 수업 중간 중간에 언제든지 생길 수 있는 이런 일로 인해 여학생이 수업을 포기하지 않도록 하는 것이 중요하다. 따라서 당황스런 일이 생겼을 때 보다 쉽고 빠르게 대처할 수 있도록 화장실 내부에 구비되는 것이 무엇보다 더 중요하다. 이 점은 대학 캠퍼스가 상당히 큰 규모라는 점과 이에 비해 각 단대별 매점과 같은 편의시설이 상설되어 있지 않다는 점을 감안할 때 경청하여야 할 부분이다.

흡연실에 대해서는 비흡연자든 흡연자든 흡연실의 확보를 원했다. 서로 피해를 주고 눈치보며 피는 것을 바라지 않았다. 눈여겨 볼 것은 아직도 우리 사회는 여성이 그것도 여학생이 흡연하는 것을 곱지 않은 시선으로 본다는 것이다. 이 문제를 지적한 의견자는 흡연 여성이 단순히 여성전용 흡연실을 바라는 것이 아니라고 한다. 이들은 오히려 여성 흡연자에 대한 사람들의 시선과 사회적 인식의 변화를 바라고 있음을 강조하였다.

이 밖의 기숙사, 탈의실, 샤워실, 체육실, 사물함 역시 여성의 욕구에 부응할 필요가 있다. 이 중 체육실, 탈의실과 샤워실의 경우 여성이 왜 자주 사용하지 않는지 그 이유를 간파함이 시급하다. 여성이 자주 사용하지 않기에 관리할 필요가 없고 폐쇄한다는 것은 타당하지 않다. 그나마 몇 안 되는 시설을 많은 여성이 사용하지 않는다는 그 사실만으로도 이미 이용에 있어 접근성과 청결성 등의 문제가 있음이 드러난다. 따라서 이에 대한 면밀한 주의가 요구되어진다.

특히 사물함의 경우 그 사용이 필수적이라기보다 더 편리하게 사용할 수 있도록 구비할 필요가 있다. 여성이 왜 큰 가방을 들고 다니는지, 어떻게 사물함을 사용하는지에 대해 자세히 알아 볼 필요가 있다. 그리하여 사물함의 크기, 높이, 위치 등에 대해 고민하여야 할 것이다. 더욱이 남학생 역시 사물함의 크기가 적절하지 않다고 지적하고 있다. 여성 또한 크기뿐만 아니라 높이에 관한 문제점을 지적하는데, '테니스라켓을 사물함에 둘 수 없다', '치마를 입고 힐을 신고서 낮은 곳에 위치한 사물함을 이용하기가 곤란하다' 등이다. 이는 여성의 복장과 같은 생활양식과 결부되어 있는 문제이기도 하다.

앞서 살펴본 바와 같이 여학생들의 사물함 배치를 비롯하여 대학 내 편의시설의 공간적 배치 문제는 여성의 건강은 물론 행복추구와도 긴밀하게 관계되어 있다. 따라서 편의시설 관리가 제대로 되지 않는다며, 그 이용자가 줄었다며, 강의실도 부족한 터에 편의시설은 터무니없다며 편의시설의 존폐를 운운하는 것은 대학공간의 물리적 구체성과 기능적 이념성에 대한 논의를 간과한 채 공간문제를 다루기 때문이다. 이러한 현실은 다음과 같은 의견을 통해 여실히 알 수 있다.

• 의견 1 (여학부생)

"전체적으로 학교 내의 강의실 이외 로비에는 잠시 앉았다가 쉴 수 있는 공간이 너무 없다. 또 정수기 또한 너무 없어서 기본적으로 '휴식'이라는 개념은 없고 공부만 하고 강의만 하는 학교 이미지가 강하다."

• 의견 2 (학부생, 성별 무표기)

"당시 학교 전체에 퍼져 있는 학부생들을 위한 공간으로 학생회실, 공부방, 컴퓨터실이 있었는데, 학부가 사라진 뒤 공간부족을 이유로 자유전공학부 학생들이 쉴 수 있는 공간이 모두 폐쇄되었고, 그 이후 어느 건물에 가서도 쉴만한 공간을 찾기가 힘들었습니다. … 오로지 자판기 커피의 따뜻함에 의존해서 건물 외부에 배치된 특정 장소에서만 공강시간을 지내 온 것이 벌써 5년째군요."

• 의견 3 (박사과정 여대학원생)

"물리적인 공간의 한계로 인하여 각 시설마다 효율성을 극대화하는 것이 바람직하지만 점차 학생들의 자치적인 공간 및 휴식공간이 줄어들고 있다. 예를 들면, 법학과가 아직까지 존치되고 있고, 학부학생들이 학교 내에서 생활하고 있으나 학부 학생회실, 동아리방 등이 사라진 것은 안타깝다. 학교를 다니는 일차적인 목적은 배움이지만 학생들 간 교류 및 여유를 만끽할 수 있는 공간도 매우 소중한 것이다."

보다시피 대학공간은 교육활동을 수행하는 공간이다. 그리고 이때 교육이란 인간의 삶을 조건 짓는 의미 있는 활동으로, 더욱이 교육활동을 수행하는 공간으로서의 대학은 그 구성원들이 행위자로서 지식을 생산하고 소통의 기능을 하는 장임을 상기하여야 한다. 따라서 이에 유념한다면, 오히려 대학공간의 기능적 이념성과 맞물려 물리적 구체성이 요구되어질 곳은 다름 아닌 편의시설이다. 우리는 앞서 제시한 편의시설에 관한 의견을 통해(임애정, 2010: 61-69), 대학의 기능적 이념성과 물리적 구체성이 적절하게 결부되어 공간적 배치가 이루어져야만 대학에서의 교육활동이 유의미해질 수 있음을 엿볼 수 있다.

셋째, 대학공간은 여성에 대한 성차별적이고 성폭력적인 요소들을 제거하고 성평등한 문화를 조성함으로써 여성의 자기결정권을 보장하여야 한다.

이미 오래전부터 여성에 대한 폭력이 여성의 인권 침해로 거론되어 오고 있지만 여전히 여성은 폭력에 노출되어 그 대상이 되기 십상이다.

• 의견 4 (비정규직 여교수)

"이를테면 치한문제에 대한 불만이 많더군요. 늦은 시간까지 학생회관 공동연구실에서 혼자 작업하다 내려가는 경우, 차가 없는 선생님들은 더 그렇고, 차가 있어도 불쑥 누군가가 연구실 문을 열고 들어올 것 같아 마음이 편하지 않답니다. 그래서 남편이나 누군가를 불러서 함께 내려가거나, 아니면 본인의 연구가 끝나지 않았음에도 불구하고 다른 선생님들이 퇴근할 때 같이 퇴실하는 경우가 여기에 해당합니다."

이와 같이 여성에게는 학내의 어두운 조명조차도 공포심을 주고 행동을 위축시키기에 충분하다. 이는 넓은 캠퍼스의 치한경비 시스템의 한계도 있겠지만, 사회가 여전히 여성을 수동적인 성적 대상으로 전락시키는 점이 큰 문제이다. 오히려 학교 울타리를 넘어 들어왔으면 싶은 '돌봄 지원'은 그리 쉽게 정착되지 못하면서 성폭력과 같은 치한에 대한 두려움은 버젓이 학내에 상존하니 여성의 성적 자기결정권은 물론 여성의 삶에 대한 자기결정권이 온전히 실현되기는 만무하다. 여성 자신의 기호에 대한 선택부터 더 나은 삶을 위한 시간관리가 원활할 수 있도록 밤길 낯선 이의 그림자와 발소리에 두려워하는 여성이 대학 공간이라는 곳에서는 더 이상 없어져야 할 것이다.

넷째, 대학공간은 여성의 학업/일과 가정의 양립을 위한 돌봄 지원을 통하여 여성의 자아실현의 가능성을 증진시켜야 한다.

한국방송통신대학교 부산지역 학습관의 경우 일명 놀이방이 있다. 한국방송통신대학교라 하여 전국의 지역 학습관마다 놀이방이 있는 것은 아니고 몇몇 지역 학습관만 있다고 한다. 한국방송통신대학교의 경우 대다수의 재학생이 자녀가 있는 경우이고 게다가 출석수업을 주말에 운영하는지라 자녀를 동반하여 출석수업에 참여하게 되는데, 이때 유아의 경우 놀이방을 이용하고, 아동의 경우에는 개방된 강의실에서 자녀들끼리 어울려 지내도록 하기가 용이하다고 한다. 나 역시 출석수업 강의 시, 지역 학습관 놀이방에 자녀를 맡기고 저녁 시험감독을 들어갔던 적이 있다. 그리고 놀이방 운영에는 본교 유아교육과 재학생들이 자발적으로 참여하고 있다고 한다. 반면 나의 경우, 대학 내 학술대회에 참석하기 위해 어린 자녀를 교내 연구실에 재워두고 후배에게 잠든 아이를 다급히 부탁한 적도 있다. 이러한 경험은 대학에서 육아와 학업/일을 병행하고 있는 여성이라면, 실은 누구든지 경험할 여지가 다분하다. 이는 아래의 의견에서 알 수 있는 바, 돌봄 지원에 대한 대학 구성원들의 지지와 공간 마련이 미흡하기 때문이다.

• 의견 5 (여학부생)
  "여성들을 위한 취업상담소 …, 출산한 여성이라든지, 육아시설 … 교내 육아시설이 있어야"

• 의견 6 (비정규직 여교수)
  "우리 학교의 대학공간에는 기혼여성(학생, 교직원 포함)이나 임산부를 고려하는 부분이 부족(자녀의 보육, 수유, 엘리베이터 이용 못하는 건물)"

• 의견 7 (비정규직 여교수)
  "… 우리 학교의 경우, 보육실습을 할 소지가 다분한 유아교육과 내지는 보육교사 교육원이 있으니 오히려 학내에 보육시설을 운영할 수 있지 않나 …"

이와 같이 현재 대학 내 돌봄을 지원하는 물리적 공간의 마련과 제도적 내지 담론적 지지는 열악한 상황이다. 더욱이 성역할에 대한 고정관념과 일반적인 혼인적령기 내지 출산연령기라는 잣대를 들어 돌봄 지원에 대한 욕구를 읽어 내고자 하더라도, 지금의 대학통계는 분명 한계가 있다. 이유인 즉, 대학통계는 전임교원, 학부생, 대학원생에 한하여 성별과 연령에 관한 현황만이 있기 때문이다. 그런 까닭에 지금의 대학통계가 정규직/비정규직 직원과 비정규직 교수와 같이 대학구성원임에도 불구하고 대학통계에서 읽혀지지 않는 이들의 돌봄 지원에 대한 욕구를 읽어내기란 역부족이다.

또한 돌봄 지원 공간의 마련이 성역할 고정관념과 혼인적령기와 출산/육아연령기 여성만을 위한 것이라는 잣대만으로 접근한다면, 사실상 대학구성원 모두가 잠재적으로 혹은 현실적으로 학업/일과 가정의 양립에 관한 지원을 필요로 하는 이들일 수 있음을 간과하게 된다.

더욱이 임신과 출산이란 여성이 온전히 감내해야 하는 활동이고, 육아 또한 일차적으로는 여성의 몫이라 보는 현실에서 대학구성원의 절반에 가까운 여성에 대한 돌봄 지원이 제도적, 담론적 지지는 고사하고 물리적 공간에 대한 지원조차도 제대로 이루어지고 있지 못하는 실정인 것이다. 이러한 상황은 여성을 대학공간에서 잠시 머물거나 드문드문 나타나는 주변화된 구성원으로 읽혀지도록 일조한다.

김양희(2006: 138-144)는 여성리더십의 개발의 핵심주제로 진정성, 연계구축, 통제성, 통합성, 자기이해를 들고 있다. 이 중 진정성은 일상 행동이 자신이 중요하다고 생각하는 가치 및 신념과 일치한다고 느낄 때의 상태를 말한다. 그리고 통합성은 삶 전체의 통합을 이루고자 하는 것으로 개인이 삶과 커리어의 목표를 통합하고자 하는 욕구를 말한다. 이러한 욕구는 여성에게는 특별히 어렵고도 중요한 문제인데, 여성의 경우 일과 사생활이 조화를 이루지 못하고 갈등을 겪게 되는 것은 이러한 통합성의 실현이 이루어지지 못하기 때문이라고 한다.

따라서 학업이든 취업이든 가정과의 양립을 꾀하고자 하는 여성에게 돌봄노동의 지원은 이러한 진정성과 통합성을 이루게 해 줌으로써 자아실현은 물론, 리더십을 개발하는 토대가 된다고 한다.

이미 법제도는 임신과 출산, 육아활동에서 비롯되는 성역할 고정관념을 해소하고 성평등한 사회를 구축하기 위하여 일과 가정 양립지원에 관한 개별법을 제정하여 시행하고 있다. 남녀 모두가 일정 기간 육

아휴직을 신청할 수 있도록 되어 있을 뿐만 아니라, 출산휴가에 있어서
도 남성도 배우자의 출산 후 30일 이내에 3일의 휴가를 신청할 수 있도
록 하고 있다. 이처럼 오늘날 돌봄 지원의 제공 요건은 성별이 아니라
육아와 여타 사회활동의 양립으로 인식되고 있다.

　요컨대, 이러한 대학 내 물리적 공간별 분석에 따른 그 구체성과 결
부된 기능적 이념성은 1) 교수-학습 공간에서의 교육권 보장, 2) 편의
공간에서의 건강권 보장과 행복추구 실현, 3) 안전 공간에서의 자기결
정권 보장, 4) 돌봄 지원 공간에서의 자아실현 보장을 들 수 있다.

V. 여성의 대학공간에 대한 '정치' 찾기

　"우리는 행동하는 주체가 사회적 공간의 구성에 기여하는 몫을 강조
할 수 있다. 이때 행동하는 주체의 기여는 무엇인가. 그것은 항상 기존
해 있는 변화 불가능한 공간 배치를 다르게 읽고 해석함으로써 새로운
사회적 공간을 구성하는 것이다." (마르쿠스, 2010: 114)

　우리가 공간의 사회적/관계적 성격을 상기할 수 있다면, 우리는 행동
하는 주체로서 공간을 배치하고 스스로를 위치 지울 수 있다. 이는 바
로 '공간에 대한 정치'를 뜻하는 것이다. 따라서 '여성의 대학공간에
대한 정치'란 여성이 행동하는 주체로서 변화가 불가능하다고 여긴 대
학공간의 배치를 다르게 읽고 해석함으로써 새로운 사회적 공간을 구
성하는 것이다. 그리고 이때의 정치는 정당들 간의 권력 투쟁과 이러한
권력의 행사를 뜻하는 일반적인 정치가 아니다. 이는 '정치적인 것'에
대해 말하는 것으로, 우리가 통치 책략이 아니라 법, 권력, 공동체의 원
리들에 대해 말하는 것을 뜻한다 (랑시에르, 2008: 15).

그렇다면 여성이 대학공간에서 주체가 되어 정치적인 것, 즉 법, 권력, 공동체의 원리에 대해 말함으로써 변화 불가능한 대학공간의 배치를 다르게 읽고 해석하여 사회적 공간, 즉 대학공간을 재구성한 사례로는 무엇이 있을까. 다시 말해, 여성의 대학공간에 대한 정치의 흔적을 어디서 찾을 수 있는가.

이에 대학에서의 여성의 공간정치라 할 수 있는 일련의 사건들을 열거하자면, 성균관대 자취방 사건(1996년), 서울시립대 여자화장실 사건(1997년), 서울대-동덕여대 고속버스 성추행 사건(1997년), 이화여대 미팅 엽서 사건(1997년), 고려대 총학생회장 사건(1998년), 성균관대 총학생회장 사건(1998년), 연세대 기숙사 사건(1998년), 서울대 독문과 사건(1998년)과 사이버 공간에서 일어난 연세대 익명게시판 사건, 천리안 번개 사건, 찬우물 사건 등을 들 수 있다. 이는 1990년대 중반 이후 대학가에서 대자보와 통신공간을 통해 공개된 성폭력 사건들로서 피해자의 적극적 문제제기를 통해 알려지게 된 것이다(김보명, 2008: 205).

이와 같은 1990년대의 대학 반성폭력 운동은 '피해자 중심주의'에 기반하여 성폭력 개념을 확장하였다는 점에서, 성폭력 사건을 자치적으로 해결하고 이를 공론화시켰다는 점에서 이는 대학공간에서 일어난 여성의 삶에 대한 생활정치 활동의 대표적 예라 할 수 있다. 당시 다루어진 성폭력 개념에 대한 논쟁과 성폭력 피해자이면서 저항하는 여성은 과연 어떤 존재인가라는 질문의 중심에는 성적 '주체로서' 여성과 이에 대해 '말하는' 여성의 실천적 활동을 보여주기에 충분한 것이라 할 수 있다. 더욱이 여기에는 '삶'의 맥락에서 경험을 언어화하고자 한 여성주의자들의 '실천'이 있었으며, 또한 '대학'이라는 공간 안에서 성폭력을 근절함으로써 성적 평등을 성취하고자 한 학생사회의 '공동체 의식'이 있었다(김보명, 2008: 2007). 따라서 당시 대학 반성폭력 운동은 여성의 경험과 관점에 입각하여 성폭력의 범주를 확장하고, 대학 내에서 발생하는 사건들을 공개함으로써 공동체로서의 대학의 성문화와 그 구성원들의 성적 주체성을 새롭게 써나가고자 한 '대학에서의 여성의 공간정치'인 것이다.

더욱이 당시 대학 반성폭력 운동은 근대 자유주의 법 담론이 탈성애화되고 개인화된 주체를 상정하는 것에서 벗어나 주체인 여성을 성별화되고 주체화된 집단으로 사유하도록 하였다. 그리고 성적 자율권을 사회적 권리인 '여성권'으로, 다시 말해, 성적 권리가 여성적 권리이자 사회적 권리여야 함을 주장하였다. 또한 사회적 권리가 타자성으로서의 여성성을 존중하는 성적 차이의 윤리를 통해 재구성되어야 한다는 점을 주장하였다(김보명, 2008: 207-208). 그렇기 때문에 당시 대학 반성폭력 운동은 '대학공간에서 비롯된 여성의 사회적 공간에 대한 정치'라 할 수 있다.

VI. 대학에서의 '공간주권 구현'에 대하여

"그렇다면 우리에게 주권이란 무엇인가. 다시 말해, 삶을 살아가는 우리에게 삶이라는 생활공간에 대한 인간으로서의 당연한 권리란 무엇인가. 더욱이 우리가 대학이란 교육공간에서 우리 스스로의 삶의 형태를 조건 짓기 위해 살아가고 있다면 이때 대학공간에 대한 권리란 무엇이란 말인가."

이와 같은 물음이 바라는 바는, '대학에서의 숨은 그림, 공간-여성-권리-정치 찾기'가 우리 스스로 '꼬리를 무는 물음을 통해' 다음과 같이 확장되어 상상되었으면 하는 것이다.

'대학공간에 대한 권리는 어떻게 실현될 수 있을까. 인간이기에, 인간으로서의 삶을 살아가기 위해 누구에게나 실현되어야 할 인권은 어떻게 보장되어질 수 있을까. 이러한 인권은 교육공간인 대학에서 어떻게 구체적으로 실질적으로 이야기되어질 수 있는가. 또한 우리에게 우리의 대학공간에 대한 권리가 실현될 수 있는 구현의 원리가 있는가. 예를 들어 우리의 삶-공간에 대한 당연한 권리를 구현하기 위해 논의되었으면 하는 민주성, 공공성, 인간성, 생태성[4] 등이 대학공간에서도 이야기되어지고 있는가'라는 질문들을 통해서 말이다.

향후 이러한 대학공간에서의 '더 많은 숨은 그림인, 복수적인 삶-주체-권리-활동-구현 찾기'가 지속되기를 바라는 바이다.

---

4) 이러한 공간주권 구현의 원리에 관해서는 2009년 9월부터 한국연구재단 사회과학지원사업(SSK) 공간주권구현 연구팀에서 활발히 연구되고 있음.

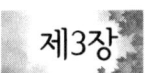

남녀교수들의 성평등 의식, 현주소를 보다

최정혜 ┃ 경상대학교 가정교육과 교수

I. 대학사회 성평등 문제제기가 필요한 이유

2009년 9월 경상대학교에 여성연구소가 출범하여 이제 두 돌이 지났다. 그동안 대학사회에서 성평등 문제가 사회적 이슈가 되어 현황파악이 활발히 이루어지고 있는 가운데 본 대학에서는 이에 관한 연구가 전무하여 우리대학의 성평등 현황과 교수들의 성평등 의식을 살펴보고자 하였다.

여성운동이 시작된 이래로 지금까지 우리사회에서는 끊임없이 여성의 사회참여 확대, 성차별적인 법·제도의 정비, 평등의식의 확산 등을 위한 노력이 이루어져 왔지만 여성차별적인 의식과 관행이 남아 있음을 부인하기는 어렵다. 우리사회의 여성차별은 여전히 존재하는 것으로 보이는데 여성가족부가 한국여성정책연구원에 의뢰해서 개발한 '성평등 지표 개발 및 측정방안 연구' 결과에 따르면 우리나라의 성평등 지수는 2005년에 0.584점, 2006년에 0.589점, 2007년에 0.594점, 2008년에 0.594점을 기록하여 4년째 성평등 지수가 제자리걸음을 하고 있음을 알 수 있다. 이 수치를 100점 만점으로 환산하면 60점이 채 안 되는 점수로서, 성평등에는 미달인 낙제점수임이 보고된 바 있다(여성신문, 2010.3.5).

교육은 성차별을 개선하기 위해서 효율적으로 이용할 수 있는 영역이다. 여성의 사회, 경제활동 참여에 대한 장벽을 넘기 위해서 가장 필요한 것이 교육수료증이기 때문이다. 근대교육이 시작되면서 여성의 교육은 남성에 비해 현저히 떨어졌지만, 현재 우리나라 여성의 교육 참여율은 남성에 근접하고 있다. 교육통계를 보면 2005년 남성의 평균 교육연수는 12년인 데 비해 여성은 10.5년이고, 2008년 남성의 대학 진학률은 84%인데 여성은 83.5%에 달하고 있다. 또 학업성취율도 모든 학급에서 성별 차이가 크지 않거나 여성이 높은 것으로 나타나고 있다. 이런 장밋빛 통계에도 불구하고 교육이 성평등을 위해 그 기능을 다하고 있다고 단언하기는 어렵다. 교육은 성차별을 개선하고 성평등 의식을 가르칠 수 있는 기회이지만 동시에 교육 자체가 성별 고정관념과 성차별적 의식을 생산할 수도 있는 양면성을 가지고 있기 때문이다.

대학 역시 성차별의 문제에서 자유로울 수 없는데 그 이유를 살펴보면 다음과 같다. 대학은 최고의 지성들이 모이고 최고의 지성들을 키워내는 작업을 하는 측면에서는 성평등적 사고와 행동의 모범이 되어야 하지만, 실제로 대학은 의식과 제도, 그리고 관행에 있어서 성평등적이지 않은 측면이 적지 않다. 그 이유로는 무엇보다 대학사회의 인적 구성이 압도적으로 남성위주로 구성되어 있음을 들 수 있다. 2009년 우리나라 전체 대학교수의 성비를 보면 여교수가 18.3%에 불과하고 나머지는 모두 남교수이다. 물론 대학형태나 과별로 성비가 다를 수 있지만 대학교수는 일반적으로 남성이라고 인식해도 무리가 없을 정도이다. 이러한 대학의 인적구조는 대학전체의 성평등 관련 의식에도 영향을 미칠 것으로 본다. 왜냐하면 남성은 여성보다 통계적으로 성평등 의식 수준이 낮으며, 이는 대학사회의 제도와 관행에 있어서 성차별이 존재할 가능성이 높다는 의미이다. 즉 남성이 의도적으로 성차별적 의식을 가지기 때문이 아니라 대학운영의 기준 자체가 남성에 맞추어져 있기 때문에 부지불식간에 남성 위주의 대학운영을 할 가능성이 있기 때문이다.

교수와 직원들은 대학의 제도 형성에 중요한 영향을 미치는 주체들이다. 따라서 교수와 직원의 의식이 성인지적으로 평등하지 못하다면 대학의 제도도 평등하지 못할 가능성이 높다. 대학에서 여러 제도가 처음 만들어질 때 남학생이 절대 다수였기 때문에 남학생을 기준으로 대학 제도가 설립되었는데, 여학생 비율이 상당 부분 늘어난 지금도 대학 제도 자체는 크게 변하지 않고 있다. 예를 들면 대학사회에는 제도나 규정으로 명시되지 않은 성차별 관행이 존재하는데, 학생회, 각종 행사, 학과의 운영 등이 남학생 주도로 이루어지는 경우가 많다. 또한 체육행사 등의 구성내용도 남학생 위주의 종목을 중심으로 하고 여학생 참여 종목은 구색 맞추기 정도로 들어가게 구성되어 있는 것이 지금의 현실이다. 무엇보다 대학의 문화 자체가 남성 위주일 가능성이 크며, 이는 남성이 중심이 되는 대학문화이면서 동시에 남성적 시각이 기준이 되는 대학문화라는 의미이다.

이처럼 대학에서도 성차별적 구조, 의식, 관행이 존재할 수 있으며, 대학에서의 인적 구조는 성평등 환경조성에 영향을 미칠 수 있는 가장 중요한 요소 중의 하나이다. 최근 들어 우리나라 각 대학들이 대학에서의 성평등 실태를 활발하게 연구하여 발표하고 있는 가운데 우리대학은 현재까지 교수를 대상으로 한 성평등 의식에 관한 연구가 전무한 실정이었다. 따라서 이 글은 경상대학교의 성평등 현황 및 과제를 살펴보는 일환으로 먼저 경상대학교의 성평등 인적 구조에 대한 현황을 살펴본 다음 남녀교수들의 성차별 및 성평등에 관한 의식 실태를 파악하여 경상대학교의 성평등 분위기를 조성하는 데 유용한 자료를 제공하고자 한다.

II. 대학 내의 성차별적 구조는 어떠한가?

1. 대학 내 교수의 성별 구조 및 학부생의 성별 구조

대학사회에서의 남녀교수의 성별 구조 및 학부생의 성별 구조는 어떠한지 그 현황을 살펴보면 다음과 같다.

1) 전체 대학 현황

현재 우리나라 대학(일반대학, 교육대학, 산업대학, 방송통신대학)의 전체 교수는 2009년 현재 57,536명이며, 이 중에서 여성교수는 10,504명으로 여교수의 비율은 18.3%이다. 즉 대학교수의 전체 성비는 남교수 대 여교수가 8:2 정도의 비율을 보이고 있다. 대학에서 여교수의 비율을 보면 국립대 12.8%, 공립대 14.4%에 비해 사립대는 22.8%로서 사립대에서 여교수의 비율이 훨씬 높다. 이는 최근 몇 년 동안 시행되어온 국공립대학 여성교수채용목표제에도 불구하고 국공립대학에서 여교수의 진입이 상대적으로 어렵다는 것을 보여준다 하겠다.

최근 한국여성정책연구원의 여성정책포럼 자료에 의하면, 전체 대학의 여교수 비율은 2000년 13.6%에서 2009년 18.3%로 증가하여 2000년 이후 지속적으로 증가하고 있으나 9년간 4.7%p 밖에 증가하지 못했으며 연평균 증가율은 0.5%p에 불과하여 남교수에 비해 여교수의 대학 내 채용 비율 증가 정도가 현저히 낮음을 시사한다.

2) 대학유형별 교원 성비

2008년도 국공립대 전임 여성교수 비율은 전체 평균 12.3%이며, 일반대학 11.6%, 교육대학 24.0%, 산업대학 10.4% 방송통신대학 27.7%

이다. 2009년 국공립대학의 여교수 비율은 2000년 8.8%에서 2009년 12.8%로 9년 동안 4.0%p 증가하였고 연평균 증가율은 0.4%p인데, 이는 교육과학기술부가 수립한 국공립대학의 여교수 목표비율 20%에 비하면 아직 7.2%나 부족한 격차가 있다. 또한 국공립대학은 사립대학에 비해 여교수 비율이 낮으며 그 차이는 매년 약 7% 정도이다. 사립대학의 여교수 비율은 2000년에 15.6%에서 2009년 20.3%로 9년간 4.7%p 증가하였고 연평균 증가율은 0.5%p이다.

3) 학부생 비율 변화

대학에서의 여교수 비율이 18.3% 정도인 데 비해 대학 내에서의 여학생 비율은 과연 어떠할까? 2000년에서 2009년 사이에 4년제 일반대학, 교육대학, 산업대학, 방송통신대학의 학사과정 학생 수는 220만 명에서 240만 명으로 9.5%p 증가하였으며, 여학생 수는 86만 6천 명에서 98만 3천 명으로 13.5%p 증가하였다.

2000년에서 2009년 사이에 전체 여학생 비율은 39.1%에서 40.5%로 1.4%p 증가하였으며, 최근 3년(2007~2009)간 39.8%에서 40.5%로 0.7%p 증가하였다. 국공립대학의 여학생 비율은 사립대학에 비해 높기 때문에 국공립 대학과 사립대학 간에 여학생 대비 여교수의 대표성이 같으려면, 국공립대학의 여교수 비율이 사립대학에 비해 높아야 한다. 하지만 현실은 반대이며, 무엇보다 국공립, 사립대를 불문하고 여학생 수에 비해 여교수 비율이 현저히 낮음을 알 수 있다.

4) 석·박사과정·박사학위 취득자 비율 변화

석·박사과정과 박사학위 취득자의 여성비율은 향후 여성교수 인력풀이라는 점에서 이들의 증가는 하나의 지표가 될 수 있다. 이들 현황을 살펴보면 석사과정의 여학생 비율은 2000년 36.6%에서 2009

년 49.8%로 13.2%p 증가해서, 2009년 석사학위 취득자 256,085명 중 127,477명이 여학생이었다. 박사과정은 같은 기간 24.7%에서 36.9%로 12.2%p 증가하였다. 즉 2009년 박사과정 학생 50,386명 중 18,606명이 여학생이었다. 또한 박사학위 취득자의 여성 비율은 2000년 20.8%에서 2009년 30.3%로 9.5%p 증가하였다. 2009년 박사학위 취득자 11,013명 중 3,342명이 여성이다.

2. 주변화 문제

1) 고등교육현장에서의 여성의 희소성

독일의 사회학자 울리히 벡은 "한 영역이 그 사회에 중심일수록, 한 집단의 권력이 클수록, 여성들이 적게 대표되어 있고, 반대로 과제 영역이 주변적일수록, 한 집단의 영향력이 적을수록, 여성들이 많이 고용되어 있을 가능성이 크다"고 하였다(홍숙기, 1997). 즉 사회적으로 바람직하다고 간주되는 자원이 많은 조직에 남자들이 많고, 그 반대의 경우에는 여자가 많다는 것이다. 교육계 또한 이러한 법칙에서 벗어나지 못하고 있다. 즉, 고등교육기관일수록 여성의 비율이 현저히 낮아짐을 볼 수 있다.

2) 보직 현황

2008년 대학에서의 여교수의 보직자 현황을 보면, 여교수 보직의 비율이 일반대학 7.4%, 교육대학 15.8%, 산업대학 4.4%, 방송통신대학 20.0%로 낮게 나타났다. 일반대학 중 여교수 보직자의 비율이 20%가 넘는 대학은 찾아볼 수 없다. 대학 주요위원회에 여교수 참여율도 마찬가지로 낮은데, 국공립대학 전체 평균은 13.3%이며, 일반대학 12.1%,

교육대학 21.2%, 산업대학 7.1%, 방송통신대학 17.4% 등으로 나타나고 있다.

3. 적극적 조치와 여교수채용목표제

적극적 조치(affirmative action)란 세계가 이미 성차별로 뒤덮여 있는 상황에서 평등한 기회의 제공은 경쟁의 출발선에서 이미 뒤처져 있는 여성에 대한 차별을 강화하고 정당화시키는 수단에 불과하기 때문에, 양성평등을 달성하기 위해서는 고용이나 승진 혹은 입시에 성별 할당을 둠으로써 단순히 평등한 기회를 제공하는 것이 아니라 결과를 평등하게 제공하는 것을 말한다.

많은 경우 이러한 적극적 조치가 취해지기 전에는 성 평등이 이루어지기 어려운 것이 현실이었다. 따라서 2001년 교육부가 국가인적자원개발 계획을 담당하는 교육인적자원부로 전환되는 시점에 국공립대 여성채용목표제가 만들어졌고, 정치적 기회구조 속에서 인적자원개발이라는 국정과제가 적극적으로 개입된 결과 적극적인 조치로서의 여성교수채용목표제가 도입되었다.

2001년 당시 전체 4년제 대학 여성교수는 총 6,111명으로 전체 교수 43,309명의 14.1%였으며, 국공립대학의 경우 여성 신규교수 임용률은 남성에 비해 극히 미미한 수준이었다. 일반대학의 경우 여학생의 비율은 34.2%인 데 비해 여교수의 비율은 11.4%에 불과하고, 사범대는 여학생의 비율이 56.7%인데 여교수의 비율은 11.4%이며, 인문계는 여학생이 62.2%인데 여교수 비율은 12.1%에 불과하다. 즉, 여교수의 비율이 절대적으로 낮을 뿐만 아니라 여학생 비율과 비교해 볼 때 과소 대표되고 있는 실정이었다. 이러한 성차별적인 교육체계를 고려해볼 때 여교수채용목표제는 고급 여성인력의 확대를 도모하고, 교육현장에서의 남녀불균형을 해소하며, 여대생에게 역할모델을 제시하는 한편 효과적인 교육을 가능하게 하는 등 매우 유용한 적극적 조치였다는 평가를 내릴 수 있다.

이런 장점에도 불구하고 일부에서는 적극적 조치를 비판하고 있는데 그 이유는 다음과 같은 두 가지이다. 첫째는, 여교수채용목표제 시행의 당사자들은 교육인적자원부와 국립대학들로서 이 정책이 도입되어야 하는 필요성에도 불구하고 본질적으로 대학의 자율성을 침해할 수 있다는 논리를 가진다는 인식이다. 다시 말해서, 대학의 인사는 최대한 자율성이 필요한 부분이며, 채용목표제는 대학의 자율성 보장이라는 정책 방향과 상충되고 있다는 것이다. 교육부에서 대학의 임용 관행을 개선하기 위해 대학의 자율성을 확대하는 정책 방향과는 상반되는 '본교 출신이 3분의 2가 되지 않도록' 하는 제한 조치를 도입한 바 있었던 만큼 이 논리의 정당성은 상당 부분 훼손되었다는 것이다. 또 다른 이유는 능력주의 논리인데 이는 국립대학 측에서 제기한 것으로, 대학은 남녀를 불문하고 우수인력을 확보하는 것이 중요한데 교수 정원 중 일정비율을 여성으로 뽑아야 한다는 것은 능력주의에 위배된다는 것이다. 하지만 실제로는 연구 실적이 우수했던 여성지원자들이 1차 심사과정인 학과심사에서 탈락하는 등 채용과정에서 학문의 수월성이 아닌 지원자의 성별에 따른 불공정한 임용 관행이 존재해왔기 때문에 이 주장 또한 옳지 않은 것으로 보인다.

4. 경상대학교의 지표상의 양성평등 현황

대학에서 양성평등 평가 지표로 볼 수 있는 전임여교수 비율과 대학 내 보직 및 각종위원회의 여교수 구성 비율이 어떠한지 경상대학교를 중심으로 살펴보면 다음과 같다.

1) 대학 전체 전임교수 대 전임 여교수 비율

2010년도 전체교수 대비 여교수 비율은 교수 759명, 여교수 82명으로 10.8%이며, 전년도(10.9%)에 비해 0.1%p 감소되었다. 본 대학의 여교수 비율은 4년제 일반대학, 교육대학, 산업대학, 방송통신대학의 전체교수 대비 여교수 비율인 18.3%인 것과 비교할 때 아주 낮은 수준임을 알 수 있으며, 이는 경상대학교의 성 평등 의식이 아직 미흡함을 보여주는 일면이라 하겠다. 〈그림 3-1〉은 경상대학교 계열별 여교수 현황 도표이다. 도표에서 나타난 바와 같이 가정계와 간호계를 제외한 계열에서 여교수 비율은 극히 낮으며, 특히, 공학계열은 여교수가 한 명도 존재하지 않는다.

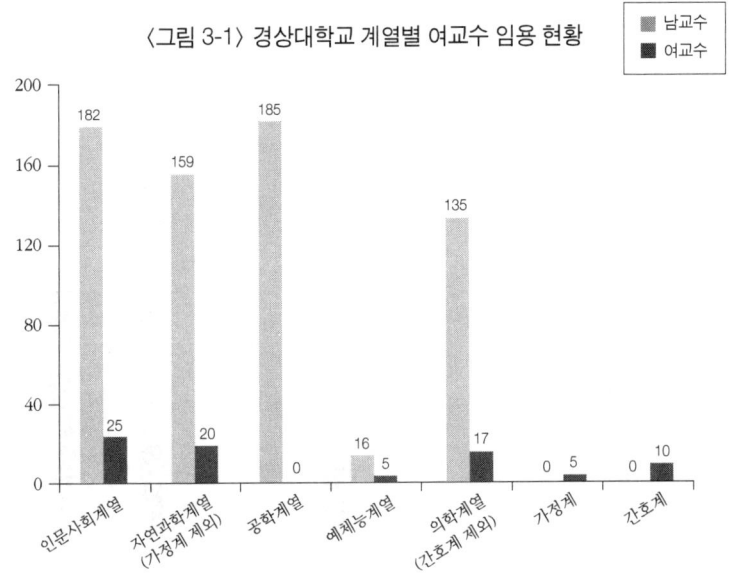

〈그림 3-1〉 경상대학교 계열별 여교수 임용 현황

자료: 경상대학교 양성평등추진위원회 내부보고서(2010)

2) 대학전체 여학생 대 전임 여교수 비율

본 대학의 2010년 4월 1일자 재적생 기준 전체 여학생 수는 전체 학생 14,196명 중에서 5,858명으로 41.3%의 비율을 보이고 있다. 이를 계열별로 분석하면 가정계와 간호계는 여학생 비율이 각 97.6%, 92.1%이며, 그 외 계열은 평균 39.9%의 비율을 보이고 있다. 단 공학계는 2010년 16.8%로서 가장 낮은 여학생 비율을 보이고 다음은 의학계로 나타났다(〈그림 3-2〉 참조). 이는 2009년 전국 4년제 대학의 전체 여학생 비율이 40.5%인 것과 비교해 볼 때, 비슷한 경향을 보인다. 국공립대학의 여학생 비율은 사립대학에 비해 높기 때문에 국공립대학과 사립대

〈그림 3-2〉 계열별 여학생 비율 대비 여교수 비율

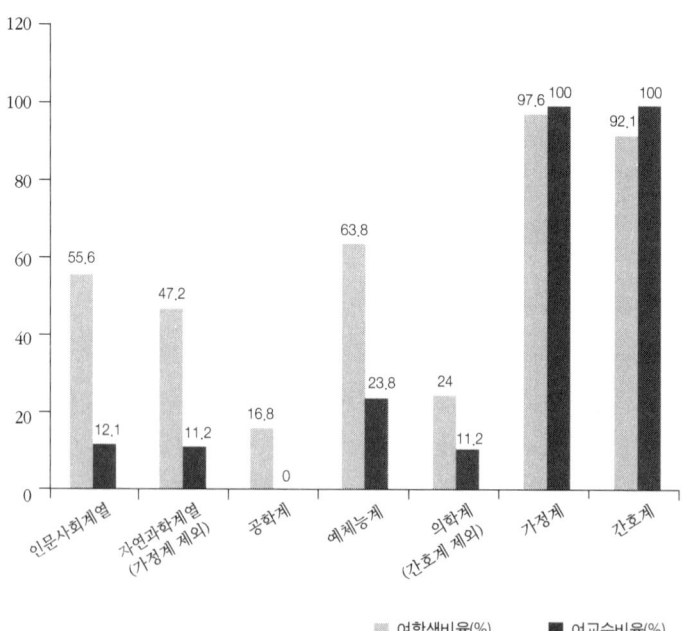

학 간에 여학생 대비 여교수의 대표성이 같으려면, 국공립대학의 여교수 비율이 사립대학에 비해 높아야 한다는 점을 새겨둘 필요가 있다.

3) 대학전체 보직교수 대 여교수의 구성 비율

2010년 4월 현재 경상대학교 대학 전체 보직에서 여교수가 차지하는 비율은 6.7%에 불과한 것으로 나타났다. 다만 본부행정에 참여가 가능한 대학원 부원장과 간호대학 부원장에 여교수가 각 1사람씩 더 추가되고 있다(〈그림 3-3〉 참조). 이는 2009년 41개 국공립대학의 주요보직 여성교수 비율 8.6%와 비교하면, 훨씬 낮은 비율로 나타나 경상대학교가 다른 국공립대학에 비해 여교수에게 보직을 주는 데 있어 성 평등적이지 않는 측면이 강한 것으로 보인다.

〈그림 3-3〉 여교수의 보직 비율 현황

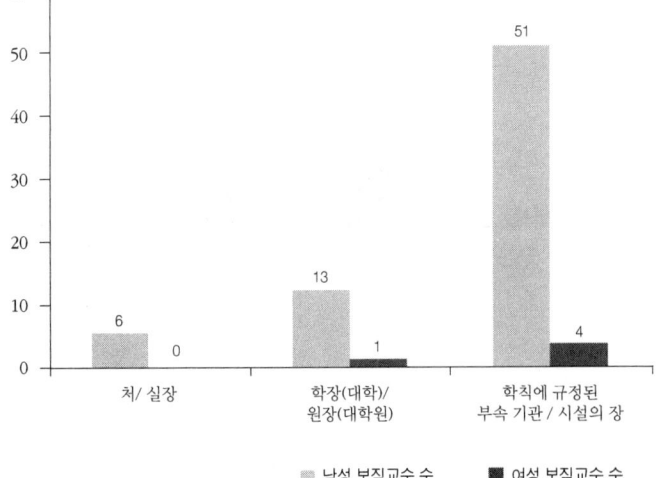

4) 대학 내 주요 위원회의 여교수 구성 비율

대학 내 주요 위원회의 여교수 구성 비율을 살펴보면 〈그림 3-4〉와 같다. 대학인사위원회의 여교수 비율은 21.9%로 '교육공무원인사위원회규정'상의 여성위원 비율 20.0%를 준수하고 있다. 그러나 그 외 학무위원회, 기획위원회 등에서는 평균 13.1% 정도의 더 낮은 여교수 구성 비율을 보이고 있으며, 이는 2009년 전국 41개 국공립대학의 주요위원회 여교수 비율 13.9%와 비슷한 수준을 보이고 있다.

〈그림 3-4〉 대학 내 주요 위원회의 여교수 비율

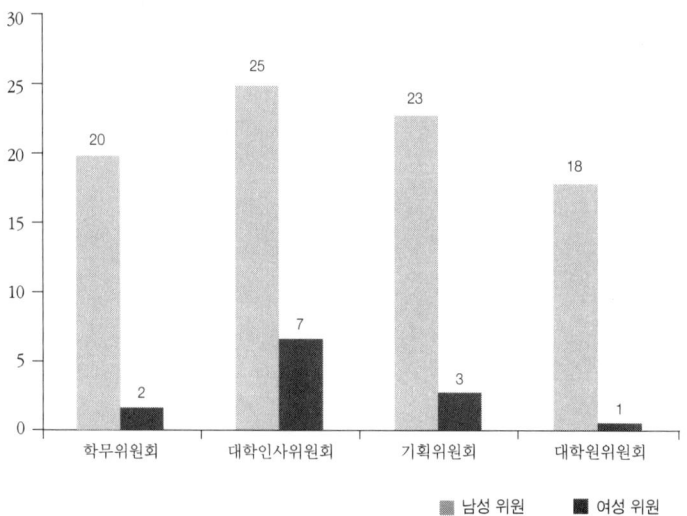

III. 남녀교수들의 성평등 의식 조사방법

경상대학교 남녀교수들의 성평등 의식에 대한 실태조사를 위하여 다음과 같은 과정을 거쳤다.

1. 경상대학교 남녀교수들의 인적 배경

경상대학교 남녀 교수들의 인적 배경을 살펴보면, 남교수 86명, 여교수 58명으로 총 144명이며, 일반적 특성은 다음과 같다. 연구대상자의 연령은 40세에서 50세 미만이 가장 많았고, 종교는 남교수는 '없다'가 가장 많은 반면, 여교수는 '기독교'가 가장 많았다. 남녀 교수들의 소속을 보면 남교수는 인문·사회계열이 가장 많고, 여교수는 자연과학계열에서 가장 많았다.

본교 재직기간은 남녀교수 모두 '20년 이상'이 가장 많은 것으로 나타났다. 결혼 상태는 남교수는 대부분 기혼이었고, 여교수는 기혼이 약 70%, 미혼이 약 30%로 나타났다. 학과교수 구성은 남교수는 남교수만 있는 것이 가장 많았고, 여교수는 남녀교수 혼성이 가장 많은 것으로 나타났다. 직급은 남녀교수 모두 교수 직급이 가장 많은 것으로 나타났으며, 최종학위 취득 장소는 남녀교수 모두 국내가 가장 많았으며, 국외취득은 남녀교수 각각 1/3 정도로 나타났다.

2. 경상대학교 남녀교수들의 성평등 의식 측정 도구

남녀교수들의 성평등 의식을 알아보기 위해서 질문지를 사용하였다. 질문지는 교수들의 사회인구학적인 배경을 알아보는 일반문항과

대학사회 내 성차별 의식 관련 척도 및 남녀교수에 대한 성차별 의식 척도 등으로 구성되어 있다. 이를 사용하여 대학교수들의 대학사회에서의 성 평등 의식에 대한 실태를 알아보고자 하였다.

각 척도의 내용 및 신뢰도를 살펴보면 대학사회 내 성차별 척도는 5영역으로 구성되었으며, 각 영역은 3문항씩 가진 5점 Likert 척도이다. 전체 신뢰도 계수 Cronbaha α=.869로 나타났으며, 하위영역별 신뢰도를 살펴보면, 채용 척도는 .88, 역할수행은 .80, 강의지도는 .66, 보직기회는 .68, 성불평등 척도는 .87로 나타났다. 남녀교수에 대한 성차별 인식도는 5문항으로 5점 Likert 척도를 사용하였으며, 신뢰도 계수 Cronbaha α=.894로 나타났다. 교수들의 성평등 의식과 관련된 문항은 10문항 5점 Likert 척도로서, 신뢰도 계수 Cronbaha α=.882로 나타났다. 자료분석은 SPSS WIN 14.0 Program을 이용하여, 빈도와 백분율, 신뢰도, 평균, T-검증, x^2 검증 등을 사용하였다.

IV. 경상대학교 남녀교수들의 성평등 의식

1. 대학사회 내 성차별에 대한 영역 의식

경상대학교 교수들이 의식하는 대학사회 내 성차별에 관한 영역은 〈그림 3-5〉에 나타난 바와 같다. 본 대학 남교수와 여교수들이 의식하는 대학사회 내 성차별 의식 정도는 5점 만점에 평균 2.32과 2.30점으로 나타나 전체적으로 성차별을 중간점수보다 낮게 의식하고 있는 것으로 나타났으며, 남녀교수가 비슷한 의식 수준을 보였다. 이를 하위영역별로 분석해 보았을 때는 남녀교수 간에 차이를 보였다.

〈그림 3-5〉 대학사회 내 성차별 영역

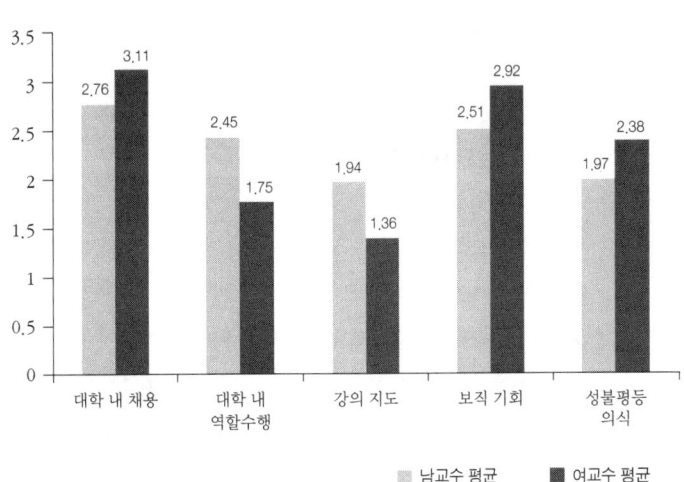

즉 대학 내 역할수행 영역[1]에서는 남교수가 여교수보다 여교수의 역할수행을 부정적으로 의식하고 있는 것으로 나타났으며, 강의 지도 영역[2]에서도 남교수가 여교수보다 강의시간이나 취업 추천, 학사 및 학생지도 측면에서 성차별적 의식이 더 많은 것으로 나타났다.

그리고 대학 내 채용 영역과 보직기회 영역에서도 여교수가 남교수보다 성차별을 더 강하게 의식하고 있는 것으로 나타났으며, 성불평등 의식 영역[3]에서 여교수가 남교수보다 성불평등을 높게 의식하고 있는

---

1) '역할수행 영역'은 '여교수는 남교수와 비교할 때, 대등한 연구능력을 가지지 못한다', '여교수는 남교수에 비해 학과 일에 적극적이지 않다', '여교수는 남교수에 비해 역할수행의 효율성이 떨어진다'의 세 문항을 5점 척도로 하여 측정하였다.

2) '강의지도 영역'은 '강의시간에 성별에 차별을 둔다', '취업 추천 시 동일한 능력이라면, 남학생을 추천한다', '여교수의 학사 및 학생지도는 소홀하다'의 세 문항을 5점 척도로 하여 측정하였다.

3) '성불평등 의식 영역'은 '학과운영에 있어 남교수들이 여교수를 조금 차별화해서 대하는 경향이 있다', '학과에서 여교수는 빼고 남교수끼리만 서로 통하는 대화를 하는 경향이 있다', '우리대학에서 여교수들이 남교수들에 비해 불평등한

것으로 나타났다. 이러한 결과를 통해 볼 때 대학사회 내에서 상대적으로 남교수가 여교수보다 성평등 의식이 낮음을 알 수 있다.

2. 교수들의 일반적인 성차별 의식

경상대학교 교수들의 일반적인 성차별 의식에 대해 살펴본 결과는 〈그림 3-6〉에 나타난 바와 같다. 교수들의 일반적인 성차별 의식은 남교수(M=2.19)가 여교수(M=1.71)보다 높게 나타났는데, 이는 남교수가 여교수에 비해 성평등 의식이 낮음을 보여주며, 일반적으로 사회전반에 걸쳐있는 성차별 의식이 대학사회 남교수에게도 그대로 적용되고 있음을 보여주는 것으로 생각된다.

〈그림 3-6〉 교수들의 일반적인 성차별 의식

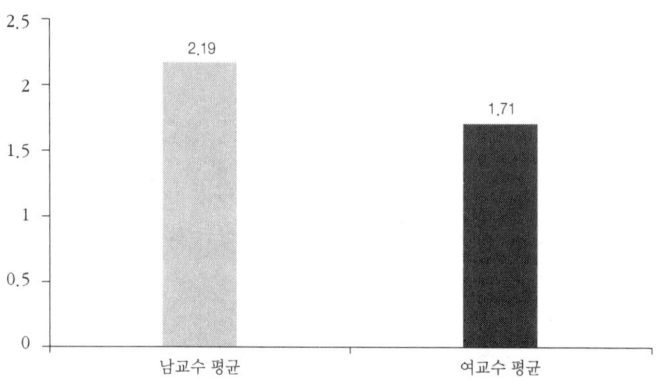

대우를 받고 있다'의 세 문항을 5점 척도로 하여 측정하였다.

3. 교수들의 대학사회 내 성평등에 관련된 의식

1) 교수들의 여교수채용목표제에 대한 의식

교수들의 대학사회에서의 '여교수채용목표제'에 대한 의식은 〈그림 3-7〉에 나타난 바와 같이 남교수는 '조금 찬성'이 가장 많고(53.5%), 여교수는 '적극 찬성'이 가장 많은 것(67.3%)으로 나타났다. 또한 남교수는 '조금 반대'와 '매우 반대'를 합한 '반대'가 25.6%인 데 비해 여교수는 '반대'가 9.1%로 나타나 남녀교수 간에 '여교수채용목표제'에 대한 의식의 차이를 보였다.

〈그림 3-7〉 여교수채용목표제에 대한 의식

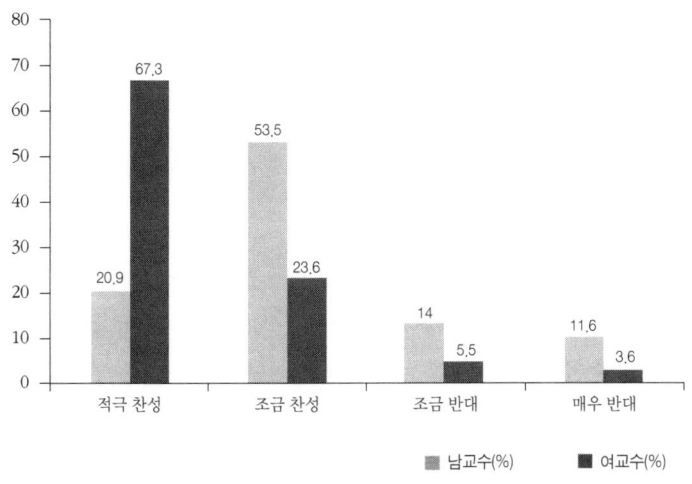

2) 교수들이 생각하는 적절한 여교수 비율

교수들이 생각하는 대학에서의 적절한 여교수 비율은 〈그림 3-8〉에 나타난 바와 같이 남교수는 20~30%가 적절한 여교수 비율이라고 응답한 것이 가장 많고, 다음으로 10~20% 미만 순으로 응답하였으며, 40% 이상은 9.7%로 나타났다. 반면 여교수는 대학에서 적절한 여교수 비율로 20~30% 미만과 30~40% 미만이 비슷한 비율로 나타났으며, 40% 이상은 23.8%로 나타나 남교수와 여교수 간에 차이를 보였다.

〈그림 3-8〉 적절한 여교수 비율

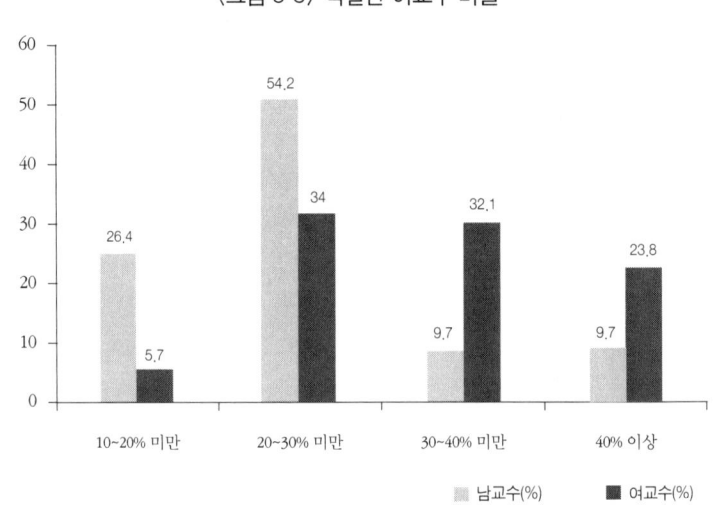

이와 관련하여 대학에서 여학생 비율만큼 여교수 비율이 증가되어야 한다는 주장에 대한 교수들의 의식을 살펴보면 여교수들은 95.5%로 대대수가 찬성하는 데 비해 남교수들은 54.9%만 찬성하고 반대 비율이 45.1%로 나타나 남녀교수 간에 의식의 차이를 보였다.

3) 여교수 비율이 낮은 이유에 대한 교수들의 의식

대학에서 여교수 비율이 낮은 이유에 대한 교수들의 의식을 살펴본 결과 〈그림 3-9〉에 나타난 바와 같이, 남교수는 '여성지원자의 학력 및 연구업적이 남성지원자에 비해 떨어지기 때문'이라는 것에 가장 높은 응답(37.5%)을 보인 반면 여교수는 '인사 관행상 보이지 않는 성차별이 존재하기 때문'이라는 것에 가장 높은 응답(46.2%)을 보여 남녀교수 간에 의식의 차이를 보였다. 또한 '대학 내 주요정책 결정과정에 여교수가 적기 때문'이라는 응답에서도 여교수가 남교수에 비해 높은 응답비율을 보여 차이를 보였다.

〈그림 3-9〉 여교수 비율이 낮은 이유

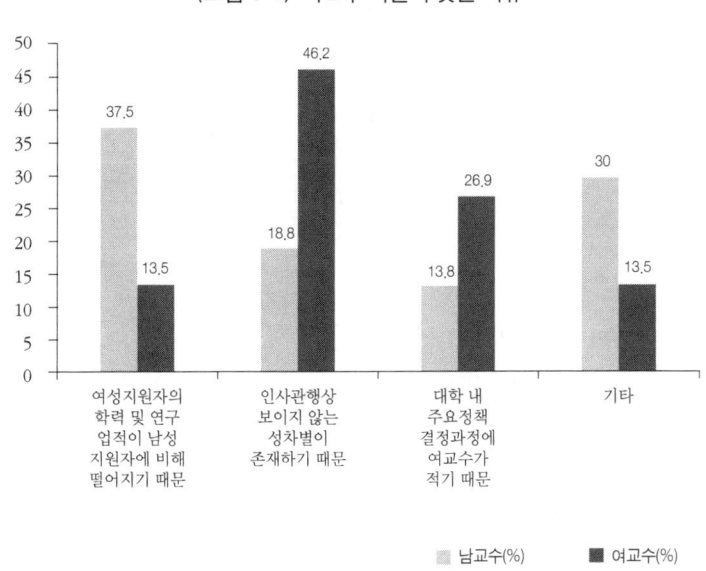

4) 대학에서 남녀차별의 개선 정도

대학사회가 2년 전에 비해 남녀차별의 개선 정도가 어떠한지에 대한 의식은 〈그림 3-10〉에 나타난 바와 같이 '조금 개선되었다'는 의견에 남녀교수 모두 가장 높은 응답을 나타내었다(65.8%, 66.7%). 그러나 '별로 개선되지 않았다'는 항목에는 여교수가 남교수보다 높게 응답해 남녀교수 간에 남녀차별 개선 정도에 있어 의식의 차이를 보였다.

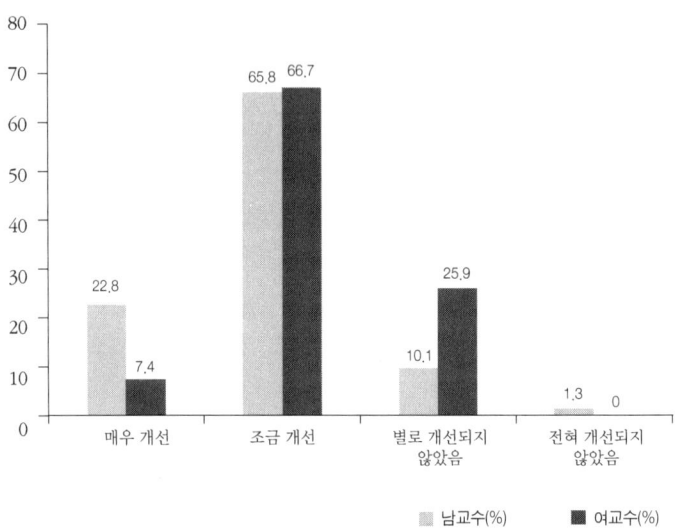

〈그림 3-10〉 남녀차별의 개선에 대한 의식

5) 교수들의 남녀차별 경험 정도

지난 1년간 대학 내에서 남녀차별을 당한 경험이 있느냐는 질문에 교수들의 응답은 〈그림 3-11〉에 나타난 바와 같이 대부분의 교수는 남녀차별을 당한 경험이 없는 것에 가장 많은 응답을 하였다(96.4%, 86.2%). 그러나 남녀차별을 당한 경험이 있는 교수 중에서 1회에서 4회 이상까지 남녀차별 경험이 있는 여교수가 13.8%로 나타나 아직까지 대학 내에서 남녀차별이 부분적으로 존재하고 있음을 보여 주고 있다. 본 결과는 여교수의 성차별 경험에 대한 실제적인 데이터를 보여주었다는 데 큰 의의가 있으며, 특히 4회 이상 남녀차별을 경험한 여교수가 3.4% 비율로 나타난 것은 교수사회에서 성평등 의식에 대한 논의의 장이 필요함을 시사한다 하겠다.

또한 교수들이 대학 내에서 남녀차별을 경험한 사항에 대한 실태를 살펴본 결과는 〈그림 3-12〉에 나타난 바와 같이, 전체적으로 차별을 받

〈그림 3-11〉 남녀차별 경험의 정도

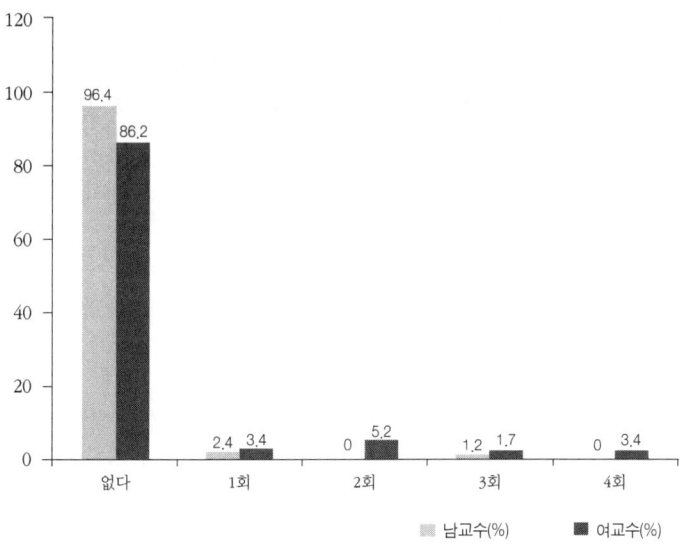

〈그림 3-12〉 교수의 남녀차별의 사례 경험

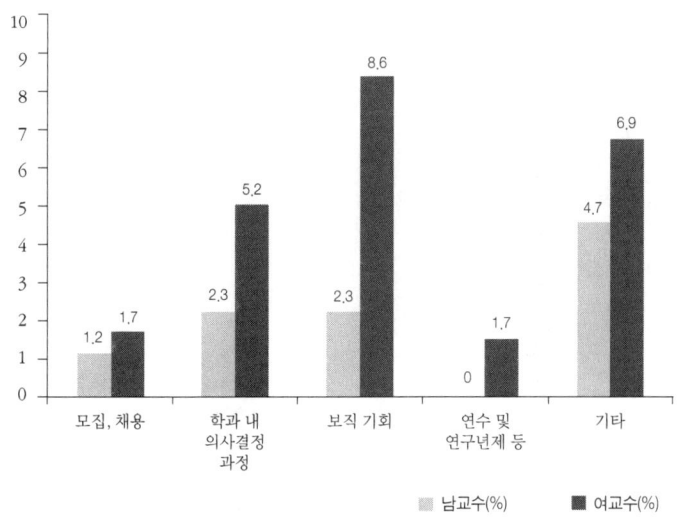

은 경험이 낮은 비율로 나타났다. 그러나 남녀교수별로 비교하면 여교
수의 경우 '보직 기회'에서 남녀차별을 받았다고 응답한 비율이 가장
높았고(8.6%), 남교수의 경우는 '기타'에서 가장 높게(4.7%) 나타났다.
본 결과에서의 시사점은 여교수는 보직기회에서 남녀차별에 대한 경
험이 남교수의 차별경험에 비해 높게 나타났으며, 학과 내 의사결정과
정에서도 여교수가 남교수보다 높은 비율의 차별을 경험했음을 보여
준다.

6) 교수들의 대학 내에서 성희롱 경험 정도

대학교수들이 최근 1년간 대학 내에서 성희롱을 경험했는지의 여부
에 대해 알아본 결과 〈그림 3-13〉에 나타난 바와 같이, 남교수는 성희
롱 경험이 1.2%에 불과했으나, 여교수는 8.8%로 나타나 여교수가 남교
수에 비해 성희롱 경험이 더 많은 것으로 나타났다. 여교수의 성희롱

〈그림 3-13〉 교수들의 대학 내 성희롱 경험 정도

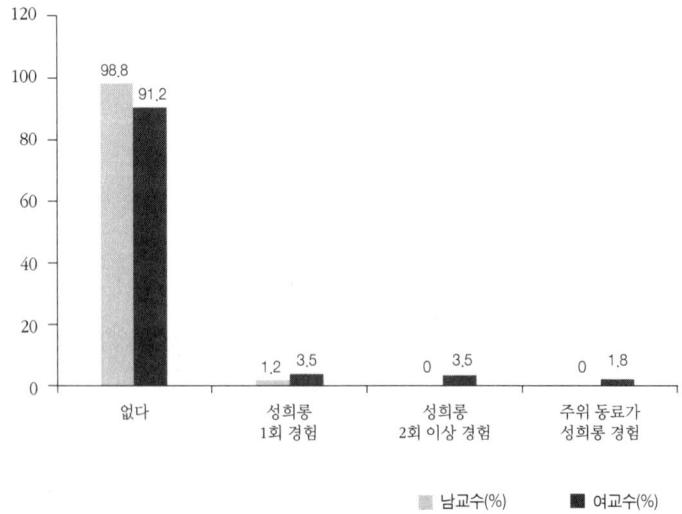

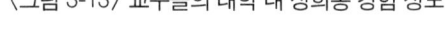

경험은 1회 경험이 3.5%, 2회 이상의 경험이 3.5%, 주위 동료가 성희롱을 경험한 것이 1.8%로 나타나 전체 7%의 여교수가 직접적인 성희롱 경험이 있고, 1.8%의 여교수가 주위 동료에게 성희롱 경험을 들어서 알고 있는 것으로 나타났다.

이런 결과는 대학사회에서 성희롱교육이 활성화되고 있는 가운데 아직 성평등 의식이 활성화되고 있지 못하고 있는 단면을 보여주는 것으로 생각되며, 또한 이런 응답을 하는 것을 꺼려하는 사회적 분위기를 감안해 볼 때, 교수를 대상으로 한 성희롱 예방교육을 좀 더 적극적으로 강화해야 할 것으로 생각된다.

7) 성희롱 경험 시 사용한 대처방법

성희롱 경험 시 교수들이 사용한 대처방법을 살펴보면 〈그림 3-14〉에서 나타난 바와 같이 남녀 교수 모두 '불쾌하지만 참았다'는 응답이 가장 높게 나타났다(남교수 37.5%, 여교수 83.3%). 다음으로 남교수는 '동료나 상사와 상의'하는(25%) 경향인 반면 여교수는 '친구나 가족과 상의'하는(22.2%) 경향으로 나타났다. 가해자에게 항의를 한 경우는 여교수가 남교수보다 더 높게 나타났다. 또한 본 결과에서 남녀교수 모두 성희롱 경험 시에 대처한 방법이 '불쾌하지만 참았다'는 것이 가장 높다는 것은 대학사회에서 성희롱의 문제에 대해 좀 더 자유로운 논의의 장이 필요함을 보여주는 자료라 생각된다. 이는 인권이 가장 잘 지켜지고, 자유와 평등이 존재한다고 생각하는, 최고의 지성의 전당인 대학사회에서 이러한 실태가 있다는 것은 대학사회에서의 성평등 의식의 혁신이 필요함을 시사한다.

〈그림 3-14〉 교수들의 성희롱 대처방법

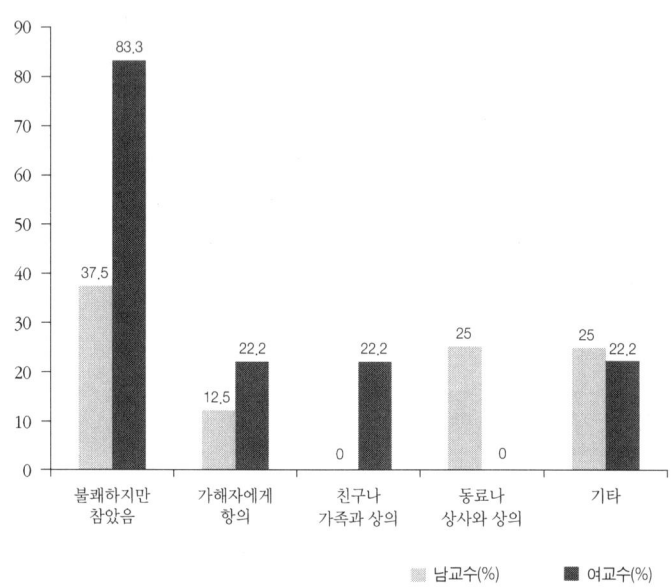

8) 성희롱 경험 시 아무런 대응을 못한 이유

교수들이 만약 성희롱에 아무런 대응을 못했다면 그 이유가 무엇인지에 대해 살펴본 결과 〈그림 3-15〉에 나타난 바와 같이, 남교수는 '소용이 없을 것 같아서'가 가장 높게(37.5%) 나타났고, 여교수는 '여교수에 대한 편견이 생길까봐'에 가장 높은(60.0%) 응답을 보였다. 그리고 '수치심 때문에' 대응을 못한 경우가 남교수 25%, 여교수 10%로 나타났다. 본 결과에서 교수들이 성희롱에 대응 못한 이유가 '여교수에 대한 편견 때문'이나 '소용이 없을 것 같아서' 등으로 나타난 것은 우리 대학에 있어서 성희롱 문제의 심각성의 한 단면을 보여주는 것이라 생각된다. 또한 '수치심 때문'에 성희롱에 대응을 못한 경우가 남교수가 여교수보다 더 높게 나타난 것은 의외의 결과로서 대학사회에 있어서 교수들의 성희롱 문제를 좀 더 심도 있게 다루어야 할 필요가 있음을

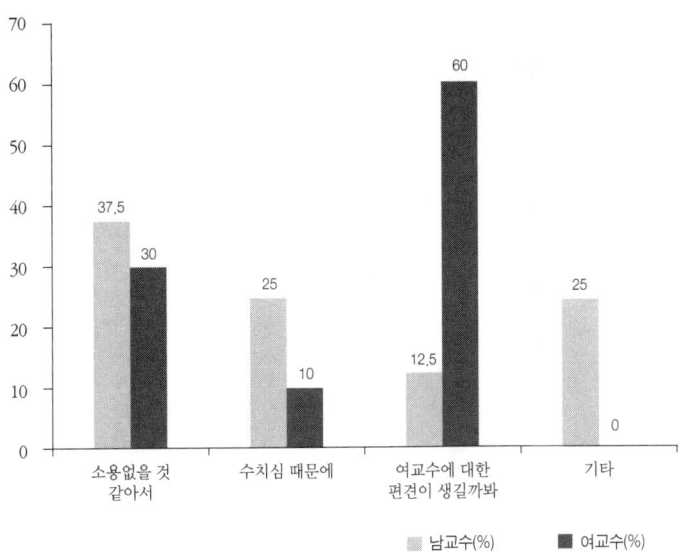

〈그림 3-15〉 성희롱에 아무런 대응을 못한 이유

보여준다.

9) 여교수 지원제도에 대한 의식

교수들에게 '여교수 지원제도'에 대한 의식을 질문하였더니 〈그림 3-16〉에 나타난 바와 같이, 남교수는 '적극 찬성'과 '조금 찬성'을 합하여 '찬성'에 79.1%의 응답을 보이고, '반대' 의견이 20.9%였다. 반면 여교수는 '적극 찬성'과 '조금 찬성'을 합하여 '찬성'에 98.3%의 응답을 보이고, '반대'는 1.7%에 불과해, '여교수 지원제도' 반대에 있어 남녀교수 간에 큰 차이를 보였다.

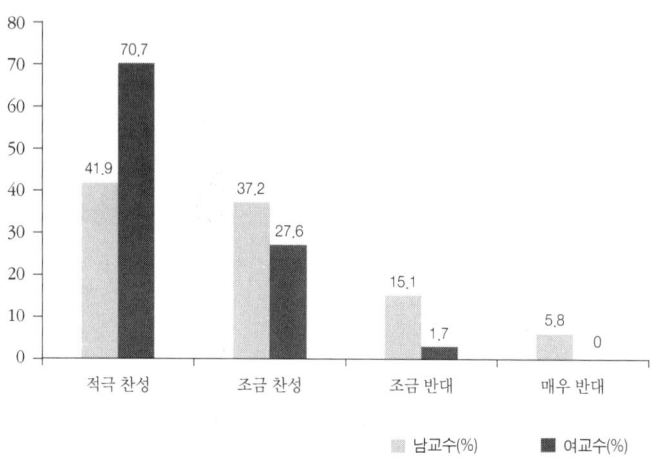

〈그림 3-16〉 여교수 지원제도에 대한 의식

V. 남녀교수들의 성평등 의식 전환을 위한 과제

이상 경상대학교 교수들의 성평등 의식에 대한 실태를 요약하면서 대학교수들의 성평등 의식 전환에 대한 대책을 논의해 보고자 한다. 먼저 경상대학교 교수들의 성차별 의식을 조사한 결과는 다음과 같다.

첫째, 교수들의 대학사회 내 성차별에 대한 의식 정도는 남녀교수들이 5점 척도에 각각 평균 2.32점, 2.30점으로 나타나 교수들이 전체적으로 성차별을 중간보다 조금 낮게 의식하고 있으며, 남녀교수가 비슷한 수준인 것으로 나타났다. 그러나 대학 내 성차별 의식 정도를 하위 영역별로 보았을 때 남녀교수 간에 차이를 보였다. 먼저 대학 내 역할수행 영역에서는 남교수가 여교수보다 여교수의 역할수행을 부정적으로 의식하고 있으며, 강의지도 영역에서도 남교수가 여교수보다 남녀 간에 차이를 두는 것으로 나타났다. 그리고 대학 내 채용 영역과 보직

기회 영역에서 여교수가 남교수보다 성차별을 더 강하게 의식하고 있었고, 성불평등 의식 영역에서도 여교수가 남교수보다 성불평등을 더 높게 의식하고 있는 것으로 나타났다. 요컨대, 대학사회에서 상대적으로 남교수들의 성평등 의식이 여교수보다 낮음을 알 수 있었다.

둘째, 경상대학교 교수들의 일반적인 성차별 의식은 남교수(M=2.19)가 여교수(M=1.71)보다 높게 나타났다. 즉 일반적인 성차별 의식에 있어 남교수가 여교수보다 높은 성차별 의식을 나타내어 사회전반에 걸쳐 있는 성차별 의식이 대학사회 남교수에게도 그대로 적용되고 있음을 알 수 있었다. 이는 남교수들의 성평등 의식이 낮음을 보여준다 하겠다.

셋째, 교수들의 대학사회에서의 성평등에 관련된 의식을 조사한 결과, '여교수채용목표제'에 대한 생각은 남녀교수 모두 찬성이 가장 많았으나, 반대에 있어 남교수가 여교수에 비해 훨씬 높은 비율을 보였다. 대학에서 적절한 여교수 비율에 대해 남교수는 '20~30% 미만'이 가장 적절하다고 한 반면, 여교수는 '30~40% 미만'이 적절한 것으로 보았고, '40% 이상'에 대해서 여교수가 남교수보다 훨씬 긍정적으로 의식하고 있었다. 대학에서 여학생 비율만큼 여교수 비율이 증가되어야 한다는 생각에 대해 여교수들은 대다수가 '찬성'하는 데 비해 남교수들은 '반대' 비율이 높게 나타났다.

대학에서 여교수 비율이 낮은 이유에 대해, 남교수는 '여성 지원자의 학력 및 연구업적이 남성지원자에 비해 떨어지기 때문'이라고 한 반면 여교수는 '인사 관행상 보이지 않는 성차별이 존재하기 때문'이라고 답해 남녀교수 간에 의식의 차이를 보였다. 대학사회가 2년 전에 비해 '남녀차별이 조금 개선되었다'는 의견에 교수들 모두 가장 높은 응답을 나타내었다. 그리고 지난 1년간 대부분의 교수는 남녀차별을 당한 경험이 없었지만, 그러나 일부 교수들은 남녀차별을 경험한 것으로 나타났다. 즉 1회에서 4회 이상까지 남녀차별 경험이 있는 여교수가 13.8%로 나타나 대학 내에서 남녀차별이 부분적으로 존재하고 있음

을 보였다. 특히 4회 이상 남녀차별을 경험한 여교수의 경우, 그 비율
이 낮기는 하지만 문제가 심각한 것으로 볼 수 있으며, 그런 결과는 교
수사회에서 성평등 의식에 대한 논의의 장이 필요함을 시사한다. 여교
수가 대학 내에서 남녀차별을 받은 사항은 '보직 기회'와 '의사결정 과
정'인 것으로 나타났다.

　최근 1년간 대학 내에서 성희롱 경험여부에 있어서도 낮은 비율이기
는 하지만 여교수가 남교수에 비해 성희롱 경험이 7배 정도 높은 것으
로 나타나 여교수의 성희롱 경험이 상대적으로 높음을 알 수 있었다.
성희롱 경험 시 교수들이 사용한 대처방법은 남녀교수 모두 '불쾌하지
만 참았다'는 응답이 가장 높아서 충격을 주었다. 또한 교수들이 성희
롱에 아무런 대응을 못한 이유가 남교수는 '소용이 없을 것 같아서'이
고, 여교수는 '여교수에 대한 편견이 생길까봐'로 나타난 점도 대학사
회에서 성평등 의식 논의가 필요함을 보여주는 결과로 생각된다. '여
교수 지원제도'에 대해 여교수는 '찬성하는 입장'이고, 남교수는 '반대
하는 입장'으로 남녀 교수 간에 큰 차이를 보였다.

　이상 경상대학교 교수들의 성평등 관련 의식 실태 파악을 통해 앞으
로의 경상대학교의 성평등 확산을 위한 대안에 대해 논의하면 다음과
같다.

　첫째, 경상대학교 교수들의 성평등에 대한 의식 정도가 낮게 나타나,
성평등에 대한 관심과 의식을 좀 더 고취시킬 수 있는 방안 모색이 요
구된다. 이는 이혜숙(2010)이 "대학사회 성주류화의 현황과 과제"에서
언급한 바와 같이 대학관련 성평등 정책 노력들이 일부 대학위주로 진
행되고 있으며 전체 대학으로 파급되지 않기 때문이라 볼 수 있다. 특
히 경상대의 경우 전반적으로 대학 내에서 성평등 이슈가 크게 제기되
지 않는 분위기라고 지적되고 있기 때문에 이와 같은 방안이 더욱 모색
되어야 하겠다.

　최근 대학 내 성평등 정책 및 제도변화와 관련하여 각 대학에서는 여
교수 임용확대, 여교수 의사결정 참여 확대, 대학 내 양성평등문화 확

산 등을 활발하게 실시하고 있는데 그 내용들을 보면 다음과 같다. 먼저 여교수의 임용확대와 관련하여 한국교원대의 경우 '대학교원 양성평등 임용방침'을 만들어 신임 여교수 비율을 2008년에 55.6%로 상승시켰고, 서울대와 경북대는 대학 자체적으로 여교수 채용 정원을 확보하였으며, 서울대는 교수 채용과정에서 양성평등추진위원회가 성차별유무에 대한 모니터링을 실시하였다. 다음으로 여교수 의사결정 참여 확대를 위해 여교수의 보직비율 제고 노력으로 강원대는 여교수 보직 비율을 20%로 책정하였으며, 공주대는 보직관리규정에 여교원 우대조항을 두고 있다. 또한 강원대, 경북대, 전남대, 공주대, 한국체육대, 진주교대, 춘천교대 등은 각종 위원회에 여교수 비율 제고를 위한 노력으로 각 위원회에 여교수 비율 목표를 20%로 제시하고 달성하도록 하였다.

또한 대학 내 양성평등 문화 확산과 관련하여 제주대는 2010년 '양성평등지원센터' 개소식을 하였고, 춘천교대는 2009년에 '양성교육연구센터'를 설치하였으며, 공주교대는 양성평등관련 교재를 학문분야별로 7개 교재개발 과제를 수행하여 예비교사 교육에 활용하였다. 이러한 노력들에 비해 경상대학교는 이름뿐인 '양성평등추진위원회'가 '인사위원회'와 겸하고 있을 뿐, 양성평등에 대한 실질적인 노력이 거의 없어, 내실화된 '양성평등추진위원회'가 거듭나야 할 것을 제안하는 바이다. 아울러 2009년 개소한 경상대학교 여성연구소에서 여성 및 성 평등 이슈를 공론화하는 노력을 지속적으로 하여, 대학 사회에 성평등 분위기를 고취하는 한편 성인지적 의식과 역량을 갖춘 세력을 키우는 것도 한 방안이 될 수 있을 것으로 본다.

둘째, 경상대학교 교수들의 일반적인 성차별 의식에서 남교수가 여교수보다 더 높게 나타나 사회 전반에 걸쳐 있는 남성의 여성에 대한 성차별 의식이 대학사회에서도 그대로 적용되고 있음을 보여주었다. 이는 대학사회가 사회분위기로부터 전적으로 자유로울 수 없음을 보여주는 결과로서 특히 보수적인 경상도 내륙지방의 가부장제 의식이 아직 대학사회에 그대로 남아있어 성평등 의식이 낮음을 보여주는 한 단면으로 생각할 수 있다. 따라서 경상대학교 내에서 남교수들의 성평등 의식 고취 방안이 요구된다.

셋째, 경상대학교 남교수들이 남녀교수의 능력 차이를 의식하는 데 있어서, 여교수에 대한 성차별 의식이 높게 나타나 대학사회에서 남교수들의 성평등 의식이 낮음을 알 수 있었다. 즉 대학사회에서 진정한 성평등을 위해서는 남교수의 여교수에 대한 성차별 의식이 먼저 해결되어야 하겠다. 이를 위해 대학사회에서 남교수들의 성평등 의식을 높일 수 있도록 성평등 교육이 활성화되어야 하겠다. 또 하나의 대안으로는 해마다 교과부에 '양성평등조치계획 보고서'를 제출하기 위해 설립된 '양성평등추진위원회'를 이름뿐이 아닌 구체적인 활동을 할 수 있는 위원회로 활성화할 것을 제안한다.

마지막으로, 교수들의 대학사회에서의 성평등 의식에 관련된 조사 결과들은 성차별에서 가장 자유로워야 할 대학사회가 얼마나 자유롭지 못한가를 보여주는 단적인 결과들로 생각된다. 따라서 대학 내의 성평등 분위기 확산은 꼭 필요한 일이며, 이를 위해 성평등에 대한 연구 활성화를 통해 문제점을 밝혀내고, 그 개선 방안을 모색해 가는 것도 한 대안이 되리라 생각한다.

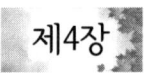

제4장

고학력 대졸여성의 진로 현황

김상대 | 경상대학교 경제학과 교수

I. 여성 취업자 천만 명 시대

2012년 1월 25일에 발표한 기획재정부와 통계청 자료를 보면 지난해 여성 취업자는 1,009만 1,000명으로 전년보다 17만 7,000명(1.8%) 늘었다고 한다. 곧, 여성취업자는 1978년(510만 명) 500만 명을 넘은 지 8년 만인 1986년(617만 명) 600만 명을 돌파했고, 1989년(715만 명) 700만 명, 1994년(802만 명) 800만 명을 각각 넘어섰다. 900만 명을 돌파한 2002년(923만 명) 이후 9년 만에 드디어 1,000만 명 시대에 접어들었다(금재호·윤자영, 2011: 1-3).

이 같은 여성 취업자 증가 배경으로는 우선 인구효과가 꼽힌다. 15세 이상 여성 인구는 10년 전인 2001 1,886만 명이었으나 2007년 2,000만 명을 넘어선 데 이어 2010년(2,098만 명)에는 2,100만 명에 달했다.

10년 사이 200만 명 넘게 늘어난 것이다.

또한, 지난해 경기 호전으로 인해 연간 일자리가 41만 5,000개 늘어난 것도 여성 취업자 수가 증가한 이유 중의 하나이다. 학력별로는 대졸 이상 여성이 전년보다 14만 명(4.1%) 증가한 356만 명, 종사상 지위별로는 상용근로자가 32만 명(9.3%) 늘어난 374만 명으로 각각 증가세를 주도했다.

물론, 여성의 고학력화로 인해 대졸 여성의 절대 규모와 대졸 여성 취업자 수가 계속 증가하고 있지만, 아직까지도 다른 학력 계층에 비해 상대적으로 낮은 취업률은 우리 사회에서 대표적인 고급인력의 비효율적 운용사례로 제기되고 있다. 따라서 본 연구는 이러한 배경하에서 한국 여성노동시장 현황과 여성 대졸자의 고용률과 취업 실태, 계열별 취업현황과 업무만족도 등을 살펴보면서 그들의 취업률을 높이기 위한 방안을 몇 가지 제시하고자 한다.

II. 대졸 취업자 전체 현황

여기서는 교육과학기술부와 한국교육개발원이 발표한 2010년 8월과 2011년 2월에 4년제 대학을 졸업한 학생들의 취업현황과 전공-업무 일치도, 업무만족도 등을 인문계, 사회계, 교육계, 공학계, 자연계, 의학계, 예체능계열 등 7개 계열별로 비교해서 제시해본다. 조사시점은 2011년 6월 한 달 동안이다.

먼저, 〈표 4-1〉에 따르면 총 293,967명의 4년제 대학 졸업자 중 141,329명(48.1%)이 여학생이다. 이들 졸업생 중에서 교내취업자(4,673명, 그중 3,040명은 여학생)와 해외취업자(374명, 그중 216명은 여학생)를 제외한 순수 국내 건강보험에 가입된 취업자 수는 남자

〈표 4-1〉 2011년 졸업상황 및 건강보험DB 연계 취업 통계

구분	학교수	졸업자		건강보험DB 연계 취업률(%)		취업자 수							
						건강보험 가입 취업자 수				교내취업자		해외취업자	
						계 T		여 F		계 T	여 F	계 T	여 F
		계 T	여 F	계 T	여 F	인원수	비율	인원수	비율				
대학 전체	186	293,967	141,329	54.5	50.0	135,157	46.0	59,162	41.9	4,673	3,040	374	216
국립	24	60,417	25,437	54.2	46.3	27,211	45.0	9,738	38.3	905	493	40	22
공립	2	3,082	1,168	59.0	52.4	1,582	51.3	529	45.3	42	22	4	2
사립	160	230,468	114,724	54.5	50.8	106,364	46.2	48,895	42.6	3,726	2,525	330	192

자료: 교육과학기술부 · 한국교육개발원(2011: 16~17)

75,995명(49.8%), 여자 59,162명(41.9%)이다. 남녀 졸업생 모두 순수 국내 취업률이 50% 이하이지만 대졸 여학생들의 취업률이 남학생에 비해 7.9%포인트 낮게 나타났다.

〈표 4-2〉 2011년 계열별 졸업상황 및 건강보험DB 연계 현황

구분 대학	졸업자		건강보험DB 연계 취업률(%)		취업자 수							
					건강보험 가입 취업자				교내취업자		해외취업자	
					계 T		여 F		계 T	여 F	계 T	여 F
	계 T	여 F	계 T	여 F	인원수	비율	인원수	비율				
인문계열	37,939	25,258	46.3	44.4	13,456	35.5	8,834	35	895	709	93	62
사회계열	86,809	41,997	53.5	52.7	41,010	47.2	19,083	45.4	1,296	884	120	66
교육계열	16,460	10,953	43.5	45.2	6,153	37.4	4,318	39.4	387	234	9	7
공학계열	69,846	13,334	66.9	62.2	39,809	57	6,932	52	735	272	55	13
자연계열	35,816	19,833	51.3	48.6	14,102	39.4	7,500	37.8	630	447	43	28
의약계열	14,698	9,352	76.7	75.2	10,514	71.5	6,659	71.2	76	54	3	3
예체능계열	32,399	20,602	37.8	34.7	10,113	31.2	5,836	28.3	654	440	51	37

자료: 교과부 · 한국교육개발원(2011: 17~18)

〈표 4-2〉에 따르면, 4년제 대학 인문계열 여자 졸업생 중 8,834명 (35%), 사회계열 여자 졸업생 중 19,083명(45.4%), 교육계열 여자 졸업생 중 4,318명(39.4%), 공학계열 여자 졸업생 중 6,932명(52%), 자연계열 여자 졸업생 중 7,500명(37.8%), 의약계열 여자 졸업생 중 6,659명 (71.2%), 예체능계열 여자 졸업생 중 5,836명(28.3%)이 국내 순수 건강보험 가입 취업자이다. 인문계, 교육계, 자연계, 예체능계 졸업생들의

〈표 4-3〉 4년제 대학교 소재지별 졸업 및 건강보험DB 연계 취업상황

구분	졸업생 수(명)		건강보험DB 연계 취업률(%)	
	전체	여성	전체	여성
총계	293,967	141,329	54.5	50.0
서울	71,361	37,035	57.1	50.5
부산	29,324	14,402	55.1	49.8
대구	9,319	4,503	56.5	49.3
인천	6,454	2,561	60.8	51.9
광주	12,750	6,763	54.0	51.4
대전	13,820	6,352	49.3	46.3
울산	2,930	1,181	56.8	51.1
경기	37,008	17,367	52.0	47.0
강원	13,883	6,062	54.5	54.2
충북	12,940	6,204	49.8	46.9
충남	25,730	12,512	53.4	50.9
전북	14,172	6,758	49.8	47.8
전남	7,143	3,303	57.1	55.6
경북	23,495	10,056	56.6	52.7
경남	11,524	5,322	54.3	50.0
제주	2,114	950	50.7	49.4

자료: 교과부 · 한국교육개발원(2011: 62~64)

취업률이 40% 이하인 반면 사회계, 공학계, 의약계열 취업률은 45% 이상임을 고려해 볼 때 4년제 대학 여학생들의 전공 선택 시 이 점이 충분히 고려되어야 할 것 같다.

〈표 4-3〉에 따르면, 전국 4년제 대학의 여자 졸업생 비율이 48.1%인데 경남은 46.2%를 차지하고 있다. 인천, 강원, 경북, 제주보다는 2~6% 포인트 높지만, 광주(53.0%)에 비하면 낮은 편이다. 그럼에도 경남의 여학생 취업률은 50.0%로서 전국 중간값에는 해당된다.

우리나라 대졸 전체 취업자 중 직업별 전공-업무 일치도가 높은 직업으로는 한의사(84.4%), 약사 및 한의사(84.3%), 간호사(82.1%), 스포츠 및 레크리에이션 강사(80.3%), 일반의사(79.6%), 특수교육 교사(78.4%), 중고교 교사(78.2%), 생명과학연구원(77.0%), 회계사(76.0%), 통신공학 기술자 및 연구원(75.5%) 순으로 나타났다. 직장 만족도가 높은 직업으로는 기타 종교관련 종사자(4.03점/5점 만점), 경찰관(3.97점), 초등학교 교사(3.92), 중고교 교사(3.91), 증권 및 외환딜러(3.83점), 통신공학 기술자 및 연구원(3.81점), 전자공학 기술자 및 연구원(3.8점), 금융관련 사무원(3.79점), 인사 및 교육훈련분야 사무원(3.79점) 순이었다.

III. 대졸자 계열별 취업 현황 및 업무만족도

〈표 4-4〉부터는 고용노동부와 한국고용정보원이 2010년 9월~12월에 실시한 「대졸자 직업이동 경로조사(정부공식통계 제32704호)」를 바탕으로 수도권과 비수도권별 남여 대졸자 취업현황과 업무 만족도를 7개 계열별로 제시해서 설명한다.

먼저, 〈표 4-4〉에 따르면, 2010년 4/4분기 현재 인문계열 졸업 2개월

〈표 4-4〉 인문계열 졸업 후 진로 현황 (2010)

구분	취업통계 (졸업 2개월 후)		졸업자수	GOMS (졸업 20개월 후)				
	취업자 (명)	고용률 (%)		취업자 (명)	구직자 (명)	진학자 (명)	비경제활동 (명)	고용률 (%)
전체	21,176	56.2	37,087	25,225	4,441	3,611	3,810	68.0
남자	7,213	58.0	12,238	8,964	1,647	1,464	871	69.2
여자	13,963	55.4	24,849	16,261	2,794	2,147	2,939	67.4

자료: 고용노동부 · 한국고용정보원(2011: 36)

후 남자 취업자 수가 7,213명, 여자 취업자 수가 13,963명이었는데, 이 것이 졸업 20개월 후에는 남녀 각각 1,751명, 2,298명 증가한 것으로 나타났다. 이는 곧 졸업 20개월 후에도 남녀 각각의 27%, 35%는 여전히 취업을 못하고 있다는 의미이다.

〈표 4-5〉에서 인문계 남자 졸업생의 고용률과 정규직 비율, 자격증 보유 비율 등을 살펴보면 수도권 대학과 비수도권 대학 간에 큰 차이가

〈표 4-5〉 인문계열 취업자의 취업 현황 (2010)

학교 소재지	성별	고용률 (%)	임금 근로자 비율 (%)	정규직 비율 (%)	전공 일치 비율 (%)	교육 수준 일치 비율 (%)	300인 이상 규모 업체 취업 비율 (%)	첫직장 입직 소요 기간 (개월)	월평균 소득 (만원)	300인 이상 월평균 소득 (만원)	주당 평균 근로 시간 (시간)	자격증 보유 비율 (%)
수도권	전체	70.5	95.8	69.0	32.4	70.1	28.1	4.8	195.5	226.4	43.4	61.0
	남자	68.5	96.0	70.7	29.1	71.9	30.1	4.1	220.7	253.1	44.7	58.0
	여자	71.6	95.7	68.1	34.0	69.2	27.1	5.2	183.1	211.5	42.7	62.4
비 수도권	전체	66.1	97.0	59.6	35.2	70.5	16.5	5.8	168.4	181.4	42.9	63.4
	남자	69.8	94.4	70.2	35.5	68.7	16.5	5.5	183.9	200.1	45.0	57.3
	여자	64.1	98.6	53.6	35.0	71.7	16.4	5.8	156.0	170.2	41.7	67.1

자료: 고용노동부 · 한국고용정보원(2011: 36)

없다. 오히려 전공일치 비율은 비수도권 남자 대졸자가 6.4%포인트 높
다. 그럼에도 300인 이상 규모업체 취업비율, 월평균소득(300인 이상
월평균소득 포함) 등에서는 현격한 차이를 보이고 있다. 여자 졸업생
의 경우, 비수도권 대학 출신자들이 임금근로자 비율과 자격증 보유 비
율에서 약간씩만 높을 뿐, 나머지 정규직 비율, 300인 이상 규모업체 취
업비율, 월평균소득(300인 이상 월평균소득 포함) 등에서는 현격한 차
이를 보이고 있다.

여자 대졸 취업자 비중의 66%를 차지하는 인문계 졸업생들의 직
업별 전공-업무 일치도 살펴 본 결과 사회복지직과 종교 관련직
(86.7%), 문화 · 예술 · 디자인 · 방송 관련직(57.4%)에서 높게 나타났
다. 특히, 각종 연구 관련직 취업자에서 직업별 전공-업무 일치도가
53% 이상으로 높게 나타난 점을 향후 진로지도 시 참고해야 할 것
이다.

인문계열 졸업생들 중 직무 만족도(5점 만점)가 높은 직업을 살펴
본 결과 성직자 및 종교 관련직(5점 만점에 4.2점), 작가 및 출판전문가
(3.78점), 금융보험 관련 사무원(3.77점) 순으로 나타났다.

그리고 인문계열 대졸 취업자들은 경영 · 회계 · 사무 관련직에
42.4%, (자연과학 · 사회과학 · 교육 분야) 연구 관련직에 17.8%, 영업
및 판매 관련직에 9.9%, 문화 · 예술 · 디자인 · 방송 관련직에 7.5%, 금

〈표 4-6〉 인문계열 직업별 전공 - 업무 일치도 (2010)

구분	전공―업무일치도
사회복지 및 종교 관련직	86.7%
문화 · 예술 · 디자인 · 방송 관련직	57.4%
(교육, 자연과학, 사회과학 분야) 연구 관련직	53.4%
금융 · 보험 관련직	27.7%
영업 및 판매 관리직	23.8%

자료: 고용노동부 · 한국고용정보원(2011: 37)

〈표 4-7〉 인문계열 만족도가 높은 직업 (2010)

직업 구분	만족도 (5점 만점)
성직자 및 종교 관련직	4.2점
작가 및 출판 전문가	3.78점
금융보험 관련 사무원	3.77점
경영지원 및 행정 관련 사무원	3.57점
영업직 및 상품중개인	3.56점

자료: 고용노동부 · 한국고용정보원(2011: 37)

융보험 관련직에 7.0%, 사회복지 및 종교 관련직에 6.3%가 진출하고 있었다. 또한, 이들 인문계 대졸 취업자들이 취업한 산업을 살펴본 결과, 교육서비스업 24.4%, 제조업 11.5%, 도소매업 11.1%, 금융보험업 9.1%, 출판 방송통신 및 정보서비스업 8.2%, 전문 과학 및 기술서비스업 6.9% 순으로 나타났다.

다음의 〈표 4-8〉에 따르면, 2010년 4/4분기 현재 사회계열 졸업 2개월 후 남자 취업자 수가 26,295명, 여자 취업자 수가 22,028명이었는데, 이것이 졸업 20개월 후에는 남녀 각각 5,968명, 4,461명 증가한 것으로 나타났다. 이는 곧, 졸업 20개월 후에도 이들 남녀 각각의 22.6%, 27.3%는 여전히 취업을 못하고 있다는 의미이다.

〈표 4-8〉 사회계열 졸업 후 진로 현황 (2010)

구분	취업통계 (졸업 2개월 후)		졸업자수-외국인제외 (명)	GOMS (졸업 20개월 후)				
	취업자 (명)	고용률 (%)		취업자 (명)	구직자 (명)	진학자 (명)	비경제활동 (명)	고용률 (%)
전체	48,323	60.6	78,175	58,752	7,135	3,010	9,278	75.2
남자	26,295	62.0	41,728	32,263	3,688	1,527	4,666	76.6
여자	22,028	59.0	36,447	26,489	3,447	1,483	4,612	73.5

자료: 고용노동부 · 한국고용정보원(2011: 41)

〈표 4-9〉에서는 사회계 남자 졸업생의 경우 임금근로자 비율과 정규
직 비율에서는 수도권 대학과 비수도권 대학 간에 큰 차이가 없었다.
반면, 비수도권 대학 출신 남자 취업자들의 교육수준 일치 비율은 7%
포인트나 높다. 그럼에도 전공일치 비율, 300인 이상 규모업체 취업비
율, 월평균소득(300인 이상 월평균소득 포함) 등에서는 수도권과 비수
도권 대학 출신 간에 현격한 차이를 보이고 있다. 여자 졸업생의 경우
에도 비수도권 대학 출신자들이 임금근로자 비율과 자격증 보유 비율
에서만 약간 높을 뿐, 나머지 전공일치 비율, 300인 이상 규모업체 취업
비율, 월평균소득(300인 이상 월평균소득 포함) 등에서는 수도권 대학
출신자들과 현격한 차이를 보이고 있다.

〈표 4-9〉 사회계열 취업자의 취업 현황 (2010)

학교 소재지	성별	고용률 (%)	임금 근로자 비율 (%)	정규직 비율 (%)	전공 일치 비율 (%)	교육 수준 일치 비율 (%)	300인 이상 규모 업체 취업 비율 (%)	첫직장 입직 소요 기간 (개월)	월평균 소득 (만원)	300인 이상 월평균 소득 (만원)	주당 평균 근로 시간 (시간)	자격증 보유 비율 (%)
수도권	전체	76.6	97.0	70.8	46.7	69.6	32.7	4.4	228.2	261.1	45.3	64.5
	남자	78.6	97.7	74.8	47.2	70.2	36.9	3.9	256.7	280.5	46.6	61.5
	여자	74.5	96.1	66.0	46.1	68.9	27.9	5.0	195.7	231.4	43.8	68.0
비 수도권	전체	74.2	96.6	70.9	33.4	73.8	14.3	4.7	191.6	213.2	45.9	69.4
	남자	75.3	95.9	75.8	34.8	77.0	16.6	4.5	216.5	233.0	47.2	64.4
	여자	72.9	97.5	64.8	31.6	69.8	11.5	4.9	160.3	176.6	44.2	75.7

자료: 고용노동부 · 한국고용정보원(2011: 41)

여자 대졸 취업자 비중이 45.6%를 차지하는 사회계 졸업생들의 직업
별 전공-업무 일치도를 살펴 본 결과(〈표 4-10〉 참조), 사회복지 및 종
교 관련직이 59.6%로 가장 높게 나타났다. 다음으로 법률 · 경찰 · 소
방 · 교도 등과 같이 법 관련 분야가 57.6%이었다. 예상과 달리, 경영 ·

회계 · 사무 관련직에서는 전공-업무 일치도가 39.2%로서 상대적으로 낮게 나타났다.

〈표 4-10〉 사회계열 직업별 전공 - 업무 일치도 (2010)

구분	전공-업무일치도
사회복지 및 종교 관련직	59.6%
법률 · 경찰 · 소방 · 교도 관련직	57.6%
금융보험 관련직	43.4%
정보통신 관련직	42.6%
경영 · 회계 · 사무 관련직	39.2%

자료: 고용노동부 · 한국고용정보원(2011: 42)

사회계열 대졸 취업들의 직무 만족도(5점 만점)가 높은 직업을 살펴보면, 역시 법 관련 업종(경찰 · 소방 · 교도)에서 3.93점으로 가장 높게 나타났다. 그 다음으로, 금융보험관련 사무직, 비서 및 사무 보조원의 순서였다(〈표 4-11〉).

〈표 4-11〉 사회계열 만족도가 높은 직업 (2010)

직업 구분	만족도 (5점 만점)
경찰 · 소방 · 교도 관련 종사자	3.93점
금융보험 관련 전문직	3.83점
비서 및 사무 보조원	3.74점
금융보험 관련 사무원	3.73점
회계 사무 및 감정평가 관련 전문가	3.73점

자료: 고용노동부 · 한국고용정보원(2011: 42)

그리고 사회계열 대졸 취업자들은 경영 · 회계 · 사무 관련직에 47.4%, 금융보험 관련직에 13.2%, 영업 및 판매 관련직에 9.7%, 사회복지 및 종교 관련직에 8.6%, (자연과학·사회과학·교육 분야) 연구 관련직에 5.5%가 진출하고 있었다. 또한, 이들 사회계 대졸 취업자들이 취업한 산업을 살펴보면, 금융보험업 15.7%, 제조업 13.7%, 도소매업 11.3%, 교육서비스업 10.2%, 보건업 및 사회복지서비스업 9.5%, 공공행정, 국방 및 사회보장 행정업 8.3%, 전문과학 및 기술서비스업 7.8%, 출판·영상·방송통신 및 정보서비스업 5.8%의 순이었다.

〈표 4-12〉에 따르면, 2010년 4/4분기 현재 교육계열 졸업 2개월 후 시기의 남자 취업자 수가 3,042명, 여자 취업자 수가 6,190명이었는데, 이것이 졸업 20개월 후에는 남녀 각각 3,042명, 1,257명 증가한 것으로 나타났다. 이는 곧 교육계열 졸업 20개월 후에도 남녀 각각 32.6%, 33%는 여전히 취업을 못하고 있다는 의미이다.

〈표 4-12〉 교육계열 졸업 후 진로 현황 (2010)

구분	취업통계 (졸업 2개월 후)		졸업자수-외국인 제외 (명)	GOMS (졸업 20개월 후)				
	취업자 (명)	고용률 (%)		취업자 (명)	구직자 (명)	진학자 (명)	비경제활동 (명)	고용률 (%)
전체	9,232	55.9	16,452	10,996	1,343	676	3,436	66.8
남자	3,042	57.7	5,264	3,549	287	356	955	69.0
여자	6,190	55.1	11,188	7,447	1,057	321	2,480	65.9

자료: 고용노동부·한국고용정보원(2011: 46)

〈표 4-13〉에서는 교육계 남자 취업자의 경우, 임금근로자 비율, 교육수준 일치비율, 자격증 보유비율에서 비수도권 대졸자가 더 높다. 그럼에도 정규직 비율, 전공일치 비율, 300인 이상 규모업체 취업비율, 월평균소득(300인 이상 월평균소득 포함) 등에서는 수도권 대졸자의 비율이 월등히 높다. 여자 취업자의 경우, 비수도권 대학 출신자들이 교육수준 일치비율과 자격증 보유 비율에서만 높을 뿐, 나머지 정규직 비율, 300인 이상 규모업체 취업비율, 월평균소득(300인 이상 월평균소

득 포함) 등에서 수도권 대학 출신자에 비해 현격한 차이를 보여주고
있다.

〈표 4-13〉 교육계열 취업자의 취업 현황 (2010)

학교 소재지	성별	고용률 (%)	임금 근로자 비율 (%)	정규직 비율 (%)	전공 일치 비율 (%)	교육 수준 일치 비율 (%)	300인 이상 규모 업체 취업 비율 (%)	첫직장 입직 소요 기간 (개월)	300인 이상 월평균 소득 (만원)	주당 평균 근로 시간 (시간)	자격증 보유 비율 (%)
수도권	전체	64.8	97.1	62.6	68.1	73.4	73.4	15.5	195.0	43.9	84.2
	남자	62.8	94.7	57.3	65.6	69.5	69.5	26.0	226.8	45.5	75.3
	여자	65.7	98.1	64.6	69.1	74.9	74.9	11.6	183.0	43.3	87.5
비 수도권	전체	67.6	98.0	49.9	65.4	79.2	7.4	7.4	172.8	44.1	90.4
	남자	71.0	97.7	43.6	62.8	74.1	13.8	13.8	191.7	44.5	86.3
	여자	66.0	98.2	53.1	66.8	81.9	4.1	4.1	163.0	43.9	92.5

자료: 고용노동부 · 한국고용정보원(2011: 46)

　여자 대졸 취업자 비중이 67%를 차지하는 교육계 졸업생들의 직업
별 전공-업무 일치도를 살펴 보면, 사회복지직과 종교 관련직(78.2%),
각종 연구 관련직(73.5%) 취업자에게서 직업별 전공-업무 일치도가 아
주 높게 나타났다. 이 점을 향후 진로지도 시 크게 참고해야 할 것
같다.

〈표 4-14〉 교육계열 직업별 전공 - 업무 일치도 (2010)

구분	전공-업무일치도
사회복지 및 종교 관련직	78.2%
(교육 및 자연과학 · 사회과학) 연구 관련직	73.5%
경영 · 회계 · 사무 관련직	35.8%

자료: 고용노동부 · 한국고용정보원(2011: 47)

　　교육계열 졸업생들의 직무 만족도(5점 만점)가 높은 직업을 살펴 본 결과, 학교교사, 보육교사, 육아 도우미, 생활지도원 등의 순서로 높게 나타났다.

〈표 4-15〉 교육계열 만족도가 높은 직업 (2010)

직업 구분	만족도 (5점 만점)
학교교사	3.93점
보육교사, 육아도우미, 생활지도원	3.51점
학원강사/학습지 교사	3.37점
경영지원 및 행정 관련 사무원	3.37점
회계 사무 및 감정평가 관련 전문가	3.73점

자료: 고용노동부·한국고용정보원(2011: 47)

　　그리고 교육계열 대졸 취업자들의 진출 직업은 (자연과학·사회 과학·교육 분야) 연구 관련직에 66.6%, 경영·회계·사무 관련직에 12.9%, 사회복지 및 종교 관련직에 9.4%가 진출하고 있었다. 또한, 이 들 교육계 대졸 취업자들이 취업한 산업은 교육서비스업 70.0%, 보건 업 및 사회복지서비스업 13.1% 순이었다.

　　한편, 〈표 4-16〉에 따르면, 2010년 4/4분기 현재 공학계열 졸업 2개

〈표 4-16〉 공학계열 졸업 후 진로 현황 (2010)

구분	취업통계 (졸업 2개월 후)		졸업자수-외국인 제외 (명)	GOMS (졸업 20개월 후)				
	취업자 (명)	고용률 (%)		취업자 (명)	구직자 (명)	진학자 (명)	비경제활동 (명)	고용률 (%)
전체	39,941	61.4	64,832	48,158	5,856	7,044	3,974	74.3
남자	33,092	61.4	53,686	39,596	4,553	5,683	2,851	75.2
여자	6,849	61.0	11,146	8,562	1,103	1,361	1,123	70.5

자료: 고용노동부·한국고용정보원(2011: 51)

월 후 남자 취업자 수가 33,092명, 여자 취업자 수가 6,849명이었는데, 이것이 졸업 20개월 후에는 남녀 각각 6,504명, 1,713명 증가한 것으로 나타났다. 이는 곧, 졸업 20개월 후에도 남녀 각각 26%, 23.2%는 여전히 취업을 못하고 있다는 의미이다. 한 가지 특이한 점은 공학계열 졸업 2개월 이내까지는 남녀 고용률이 비슷하나, 이것이 20개월 후에는 여자 취업률이 남자에 비해 3%포인트 높아진다는 점이다.

〈표 4-17〉에서는 공학계열 남자 대졸 취업자의 임금근로자 비율과 정규직 비율 등은 수도권 대학과 비수도권 대학에서 큰 차이가 없다. 오히려 교육수준 일치 비율은 비수도권 남자 취업자가 더 높았다. 그럼에도, 전공일치 비율, 300인 이상 규모업체 취업비율, 월평균소득(300인 이상 월평균소득 포함) 등에서는 현격한 차이를 보이고 있다. 여자 취업생의 경우에도 비수도권 대학 출신 취업자들이 임금근로자 비율에서 비슷하나, 자격증 보유 비율은 더 높다. 그러나 대졸 여성들의 전공일치 비율, 교육수준일치 비율, 정규직 비율, 300인 이상 규모업체 취업비율, 월평균소득(300인 이상 월평균소득 포함) 등에서는 수도권과

〈표 4-17〉 공학계열 취업자의 취업 현황 (2010)

학교소재지	성별	고용률 (%)	임금근로자 비율 (%)	정규직 비율 (%)	전공일치 비율 (%)	교육수준일치 비율 (%)	300인 이상 규모업체 취업 비율 (%)	첫직장 입직 소요 기간 (개월)	월평균소득 (만원)	300인 이상 월평균소득 (만원)	주당 평균 근로 시간 (시간)	자격증 보유 비율 (%)
수도권	전체	75.0	98.4	79.5	52.6	71.9	47.7	3.4	246.5	274.4	46.9	59.8
	남자	76.2	98.6	80.9	53.8	71.7	49.4	3.3	255.0	282.1	47.3	59.6
	여자	70.4	97.5	73.6	47.8	72.9	40.9	3.7	210.8	235.7	45.5	60.7
비수도권	전체	73.8	98.2	76.9	48.5	73.4	27.1	4.1	205.5	236.8	47.0	64.9
	남자	74.5	98.5	78.1	49.2	74.4	27.8	4.2	212.7	240.5	47.5	64.2
	여자	70.5	97.2	70.7	44.7	68.3	23.4	3.7	169.7	213.7	44.6	68.6

자료: 고용노동부·한국고용정보원(2011: 51)

비수도권 대학 출신 간에 현격한 차이를 보이고 있다.

여자 대졸 취업자 비중이 17.2%를 차지하는 공학계 졸업생들의 직업별 전공-업무 일치도를 살펴 본 결과, 기계나 전기전자 관련직보다 건설 관련직, 정보통신 관련직, 각종 연구 관련직에서 직업별 전공-업무 일치도가 높게 나타난 점을 향후 진로지도 시 참고해야 할 것이다.

〈표 4-18〉 공학계열 직업별 전공 - 업무 일치도 (2010)

구분	전공-업무일치도
건설 관련직	68.7%
정보통신 관련직	64.3%
각종연구 관련직	60.2%
기계 관련직	54.9%
전기전자 관련직	52.5%

자료: 고용노동부 · 한국고용정보원(2011: 52)

공학계열 졸업생들의 직무 만족도(5점 만점)가 높은 직업을 살펴본 결과, 장학관 및 교육 관련 전문가, 컴퓨터 하드웨어 및 통신공학 기술자, 각종 연구원/시험원 등에서 높게 나타났다.

〈표 4-19〉 공학계열 만족도가 높은 직업 (2010)

직업 구분	만족도 (5점 만점)
장학관 및 교육 관련 전문가	3.82점
컴퓨터하드웨어 및 통신공학기술자,연구원	3.80점
전기 · 전자공학 기술자,연구원/시험원	3.73점
기계공학 기술자,연구원/시험원	3.72점
생산 관련 사무원	3.66점

자료: 고용노동부 · 한국고용정보원(2011: 52)

그리고 공학계열 대졸 취업자들이 진출한 직업은 정보통신 관련직 20.9%, 경영 · 회계 · 사무 관련직 20.0%, 건설 관련직 12.8%, 기계 관련직 11.3%, 전기 · 전자 관련직 10.9% 순이었다. 또한, 이들 공학계 대졸 취업자들이 취업한 산업을 살펴보면, 제조업 33.2%, 출판영상 방송통신 및 정보서비스업 16.8%, 전문 과학 및 기술서비스업 13.4%, 건설업 12.4%, 교육서비스업 6.1%, 도소매업 4.3% 순이었다.

〈표 4-20〉에 따르면, 2010년 4/4분기 현재 자연계열 졸업 2개월 후 남자 취업자 수가 8,807명, 여자 취업자 수가 10,416명이었는데, 이것이 졸업 20개월 후에는 남녀 각각 2,037명, 1,545명 증가한 것으로 나타났다. 이는 곧 졸업 20개월 후에도 남녀 각각 32.7%, 38.5%는 여전히 취업을 못하고 있다는 의미이다.

〈표 4-20〉 자연계열 졸업 후 진로 현황 (2010)

구분	취업통계 (졸업 2개월 후)		졸업자수-외국인 제외 (명)	GOMS (졸업 20개월 후)				
	취업자 (명)	고용률 (%)		취업자 (명)	구직자 (명)	진학자 (명)	비경제활동 (명)	고용률 (%)
전체	19,223	53.0	35,554	22,805	3,482	6,077	3,190	64.1
남자	8,807	54.5	16,110	10,844	1,498	2,755	916	67.7
여자	10,416	53.4	19,444	11,961	1,984	3,322	2,274	61.2

자료: 고용노동부 · 한국고용정보원(2011: 57)

다음 〈표 4-21〉에서는 자연계 남자 취업자의 경우, 교육수준 일치 비율은 비수도권 남자 대졸자가 7.6%포인트 높고, 정규직 비율도 비수도권 대학 출신자가 더 높다. 그럼에도, 임금근로자 비율, 전공일치 비율, 300인 이상 규모업체 취업비율, 월평균소득(300인 이상 월평균소득 포함) 등에서는 현격한 차이를 보이고 있다. 여자 취업생의 경우에도 비수도권 대학 출신자들이 고용률과 임금근로자 비율, 교육수준 일치비율, 자격증 보유 비율 등에서 높지만, 나머지 정규직 비율, 300인 이상

규모업체 취업비율, 월평균소득(300인 이상 월평균소득 포함) 등에서
는 수도권 대학 출신자들과 현격한 차이를 보이고 있다.

〈표 4-21〉 자연계열 취업자의 취업 현황 (2010)

학교 소재지	성별	고용률 (%)	임금 근로자 비율 (%)	정규직 비율 (%)	전공 일치 비율 (%)	교육 수준 일치 비율 (%)	300인 이상 규모 업체 취업 비율 (%)	첫직장 입직 소요 기간 (개월)	월평균 소득 (만원)	300인 이상 월평균 소득 (만원)	주당 평균 근로 시간 (시간)	자격증 보유 비율 (%)
수도권	전체	60.5	97.1	70.1	41.9	67.4	30.2	4.7	213.0	249.6	44.4	61.6
	남자	61.7	98.0	80.5	42.4	65.0	34.1	4.6	239.4	268.5	45.5	57.1
	여자	59.7	96.5	62.7	41.6	69.0	27.4	4.8	194.2	232.9	43.6	64.8
비 수도권	전체	66.2	95.5	64.7	39.0	74.8	16.9	4.8	175.3	177.7	45.8	68.7
	남자	70.6	92.9	72.4	37.8	72.6	18.8	5.0	199.8	192.0	46.9	64.6
	여자	62.1	98.3	57.2	40.3	77.1	15.0	4.5	150.4	159.8	44.6	72.9

자료: 고용노동부 · 한국고용정보원(2011: 57)

여자 대졸 취업자 비중이 54.7%를 차지하는 자연계 출신 취업자들의
직업별 전공-업무 일치도를 살펴본 결과, 사회복지직과 종교 관련직,
보건의료직에서 높게 나타났다. 각종 연구 관련직 취업자에게서도 직

〈표 4-22〉 자연계열 직업별 전공 - 업무 일치도 (2010)

구분	전공-업무일치도
사회복지/종교 관련직	67.0%
보건의료직	66.8%
각종 연구 관련직	60.7%
환경 · 인쇄 · 목재 · 가구 · 공예 및 단순생산직	48.1%
문화 · 예술 · 디자인 · 방송 관련직	38.9%

자료: 고용노동부 · 한국고용정보원(2011: 58)

업별 전공-업무 일치도가 60% 이상 높게 나타났다.

자연계열 출신 취업자들의 직무 만족도(5점 만점)가 높은 직업을 살펴본 결과, 영업 및 상품중개인, 금융보험 관련 사무원 순으로 나타났다. 이들 직종의 만족도가 의료보건 서비스직이나 각종 시험원보다 높게 나타났다는 점이 특이하다.

〈표 4-23〉 자연계열 만족도가 높은 직업 (2010)

직업 구분	만족도(5점만점)
영업원 및 상품중개인	3.69점
금융보험 관련 사무원	3.62점
의료 · 보건 서비스직	3.59점
(자연과학 · 생명과학 관련) 시험원	3.58점
환경공학기술자/연구 및 관련 시험원	3.58점

자료: 고용노동부 · 한국고용정보원(2011: 58)

그리고 자연계열 대졸 취업자들은 경영 · 회계 · 사무 관련직에 28.3%, (자연과학 · 사회과학 · 교육 분야) 연구 관련직에 18.2%, 영업 및 판매 관련직에 8.8%, 보건 · 의료 관련직에 8.3%, 금융 · 보험 관련직에 5.4% 진출하고 있었다. 또한, 이들 자연계 대졸 취업자들이 취업한 산업을 살펴보면, 제조업 19.5%, 교육서비스업 19.2%, 전문 과학 및 기술서비스업 12.8%, 도소매업 11.0%, 금융 및 보험업 6.7%, 공공행정 국방 및 사회보장 행정 5.3%, 보건업 및 사회복지 서비스업 4.8% 순이었다.

〈표 4-24〉에 따르면, 2010년 4/4분기 현재 의약계열 졸업 2개월 후 남자 취업자 수가 4,182명, 여자 취업자 수가 6,707명이었는데, 이것이 졸업 20개월 후에는 남녀 각각 322명, 181명 증가한 것으로 나타났다. 이는 곧 졸업 20개월 후에도 의약계열 남녀 각각 12.6%, 14.7%는 여전

〈표 4-24〉 의약계열 졸업 후 진로 현황 (2010)

구분	취업통계 (졸업 2개월 후)		졸업자수- 외국인 제외 (명)	GOMS (졸업 20개월 후)				
	취업자 (명)	고용률 (%)		취업자 (명)	구직자 (명)	진학자 (명)	비경제활동 (명)	고용률 (%)
전체	10,889	84.6	12,799	11,030	375	669	724	86.2
남자	4,182	80.6	5,154	4,504	153	178	145	90.4
여자	6,707	87.3	7,645	6,526	222	491	580	83.5

자료: 고용노동부 · 한국고용정보원(2011: 62)

히 취업을 못하고 있다는 의미이다.

아래의 〈표 4-25〉에서 의약계 출신 남자 취업자의 경우, 고용률과 임금근로자 비율, 정규직 비율, 전공일치 비율, 교육수준 일치비율, 자격증 보유 비율 등은 비수도권 대학 출신 남자 취업자가 더 높았다. 그럼에도 300인 이상 규모업체 취업비율, 월평균소득(300인 이상 월평균소득 포함) 등에서는 현격한 차이가 있다. 여자 취업자의 경우 300인 이

〈표 4-25〉 의약계열 취업자의 취업 현황 (2010)

학교 소재지	성별	고용률 (%)	임금 근로자 비율 (%)	정규직 비율 (%)	전공 일치 비율 (%)	교육 수준 일치 비율 (%)	300인 이상 규모 업체 취업 비율 (%)	첫직장 입직 소요 기간 (개월)	월평균 소득 (만원)	300인 이상 월평균 소득 (만원)	주당 평균 근로 시간 (시간)	자격증 보유 비율 (%)
수도권	전체	81.3	96.6	65.2	75.9	67.0	55.4	4.0	273.2	270.9	52.6	92.2
	남자	88.4	93.7	53.3	76.2	60.0	53.8	3.7	286.2	297.2	60.9	91.4
	여자	79.2	97.5	69.0	75.8	69.4	56.0	4.2	268.8	262.3	50.1	92.4
비 수도권	전체	88.0	97.7	68.7	75.8	77.0	41.5	3.5	237.6	239.9	50.9	93.6
	남자	90.8	96.8	65.9	71.0	80.7	34.6	3.4	242.0	254.9	54.0	94.2
	여자	85.8	98.5	71.1	79.9	73.8	47.4	3.6	233.9	230.6	48.2	93.0

자료: 고용노동부 · 한국고용정보원(2011: 62)

상 규모업체 취업비율, 월평균소득(300인 이상 월평균소득 포함) 등에
서 수도권 대학 출신 취업자들이 훨씬 높게 나타났다.

　여자 대졸 취업자 비중이 59.7%를 차지하는 의약계 대학 출신 취업
자들의 직업별 전공-업무 일치도를 살펴본 결과, 역시 보건 · 의료 관련
직에서 81.8%로 아주 높게 나타났다. 그 다음이 각종 연구 관련직, 영
업판매 관련직의 순이었다.

〈표 4-26〉 의약계열 직업별 전공 - 업무 일치도 (2010)

구분	전공-업무일치도
보건 · 의료 관련직	81.8%
각종 연구 관련직	61.2%
영업/판매 관련직	50.4%
경영/회계/세무직	24.4%

자료: 고용노동부 · 한국고용정보원(2011: 63)

　의약계열 취업자들에게서 직무 만족도(5점 만점)가 높은 직업을 살
펴본 결과, 예상대로 의사, 간호사/치과 위생사 순으로 나타났다. 하지

〈표 4-27〉 의약계열 만족도가 높은 직업 (2010)

직업 구분	만족도 (5점 만점)
의사	3.66점
간호사/치과위생사	3.70점
약사	3.54점
치료사	3.37점
의료장비/치과 관련 기술종사자	3.35점

자료: 고용노동부 · 한국고용정보원(2011: 63)

만, 의약계 전체 직업군 중에서 만족도가 4점을 넘는 직업은 전혀 없다
는 점 또한 특이하다.

그리고 의약계열 대졸 취업자들은 82.7%가 보건의료직에 진출하고
있으며, 그 외 (자연과학 · 사회과학 · 교육 분야) 연구 관련직에 5.3%,
경영 · 회계 · 사무 관련직에 3.6% 진출하고 있었다. 또한, 이들 의약계
대졸 취업자들이 취업한 산업을 살펴보면, 보건업 및 사회복지서비스
업 75.3%, 도소매업 9.0%, 교육서비스업 4.9%, 제조업 2.8% 순이었다.

한편 〈표 4-28〉에 따르면, 2010년 4/4분기 현재 예체능열 4년제 대학
졸업 2개월 후 남자 취업자 수가 8,032명, 여자 취업자 수가 12,461명이
었는데, 이것이 졸업 20개월 후에는 남녀 각각 748명, 689명 증가한 것
으로 나타났다. 이 또한, 졸업 20개월 후에도 남녀 각각 25%, 33%는 여
전히 취업을 못하고 있다는 의미이다.

〈표 4-28〉 예체능계열 졸업 후 진로 현황 (2010)

구분	취업통계 (졸업 2개월 후)		졸업자수-외국인 제외 (명)	GOMS (졸업 20개월 후)				
	취업자 (명)	고용률 (%)		취업자 (명)	구직자 (명)	진학자 (명)	비경제활동 (명)	고용률 (%)
전체	20,493	65.0	31,326	21,929	3,687	2,646	3,063	70.0
남자	8,032	63.1	11,685	8,780	1,274	839	1,059	73.5
여자	12,461	68.3	19,641	13,150	2,413	1,807	2,004	67.9

자료: 고용노동부 · 한국고용정보원(2011: 67)

〈표 4-29〉에서 예체능계 남자 취업자의 고용률, 임금근로자 비율, 정
규직 비율, 전공일치 비율, 교육수준 일치 비율, 자격증 보유 비율 등은
비수도권 남자 대졸자가 더 높게 나타났다. 그럼에도 300인 이상 규모
업체 취업비율, 월평균소득(300인 이상 월평균소득 포함) 등에서는 현
격한 차이를 보이고 있다. 여자 취업자의 경우에도 비수도권 대학 출신
자들이 고용률, 정규직 비율, 교육수준 일치 비율, 자격증 보유 비율 등

〈표 4-29〉 예체능계열 취업자의 취업 현황 (2010)

학교 소재지	성별	고용률 (%)	임금 근로자 비율 (%)	정규직 비율 (%)	전공 일치 비율 (%)	교육 수준 일치 비율 (%)	300인 이상 규모 업체 취업 비율 (%)	첫직장 입직 소요 기간 (개월)	월평균 소득 (만원)	300인 이상 월평균 소득 (만원)	주당 평균 근로 시간 (시간)	자격증 보유 비율 (%)
수도권	전체	68.0	86.4	52.9	53.8	72.8	16.1	5.0	176.0	171.7	41.6	44.3
	남자	71.9	84.6	60.0	52.4	74.6	13.5	4.7	193.4	190.8	45.8	52.1
	여자	65.9	87.4	48.9	54.6	71.7	17.6	5.2	165.9	162.9	39.2	39.7
비 수도권	전체	71.3	87.2	59.7	51.1	75.2	9.1	4.3	153.7	171.7	43.4	52.4
	남자	74.3	91.4	61.3	54.4	77.8	10.9	4.0	173.9	164.8	45.8	57.6
	여자	69.2	84.2	58.4	48.6	73.3	7.9	7.9	139.2	127.2	41.7	48.6

자료: 고용노동부 · 한국고용정보원(2011: 67)

에서 높게 나타났으나, 정규직 비율, 전공일치 비율, 300인 이상 규모업체 취업비율, 월평균소득(300인 이상 월평균소득 포함) 등에서는 수도권 대학 출신자들과 현격한 차이를 보이고 있다.

여자 대졸 취업자 비중이 62.7%를 차지하는 예체능계 취업자들의 직업별 전공-업무 일치도를 살펴 본 결과, 미용 · 숙박 · 여행 · 오락 · 스포츠 관련직이 월등히 높게 나타났다. 그 다음이 각종 연구 관련직과

〈표 4-30〉 예체능계열 직업별 전공 - 업무 일치도 (2010)

구분	전공-업무일치도
미용 · 숙박 · 여행 · 오락 · 스포츠 관련직	72.5%
각종 연구 관련직	67.6%
문화 · 예술 · 디자인 · 방송 관련직	60.9%
경영 · 회계 · 사무 관련직	28.0%
영업/판매 관련직	23.4%

자료: 고용노동부 · 한국고용정보원(2011: 68)

문화 · 예술 · 디자인 · 방송 관련직에서 60% 이상 높게 나타났다. 각종 연구 관련직 취업자에게서 67.6% 이상 직업별 전공-업무 일치도가 나타난 점을 향후 진로지도 시 크게 참고해야 할 것 같다.

예체능계열 4년제 대학 출신 취업자들의 직무 만족도(5점 만점)가 높은 직업을 살펴 본 결과, 스포츠/레크리에이션 관련 종사자, 창작 및 공연 관련 전문가 순으로 나타났다.

〈표 4-31〉 예체능계열 만족도가 높은 직업 (2010)

직업 구분	만족도 (5점 만점)
스포츠/레크리에이션 관련 종사자	3.71점
창작 및 공연 관련 전문가	3.68점
경영지원/행정 관련 사무원	3.46점
학원강사/학습지 교사	3.41점
디자이너	3.34점

자료: 고용노동부 · 한국고용정보원(2011: 68)

그리고 예체능계열 대졸 취업자들은 문화 · 예술 · 디자인 · 방송 관련직에 29.1%, (자연과학 · 사회과학 · 교육 분야) 연구 관련직에 22.8%, 경영 · 회계 · 사무 관련직에 17.8%, 미용 · 숙박 · 오락 · 스포츠 관련직에 10.8%, 영업 및 판매 관련직에 6.3%가 진출하고 있었다. 또한 이들 예체능계 대졸 취업자들이 취업한 산업을 살펴보면, 교육서비스업 28.2%, 예술 · 스포츠 및 여가관련 서비스업 12.3%, 전문 과학 및 기술서비스업 11.1%, 제조업 10.2%, 출판영상 방송통신 및 정보서비스업 8.0%, 도소매업 7.9% 순이었다.

IV. 결론 및 제언

이상 2010년 8월에서 2011년 2월까지의 한국 4년제 대졸여성들의 취업현황과 직장만족도 등을 살펴 보았는데 다음과 같은 점들이 특별히 발견되었다.

남녀 졸업생 모두 순수 국내 취업률이 50% 이하로 나타났지만, 대졸여학생들의 취업률은 남학생에 비해 7.9%포인트 낮다. 특히, 인문계, 교육계, 자연계, 예체능계 졸업생들의 취업률이 40% 이하인 반면 사회계, 공학계, 의약계열 취업률은 45% 이상임을 고려해 볼 때 4년제 대학 여학생들의 진로 설정 시 이 점이 충분히 고려되어야 할 것이다.

대졸 전체 취업자 중 직업별 전공-업무 일치도가 높은 직업으로는 한의사(84.4%), 약사 및 한의사(84.3%), 간호사(82.1%), 스포츠 및 레크리에이션 강사(80.3%), 일반의사(79.6%), 특수교육 교사(78.4%), 중고교 교사(78.2%), 생명과학연구원(77.0%), 회계사(76.0%), 통신공학 기술자 및 연구원(75.5%) 순이었다. 또한, 직장만족도가 높은 직업으로는 기타 종교관련 종사자(4.03점/ 5점 만점), 경찰관(3.97점), 초등학교 교사(3.92), 중고교 교사(3.91), 증권 및 외환딜러(3.83점), 통신공학 기술자 및 연구원(3.81점), 전자공학 기술자 및 연구원(3.8점), 금융 관련 사무원(3.79점), 인사 및 교육훈련분야 사무원(3.79점) 순이었다.

여자 4년제 대학 졸업생의 경우 정규직 비율, 300인 이상 규모업체 취업비율, 월평균소득(300인 이상 월평균소득 포함) 등에서 수도권 대학 출신과 비수도권 대학 출신 간에는 현격한 차이를 보이고 있다(남자 대졸자도 거의 마찬가지다).

7개 전 계열에 걸쳐, (자연과학ㆍ사회과학ㆍ교육 분야의) 연구 관련직에 졸업생의 5~10%가 진출하고 있다.

공학계열 졸업 후 2개월까지는 남녀간 고용률이 비슷하나, 이것이 20개월 후에는 여자 취업률이 남자에 비해 3% 포인트 높아지는 특징도 보이고 있다.

여자 대졸 취업자의 경우, 직업별 전공-업무 일치도가 아주 높게 나타나는 직업이 계열별로 따로 있었다. 예를 들어, 공학계열 여자 취업자들의 경우, 기계나 전기전자 관련직보다 건설 관련직, 정보통신 관련직, 각종 연구 관련직에서 직업별 전공-업무 일치도가 아주 높게 나타났다. 또한 여자 대졸 취업자 비중이 54.7%를 차지하는 자연계 출신 취업자들의 경우에도 사회복지직과 종교 관련직, 보건 의료직에서 직업별 전공-업무 일치도가 높게 나타났다.

결론적으로, 여성 4년제 대졸자들이 남자 대졸자에 비해 현저하게 불리한 취업상태에 놓여 있지는 않았다. 오히려 지금 상황에서는 남녀 간 격차보다 수도권 대학과 비수도권 대학 간에 정규직 취업비율, 300인 이상 중견업체 취업비율, 월평균 소득 수준 등에서 현저한 차이가 발생하고 있었다. 따라서 향후 고학력 대졸여성을 대상으로 한 진로지도는 이러한 출신대학에 따른 격차부터 법적, 제도적으로 해소시켜 나가야 할 것이다. 나아가, 자신의 전공분야가 아닌 분야에서도 직업만족도가 높은 직업들이 존재하기에 그런 직업군들부터 찾아내 진로지도 시 적극 반영해야 할 것이다.

마지막으로, 4년제 대학 남녀 졸업생 중 25~37%는 대학 졸업 후 20개월 후에도 여전히 취업을 못하고 있다. 이들은 향후에도 비정규직 외에는 취업이 쉽지 않은 인력들이다. 그러므로 이들에게는 자신들의 전공분야를 뛰어 넘어 전혀 새로운 분야의 지식과 기술을 익히게 하는 중장기 직업교육을 체계적으로 실시케 하여, 대졸 고학력자들을 100% 취업시키도록 해야 할 것이다.

제2부

대학사회와 성주류화의 방향

- **제5장** 대학사회 양성평등, 어디까지 왔나?   송인자
- **제6장** 대학사회 성주류화, 방향과 과제는 무엇인가?

이혜숙
- **제7장** 독일 대학의 성주류화: 여성신진학자 지원정책을 중심으로

하이케 헤르만스, 강보길

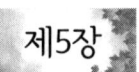

대학사회 양성평등, 어디까지 왔나?

송인자 ㅣ 한국양성평등교육진흥원 교수

I. 대학사회 양성평등의 필요성

『정의란 무엇인가』의 저자 마이클 샌델 하버드대 교수는 대학은 세계시민을 양성하는 것이 최고의 사회적 책무이며 이를 위하여 학생들은 세계문명과 전통, 외국어 습득을 통하여 글로벌 시각을 가져야 하며, 여행을 통하여 다른 나라 사람들을 만나고 다른 사회와 국가에 거주해 보는 경험은 글로벌 교육에서 매우 중요하다고 하였다. 이러한 사회적 기대에 부응하기 위하여 각 대학들은 다양한 기회를 통하여 학생들에게 글로벌 리더로서의 역량을 강화하고 이들을 키워낼 수 있는 교수진과 교육과정, 교내외 교육활동을 마련하는 등 적극적인 노력이 이루어지고 있다.

새로운 지식을 창출하고 활용할 수 있는 전문적 역량과 교양을 갖춘 글로벌 리더를 키워내기 위하여 학생 개인만이 아니라 학교 차원에서 그리고 국가사회적으로도 많은 노력이 이루어지고 있다. 학생들이 세계시민으로 성장하기 위해서는 통섭적 사고력과 외국어 능력, 리더십 등 글로벌 리더가 갖추어야 할 분야별 특성을 내면화하는 것도 중요하지만 균형감 있는 판단기준, 특히 성별(gender) 특성과 경험, 조건을 고려하고 성평등한 인식과 실행의지를 갖추는 것도 매우 중요하다는 것이다. 글로벌 스탠다드에 양성평등이 중요한 기준이듯이 글로벌 리더는 성인지 관점(gender sensitivity)을 내면화하고 실행할 수 있어야 하기 때문이다.

〈참고자료 5-1〉 성인지 관점이란?

성인지 관점(gender perspectivity)이란 여성과 남성은 서로 다른 경험과 요구, 조건과 특성을 가지고 있다고 전제하고 특정 개념이 특정 성에게 유리하거나 불리하지는 않은지, 성역할 고정관념이 개입되었는지 아닌지를 검토하는 관점을 의미한다. 이는 성별로 다른 경험과 조건을 반영하여 판단하고 행동함으로써 차이가 차별로 이어지지 않도록 하는 성평등 실행력의 출발이다.

과거 수십 년 동안 여성의 사회적 지위는 크게 변화하였고 이에 따라 여성의 역할과 인식도 크게 달라진 것이 사실이다. 여성들의 학력이 높아지면서 자아실현 욕구가 증가하였고, 이에 따라 직업과 사회경제적 지위에 대한 인식이 급격히 변화하였다. 전통적으로 남성적 영역으로 여겨지던 법조계, 행정 분야 등 공적 조직에 여성의 진출이 증가하고 있으며,[1] 과학기술 분야로의 여성 진출이 눈에 띄게 증가하여, 알파걸과 골드미스라 일컫는 여성들이 등장하였다. 또한 법, 제도에서 명시

---

1) 2008년 행정고시 합격자의 51.2%, 외무고시 합격자의 67.7%, 사법고시 합격자의 35.6%가 여성이며 중앙행정기관 5급 이상 관리자의 여성비율은 10%, 지방자치단체는 7.6%인 것으로 나타났다.

적인 성차별은 거의 사라져 법과 제도만으로는 세계 어느 나라에도 뒤지지 않는 성평등한 사회인 것으로 보인다. 이러한 변화된 사회적 환경과 조건은 일상에서 나타나는 성차별적인 상황에 대한 문제의식을 희석시키며 여성들의 성평등한 기회나 지위에 대한 요구를 무색하게 만드는 경우도 있다.

〈참고자료 5-2〉 알파걸과 골드미스

알파걸은 학업, 운동, 리더십 모든 면에 있어서 남성을 능가하는 높은 성취욕과 자신감을 가진 여성을 뜻하는 용어로 하버드대 교수인 댄 킨들런이 『새로운 여자의 탄생—알파걸(Alpha Girls: Understanding the New American Girl and How She is Changing the World, 2006)』에서 처음으로 사용했다. 저돌적인 도전정신을 지닌 강한 여성을 의미하는 알파걸은 일반적으로 페미니스트들이 남녀차별에 저항하는 태도를 지니는 것과 달리 남녀차별 자체를 염두에 두지 않는 여성들이다. 알파걸과 유사한 의미의 단어로는 '파워걸'이 있고, 반대의 의미를 지닌 용어로는 '킹콩걸(평범하고 내세울 것 없는 여성)'이 있다. 그러나 알파걸들은 남성중심사회에서 인정받는 위치에 올라온 능력 있는 여성으로 여겨지지만 잘나가는 여자, 그래서 부담스러운 드센 여자라는 이미지도 동시에 부각되어 있다.

골드미스는 학력, 외모, 경제력 등의 조건을 완벽하게 갖췄지만 결혼시기를 놓쳐 혼자 사는 30대 중·후반 커리어우먼을 일컫는 용어이다.

그러나 우리의 대학은 여전히 남성들이 권력과 자원을 선점하고, 주요한 메커니즘의 작동과정에서 여성들이 일정 부분 배제되고 있으며 학생들의 전공영역 간 성불균형, 교내외 활동영역과 취업에서의 성차별, 교수임용과 보직배치 및 위원회 등에서의 성불균형과 차별이 존재하고 있다. 양성평등한 대학사회를 만들기 위하여 국공립대학을 중심으로 양성평등조치계획을 수립하여 실행하도록 하고 추진실적을 평가하는 등 공식적인 노력이 시도되고 있지만 남성중심적 사회구조와 문화에 기반하고 있음을 알 수 있으며 의식수준은 따라가지 못하고 있다고 하겠다. 이러한 대학사회의 남성중심적인 조직문화는 여학생의 성

정체성(gender identity)과 활동범주 확보에 부정적으로 작용하게 되며 이러한 대학사회에서 글로벌 스탠다드를 제대로 내면화하여 성평등 의식이 있는 글로벌 리더를 양성하기에는 부족함이 있는 것이다.

대학사회의 양성평등 수준을 판단하기 위해서는 다양한 객관적 근거와 자료를 활용하여 사회 구성원과 조직문화, 교육과정과 교육활동, 교육결과 및 취업 등에 대한 성별현황을 파악하는 것이 필요할 것이다. 과연 대학교수의 성별비율, 전공영역별 성별비율, 보직자의 성별비율, 대학생의 성별비율 대비 교수의 성별비율 등에서 균형적인지를 검토해야 하며 학습자인 학생들의 전공영역별 성별현황, 학생회 활동학생의 성별비율, 취업에 대한 욕구 및 인식과 취업결과의 성별비율 등을 상세히 분석하는 것이 필요할 것이다.

여기서는 교수집단의 성별현황을 일부 검토하고 학생들의 전공 및 취업과 관련된 통계 및 선행연구의 조사결과를 활용하여 간략히 살펴보고자 한다. 또한 대학사회 양성평등 수준을 높여내기 위한 목적으로 시행하는 정부사업에는 무엇이 있는지를 살펴본다. 마지막으로 대학사회에서의 양성평등 실현에 직간접적으로 영향을 미치는 많은 정부정책의 성주류화를 위하여 시행되는 성별영향평가와 성인지 예산제도를 소개하고 대학사회에서 성평등 의식을 내면화한 글로벌 리더를 길러내고 글로벌 역량을 갖춘 인재들이 사회전반에서 활동할 수 있도록 하기 위하여 대학교육 분야 혹은 대학의 인적자원육성 및 취업과 관련된 사업을 성인지적으로 수행하도록 하기 위한 가능성을 모색해보고자 한다.

II. 대학교육과 양성평등 현황

대학의 양성평등 현황은 다양한 기준으로 파악할 수 있다. 대학구성원의 성별비율, 즉 전공영역별 교수와 학생의 성별비율, 보직교수의 성별비율, 학생회 임원의 성별비율 등 표면적인 요인부터 성평등한 조직문화, 성인지적 교육내용 및 교수방법, 취업준비 및 기회배분 등에 이르는 요인까지 다양하다. 이러한 요인들은 서로 순차적 연결성을 갖기도 하고 복합적으로 상호작용하기도 하므로 성평등한 대학사회를 위하여 제도적, 문화적 노력을 병행해야 성과가 있을 것이다.

여기서는 대학사회 구성원 성별비율과 취업과 관련된 성별현황을 조사결과를 바탕으로 제시하고 성평등한 대학사회 기반조성을 위하여 참고로 할 수 있도록 하고자 한다.

1. 교수의 성별비율

교수는 학생과 공식적 학습활동을 통하여 직접적인 영향력을 발휘하면서 다양한 비공식적 활동을 통하여 학생들의 의식과 사고에 영향을 미친다. 인간의 의식을 재생산하는 교육의 역할, 특히 학생들과 공식 · 비공식 활동을 통하여 교수는 존재자체로 학생들의 의식 · 무의식적으로 큰 영향을 끼친다. 즉 사회적 성공으로 인정되는 교수사회에 진입한 교수들의 성별은 학생들의 성정체성(gender identity) 형성에 영향을 미치며, 성평등한 의식과 판단기준을 가진 교수들의 영향력은 대학사회의 양성평등을 견인하는 역할을 할 것이다.

4년제 일반대학, 교육대학, 산업대학, 방송통신대학의 전체 교수는 2009년 현재 57,536명이며, 여성교수는 10,504명, 여성교수의 비율은 18.3%로 나타난다.

〈표 5-1〉 대학의 남녀교수 구성비 변화

(단위: 명, %)

구분		1990	2000	2005	2006	2007	2008	2009
전체	계	26,913	45,144	52,787	54,967	55,944	57,417	57,536
	남교수	23,795	39,014	44,303	45,755	46,322	47,287	47,032
	여교수	3,118	6,130	8,484	9,212	9,622	10,130	10,504
	여교수비	11.6	13.6	16.1	16.8	17.2	17.6	18.3
국공립대	계	9,535	13,423	15,348	15,582	15,733	15,745	15,366
	남교수	8,762	12,244	13,653	13,766	13,828	13,817	13,402
	여교수	773	1,179	1,695	1,816	1,905	1,928	1,964
	여교수비	8.1	8.8	11.0	11.7	12.1	12.2	12.8
사립대	계	17,378	31,721	37,439	39,385	40,211	41,672	42,170
	남교수	15,033	26,770	30,650	31,989	32,494	33,470	33,630
	여교수	2,345	4,951	6,789	7,396	7,717	8,202	8,540
	여교수비	13.5	15.6	18.1	18.8	19.2	19.7	20.3

자료: 민무숙(2009: 28)

국공립대학의 학생 대비 교수의 성별비율을 보면 남성교수 1인당 남학생 비율은 32.8명이나 여성교수 1인당 여학생 비율은 178.8명인 것으로 나타나 여학생에 비하여 여교수는 수적으로 매우 적은 것을 알 수 있다. 국공립대학 교수 비율은 12.8%로 여교수 채용목표제에서 계획하는 20%에 7.2% 미달하는 것으로 나타나며 사립대학의 경우는 20.3%인 것으로 나타난다.

2. 전공영역별 교수의 성별비율

일반대학의 전공영역별 교수의 성별비율을 보면 가정계와 간호계의 여성교수 비율은 매우 높은 반면 나머지 전공분야의 여성교수 비율은 매우 낮은 것으로 나타나며, 계열별로 보면 어문계, 약학계, 예술계,

사범계는 최근 들어 30%를 웃돌지만 공학계, 농림계, 수산해양계(수해계)의 여성교수 비율은 10% 미만으로 나타나 전공영역별 성별분리가 뚜렷이 나타나고 있다.

이는 학생들의 전공영역별 성별분리와 유사한 경향을 보이며 성역할 고정관념에 의한 전공영역 선택과 무관하지 않은 것으로 볼 수 있다.

〈표 5-2〉 일반대학 계열별 여성교수 구성비 변화

(단위: %)

구분		전체	어문계	인문계	사회계	이학계	공학계	농림계	수해계	의학계	약학계	예술계	체육계	사범계	가정계	간호계
2001	전체	14.1	24.4	14.0	7.2	11.9	1.8	2.8	4.1	12.2	22.2	33.7	23.7	22.7	87.9	98.6
	국공립	8.8	15.0	8.2	3.7	6.1	0.6	1.7	4.3	7.7	10.7	28.4	19.3	11.4	87.4	100.0
	사립	16.0	26.8	15.4	8.1	14.9	2.3	4.7	0.0	13.1	28.6	34.7	24.9	32.0	88.2	98.1
2005	전체	16.2	26.5	18.9	9.5	13.6	2.6	3.4	5.2	15.8	24.3	33.8	23.1	27.2	90.8	99.5
	국공립	10.7	17.5	12.0	7.5	9.2	1.9	2.0	5.4	10.8	11.9	29.4	22.4	14.1	91.8	99.1
	사립	18.2	28.5	20.4	10.1	16.1	3.0	5.8	0.0	16.8	31.5	34.7	23.3	38.3	90.3	99.7
2007	전체	17.2	28.8	21.5	10.8	15.5	3.2	4.2	5.8	16.8	29.7	33.9	22.5	31.7	90.9	99.1
	국공립	11.4	18.6	15.6	8.0	9.2	2.2	2.3	6.0	11.4	17.1	31.9	20.7	16.9	88.3	96.1
	사립	19.2	31.1	22.6	11.5	18.8	3.7	7.6	0.0	17.8	35.8	34.2	23.1	42.6	92.7	100.0
2008	전체	17.7	29.9	21.0	11.9	16.2	3.3	4.2	5.7	16.9	28.7	34.1	23.2	33.0	91.0	99.4
	국공립	11.6	19.7	14.9	8.8	9.9	2.2	2.0	5.9	10.9	18.1	32.2	19.3	18.3	87.6	100.0
	사립	19.7	32.2	22.2	12.8	19.5	3.9	8.5	0.0	17.9	33.7	34.4	24.4	42.8	93.3	99.3
2009	전체	18.3	30.5	21.9	12.9	16.5	3.5	4.7	5.4	18.2	31.9	34.1	23.1	32.7	91.3	99.4
	국공립	12.2	21.8	14.9	9.7	9.8	2.4	2.3	5.2	13.6	20.7	31.9	19.9	17.6	88.9	100.0
	사립	20.3	32.4	23.2	13.7	19.8	4.0	9.2	14.3	18.8	36.8	34.5	24.0	42.7	92.9	99.3

자료: 민무숙(2009: 32) 참조하여 재구성

3. 교수지위별 성별비율

대학교수의 지위를 기준으로 나타나는 성별현황을 보면 총학장 등 보직교수와 교수 및 부교수의 여성비율은 평균인 18.3%보다 낮지만 시간강사(46.9%), 전임강사(34.4%), 조교수(24.6%)의 여성비율은 평균보다 높은 것으로 나타난다.

대학에서 교수의 성별 비율이 전공영역뿐 아니라 직위별로도 분리되고 있으며 이는 사회문화적으로 고정된 성역할이 반영된 과정이며 결과인 것으로 보인다. 특히 직위별로 볼 때 보직자나 정교수 등에 여성비율이 적고 시간강사나 전임강사 등에 여성들이 몰려 있는 것으로 나타나 유리천장(glass ceiling)이 대학사회에서도 나타나고 있음을 알 수 있다. 직위에 따라 의사결정 권한과 책임이 다르며 이러한 상징성은 학생들의 롤모델로서, 성정체성 형성의 요인으로 작용하기 때문에 전공영역과 직위에서의 성별 균형성을 위한 적극적 노력이 필요하다.

〈참고자료 5-3〉 유리천장

'유리천장(Glass Ceiling)'이란 소수민족이나 여성처럼 사회 내 비주류 세력이 고위직으로 승진하지 못하는 현상을 의미하는 용어로 직장 내 승진을 가로막는 '보이지 않는 장벽'이라는 의미에서 붙여졌다. 사회 전반에 여성진출 비율이 증가하고 있지만 고위직에 오르는 여성은 유리천장을 깨는 데 성공한 여성으로 여전히 신문기사에서 이슈로 다루어지고 있다. 최근 들어 여성들의 고위직 진출환경이 개선될 조짐이 보이고는 있지만 노르웨이나 프랑스, 스웨덴, 핀란드, 벨기에, 독일 등 EU국가에서는 '유리천장'을 깨기 위하여 40% 여성임원할당제를 도입하는 등 적극적으로 노력하고 있다.

〈표 5-3〉 대학의 직위별 여성교수 구성비 변화

(단위: %)

구분		2000	2005	2006	2007	2008	2009
전 체	전임전체	13.6	16.1	16.8	17.2	17.6	18.3
	총학장	4.8	7.7	6.9	7.1	7.3	7.3
	교수	11.8	12.4	12.6	12.7	12.7	13.0
	부교수	12.5	14.5	14.9	15.2	16.1	17.4
	조교수	14.0	19.4	20.4	21.9	23.2	24.6
	전임강사	22.6	29.5	31.3	32.7	33.8	34.4
	시간강사	36.3	41.6	42.5	43.7	45.5	46.9
국 공 립 대	전임전체	8.8	11.0	11.7	12.1	12.2	12.8
	총학장	0.0	0.0	0.0	0.0	0.0	0.0
	교수	8.7	8.9	9.3	9.5	9.6	9.8
	부교수	7.2	9.7	10.4	11.4	12.3	14.1
	조교수	10.0	15.3	16.9	18.9	20.2	21.4
	전임강사	13.2	23.0	24.7	24.6	21.7	23.3
	시간강사	32.0	37.1	38.0	39.4	41.7	44.7
사 립 대	전임전체	15.6	18.1	18.8	19.2	19.7	20.3
	총학장	6.4	10.0	8.8	9.1	9.2	9.3
	교수	13.7	14.2	14.4	14.5	14.4	14.6
	부교수	14.5	16.2	16.3	16.5	17.2	18.5
	조교수	15.4	20.7	21.6	22.9	24.2	25.5
	전임강사	23.7	30.9	32.5	33.6	34.8	35.2
	시간강사	38.4	43.5	44.1	45.2	46.7	47.7

자료: 민무숙(2009: 38) 참조하여 재구성

4. 대학생 및 대학원생의 성별분포

전문대학과 4년제 대학에 학적을 두고 있는 학생들의 성별비율을 보면 대학은 남학생의 비율이 높고 전문대학은 여학생의 비율이 높은 것으로 나타난다.

〈표 5-4〉 전문대학과 4년제 대학의 성별비율 (2009)

성별	전문대학			대학		
	재적학생	재학생	휴학생	재적학생	재학생	휴학생
남자	459,534 (60.4%)	219,288 (44.9%)	240,246	1,234,714 (62.2%)	721,615 (53.1%)	513,099
여자	301,395 (39.6%)	269,625 (55.1%)	31,770	749,329 (37.8%)	637,099 (46.9%)	112,230
합계	760,929 (100%)	488,913 (100%)	272,016	1,984,043 (100%)	1,358,714 (100%)	625,329

자료:『2009년 교육통계』

또한 4년제 대학 입학자의 계열별 성별현황을 보면 공학계열과 사회계열의 경우 남학생 비율이 높은 것으로 나타난다. 공학계열은 남학생 81.5%, 여학생 18.5%이며 사회계열은 남학생 53.3%, 여학생 46.7%, 교육계열은 남학생이 35.6%, 의약계열은 33.8%(간호학과 포함)로 나타난다. 이러한 전공영역의 성별비율은 취업여부와 중요하게 연결된다. 산업전반에 걸쳐 공학계열과 연결된 직업군이 많으며, 특히 제조업의 경우 공학계열 전공자를 필요로 한다. 직종과 전공영역의 연계성에서 남성비율이 높은 공학계열이 취업으로 연결될 가능성이 가장 높음을 알수 있다.

대학원생의 전공별 성별현황을 보면 석사과정은 교육계열과 예체능계열, 의약계열에서는 여성비율이 높으나 학부에서 여성비율이 높았던 인문계열과 자연계열에서도 남성비율이 더 높게 나타난다. 박사과

〈표 5-5〉 4년제 대학의 계열별 성별비율 (2009)

전공대계열	성별	입학자	지원자
공학계열	남자	67,385	454,174
	여자	15,255	118,393
교육계열	남자	6,100	35,942
	여자	11,041	76,201
사회계열	남자	50,924	407,128
	여자	44,610	382,447
예체능계열	남자	16,931	93,082
	여자	24,283	158,549
의약계열	남자	4,966	49,618
	여자	9,722	89,393
인문계열	남자	19,762	151,042
	여자	30,399	267,914
자연계열	남자	22,973	155,292
	여자	23,399	172,892
합계		347,750	2,612,067

자료: 『2009년 교육통계』

정에서는 교육계열과 예체능계열에서 여성비율이 높지만 학부나 석사과정에서 보다 성별비율의 격차는 줄어들고 있으며 학부에서 남성비율이 높은 전공영역의 경우 대학원에서의 성별비율은 남성쪽의 비율이 더 크게 증가하는 것으로 나타난다. 의약계열의 경우 학부와 석사는 여성비율이 높으나 박사과정에서는 남성비율이 크게 증가하는 것으로 나타난다.

〈표 5-6〉 대학원생의 성별비율 (2009)

전공대계열	박사		석사		합계
	남자	여자	남자	여자	
공학계열	9,336	1,140	30,099	5,154	45,729
교육계열	1,291	2,469	15,605	44,261	63,626
사회계열	6,884	3,564	40,394	27,830	78,672
예체능계열	1,818	1,878	6,489	12,730	22,915
의약계열	4,372	2,936	9,563	12,502	29,373
인문계열	3,515	3,485	17,517	16,854	41,371
자연계열	4,564	3,134	8,941	8,146	24,785
합계	31,780	18,606	128,608	127,477	306,471

자료:『2009년 교육통계』

5. 대학생들의 취업욕구[2]

대학생들의 취업에 대한 욕구를 보면 4년제 대학생의 경우 남녀 모두 교사에 대한 선호도가 가장 높았으며, 건축토목 관련 분야, 경영지원 및 행정 분야, 무역 및 운송 관련분야, 소프트웨어 개발 분야, 디자이너 등 6개 분야가 남녀학생 모두 선호하는 분야로 나타났다. 사회복지 및 상담가, 창작 및 공연전문가, 전자공학기술연구 및 시험원은 여학생만 금융보험전문가와 스포츠 및 레크리에이션 종사자, 경찰소방관련종사자, 기계공학연구 및 시험원은 남학생만 10위권 이내의 선호직종으로 선택한 것으로 나타난다.

전문대학생의 희망직업순위를 보면 주방장 및 조리사, 사회복지 상담전문가, 디자이너, 작가 및 출판 분야 등은 남녀학생 모두가 선호하

---

2) 아래의 내용은 다음의 보고서에 수록된 조사결과를 활용하여 요약, 정리함. 신선미, 『여대생의 직업세계인식 실태조사』(한국여성정책연구원, 2008), 44-47쪽.

〈표 5-7〉 4년제 대학생 희망직업순위

(단위: 명, %)

순위	남자			여자		
	직업(소분류)	사례수	비율	직업(소분류)	사례수	비율
1	학교교사	115	7.8	학교교사	130	9.3
2	건축 및 토목 관련 기술자 · 시험원	99	6.7	경영지원 및 행정 관련 사무원	105	7.5
3	경영지원 및 행정 관련 사무원	92	6.2	건축 및 토목 관련 기술자 · 시험원	92	6.6
4	금융 · 보험 관련 전문가	52	3.5	디자이너	81	5.8
5	무역 및 운송 관련 사무원	45	3.1	사회복지 및 상담 전문가	41	2.9
6	스포츠 및 레크리에이션 관련 종사자	42	2.9	전기 · 전자 공학 기술자 연구원 및 시험원	35	2.5
7	소프트웨어 개발 전문가	42	2.9	소프트웨어 개발자	34	2.4
8	디자이너	41	2.7	창작 및 공연 관련 전문가	34	2.4
9	기계공학 기술자 연구원 및 시험원	40	2.7	경영 및 행정 관련 전문가	32	2.3
10	경찰 · 소방 · 교도 · 관련 종사자	40	2.7	무역 및 운송 관련 사무원	31	2.2
	합계	608	41.2	합계	615	43.9

는 것으로 나타난다. 의료분야에서 남학생은 의료장비 및 치과 관련 기술을, 여학생은 의료 및 보건서비스 종사자를 선택하였으며 유치원교사와 이미용 관련 분야는 여학생만 선택하여 성별분업현상이 나타난다.

학생들이 희망하는 직업을 선택하는 기준을 보면 적성과 흥미가 맞거나 전공분야와 일치하기 때문이라는 것을 주로 제시하였지만 전문대생의 경우는 4년제 대학생보다 장래전망에 대한 것을 고용안정보다 중시하며 남학생보다 여학생이 고용안정에 대하여 중시하는 것으로 나타난다. 또한 희망직업을 선택하는 시기는 대학 1, 2학년(전문대는 1학년)이 가장 높은 비율로 나타나며 고등학교에 선택한다는 응답도 높

게 나타난다. 특히 전문대 여학생의 경우는 대학 1학년보다 고등학교
때 선택한다는 응답이 가장 높게 나타난다. 고등학교와 대학 초반에 희
망직업을 선택하는 비율이 높다는 것은 이 시기의 진로지도와 직업에
대한 정보와 간접경험 기회를 많이 갖도록 하는 것이 중요하다는 것을
알 수 있다. 직업선택시기에서는 전문대 여학생 이외에는 두드러지는
성별차이는 없지만 전문대에 진학하는 여학생들의 경우는 향후 직업
세계를 염두에 두고 전공영역이나 진학경로를 선택하는 것임을 알 수
있다.

〈표 5-8〉 희망직업 선택기준

(단위: 명(%))

희망직업 선택 이유	전문대학			4년제 대학		
	남자	여자	전체	남자	여자	전체
적성과 흥미가 맞아서	756 (43.2)	616 (44.0)	1,372 (43.6)	679 (46.3)	617 (44.2)	1,296 (45.2)
전공 분야와 일치해서	590 (33.7)	475 (34.0)	1,065 (33.8)	471 (32.1)	504 (36.1)	975 (34.0)
장래 전망이 좋아서	202 (11.5)	167 (11.9)	369 (11.7)	103 (7.0)	95 (6.8)	198 (6.9)
보수(임금)가 좋아서	88 (5.0)	44 (3.1)	132 (4.2)	75 (5.1)	49 (3.5)	124 (4.3)
고용이 안정적이어서	79 (4.5)	72 (5.1)	151 (4.8)	101 (6.9)	101 (7.2)	202 (7.0)
사회적 지위나 명성이 좋을 것 같아서	32 (2.0)	25 (1.8)	60 (1.9)	39 (2.7)	31 (2.2)	70 (2.4)
합계	1,750 (100)	1,399 (100)	3,149 (100)	1,468 (100)	1,397 (100)	2,865 (100)

자료: 신선미(2008: 47)

6. 취업준비[3]

대학생들의 교육결과는 전공영역별 전문지식과 기능을 습득하여 건전한 사회구성원으로서, 직업인으로서의 역할을 수행할 수 있는 역량을 갖도록 하는 것이라고 할 때 학생들이 취업에 성공하도록 하는 것이 필요하다. 취업은 사회경제적 지위를 확보하는 것이며 이는 독립적인 개인생활을 유지할 수 있는 중요한 요소인 것이다. 따라서 취업성공 여부에 성별차이가 있다는 것은 독립적인 개인으로 살 수 있는가 여부에 성별차이가 있다는 것이다. 그동안 경제활동을 통한 가족의 생계부양은 남성이 책임져왔고, 여성은 가족 내 보살핌노동의 전담자로서의 역할을 사회적으로 기대해 왔기 때문에 취업에 대한 관심과 욕구는 남성이 훨씬 높았다. 그러나 이제는 여성과 남성이 경제활동의 주체로서 독립적 개인생활을 유지할 수 있는 능력을 갖고자 하며 이는 양성평등한 남녀관계를 유지하는 중요한 요소가 될 수 있다. 따라서 취업과 관련하여 여학생과 남학생은 어떠한 차이가 있고 무엇을 요구하는지를 대학에서는 정확하게 알아야 하며 이들을 지도하는 교수들은 이러한 성별차이와 요구에 맞추어 취업에 성공할 수 있도록 이끌어야 할 것이다. 학교에서 지원하는 취업지원활동 가운데 무엇을 활용하고 있으며 선호하는지, 취업과 관련하여 느끼는 애로사항은 무엇인지에 관심을 기울여야 할 것이다.

4년제 대학의 취업과 관련하여 지원받은 내용을 보면 취업특강이나 설명회 참여와 교수에 의한 취업지도, 취업상담, 취업준비에 관한 학점인정, 기업체 인턴십, 취업준비 동아리 활동의 순으로 나타난다. 여학생의 경우 취업특강이나 설명회 참여라는 응답이 가장 높았고 두 번째로 교수에 의한 취업지도에 응답한 반면, 남학생은 교수에 의한 취업지

---

3) 아래의 내용은 다음의 보고서에 수록된 조사결과를 활용하여 요약, 정리함. 신선미, 『여대생의 직업세계인식 실태조사』(한국여성정책연구원, 2008).

〈표 5-9〉 4년제 대학생의 취업관련 지원내용

구분	취업준비관련 학점인정강좌	취업특강 설명회	취업상담	기업체 인턴십	교수의 취업지도	취업준비 동아리
남학생	25.5%	50.5%	39%	11%	35.9%	10.4%
여학생	30.6%	55.9%	32.4%	11.8%	36.1%	9.9%

자료: 신선미(2008: 100)

도보다 취업상담에 응답한 비율이 더 높은 것으로 나타난다.

진로 및 직업정보 사이트 유용성에 대한 의견을 보면 민간회사 구직 사이트, 학교취업지원기구, 커리어넷과 워크넷의 순으로 나타난다. 4년제 대학 여학생의 경우 직업정보 사이트별 편차가 거의 없으나 전문대 여학생의 경우 커리어넷에 대한 유용성이 특히 높은 것으로 나타난다.

취업준비 애로점에 대한 조사결과를 보면 4년제 대학의 경우 적성에 맞는 직업을 결정하지 못한 것, 취업정보가 부족하거나 모르는 것, 영어실력 부족, 전공과 희망직업 불일치, 취업준비시간 부족 등의 순으로 나타난다. 전문대학생의 경우 취업정보가 부족하거나 모르는 것, 적성에 맞는 직업결정을 못한 것, 영어실력 부족, 전공과 희망직업 불일치, 이력서나 자기소개서 작성 및 인터뷰에 자신이 없는 것 등의 순으로 나타나 4년제 대학생과 큰 차이가 없다. 그러나 전문대 여학생의 경우 이력서나 자기소개서 작성, 인터뷰에 자신이 없다는 비율이 높으며 4년제 대학 남학생의 경우 취업정보 부족보다 영어실력 부족에 대한 애로사항을 더 많이 호소하고 있다. 자세한 응답결과를 보면 다음과 같다.

〈표 5-10〉 취업준비 애로점

(단위: 명(%))

취업준비 애로점	전문대학			4년제 대학		
	남자	여자	전체	남자	여자	전체
취업정보가 부족하거나 몰라서	539 (30.9)	458 (32.8)	997 (31.7)	324 (22.1)	324 (23.2)	648 (22.6)
적성에 맞는 직업을 결정하지 못해서	374 (21.4)	277 (19.9)	651 (20.7)	348 (23.7)	376 (26.9)	724 (25.3)
전공과 희망 직업이 일치하지 않아서	202 (11.6)	116 (8.3)	318 (10.1)	143 (9.7)	152 (10.9)	295 (10.3)
외모 또는 신체적 결함으로 인해서	69 (11.6)	50 (3.6)	119 (3.8)	30 (2.0)	29 (2.1)	59 (2.1)
이력서·자기소개서 작성, 인터뷰 자신이 없음	136 (7.8)	160 (11.5)	296 (9.4)	103 (7.0)	117 (8.4)	220 (7.7)
취업준비시간이 부족해서	112 (6.4)	83 (5.9)	195 (6.2)	171 (11.6)	121 (8.7)	292 (10.2)
영어 실력이 부족해서	296 (16.9)	237 (17.0)	533 (17.0)	336 (22.9)	266 (19.1)	602 (21.0)
부모님의 기대와 너무 달라서	19 (1.1)	14 (1.0)	33 (1.1)	14 (1.0)	11 (0.8)	25 (0.9)
합계	1,747 (100)	1,395 (100)	3,142 (100)	1,469 (100)	1,396 (100)	2,865 (100)

자료: 신선미(2008: 103)

이상의 내용을 종합해보면 교수의 성별비율이나 전공영역별, 직위별 성별비율에서 여성이 불리한 상황임을 알 수 있다. 학생들의 경우에도 전공영역 선택, 취업욕구와 준비내용 및 방법 등에서 성별차이가 나타나고 있음을 알 수 있다. 4년제 대학과 전문대 재학생의 성별비율, 전공영역별 성별비율에 차이가 있으며 사회문화적으로 기대되는 성역할에 근거한 전공영역에서의 성별분리가 나타나고 있다. 취업과 관련해서도 희망직업순위, 직업선택 기준과 시기, 취업준비의 시작 시기와 정보수집 사이트, 취업준비의 애로점에 이르기까지 대학유형별, 성별차이가 있다.

위에서 제시된 각 항목에서의 성별특성을 성인지 관점에서 분석하여 성역할 고정관념을 해체하고 개인의 잠재능력을 발굴하고 역량을 강화할 수 있도록 하는 교육적 지향성 속에서 대안을 마련하여 시행할 필요가 있다.

III. 대학 내 양성평등 증진을 위한 정책

대학사회의 양성평등 증진을 위한 노력이 국가적 관심으로도 이어져 다양한 정책들이 시행되고 있다. 국공립대 여교수 임용목표제 등 대학의 여성인력 참여 확대를 위한 노력과 양성평등 증진을 위한 국공립대학 양성평등조치계획 추진상황 점검, 과학기술 등 신성장동력산업 분야에 여성인재 확대를 위한 여성과학인 육성사업, 차세대 여성지도자 육성을 위한 여대생 커리어개발센터 지원사업 등 다양한 노력이 시도되고 있다.

그러나 양성평등이라는 지향성에 대하여 전방위적으로 사회적 관심을 집중하기보다는 그 필요성에 의미를 두고 주도하는 몇몇 주체들의 주도에 의하여 이루어지고 있어 주류화(mainstreaming)되지 못하고 있다. 사회변화에 따라 여성의 지위가 향상되고 공공영역에 여성의 사회진출이 급증하면서 양성평등이 이미 실현되었다고 생각하는 경우가 많고 오히려 남성들을 위한 방안이 마련되어야 한다는 역차별(backlash) 정서가 나타나기도 한다. 이와 같이 양성평등이라는 새로운 패러다임에 대하여 긍정적이지 못한 사회문화적 분위기 때문에 양성평등을 위한 정책적 노력이 한편으로는 소극적인 것으로 보인다.

여기에다 대학사회 양성평등을 주도할 수 있는 정부기구 축소 및 예산 축소 등으로 그 성과 또한 미흡해 보인다. 여성의 경제활동참가율을 높여야 하며 고학력 여성들을 경제활동에 적극 참여할 수 있도록 하지 않으면 국가경쟁력 향상도, 국가발전도 기대하기 어렵다는 논리에는 수긍하나 정작 이에 필요한 정책을 마련하거나 시도하려는 노력에는 소극적인 상황이라는 것이다. 사회전반에 양성평등을 실현하기 위해서는 정부정책 전반에 성인지 관점을 접목하는 것이 필요하며, 이 중 글로벌화된 고급 인적자원을 양성해야 하는 대학사회의 양성평등은 무엇보다도 중요하다고 할 수 있다.

미흡하지만 대학사회 양성평등을 위한 정부의 정책을 보면 직접적으로는 교육과학기술부와 여성가족부에서 추진하는 사업들이 있으며 간접적으로는 정부부처에 산재해 있는 인적자원개발과 관련된 R&D 사업에 성인지 관점을 접목하기 위한 시도가 이루어지고 있는 정도이다.

1. 교육과학기술부

첫째, 대학의 여성인력 참여 확대 및 능력증진 사업이다. 즉, 국공립대 여교수 임용확대를 목표로 하는 이 사업은 2002년 정책시행 준비를 위한 연구를 바탕으로 하여 2005년부터 시작되었으며, 전국의 국공립대학교(일반대학, 산업대학, 교육대학, 방송대 등) 41개교를 대상으로 한다. 이 사업은 교육과학기술부 평생학습과에서 시행하고 있으며, 대학의 양성평등한 교육환경 조성과 여성인력 참여확대를 통한 여성의 사회적 경쟁력 제고를 추진목적으로 삼고 있다. 이 사업을 통해 여성고급인력 증가에 상응하는 국공립대 여교수 채용확대를 촉진할 것으로 기대되는데, 실제로 해마다 국공립대 여교수 비율이 증가하고 있으며 2009년에는 여교수 비율이 11.6%로 목표를 달성한 것으로 나타난다. 교육과학기술부에서는 41개 국공립대학에 양성평등조치계획 등을 시행하도록 장려하고 있으며, 제시된 기준을 토대로 대학별 양성평등조치계획 추진성과를 평가하여 우수대학으로 선정되면 재정적 지원을 하고 있다.

둘째, 여성과학인 육성지원사업이 있다. 사업목적은 여학생 이공계 진로유도 및 공대 여대생의 역량강화 프로그램을 시행하여 우수 여성 인력의 과학기술분야 진출기회를 확대하는 것이다. 사업내용을 보면 공학분야 팀제 연구수행, 우수 여성과학자와 여학생 간의 멘토링 시스템 구축, 공학교육시스템을 개선하여 여성친화적 공학환경 조성 등으로 다양한 시도를 하고 있다. 여성과학기술인 육성지원사업은 중고대학 및 대학원 여학생을 대상으로 2002년부터 시행한 사업으로 우수 여학생을 이공계에 유치해 과학기술분야의 여성 우수과학자를 육성하여 과학기술분야 여성인력 확보 및 비전통 분야로의 여성 진출 확대를 도모하고 있다. 사업내용을 보면 WISE 프로그램 추진을 통한 차세대 여성과학기술인 양성, WATCH 21 사업추진으로 이공계분야 연구과제 선정 및 지원, WIE(여학생공학교육 선도대학지원) 사업 등이며, 선도대학 5개를 지원하고 있다.

셋째, 여성과학기술인지원센터(WIST) 설치 운영사업이다. 이 사업의 목적은 여성과학기술인 육성 지원 전담기관을 설치하여 여성과학기술인의 경력개발, 전문성 강화교육, 취업지원 및 정책개발과 조사연구를 수행하는 것이다. 정책대상은 이공계 여자 대학원생 및 여성 과학기술인으로, 2004년부터 시행해 왔으며, 앞으로 여성 과학기술인을 적극 육성 지원함으로써 우수 과학기술인력을 확충하고 국가경쟁력 제고에 기여할 것으로 기대되고 있다.

2. 여성가족부

여성가족부는 여성정책기본계획과 여성인력개발종합계획을 수립하여 여성정책을 주도하고 있다. 여성정책기본계획과 여성인력종합계획은 타 부처의 여성관련 사업 및 여성인력개발사업을 총괄 조정할 수 있는 수단이다. 앞에서 언급한 교육과학기술부의 여성교육정책이 여성정책기본계획 및 여성인력개발종합계획에 담겨 있다.

여성가족부에서 시행하는 대학사회 양성평등을 위한 노력으로는 여성인력개발과에서 주관하는 여대생 커리어개발센터 관련 사업이 있다. 여대생 커리어개발센터 사업의 목적은 여대생의 직업세계로의 원활한 이행을 위하여 진로개발에서부터 취업지원에 이르기까지 종합적인 프로그램을 운영함으로써 저학년부터 지속적으로 자신의 경력설계를 준비하여 대졸 여성인력의 경제활동 참여를 촉진하고자 하는 것이다. 이를 위하여 심사를 통하여 대학별로 여대생 커리어개발센터를 지정하여 예산을 지원함으로써 다양한 사업을 추진하도록 독려하고 있다.

사업대상은 4년제 대학에 재학 중인 여대생, 고학력 미취업여성 등이며 2003년부터 시행해왔다. 이 사업을 통해 여대생과 기업의 요구에 부응하는 대학의 능력개발 지원기능을 강화하고 능력개발 인프라를 확산함으로써 고학력 여성의 경제활동참가율을 제고할 것으로 기대한다. 특히 2009년에는 여대생 커리어개발센터 대학 내 지위와 권위를 강화하고, 취업연계 프로그램을 체계화하고 내실화하여 취업연계를 강화하고자 하였으며, 2010년부터는 여성가족부와 교육과학기술부가 공동으로 지정하여 시너지효과가 높아질 것으로 기대하고 있다.

IV. 대학사회 양성평등을 위한 성주류화 도구

대학사회 양성평등은 대학구성원의 성균형에서부터 성평등한 조직문화, 교육내용 및 교수방법의 성평등성 등이 판단기준이 될 것이다. 이러한 대학사회 전반의 양성평등은 교육과학기술부에서 시행하는 여교수 채용목표제나 양성평등 조치계획과 같이 매우 직접적인 노력으

로 나타나고 있지만, 더 중요한 것은 대학교육 전반에 대한 성인지 분
석을 통해 개선방안을 마련하고 성인지적 개선방안을 시행할 수 있도
록 예산을 편성하는 등의 성주류화를 추구하는 것이다.

여기서는 대학사회 성주류화를 위한 도구로서의 성별영향분석평가
와 성인지 예산제도에 대하여 약술하고자 한다

1. 성별영향분석평가(gender impact assessment)

성별영향분석평가는 여성가족부에서 주관하는 제도로 국가 정책과
사업의 성분석을 통하여 성평등한 정책효과를 거두고자 하는 것이며
정교한 분석을 통하여 성인지적 개선방안을 마련하고 이를 성인지 예
산에 연계할 수 있는 근거를 마련할 수 있는 제도이다. 즉 중앙 및 지
방자치단체에서 시행하는 정책과 사업에서 나타나는 성차별적 영향
을 제거하고 모든 정책과 사업이 균등한 수혜를 가져올 수 있도록 정책
과 사업을 기획 · 집행하기 위하여 여성과 남성에게 가져올 결과를 검
토 · 분석하는 정책도구이다. 성별영향평가는 2004년 시범분석을 시
작으로 2005년부터 중앙행정기관과 광역자치단체가 참여하고 2006년
부터는 기초자치단체까지, 2007년부터는 시도교육청도 시범으로 참여
하기 시작하였다. 해마다 대상사업이 급증하고 있으며 2009년 1,900여
개, 2010년 2,300여 개, 2011년 2,800여 개를 대상으로 분석하고 있으며
지방자치단체의 참여가 적극적이다. 2012년 3월부터는 성별영향분석
평가법이 시행되면서 보다 적극적으로 성별영향분석평가가 실시될 것
으로 예상되며, 이를 통해 실효성 있는 성인지적 개선방안 등이 제시될
것으로 보인다.

성별영향분석평가는 특정 정책 또는 제도에 의해 영향을 받는 여성
과 남성의 삶의 현실을 보다 구체적으로 이해하고 이러한 성별관계가
사회적 기회와 자원의 배분에 어떤 영향을 미치는가를 밝힘으로써 성

평등한 정책결과가 창출되도록 개선안을 마련하는 것을 목적으로 한
다. 즉 성별영향분석평가는 대상사업과 관련하여 여성과 남성의 현황
(수혜도, 만족도 등)을 보여주는 객관적 자료를 활용하여 분석함으로
써 이를 토대로 개선방안을 도출하여 환류하는 제도이다. 사업과 관련
된 성별 현황에 대한 객관적 자료로는 관련 성별통계, 사업계획서, 결
과보고서, 예산서, 설문조사 결과 등이 사용되며 이 가운데 성별통계가
분석의 객관성과 과학성을 담보하는 주요 도구이다. 이 사업의 법적 근
거는 여성발전기본법 제10조(정책의 분석 · 평가 등) "국가 및 지방자
체단체는 소관 정책을 수립 · 시행하는 과정에서 당해 정책이 여성의
권익과 사회참여 등에 미칠 영향을 미리 분석 · 평가하여야 한다"에
있다.

　여성과 남성은 신체적 특징과 기능이 다르고, 정치적 · 경제적 · 사회
문화적 조건에서 서로 다른 조건과 상황에 놓여 있으며 이러한 성별조
건에 따라 여성과 남성은 서로 다른 욕구와 이해(利害), 조건과 행동양
식을 가지게 되며 국가정책과 사업에 대해서도 서로 다른 기대와 요구
를 가지게 된다. 일상적인 삶에서만이 아니라 교육현장이나 국가정책
이나 사업을 기획하고 집행하는 과정에서도 여성이나 남성과 같은 성
을 구분하지 않거나 생물학적 · 사회문화적 차이를 고려하지 못함에 따
라 정책과 사업수행 결과의 수혜에 성별격차가 나타나고 사회문화적
으로 규정된 성정체성을 강화시키는 결과로 이어지게 된다는 것이다.

　이러한 이유 때문에 국가정책이나 사업에도 성별조건과 특성, 기대
와 요구를 고려한 성인지 관점(gender-sensitive perspective)을 접목하
는 것이 필요하며, 대학교육 정책이나 인력양성정책, 대학교육 내용,
대학사회의 조직문화, 대학교육 내외활동, 대학교원관련 규정 등에 대
한 성별영향평가를 통하여 대학사회의 양성평등을 실현할 수 있는 방
안을 모색할 수 있을 것이다. 성인지적 관점은 여성과 남성의 이해와
요구가 다름을 전제로 사회적 조건이나 상황 및 현상이 여성과 남성에
게 어떻게 작용하는가를 파악할 수 있는 패러다임이기 때문에 양성평

등에 기반한 정책대안을 도출할 수 있다. 또한 성인지 관점을 적용하여 정책과 사업을 시행함으로써 정책과 사업수혜의 성 형평성(gender-equity)을 도모할 수 있으며, 성별에 따라 차별받지 않고 조화롭게 살 수 있는 평등사회를 지향할 수 있을 것이다.

교육과학기술부에서 그동안 성별영향평가 대상사업으로 다룬 정책 및 사업을 보면 다음과 같다.

〈표 5-11〉 교육과학기술부 성별영향평가 대상사업

연도	과제명
2005	여학생 보건관리 연구학교 운영 과학기술 앰배서더 사업(심층과제)
2006	영재교육확대정책 누리사업(심층과제) 제2차 생명공학육성기본계획 수립(심층과제)
2007	BK21사업(심층과제) 대학장애학생도우미 지원사업 학교폭력피해자 심리상담 및 치료지원 특정기초연구사업 창조적 인재강국실현을 위한 이공계인력 육성지원기본계획
2008	전문대학 WORK STUDY 프로그램 운영 국가 R&D 사업 중장기 발전전략 추진 디지털 교과서 개발 및 창의적 전시 구현 학교안전관리 통합시스템 구축
2009	교원능력 향상을 위한 인프라 강화 교과용 도서 개발 및 보급 전문대학 교육역량 강화 지방대학 경쟁력 기반 확충 창의적 인재육성사업
2010	대학교육역량 강화(R&D) 광역경제권 선도 산업인재 양성(R&D) 산업기술인력 양성(R&D)/이공계 전문기술연수사업 일반연구자 지원사업(R&D)

자료: 여성가족부 내부자료(해당연도)

2. 성인지 예산(gender budgeting)

성인지 예산은 '예산과정에 성인지적 관점을 통합함으로써 정책의 효율성과 성 형평성을 높이기 위한 제도이다. 성인지 예산은 공공지출로부터 남녀가 균등한 수혜를 받을 수 있도록 예산편성·집행 과정에 여성과 남성의 실질적 요구를 통합하고 예산지출에서 양성평등을 촉진하는 방향으로 예산과정을 개선하는 것'[4]이며 이를 통하여 정책의 성 형평성을 확보하고자 한다.[5]

성인지 예산분석은 예산의 편성, 심의, 집행, 평가 등 예산과정에 성인지 관점을 적용하여 예산이 여성과 남성에게 미치는 영향을 검토함으로써 의도하지 않은 예산의 성불평등한 배분효과를 드러내며 이에 대한 개선안을 제시함으로써 궁극적으로 예산의 배분규칙을 재정립할 수 있다.

성인지 예산제도 시행의 법적근거는 2006년 9월 국회에서 통과된 국가재정법에 근거하며, 관련조항은 국가재정법 제16조(예산의 원칙: "정부는 예산이 여성과 남성에게 미치는 효과를 평가하고, 그 결과를 정부의 예산편성에 반영하기 위하여 노력하여야 한다"), 국가재정법 제26조(성인지 예산서의 작성), 국가재정법 제57조(성인지 결산서의 작성), 국가회계법 제15조의 2(결산보고서의 부속서류) 등이다. 2009년에 2010년 예산안의 첨부서류로, 29개 중앙행정기관에서 195개 예산사업에 대하여 각 부처에서 작성한 성인지 예산서를 기획재정부에서 국회에 제출하였다. 2011년 예산서에는 245개, 2012년 예산서에는 254개 사업에 대하여 중앙행정기관별로 성인지 예산서를 작성하였으며, 해마다 예산안의 첨부서류로 기획재정부에서 작성해 국회에 제출하고

---

4) 여성가족부 홈페이지(http://www.mogef.go.kr/korea/view/policy/policy01_01_01c2.jsp) 참조.
5) 여성가족부 홈페이지(http://www.mogef.go.kr/korea/view/policy/policy01_01_01c2.jsp) 참조.

있다.

예산은 정책의 우선순위를 숫자로 표현한 것이라고 하듯 정책수행의 중요한 요소인 바 정책과 사업을 성인지 관점으로 수행하기 위해서는 예산편성과 배분에 반영해야 한다. 무엇보다 대학사회 양성평등 실현을 위해서는 대학교육 정책, 인력양성 정책, 교육활동 및 대학조직운영 등 정책 및 사업수행에 필요한 예산에 성인지적 관점이 반영되어야 된다.

V. 대학사회 양성평등 실현 방안

여성과 남성은 헌법이 보장하는 평등한 권리를 가지고 태어난 존엄한 인간이다. 그러나 여성과 남성은 신체적 특징과 기능이 다르고, 정치적·경제적 사회문화적 조건에서 서로 다른 상황에 놓여 있으며 여성과 남성은 서로 다른 욕구와 이해(利害), 생각과 행동양식을 가지게 된다. 그럼에도 불구하고 여성과 남성은 인간이기에 앞서 사회적으로 규정된 성정체성(gender identity)에 따른 여성으로서, 또는 남성으로서의 역할을 수행할 것을 기대하는 성역할에 구속되어 왔다고 할 수 있다.

여성과 남성의 다른 특성과 경험을 고려해야 하는 상황에서 이를 고려하지 않거나 사회적으로 규정된 성정체성을 강요하게 되면 성역할 고정관념을 재생산하는 결과를 초래하게 된다. 교육과정과 활동, 학교조직의 운영과정에서 남녀학생이나 교직원의 성별에 따른 생물학적·사회문화적 차이를 고려하지 못하게 되면 사회문화적으로 규정된 성정체성을 강화시키는 결과로 이어지게 된다. 이는 국가사회의 정책과 사업수행에도 그대로 반영되게 된다. 따라서 일반적으로 정책을 만들

때 도시, 농촌, 근로자, 장애인 등과 같이 계층별·지역별 요소를 고려하듯이 성별영향을 고려하기 위해서는 성별을 정책수행의 중요한 기준으로 적용하는 것이 필요하다. 이는 여성을 포함한 다양한 사회구성원의 욕구를 수용하고 성·연령·직업·계층·학력·지역 등에 관계없이 기본적인 삶의 질과 인권을 보장하려는 것이며, 이는 국제적인 정책 형성의 추세(trend)라고 할 수 있다.

이러한 경향은 일상적인 삶에서만이 아니라 대학사회 구성원인 학생과 교수에게도 적용된다. 성별특성을 고려한 대학 교육과 대학사회의 양성평등을 위하여 성인지적 관점으로 대학사회에서 발생하는 다양한 현상들과 이를 가능케 하는 정책과 사업지침, 규정, 사업수행방식과 예산 등을 분석하고 이를 통해 성인지적 개선안을 마련하는 것이 필요하다. 즉 대학사회의 양성평등 실현은 관련 정책과 사업에 대한 성별영향평가와 성인지 예산으로부터 출발한다고 할 수 있을 것이다.

대학사회 구성원인 학생은 4년제 대학과 전문대학의 유형에 따라, 전공계열에 따라 성별분포가 다르며 취업과 관련된 인식과 준비과정에서도 차이가 난다. 대학유형·전공계열·취업관련 사항들은 개인의 사회경제적 지위 획득과 관련되므로 여기서 성별 고정관념에 의한 교육기회나 자원배분에 격차가 발생하는 경우, 그 결과는 개인의 일생을 좌우하는 중요한 요소가 되기도 한다. 이러한 의미에서 대학구성원의 성별조건과 특성, 경험과 요구를 반영한 정책과 사업수행이 필요하며 이를 통하여 성역할 고정관념을 극복하고 성평등한 교육결과를 기대할 수 있을 것이다.

예를 들어 전공영역에서 공학계열에 여학생비율이 낮은 것은 향후 신성장동력산업에 기여할 수 있는 역량을 가진 여성비율이 낮은 결과로 이어지며 궁극적으로 취업기회에서 상대적으로 불리한 조건에 놓이게 될 것이다. 따라서 공학계열에 재학중인 여학생의 역량을 개발하고 성인지적 공학 분야로의 이행을 통하여 공학 분야 일자리 획득기회를 마련할 수 있게 될 것이다. 이는 교육과학기술부의 정책만으로는 한

계가 있으며 지식경제부의 신성장동력산업 인력양성사업이나 지역전
략산업 분야에 대한 성인지적 관심과 노력이 함께 시도되어야 할 것
이다.

또한 향후 예측되는 유망한 직업군에 여성이 진출할 수 있도록 직업
군별 맞춤형 역량개발을 위한 노력이 필요하다. 특히 사업서비스산업
에서 여성에게 유망한 일자리[6]에 대한 관심과 이에 종사할 수 있는 전
공영역별 역량을 강화할 수 있는 방안을 모색해야 할 것이다.

이와 더불어 대학사회 구성원의 젠더의식 강화에 대한 관심과 이를
위한 프로그램에 참여하도록 하는 것이 필요하다 하겠다.

---

6) 사업서비스업 중 여성진출 유망직업.

직업 소분류	직업 세분류
인사 및 경영전문가	노무사, 인사컨설턴트, 인사 및 노사관련 전문가, 회계사, 세무사, 관세사, 경영컨설턴트, 기업인수합병 전문가, 품질인증 심사전문가, 경영 및 진단 전문가
상품기획 및 홍보/ 조사전문가	상품기획자, 마케팅 전문가, 여행상품개발자, 광고전문가, 홍보전문가, 조사전문가, 이벤트 전문가, 행사전기획자, 국내 및 국제회의 전문가
회계 및 경리사무원	회계사무원, 경리사무원
법률 및 감사사무종사자	법무사무원, 특허사무원, 그 외 법률관련 사무원, 감사사무원
통계관련 사무원	통계사무원, 통계 및 설문조사 사무원, 통계 관련 사무원
법률전문가	판사, 검사, 변호사, 법무사, 집행관, 변리사

자료: 신선미 외(2009)

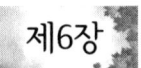

제6장

대학사회 성주류화, 방향과 과제는 무엇인가?*

이혜숙 I 경상대학교 사회학과 교수

I. 대학 및 교수사회의 성평등 이슈의 중요성

최근 대학에서 여성의 지위가 향상되는 움직임이 일고 있다. 대학생 활문화원장과 도서관장에 여교수가 임명되고 최초로 부총장에 여교수 가 지명된 서울대의 경우처럼(중앙일보, 2011. 4. 11) 여성이 대학 내 주요 보직에 임명되는가 하면 우수한 여교수를 유치하기 위해 대학들 은 제도적인 장치를 마련하기도 했다. 그러나 아직 이러한 변화는 일

---

* 이 글은 2010년 11월 5일 한국여성정책연구원, (사)전국여교수연합회가 공동주최 한 여성정책포럼 「대학사회와 성평등: 여성교수 임용목표제 성과와 과제」의 토 론문 내용과 2012년 5월 25일 (사)전국여교수연합회 춘계 세미나, 「소셜 네트워크 시대에서 대학사회의 평등문화」의 발표문 내용을 수정, 보완해서 다시 쓴 글이다 (이혜숙, 2010; 이혜숙, 2012).

〈참고자료 6-1〉 여교수에 대한 학내 인식 사례

처음 몇 년 동안은 학과 회의에서 이미 결정된 사안이 다음날 뒤집어지는 경우가 허다했어요. 남자 교수들이 저녁에 술을 마시면서 자기들끼리 방향을 바꾸고 저에게 일방적으로 통보하는 식인 거예요. 그냥 넘길 수도 없고, 그렇다고 따지면 '여자라서 그런다'는 얘기가 나오고요. 여교수는 저 혼자니까 어떻게 처신해야 할지 난감할 때가 많죠.   _ 서울 S대 정경대학 K교수

자료: 교수신문, 2011년 4월 18일

본인은 몇 년 전 학생처장직을 수행한 경험이 있다. 여교수가 처장 특히 학생처장에 임명되면 신문에 기사가 날만큼 드문 일이라고들 했다. 그 당시 업무수행에 있어서 힘들었던 것은 여러 가지 요인이 있겠지만 초기에 난감했던 것은 직원 특히 과장급인 '남성'의 편견이었던 것 같다. 우연히 '학생처는 총학생회와의 관계도 있고 학생들을 컨트롤해야 하는데 여자 밑에서 어떻게 일을 하겠나'는 이야기를 전해들은 적이 있다. 본인은 기존의 학생처 정책과는 다른 새로운 정책을 시행하겠다는 의지를 가지고 부서원들의 협조를 요청했으나 엄청난 벽을 느끼게 되었다. 하는 수 없이 총장에게 구성원들의 인사권을 요청하여 좋은 파트너를 얻을 수 있었다. 하지만 그 분은 그 덕분에 '여자치마에 휘둘리며 사는 남자'라는 손가락질을 받아야했다고 한다. '여교수님이 계셔서 분위기가 좋다' 등과 같은 적절하지 못한 발언들과 신기한 구경거리처럼 바라보던 시선이 매우 힘들었던 것도 사실이다.

자료: 여진경(2010), "토론문,"『대학사회와 성평등: 여성교수 임용목표제 성과와 과제』, 한국여성정책연구원, (사)전국여교수연합회, 77쪽

부 대학에 그치고 있고 미국, 유럽 등에 비해서는 수준이 한참 뒤떨어진다. 대학은 다른 사회보다 보수적이지 않고 좀 더 자유로운 분위기일 것이라 흔히 상상하지만 의식과 제도, 그리고 관행의 면에서 성평등하지 못한 측면이 오히려 많은데 이는 대학의 중심축인 교수사회가 인적 구성에 있어서 압도적으로 남성의 수가 많으며 다른 조직과 달리 재교육의 기회가 적기 때문이다.

대학과 관련한 여성정책은 국립대를 중심으로 한 여교수 임용목표제, 대학별 교원임용 양성평등추진위원회 설치, 양성평등조치계획 보

고서 평가를 통한 인센티브 제공, 차세대 여성지도자 육성을 위한 여대생 커리어센터 지원사업, 성희롱·성폭력 상담소의 설립 등을 중심으로 이루어져 왔으며 이러한 변화는 전반적인 한국 여성정책의 발전과 더불어 대학관련 여성이슈의 문제제기를 통하여 이루어진 성과라고 할 수 있다. 그러나 대학사회 전반적인 성주류화의 맥락에서 보면 아직도 많이 미흡하다는 것을 알 수 있다. 여교수 임용목표제가 일단계 사업을 끝마친 현재 시점의 대학을 살펴보더라도 여학생의 증가속도에 비해 여교수 비율은 정체를 보이고 있으며 이 시기에 교수사회에 진입한 여교수들을 중심으로 기존의 불평등한 사회적 성별관계를 변화시키는 성과까지는 나아가지 못하였다.

국립대를 중심으로 개별 대학들에게 '양성평등조치계획 보고서'를 제출하도록 하고 일정한 평가에 의하여 인센티브를 제공하는 제도 도입은 대학의 자구노력과 인식개선을 가져온 성과는 있었다고 할 수 있지만 대학마다 편차가 크다. 대학관련 성평등 정책 노력들이 일부 대학 위주로 진행되고 있으며 전체 대학으로 파급되고 있다고 보기 어려운 것이다(안재희 외, 2011: 64-67; 이혜숙, 2012: 127). 실제로 대학관련 성평등 정책의 영향력은 대학마다 차이가 있어서 구체적으로 개별 대학의 젠더정치의 역학구도에 따라서 변화의 속도가 달라지는데 이는 대학마다 성인지적 집단의 역량이 다르기 때문이다. 그동안 대학관련 성평등 이슈는 여교수의 양적 확대문제에 관심을 두면서 진행되어 왔으며 그 변화의 속도는 대학마다 차이를 보였다. 이 글에서는 국립 경상대학교 사례를 살피면서 향후 대학사회 전반과 관련한 성주류화의 방향과 과제를 교수사회를 중심으로 제시해 보고자 한다.

지금 대학은 커다란 도전에 직면해 있다. 시대가 변하고 있고 사회가 요구하는 인재상 또한 변하고 있기 때문이다. 한국의 대학은 새로운 변화에 부응하는 인력을 배출해야 하며 모두가 함께 문제해결을 위한 역량을 모아내는 것이 필요하다. 대학의 성주류화 논의도 이런 맥락에서 이해할 수 있는데 세계가 하나의 장으로 변화되고 있는 시대에 여성들이 리더십을 발휘할 수 있어야 하기 때문이다. 성평등 이슈는 대학교육의 질과 관련이 있을 뿐만 아니라 모든 연구환경과 학습환경이 제 기능을 원활하게 하는 것과도 관련이 있다. 성평등은 개인이 자신들의 역량을 최대한 발휘할 수 있게 하는 선행조건이라는 점이 인식되어야 할 것이다.

II. 성주류화의 전략과 구성요소

성평등 개념이 정책영역에서 제도화되는 방식은 성평등의 실현 수준을 무엇으로 볼 것인가에 따라 동등한 대우(equal treatment), 적극적 조치(affirmative action) 그리고 성주류화(gender mainstreaming)로 분류할 수 있다. 동등한 대우는 남녀는 동일하다는 전제하에 성별에 상관없이 남녀를 동등하게 대우하는 것이다. 적극적 조치는 기존의 제도와 정책들이 간접적으로 여성들을 어떻게 차별하고 있는지에 주목하면서 역사적으로 여성들이 경험한 불이익을 만회하거나 교정하기 위한 정책들이다. 성주류화란 여성정책을 특정분야 위주로 보던 시각을 탈피하여 모든 분야의 정책에 젠더관점을 통합하는 것이다.

성주류화는 1995년 북경 제4차 세계여성대회에서 명시적인 행동강령으로 채택되었는데 많은 국가들이 행동강령의 채택과 권고에 의해 성주류화 계획을 수립하였다. 우리나라 역시 1995년 여성발전기본법을 제정함으로써 여성발전 전략으로 성주류화를 채택하게 되었다. 성주류화는 차이와 다양성에 가치를 부여하는 포괄적인 성평등의 정의를 담고 있는데 정책결정에 관여하는 행위자들에 의하여 모든 수준, 모든 단계의 모든 정책에 성평등의 시각이 적용될 수 있도록 정책과정을 평가하고 개발, 개선하며 (재)조직하는 것이다.

성주류화 전략은 사회 전 분야에서 여성들의 양적인 참여를 늘리고 주류의 조직을 변화시킨다는 것을 주요한 내용으로 담고 있으며 젠더 관점의 통합은 젠더개념이 사회정책 전 분야에서 정책결정의 주된 근거로 사용된다는 것을 의미한다. 정책영역에서의 젠더관점의 통합이라는 것이 성주류화의 과제인데 이는 구호나 선언에 그치는 것이 아니라 정책행위자, 행정조직, 정책자료와 정보, 정책도구 등 매우 구체적인 물질적인 기반위에서 진행된다. 성주류화는 모든 정책분야에서 그 정책의 내용뿐 아니라 정책이 형성되고 집행되는 과정에까지 성인지적 시각을 투사하고 성평등의 관점들이 반영될 수 있도록 하기 위해 정책과정을 평가하고 그 결과에 따라 이를 재구조화하는 작업을 중심으로 논의된다.

그러므로 성주류화는 첫째, 사회의 모든 분야에 여성의 질적·양적 참여의 확대를 의미하는 여성의 주류화, 둘째, 모든 정책 분야 및 이를 다루는 기관에 젠더관점이 통합되어야 함을 의미하는 젠더관점의 주류화, 셋째, 기존의 남성중심적으로 조직되어 있는 정부 및 주류 영역이 성인지적으로 재편되어야 함을 의미하는 주류의 변환을 포함한다(이혜숙, 2011: 271-272). 성주류화의 구성요소로는 〈표 6-1〉에서 보여주듯이 젠더분석, 내적 책임성, 젠더 훈련, 정책결정 지위에 대한 여성 진출의 지원 및 세력화, 모니터링과 평가, 관련 조직과의 협력, 예산, 지식자원 등을 들 수 있다.

이러한 맥락에서 보면 대학사회는 성주류화 전략 실현을 위한 구체적인 방법 내지 도구들이 작동하는 데 한계가 있다. 대부분의 대학들이 남성중심적 권력구조로 되어 있기 때문이다. "젠더를 중요한 정책 및 제도 설계 이슈로 인정하지 못하는 점, 일부 대학에서 젠더 이슈를 다룬 예가 있으나, 정책입안자와 실행자 대다수가 젠더 설계 기법에 대한 공식적 훈련을 받지 못했기 때문에, 가시적인 통계만 나왔을 뿐 이것이 대학정책의 성주류화 재편으로 이어지지 못한 점, 젠더를 대학의 정책과 각종 프로그램, 프로젝트 등에 통합시켜 온 작업들이 없었고, 여

〈표 6-1〉 성주류화의 구성 요소 및 활동 내용

구성 요소	활동 내용
젠더 분석	성분리 자료 및 정보 모든 정책 및 프로그램 단계별 분석 성인지적 예산 분석
내적 책임성	성주류화 관련 인력과 젠더-전문가 간 책임 공유
젠더 훈련	성주류화 관련 정책의 관계자를 위한 성과 관련 정책의 이해 제고 관계자의 성인지성 제고 관계자의 성인지 기술의 제고 성인지성 매뉴얼 도구
정책결정 지위에 대한 여성진출의 지원 및 세력화	역량강화 및 훈련을 통한 여성관련 정부기구의 세력화 의사결정에서 여성의 참여 촉진 성평등 제고를 위한 남성의 참여 독려
모니터링과 평가	주류화 · 세력화를 위한 효과적 체제 및 도구에 대한 평가 성인지적 지표의 개발과 실행
관련 조직과의 협력	정부, NGOs, UN, 기업 등 관련 조직의 협력으로 양성평등 제고 시민사회의 역량 제고 여성정책 기구에 대한 지원
예산	양성평등 제고를 위해 노력하는 기구 · 인력 위한 재정적 자원 배분
지식자원	성공사례의 효과적인 전략에 대한 출판 사업 네트워킹 온라인 데이터베이스 확충

자료: Moser(2005), Moser and Moser(2005), 여기서는 원숙연(2010: 149)에서 재인용함

전히 필수적으로 요구되는 설계원리와 방법론적 도구를 갖지 못한 점"
(허영희, 2010: 58) 등을 들 수 있다.

　이러한 이유로 2001년 교육부가 인적자원개발이라는 국정과제의 일
환으로 여교수 임용목표제라는 적극적 조치를 도입, 국공립대 여교수
비율을 20%까지 늘리겠다는 목표를 설정하고, 1단계(2004년~2006년)
와 2단계(2007년~2009년), 3단계(2010년~2012년)에 걸쳐 제도를 시행
하였으나 충분한 효과를 거두었다고 보기는 어렵다. 이는 여교수 임용

목표제가 갖는 의미를 왜곡하여 이를 대학의 자율성 침해로 해석하는 대학들의 남성주의적 경험과 시각, 그리고 도입에 상응하는 행·재정적 인센티브가 조치의 적극 수용에 동기를 부여할 만큼 주어지지 못했기 때문이다.

정책과정에서 평등과 젠더 개념이 제도화되는 동학을 살펴보면 정책 행위자들, 행위자들 간의 상호작용, 행위자들의 신념체계, 정책을 만드는 데 사용된 정책도구, 경합하는 정책담론 등이 중요하다. 즉 정치적 기회구조, 정책실행의 근거가 되는 관련 법률의 성격, 정책추진 정부 부처와 부서, 정책네트워크를 포함하는 정책행위자와 그들 간의 동학, 정책이 형성되는 과정에서 나타나는 이들 요소의 상이성이 제도화의 다른 결과를 보인다(김경희 · 신현옥, 2004: 197).

성주류화 전략의 핵심인 젠더관점의 반영은 정책형성과정에서 조직과 정책네트워크, 그리고 정책도구 등 매우 구체적인 물질적 기반 속에서 이루어진다. 대학사회의 성주류화를 위해서는 성주류화 전략의 핵심적인 내용인 정책과정에서의 젠더관점의 통합이 개별적인 대학사회에서 어떻게 이루어지고 있는지, 이루어져야 하는지 검토해야 한다.

III. 사례: 국립 경상대학교

1. 대학발전 비전과 성평등 이슈

경상대의 경우 전반적으로 대학 내에서 성평등 이슈가 크게 제기되지 않는 분위기이며, 2010년 41개 국공립대 중 양성평등 종합지수 하위권 8개 대학에 속하고 있다(안재희 외, 2011: 63). 2003년 정부는 국립대 교수를 1,000명 증원하는 과정에서 20%(200명) 범위 내로 희망대학에 한해 여교수 정원을 배정하였고 이 과정에서 198명의 신규여교수가 임용되었다(안재희 외, 2008: 76-77). 그러나 2003년의 '국공립대학 여성교수 임용목표제'는 경상대에서 논의조차 되지 않았으며 인사위원회를 겸하고 있는 양성평등추진위원회[1]는 유명무실하고 전혀 활동이 없다. 교육과학기술부에 매년 제출하는 "여성인력 확대를 위한 양성평등조치계획 보고서"는 학내 의견수렴과정이 생략된 채 담당 부서에서 작성하고 제출하고 있을 뿐이다. 경상대학교 양성평등추진위원회 이름으로 보고서가 제출되지만 실제적으로 인사위원회와 겸하고 있는 양성평등추진위원회가 형식적으로라도 개최된 적이 없다. 학교 전체 사회에서 공식적으로 성평등 계획에 대한 논의 없이 보고서가 제출되고 있는 것이다.

이는 대학관련 여성 및 성평등 이슈에 대한 외부의 정책변화가 내부의 정책변화로 수용되지 못하고 있음을 의미한다. 경상대에는 양성평등추진위원회가 2005년 5월부터 만들어졌으나 독립적인 활동을 하기보다는 경상대 인사위원회가 겸하고 있다. 경상대 장기발전계획에는 '양성평등한 대학사회의 구현'이라는 항목이 들어 있지만(경상대학교, 2006: 213-213) 구성원들 간에 깊은 공감대가 형성되어 있다고 보기는 어려우며 실제 공식적으로 충분히 논의되었다고 보기 어렵다.

전반적으로 경상대에서 여성 및 성평등 관련 이슈는 대학운영에서 거의 이슈로 다루어진 적이 없으며 의사결정기구에서 공식적으로 논의되지 않고 있다. 이는 역대 총장선거에서 여성이슈가 중요한 질문으로 제기된 적이 없으며 여교수의 보직임명 등 행정참여도 최근에 와서 일부 이루어졌다는 데서 단적으로 잘 나타난다. 따라서 대학사회 성평등 이슈의 중요성을 소수가 느끼고 알고 있다 하더라도 내부에서 공식

---

1) 2010년 현재 각 대학별 양성평등추진위원회 설치 현황을 살펴보면 전체 41개 국공립대 중 독립기구 형태로 설치한 학교가 25개 학교, 인사위원회의 겸직이 10개 학교, 설치 안 한 학교가 6개 학교이다(안재희 외, 2011: 58).

적으로 문제를 제기하기가 아직은 어려운 구조이다. 그럼에도 불구하고 외부의 변화와 더불어 최근 여교수 수가 늘었으며 여대생커리어개발센터, 성희롱 · 성폭력 상담소가 활동하고 있으며 그에 관련된 규정이나 운영에 관련된 논의가 제기되기는 하였다.

2010년 총장선거 당시 총장후보자 공약에서도 알 수 있듯이(〈표

〈표 6-2〉 2011년 총장 후보의 비전 및 전략, 공약 비교

기호	비전	전략	공약
1	지역과 함께 세계를 개척하는 GNU	· Think Together 함께 생각하는 대학 · Join Together 함께 참여하는 대학 · Grow Together 함께 성장하는 대학	· 학교 운영 민주화와 시스템화 · 교내 연구비 획기적 지원과 연구 환경 개선 · 국립대 최상위급 복지 수준 실현 · 우수 학생 유치, 교육 내실화, 취업률 제고 · 지역 사회 유대 강화와 세계화 추구 · 획기적인 재원확보(1,000억)
2	Vision 2020 만들기	· Smart Scholarship 국립대 최고 수준의 교원처우 개선 · Creative Student 학생도시 아카데미아 건설 · Innovative Administration 소통과 참여의 리더십	· Smart Scholarship 국립대 최고 수준의 교원처우 개선 · Creative Student 학생도시 아카데미아 건설 · Innovative Administration 소통과 참여의 리더십
3	New Horizon by GNU	· 자율-혁신-소통의 대학 경영 실현 · 성장동력 전국 상위 10% 진입 · 대학구성원 복지 선진화 · 유비쿼터스 캠퍼스 구축 · 기초학문육성 강화 · 톱 브랜드 단대 / 학과 육성 · 미래주도형 연구역량강화 · 지역발전 주도 · GNU 발전기금 500억 원 및 교직원 복지기금 200억 원 이상 조정	· 대학경영시스템 변화 · 대학정책의 기초 · 대학발전의 전략

4	Grand GNU	・구성원 자부심 제고 ・거점국립대 TOP 3 진입 ・네트워킹 강화	・구성원 자부심 제고 ・거점국립대 TOP 3 진입 ・네트워킹 강화
5	지역에서 세계와 당당히 경쟁하는 대학	・거점국립대학평가 5위 달성 ・아시아권 대학평가 50위 달성 ・세계 100위권 연구그룹 5개 육성	・거점대학으로서 위상 강화 ・신명나는 교육 및 연구 환경 조성 ・학문분야별 균형발전 및 특성화 지원 ・취업률 제고 및 우수신입생 유치 ・외부재원 확보를 통한 재정 확대 ・행복한 대학행정 여건 조성
6	Dynamic GNU	・경남 거점대학으로서의 위상을 확립한다 ・세계화 전략을 통하여 글로벌 역량을 강화한다 ・시대 변화에 맞는 창의적 인재를 육성한다 ・교직원 복지 및 처우를 국립대 최상위 수준으로 개선한다 ・행정 제도의 개선과 재정의 운영・확충에 혁신을 기한다	・거점대학 위상 강화 ・글로벌 역량 강화 ・지역사회 공헌 및 대학 홍보 강화 ・교육 및 취업 인프라 확충 ・스마트 캠퍼스 구축을 통한 창의적 인재 육성 ・연구 활성화 ・교직원 복지 및 처우 개선 ・행정제도의 획기적 개선 ・재정의 효율적 운용 및 발전기금 확충
7	경쟁의 시대에 당당한 대학을 위하여		・연구 관련 ・교육 관련 ・행정 관련 ・지원 시설 확충 ・지역 사회와의 연계 ・재정 확충 ・국제 교류 ・교직원 처우 및 복지 수준 개선 방안

자료: 경상대신문(2011. 9. 20) 참조하여 작성함

6-2)) 국립대 법인화 문제, 성과급 등 전반적인 대학의 현안문제와 비교해 볼 때 성평등 이슈는 전혀 주목받지 못하고 있다.

실제로 경상대학교 비전, 목표, 추진전략에서 성평등 이슈는 다루어지고 있지 않다.(〈표 6-3〉 참조) 더욱이 성평등 이슈가 여교수들 사이에서도 공감대를 갖지 못하고 있는 보수적인 분위기가 강한 곳에서는 공론의 장으로 그 문제를 제기하기가 어려우며 성평등 이슈는 주변적이고 사소하고 개인적인 관심사로 이해된다. **경상대는 여성 및 성평등 관련 학과가 학부나 대학원에 설치되어 있지 않으며 개별 학과에서 여성관련 강좌가 개설되어 있을 뿐이다**(이혜숙, 2008: 10). 또한 성인지적 향상 교육으로는 교직원 대상 성폭력 · 성희롱 예방교육, 교수들을 대상으로 한 온라인 성희롱 · 성폭력 예방교육 등을 실시하는 정도이다.

〈표 6-3〉 2012년 경상대학교의 비전, 목표, 추진전략

비전	경남에서 세계와 당당히 경쟁하는 ACTIVE GNU
목표	교육의 내실화 및 선진화 연구의 특성화 및 융합화 봉사의 지역화 및 세계화
ACTIVE GNU 추진 전략	ACTIVE 교육: 학과단위 특성화 교육프로그램 30개 지원 ACTIVE 연구: 전국적 연구 및 산학협력 그룹 30개 육성 ACTIVE 봉사: 지역협력 및 봉사프로그램 30개 지원

자료: 경상대학교(2012), 『업무일지』

2. 여교수의 위상과 경험

대학 전체의 전임교수 대 전임여교수 비율을 살펴보면 2011년도 전체교원 대비 여성교원 비율은 11.3%(86/761)로 전년도(10.8%)에 비해서 증가하였으나 국공립대학 여교수비율 평균 11.7%에 못 미치고 있

<표 6-4> 계열별 여교수 임용 현황

계열	연도	전임교원				
		남교수 (A)	여교수 (B)	전체 (C=A+B)	남교수비율(%) (A/C*100)	여교수비율(%) (B/C*100)
인문사회계열	2010	182	25	207	87.9	12.1
	2011	180	26	206	87.4	12.6
자연과학계열 (가정계 제외)	2010	159	20	179	88.8	11.2
	2011	160	22	182	87.9	12.1
공학계열	2010	185	0	185	100.0	0.0
	2011	186	0	186	100.0	0.0
예체능 계열	2010	16	5	21	76.2	23.8
	2011	16	5	21	76.2	23.8
의학계열 (간호계 제외)	2010	135	17	152	88.8	11.2
	2011	133	17	150	88.7	11.3
총계(T1)	2010	677	67	744	91.0	9.0
	2011	675	70	745	90.6	9.4
가정계	2010	0	5	5	0.0	100.0
	2011	0	5	5	0.0	100.0
간호계	2010	0	10	10	0.0	100.0
	2011	0	11	11	0.0	100.0
총계(T2)	2010	677	82	759	89.2	10.8
	2011	675	86	761	88.7	11.3

자료: 경상대학교 양성평등추진위원회(2011: 4-5)

다. 또 대학 내 전체 학문 5개 계열 중 여교수가 있는 계열은 4개 계열에 이르고 있지만 가정계와 간호계가 압도적으로 여교수가 많으며 공학계는 여교수가 한 명도 없는 등 계열별로 여교수 분포비율이 다소 편차를 보이고 있다.

대학 전체의 신임교수 대 신임여교수 임용실적을 살펴보면 2011년

〈표 6-5〉 계열별 신임여교수 임용 현황

계열	연도	전임교원				
		신임 남교수(D)	신임 여교수(E)	전체 (F=D+E)	신임 남교수 비율(%) (D/F*100)	신임 여교수 비율(%) (E/F*100)
인문사회계열	2010	7	1	8	87.5	12.5
	2011	5	2	7	71.4	28.6
자연과학계열 (가정계 제외)	2010	6	0	6	100.0	0.0
	2011	7	2	9	77.8	22.2
공학계열	2010	8	0	8	100.0	0.0
	2011	2		2	100.0	0.0
예체능 계열	2010	0	0	0		
	2011	1		1	100.0	0.0
의학계열 (간호계 제외)	2010	3	0	3	100.0	0.0
	2011	1		1	100.0	0.0
총계(T1)	2010	24	1	25	96.0	4.0
	2011	16	4	20	80.0	20.0
가정계	2010	0	1	1	0.0	100.0
	2011			0		
간호계	2010	0	0	0		
	2011		1	1	0.0	100.0
총계(T2)	2010	24	2	26	92.3	7.7
	2011	16	5	21	76.2	23.8

자료: 경상대학교 양성평등추진위원회(2011: 5-6)

상반기에 신규채용한 교원 중에서 여교수의 비율이 23.8%(5/21)로 나
타나 여교수의 채용 비율이 전년도와 비교하여 증가하였는데 특히 인
문사회계열과 자연과학계열에서 여교수를 많이 신규임용하였다.

그러나 2011년 4월 1일자 재적생 기준 대학 전체 여학생 수가
41.5%(6,046/14,581)의 비율을 보이고 있는 것(경상대학교 양성평등추

진위원회, 2011: 7)과 비교해 보면 여교수 비율 11.3%는 여학생 비율과
는 높은 차이를 나타내고 있어서 여성리더를 길러낼 수 있는 구조가 빈
약함을 보여준다.

2011년 4월 1일 기준 대학 전체 보직에서 여교수가 차지하는 비율은
8.0%인데 대학원 부원장을 비롯하여 본부 행정에 직접 참여가 가능한
학장, 부원장의 수가 6명으로 과거보다 여교수의 보직 활용도가 진척
을 보이고 있다. 그러나 학사운영 전반을 책임지는 교무처장이나 기획
실장, 연구처장 등에 여교수가 없다. 이처럼 여교수가 학교의 구조적이
고 중대한 사안에 직접 참여하여 일을 할 수 있는 영역이 아직은 매우
적어서 대체로 남교수들 위주로 학교 정책이 이루어진다고 보여진다.

〈표 6-6 〉 여성 보직교수 현황

유형	연도	남성 보직교수 수 (A)	여성 보직교수 수 (B)	전체 (C=A+B)	여성 비율(%) (B/C*100)
처/실장	2010	6	0	6	0.0
	2011	6	0	6	0.0
학장(대학)/ 원장(대학원)	2010	13	1	14	7.1
	2011	14	1	15	6.7
학칙에 규정된 부속기관/시설의 장	2010	51	4	55	7.3
	2011	49	5	54	9.3
총계	2010	70	5	75	6.7
	2011	69	6	75	8.0

자료: 경상대학교 양성평등추진위원회(2011: 8)

위원회는 행정보직만큼 대학 내 다양한 학사행정에 대하여 의사결
정기능을 하는 기구이다. 따라서 대학의 여러 공식적인 위원회의 여성
참여율은 대학의 성평등 정책을 가늠할 수 있는 척도가 된다. 대학 내
각종 위원회의 여교수 구성 비율을 살펴보면 대학인사위원회의 여교

〈표 6-7〉 대학 내 각종 위원회 참여 여교수 현황

유형	연도	위원회 명	남성위원 (D)	여성위원 (E)	전체 (F=D+E)	여성비율(%) (E/F*100)
교무위	2010	학무위원회	20	2	22	9.1
	2011	학무위원회	22	1	23	4.3
인사위	2010	대학인사위원회	25	7	32	21.9
	2011	대학인사위원회	25	9	34	26.5
기획위	2010	기획위원회	23	3	26	11.5
	2011	기획위원회	24	4	28	14.3
대학원위	2010	대학원위원회	18	1	19	5.3
	2011	대학원위원회	19	1	20	5.0
총계	2010		86	13	99	13.1
	2011		90	15	105	14.3

자료: 경상대학교 양성평등추진위원회(2011: 9)

수 비율은 26.5%로 "교육공무원인사위원회규정"상의 여성위원 비율 (20.0%)을 준수하고 있으며 그 외 학무위원회, 기획위원회 등에서 약 14.1% 정도의 여성교원이 위원으로 활동하고 있다.

의사결정과정에서의 여교수들의 참여와 관련한 경상대 사례에서 지적하고 있는 것처럼(이정숙, 2004: 28-30) 여교수들은 아직까지 의사결정시 주도적 역할을 하는 것에 대한 약간의 불안과 두려움을 느끼고 있는데 이러한 현상은 책임감과 관련하여 좋은 평판을 유지하고자 하는 기본 욕구와 함께 일의 실패에 대한 두려움이 크기 때문이다. 일반적으로 남교수들이 여교수와 함께 일하는 것에 약간의 부정적인 선입견이 있으며 위원으로 참여하는 여교수들도 이러한 분위기를 감지하여 적극적인 발언이 상대적으로 적어진다는 것이다. 남교수들은 워낙 숫자가 많다 보니 일의 수행에 탁월한 사람부터 그렇지 못한 경우까지 다양한 스펙트럼을 지녀서 상대적으로 많은 허물이 드러나지 않는 반면, 여교수인 경우 수가 적다 보니 침소봉대되어 약점이 과장되게 나타나기도 한다. 남교수들은 음주 문화 등 인적 네트워크를 확대할 수 있는 근무외의 시간이 자연스럽게 활용된 결과 각종 위원회도 대부분 참여하여 학내 주요 정책 입안에 직접적인 기여를 많이 하는 반면 여교수인 경우 가족과 관련한 부담이 많아서 일에 관련된 네트워크 형성이 어렵다. 그러므로 어느 정도 기간이 경과하면 자연스럽게 여교수의 의사표현과 의사결정을 할 수 있는 공적인 기회에 접촉하기 어렵게 되어 능력개발이 되지 않은 채로 머물게 된다는 것이다.

실제로 경상대 교수들의 경험과 의식을 살펴보면(최정혜·서의훈, 2010: 53-55) 성불평등 의식이 남교수가 여교수보다 높게 나타나서 남녀의 의식차이가 있으며 대학에서 여교수 비율이 낮은 이유에 대해 남교수 37.5%가 '여성지원자의 학력 및 연구업적이 남성지원자에 비해 떨어지기 때문'이라고 한 반면, 여교수 46.2%는 '인사관행상 보이지 않는 성차별이 존재하기 때문'이라고 답해 남녀교수 간에 인식의 차이를 보이고 있다. '여교수 지원제도'에 대해서도 남교수는 찬성 79.1%, 반대 20.9%인데 비해 여교수는 찬성 98.3%, 반대 1.7%에 불과했다.

3. 여성관련 조직과 성인지적 역량

2001년 4월 '경상대학교 성희롱, 성폭력 예방 및 처리에 관한 규정'이 제정되었고 성희롱·성폭력 상담소는 2005년부터 학생처 소속으로 활동하고 있다. 또 2005년 5월 30일자로 종합인력개발센터 산하에 여학생캐리어개발부를 신설하여 여학생 캐리어개발, 이미지트레이닝 등 여성인력 개발 지원을 위한 지원체제를 구축하고 하였고 2006년부터 여대생 취업관련 활동을 특화하여 '여대생 취업스쿨'(연중 1회), '여대생취업을 위한 특강'(연중 2회) 등 프로그램을 진행하고 있으며(경상대학교 종합인력개발센터, 2007). 2010년 5월 20일자로 여대생캐리어개발센터로 승격하였다.

그 외 총여학생회(1986년 조직)와 여교수회(2004년 6월 조직)가 활동하고 있으며 2009년 9월에는 여성연구소가 설립되었다. 그러나 총여학생회의 대학 내 위상이 활발하다고 볼 수 없으며 여교수회도 아직은 친목모임 수준이며 전체적인 분위기에서 여성주의적 시각이 매우 약하다. 여교수회 가입에 소극적인 교수도 있으며 여교수회 조직의 필요성을 이해하지 못하는 여교수도 많다. 단 최근에는 여교수들 사이에서 여교수회 존재 자체에 대한 회의적인 태도는 과거보다 사라진 편이지만 그 성격은 친목모임 정도이지 학내외 여성 및 성평등 이슈를 공통적인 관심사로 제기할 만한 준비는 되어 있지 못하다.

2009년 경상대는 여성연구소를 만들어서 대학뿐 아니라 전체사회 관련해서 여성 및 성평등 이슈를 공론화하려고 노력하고 있지만 인적 역량이 절대적으로 부족하고 재정적인 기반이 전혀 없는 상태에서 개인적인 헌신이 많이 필요한 상태이다. 결론적으로 전체적으로 성인지적 의식과 역량을 갖춘 세력이 경상대에는 절대적으로 부족한 것이다. 심지어 이제 성차별이 심각하지 않은데 왜 여성연구소를 만드느냐고 묻는 교수도 있었다. 그러므로 대학 내 사정이 이러한 경상대 사례는 외부의 정책이나 환경변화가 내부의 정책 변화로 바로 이어지기 힘든 구조라는 것을 보여주고 있다.

Ⅳ. 대학사회 성주류화: 방향과 과제

경상대학교의 사례가 한국 대학 및 국립대의 전반적인 현황을 보여준다고 할 수는 없으나 이는 그동안 대학과 관련하여 진행된 성평등 정책의 전체적인 변화의 효과가 충분하지 않으며 대학마다 차이가 많다는 것을 보여주는 것으로 뭔가 새로운 방안이 더 필요하다는 것을 시사한다고 하겠다. 앞에서 살펴보았듯이 성주류화의 구성요소는 젠더분석, 내적 책임성, 젠더 훈련, 정책결정 지위에 대한 여성진출의 지원 및 세력화, 모니터링과 평가, 관련 조직과의 협력 등을 들 수 있다. 이러한 점들을 염두에 두면서 대학사회 성주류화를 위한 방향과 과제를 제시해 본다.

1) 여교수 임용 확대와 더불어 여교수의 대학 내 의사결정과정에의 참여가 좀 더 확대되어야 한다

대학마다 여교수 임용확대를 위하여 의무규정을 두거나 자체적으로 대학의 장기발전계획에 여교수 채용확대계획을 포함하는 것이 필요하다. 한국교원대와 서울대는 교수채용과정에서 양성평등추진위원회의 성차별 모니터링을 거치고 있으며, 공주대, 군산대의 경우 장기발전계획에 여교수 채용확대 계획을 포함하고 있다. 또한 여교수의 보직비율 제고, 각종 위원회에 여교수의 비율을 보다 더 확대해야 할 것이다. 즉 단순 교수임용을 넘어서 여성이 보직교수, 나아가 여대가 아닌 종합대 총장이 배출될 수 있는 구조가 마련될 수 있도록 지속적으로 문제점을 발굴, "유리천장"을 제거시킬 필요가 있다(나향욱, 2010: 89).

2) 대학사회의 여성친화적 연구, 교육환경이 필요하다

남성들이 만들어온 교육 및 연구문화가 유지되는 한 양적으로 여교수 인원을 유지하게 하는 정책은 한시적인 처방일 뿐이다. 연구자들 간의 정보교환과 협동연구가 점점 더 중요해지고 있는 연구 환경 속에서 남성지배 집단에 속해 있는 소수의 여교수가 개인적인 능력과 노력만으로 남성들과 대등한 연구실적을 생산하기 어려울 것이다. 남성 생애주기에 기초해 만들어진 교수업적평가제도는 임신, 출산을 하는 여교수에게 불리할 수밖에 없다. 현재의 교육 및 연구실적 평가제도는 '가

〈참고자료 6-2〉 우리시대 여교수가 사는 법

'동료 교수' 아닌 '여자'로 바라보는 시선… 그들은 무척 외롭다

과거에는 40대를 훌쩍 넘긴 후에야 대학에 들어오는 여교수들이 많았다. 하지만 최근에는 교수 연령대가 낮아지면서 30대 여교수 비중이 점차 높아지고 있다. 그러면서 여교수들에겐 남모를 고충이 생겨났다. 바로 출산과 육아 문제다. 오죽하면 '방학에 태어나는 아이가 효자'라는 말이 나왔을까… 서울대가 임신·출산·여교수에게 강의 면제와 최대 2년 임용계약 연장, 승진, 전년 심사 유예 등을 지원하는 '교원임기 신축 운영제도'를 도입했지만 여전히 대다수 대학들은 시기상조라는 입장이다.

자료: 교수신문, 2011년 4월 18일

정 일을 전담하는 아내와 사는 결혼한 남성'을 교수의 전형으로 놓고 만들어진 것이다. 실제로 어떤 여교수는 임용면접에서 "학교와 집에 동시에 일이 생겼을 때 어떻게 할 것인가"라는 어처구니없는 질문도 받은 적이 있다(여진경, 2010: 75)고 한다. 성주류화는 교수가 '아내를 가진 건강한 남성'이라는 고정관념을 해체하고 '재상산의 책임을 지는 인간'으로서의 생애주기를 갖는 이로 전환하는 것이다(허라금, 2010: 63).

남성들의 생애주기와 생활 패턴에 맞춰진 제도 운영 방식이나 평가 기준을 어떻게 개혁할 것인가가 중요한 과제가 되는 동시에 어떻게 체화된 역할 규범을 넘어설 것인가가 정책의 주요 목표가 되어야 한다. 형식적인 차별보다는 오히려 그 차별을 넘어서 보이지 않게 여성들을 무기력하게 하고 주변화하는 실질적인 차별, 즉 남성 중심이자 남성 기준 아래 운영되는 사회적 질서가 여성정책의 대상이 되는 것이다. 제도적 차원에서의 차별을 넘어 문화적인 차원에서 작용하는 성차별적인 기제에 주목해야 한다(허라금, 2010: 61). 즉 보육서비스를 제공하는 공

주교대나 교원임기신축운영제도나 책임강의시간 감면 등 여교수지원
제도를 도입한 서울대의 경우처럼(정진성, 2010; 정진성, 2012) 여교수
들의 연구환경 개선과 일·가정 양립지원 프로그램 강화 등이 요구된
다. 또 대학가에 여학생 휴게실이 점차 늘어나고 있지만 편의시설이 좀
더 확충되어 여성을 위한 소통의 공간이 되어야 할 것이다.

**3) 여교수 임용확대나 여교수 의사결정 참여 뿐 아니라 대학 내 성평등 이슈, 성
주류화 이슈의 구체적인 세부방향에 대한 논의가 좀 더 본격적으로 진행되어
야 하고 성평등 이슈의 중요성에 대한 보편적인 담론의 개발이 필요하다**

평등과 젠더 개념이 정책영역에서 제도화되는 과정에서 사회 제세
력들 간의 다양한 이해와 차이 때문에 갈등을 빚게 되며 이들 개념이
정책행위자들 간에 서로 다른 방식으로 재해석되기도 한다. 따라서 대
학사회 성주류화를 위해서도 성평등제도가 여성의 목소리를 높이기
위한 것, 여성의 권익만을 위한 것이 아니라 보다 발전하는 사회, 효율
적인 대학을 구현하기 위해 필수불가결한 것임을 인식하게 하는 것이
중요하다. 대부분 젠더불평등의 문제들이 표면상 성차별과 무관해 보
이는 은폐된 구조를 통하여 관행적 내지 간접적으로 이루어지기 때문
에 쉽게 포착되지 않는 특성을 가지고 있기 때문이다.

대학사회의 여성인력의 적극적인 개발과 활용은 대학의 성평등 실
현을 위한 과정일 뿐만 아니라 장기적으로 사회제반 분야에서 요구하
고 있는 여성인재를 공급하는 과정이다. 단순히 여교수의 대표성 확대
만이 아니라 궁극적으로 대학사회의 경쟁력을 제고하고 동시에 대학
사회의 다양성을 확장하는 길이라는 점, 평등의 문제와 관련된 정책이
대학의 자율권을 침해하는 것이 아니라는 점들이 대학 구성원 사이에
서 공감대를 얻어야 한다.

일반적으로 여성을 위한 적극적 조치에 대해 남성집단만 반대한다
고 인식하는데 실제는 그렇지 않다. 여성집단 내에서도 능력에 기반해

충분히 임용될 수 있는데 굳이 여성을 부각시킴으로써 특혜를 받는 것처럼 보이는 것을 꺼려 하는 여성들이 있기 때문이다. "교수채용은 언제나 연구와 교육능력이 최우선되어 선발되어야 한다고 생각한다. 따라서 여성이 남성보다 이러한 능력이 부족하다고 전제하지 않는 한 굳이 이를 위한 배려가 필요하다고 생각하지 않는다. 물론 현실적으로는 여교수 비율이 낮고 인사 관행상 여성에 대한 차별이 존재할 수도 있다. 그렇다면 이런 목표제보다는 그런 차별에 강력히 대응하는 것이 필요하다고 생각한다. 따라서 남녀차별 없는 공정한 평가를 통해 교수사회로 진입하는 것이 보장되어야지 채용목표제를 통한 우선적 선발이 필요한 것은 아니라고 생각한다"(서미경, 2010: 60)는 것이다.

따라서 사회집단 구성원들 간에 사회의 권력구조에 대한 이해를 통하여 성평등을 위한 조치들이 여성만을 위한 것이 아니라 성별에 상관없이 모두를 위한 중요한 것이라는 것에 대한 동의를 이끌어낼 수 있고 평등성과 수월성의 논쟁이 상호보완적 선상에서 논의될 수 있도록 해야 한다(안재희 외, 2008: 86).

4) 대학사회 성평등 이슈, 성주류화 이슈의 중요성에 대한 공감대를 넓힐 수 있도록 이를 알리고 홍보하는 작업이 매우 필요하다

경상대의 경우 학내 분위기가 보수적인 탓도 있으나 대학관련 성평등 문제가 중요하고 정부에서 어떤 정책을 펴고 있는지, 매년 양성평등 우수대학이 발표되고 있는지에 대해서 대학의 대다수 구성원들은 전혀 알지 못하고 있다. 여성가족부나 교육과학기술부 대학지원과의 보다 적극적인 관심과 홍보가 필요하다. 전체 국공립 총장단 회의나 국공립대학교수협의회 등을 통하여 성평등 이슈를 공식적으로 제기할 필요가 있다. 이 문제를 주요 의사결정과정의 중심에 있는 사람들을 통해 이슈화하는 것이 중요하다.

이처럼 이 제도가 가지는 의미에 대한 인식의 저변을 좀 더 확산시켜야 하는데 총장들의 인식 개선을 유도할 수 있는 다양한 프로그램을 마련할 필요가 있다. 즉 교육과학기술부나 여성가족부는 각 대학 총장들과의 면담이나 정책간담회를 통해서 성인지력 향상 교육을 실시해야 한다. 즉 대학사회의 성별격차가 가지는 문제점을 심각하게 인식하고 여성인력의 적극적 활용과 그를 위한 대학사회 환경 및 제도의 변화를 위한 다각도의 프로그램이 필요하다.

5) 대학 내에서 성평등 이슈가 공론화될 수 있는 장을 마련하는 것이 중요한데 대학 내 상황에 따라 어떠한 형태의 조직이 적절한지 다양한 검토가 필요하다

현재 법적으로 각 대학마다 구성하도록 되어 있는 교원임용양성평등추진위원회의 역할을 교원임용에 대한 모니터링에 제한할 것이 아니라 대학사회 전반에 걸친 성평등정책의 수립과 시행의 기능을 갖는 위원회로 확대, 운영할 필요가 있다. "여교수 임용목표제와 연동된 각종 노력들이 기존의 대학에 투입되는 각종 성평등 관련 제도나 프로그램 등과 연동하여 대학사회에 보다 효과적으로 작동할 수 있도록 모니터링하는 것이 필요하다"(민무숙, 신선미, 2010: 35)는 지적은 이와 같은 입장을 반영하는 것으로 보인다.

그런데 양성평등추진위원회의 역할을 강조한다면 양성평등추진위원회와 기존의 대학 내 관련 조직들과의 관계설정은 어떻게 할 것인가라는 점이 제기될 수 있다. 양성평등추진위원회와 여성연구소, 여교수회 등과의 관계는 어떠한가? 이와 관련하여 여교수회, 여성연구소 등 학내 성인지적 조직기구 간 협력은 잘 되고 있나? 어떤 역할분담이 필요한가? 학내 여론 형성은 어떤 조직을 중심으로 어떻게 이루어지나? 여교수들의 지지도는 어떠한가? 학내 전반적인 분위기는 어떠한가? 각 조직들의 구체적인 활동은 무엇인가? 어떤 방식의 조직체가 주요한 역할을 하였나? 이런 부분에 대한 검토와 함께 외국 대학에서 성평등 정책이 정착되는 과정에 대한 검토도 필요하다고 본다.

6) 여교수의 지위뿐 아니라 대학 내 성주류화 전반적인 현황에 대한 본격적인 연구축적이 이루어져야 하며 이에 대해 지속적으로 그리고 정기적으로 논의할 수 있는 토론의 장이 마련되어야 한다

우선 개별화되어 있는 대학사회 구성원들의 차별관련 경험들이 체계적으로 수집되어야 하며 국공립대학 평균뿐 아니라 각 대학별 자료가 공개되어야 하며 성평등이 늦춰지는 대학에 대한 이유를 검토해야 할 것이다. "향후 대학들의 성과관리 등이 강화되고 경쟁논리가 더욱 심화된다면 과거 대학사회에서 수면위로 올라오지 않았던 남녀교수들의 승진 및 보수 등 실질적 측면의 격차가 더 벌어질 개연성이 높을 것"(허라금, 2010)이기 때문이다. 최근 교수평가제, 연봉제 등이 도입되고 있다. 앞으로 경쟁과 성과급을 축으로 하는 평가시스템이 여교수에게 어떤 영향을 줄 것인가 등에 대해서도 검토가 필요하다. 이와 더불어 대학의 교과과정, 대학교육의 전반적인 과정, 남녀교직원, 교수와 학생, 남녀 학생들의 관계에 대한 연구도 필요하다.

7) 대학발전계획에 구체적인 성평등 조항을 포함하여 구속력을 높이고 대학에 대한 성별분리통계를 의무화하고 성별영향평가, 성인지 예산제도를 도입해야 한다

대학 교육전반에 성인지 관점을 통합해야 하는데 구체적인 정책과정에서 성주류화전략의 의미를 이해하고 이를 바탕으로 통합적인 틀 속에서 정책을 결정하는 관행들이 행정작용의 전 과정에 자리 잡도록 해야 한다. 특별히 남녀불균형 현상이 심각한 부분을 우선적인 과제로 삼고 그런 불균형을 지속하게 만드는 관련 정책들에 대해서 성별영향평가하고 예산분석을 해서 불균형을 바로잡기 위한 정책개입을 적극적으로 추진해야 한다(허라금, 2000: 62).

성주류화 실현을 위해서는 정책 담당자의 성인지력 향상, 성인지적 예산, 성별분리 통계, 정책의 젠더분석이 중요하다. 현행 대학 제도(법,

규정, 대학정책 등)와 제도 수혜자의 성별통계 분석, 현행 대학 제도의 성별영향평가, 성인지 예산편성 등을 고려해 볼 수 있다. 대학역량강화사업을 포함하여 대학의 전반적인 운영 및 사업에 대해서도 성별영향평가제도, 성인지 예산제도를 적용시켜야 할 것이다. 이것은 대학사회를 조직하고 운영하고 있는 법과 정책에 성인지적 관점을 통합시킨다는 것을 의미한다.

8) 대학 내 성평등 현황과 향후 계획에 대한 형식적인 보고서 제출이 아니라 실효성 있는 보고서 제출이 필요하고 대학사회의 성주류화 정책을 대학 평가에서 중요한 항목으로 다루어야 한다

여성인력 확대를 위한 양성평등조치계획 보고서가 너무 형식적이므로 이를 보완할 수 있는 제도적 장치가 필요하다. 기존 연구(민무숙·신선미, 2010)가 지적한 "형식적으로 수치를 보고하고 의례적인 프로그램만을 보여주는 정도에 그치는 경우가 많음. 이는 각 대학에 구성하도록 되어 있는 양성평등위원회가 제 기능을 하지 못하기 때문인 것으로 보임. 인사를 담당하는 행정직원들에 의하여 보고서 제출이 그치는 경우가 많음"은 경상대의 경우에도 사실로 드러났다. 그러므로 양성평등추진위원회가 실제로 대학 안에서 관련제도나 프로그램에 대한 개입과 모니터링을 할 수 있도록 지원해야 한다.

대학은 재정지원이나 우수학생 유치에 영향을 미치는 외부 대학평가에 민감하다. 따라서 대학평가에서 이런 부분을 중요하게 인식하는 평가체계를 도입하는 것도 하나의 방법이다(안재희 외, 2011: 132-133). 대학 평가에서 성평등 정책을 중요하게 다루어야 하며 대학역량강화 지표에 양성평등 지표가 반영되어야 하는 것이다. 이와 더불어 전체 대학지원 정책 프로그램 안에 성평등 정책이 주된 부분으로 위치지어져야 하며 대학역량강화사업의 지원금 일부를 성평등 특수사업으로 규정하는 성평등제도 확산 방안에 대한 체계적인 자문이 이루어져야 한다. 교육역량강화사업을 이와 연계시킬 경우 사립대학의 참여를 자발적으로 유도할 수 있을 것이다.

9) 교수들에 대한 성인지적 역량강화 교육뿐 아니라 이를 대학구성원 전체로 확대하는 것이 필요하며 특히 여교수들의 공감대를 확대하는 역량강화 프로그램이 필요하다

〈참고자료 6-3〉 여교수가 바라본 남교수 Worst 5

1위: 여교수 의견은 무시하고 수수방관한다
2위: 주요 보직은 남교수들 것이라 생각한다
3위: 강의나 학생지도보다 인적연계망구축 등 외부활동에 더 치중한다
4위: 여교수는 "깐깐하다", "잘 따진다", "책임감 없다"라는 편견을 갖고 있다
5위: 여교수들이 남성중심 교수사회에 적응할 것을 요구한다

자료: 교수신문, 2004년 9월 20일

교수들에 대한 성인지적 교육은 대학 내 의사결정과정의 중심에 있는 전체 국공립총장협의회나 국공립대학교수협의회 교수들부터 이루어져야 하며 대학사회의 성별격차가 가지는 문제점을 심각하게 인식하고 여성인력의 적극적인 활용과 그를 위한 대학사회 환경 및 제도의 변화를 위한 다각도의 프로그램을 실행해야 한다. 이와 더불어 여교수들의 네트워크를 위한 프로그램이나 역량강화 프로그램이 필요하다 (권희경 외, 2010).

남성이 대부분인 조직에서 여교수들은 남성중심적으로 작동되는 연계망과 언로에서 배제되면서 정보와 의사결정에서도 배제되며 이는 여교수들의 주변화와 소극적 태도로 나타난다. 대학이 공정한 조직으로 기대되고 여교수는 상대적으로 특권적 집단이라는 사회적 인식은

〈참고자료 6-4〉 남교수가 보는 여교수

"여선생님들이 자기 일이나 자기 연구는 정말 꼼꼼하게 잘 하지만 리더십 측면에서 부족한 듯 보인다."

"리더십이란 융화를 통해서 생기는 것인데 여선생님들이 개인적 활동에만 지나치게 몰두하는 경향이 있다. 이 부분을 조금 고친다면 더 좋을 것이다."

"과거에 비해 많이 나아졌지만 강의실 밖에서 학생과 만나는 자리에서는 선생님들이 개인 시간을 별도로 할애해야 하는데 그런 모임 참여율이 떨어지는 것은 사실이다."

"교수가 학내 모임에 참여하지 않는 것은 남자나 여자나 마찬가지며 교수 집단 자체가 개인주의적이지 굳이 여교수라고 더 개인적이라는 느낌은 받지 않았다."

"과 분위기가 훨씬 부드러워졌다, 언쟁이 있거나 말다툼이 있을 때 여선생님이 계실 경우 무조건 목소리를 높이기보다는 조금 더 합리적으로 상대를 설득하려는 분위기가 강해지는 것이다."

자료: 교수신문, 2006년 4월 17일

여교수들을 침묵시켜 왔으며. 여교수들은 지나친 피해의식이라는 오해와 부적응자라는 매도를 두려워하면서 남성중심의 조직에 적응하여 왔다(김혜순, 2004). 그러나 이제 여교수들도 여성전문 인력이 좀 더 평등하고 즐거운 환경에서 생활할 수 있도록 하는 데에 관심을 가져야 할 것이다.

10) 대학관련 성인지적 조직의 활성화와 정책네트워크가 중요하다

개별 대학의 여교수회나 여성연구소 등 성인지 조직을 중심으로 성평등정책 및 성평등조치계획서 수립에 대한 모니터링과 지속적인 개입을 해야 할 것이다. 여교수회는 이러한 문제에 대한 인식을 사전에 견지하면서 여교수들의 학문적 삶과 가정의 양립문제 해결, 학생들에 대한 역할모델 수행, 나아가 대학사회의 성평등한 환경과 문화 조성에 기여할 수 있도록 역량강화에 힘써야 할 것이다. 이를 위하여 현재 각 대학 교수회에 지원되는 일정 부분의 지원금을 여교수회가 단독으로 활용할 수 있도록 하는 방안의 모색이 필요하다(민무숙·신선미, 2010: 35).

대학의 여성연구소는 대학 전반 정책을 성인지적 관점에서 평가하고 대안을 제시함으로써 대학사회 성주류화를 위한 구체적인 방안을 제시할 수 있어야 하며 대학 정책 담당자들이 젠더에 관한 전문성을 가지고, 젠더 관점이 정책과정에 반영될 수 있도록 성인지적 교육을 철저히 실시해야 한다. 아울러 대학 정책에 대해 체계적이고 상시적인 모니터링 체제를 구축함으로써, 정책의 입안 단계에서부터 집행, 평가하는 전 단계에 젠더 관점이 반영될 수 있도록 요구해야 한다.

이와 더불어 전국여교수연합회와 각 대학의 여교수회, 여성연구소 등은 조직 간의 연계와 네트워크를 형성하여 정보를 공유하고 대학관련 이슈를 의제화하고 공동으로 제기해야 한다. 이러한 성인지적 조직의 활성화와 정책네트워크의 형성을 통해 대학사회 성주류화의 과제를 실현시키고(이혜숙, 2012: 129-131) 대학 내 성평등 문화를 확산하도록 해야 한다.

제7장

독일 대학의 성주류화:
여성신진학자 지원정책을 중심으로

하이케 헤르만스 ┃ 경상대학교 정치외교학과 교수
강보길 ┃ 학익여자고등학교 교사

I. 들어가며

1960년대 이후 독일에서는 대학에 입학하는 여학생 수가 크게 증가하기 시작했으며, 현재 여성은 대학생 수의 절반 이상을 차지하고 있다. 그러나 양적 성장에도 불구하고 여성은 연구직과 고위직에는 아직 소수로 남아 있는데, 이런 현상은 인적자원이 아니라 지식생산의 불균형과 낭비를 초래한다는 문제의식으로 인지되기 시작했다. 독일정부는 이러한 문제에 대처하기 위해 성주류화 정책을 도입했으며, 평등기회사무국(Equal Opportunity Officers, EOO)은 정책 실행의 중심 역할을 하고 있다. 이 글에서는 우선 독일대학에서의 여성의 위상을 개괄적으로 살펴보고, 다음으로 학자로서 경력을 추구하려는 여성들이 겪는 불리한 상황과 그 이유를 탐색하며, 이러한 문제를 해결하기 위해 시도된

연방정부, 주정부, 그리고 대학 차원의 성주류화 관련 정책 및 프로그램을 살펴본다. 마지막으로 대학에서 실행된 성주류화 정책 및 프로그램의 성과와 한계를 부분적으로나마 검토한다.

II. 독일 대학에서 여성의 위상

중세 독일에서 대학은 종교, 법, 그리고 철학을 중심으로 시작했다. 19세기 훔볼트(Wilhelm von Humboldt)는 대학 개혁을 주도했는데, 당시 대학은 직업을 위한 교육 및 훈련에 목적을 두지 않고 자기수양 (self-cultivation)을 중심으로 하는 인문주의 학문의 터전이었다. 이후 이 모델은 동서양의 여러 나라에 이전되었다. 독일 대학 시스템은 20세기 들어 많은 도전을 받게 된다. 1960년대 이후 중등교육의 확대로 인해 여성과 노동계층의 자녀들의 대학 진학이 증가하였으며, 그 수요에 맞춰 대학들이 설립되었고 새로운 고등교육 체계가 도입되었다. 직업 중심의 실용교육을 제공하는 기술대학(Fachhochschule)이 설립되어 기존의 인문 중심의 연구 대학과 공존하게 되었다. 기술대학은 아비투어(고등학교 졸업시험)를 요구하지 않으며 직장에서의 실무 경험을 입학 자격으로 인정한다. 현재 독일에는 종합대학, 예술대학, 그리고 기술대학을 포함한 약 400개의 대학이 있으며, 대부분은 공립대학이며 작은 규모의 사립대학이 소수 있다.

독일의 대학 체계는 학사학위와 박사학위 과정으로 구분된다. 독일의 박사과정은 'Doktovater'라고 불리는 지도교수의 감독 아래 있으며, 과정에 있는 학생들은 지도교수를 위해 연구실 업무를 보조하거나 학부 학생을 지도한다. 이는 박사과정 학생들의 실질적인 연구시간을 제한하기도 한다. 박사과정을 마치고 나면 교수자격과정에 해당하는 하빌리타치온(habilitation) 과정을 밟아야 한다. 이를 위해 박사학위를 받은 학생들은 다른 대학으로 이동하여 고정계약 파트타임으로 연구활동 및 강의를 담당하고, 최종적으로 연구논문을 제출해야 과정이 끝난다. 그 이후 정년직 교수직에 지원을 할 수 있으며, 수습 기간을 거쳐서 학과 교수들에 의해 임용이 결정된다. 지난 10년 동안 대학 개혁의 조치로써 '주니어교수직'을 도입했다. 이는 계약직으로 하빌리타치온을 끝내지 않고도 교수직에 지원을 할 수 있도록 했으며 이후 정식 교수직에 임용이 가능한 새로운 직위이다. 신진학자들은 교수자격과정을 밟는 동안 많은 시간을 투자해야 하며 고용과 재정에서 불안정을 겪는다. 학사학위 이후 5% 정도의 학생들이 박사과정을 이수하며 교수직을 희망한다. 여기에는 박사과정을 의무적으로 거쳐야하는 의·수의대 학생 수가 포함된다는 점을 고려한다면 그 수는 더욱 적어진다. 박사과정은 평균 32.8세, 그리고 하빌리타치온은 평균 40.7세에 끝나며 이후 교수 임용이 반드시 보장되는 것은 아니다. 기술대학(Fachhochschule)은 교수 임용 시 최소 5년의 실무경력을 요구한다. 이와 같이 학계에서 경력을 추구하는 긴 여정은 많은 학생을 좌절시키며 여성들이 겪는 어려움은 더 크다고 할 수 있다.

19세기 후반 여성은 대학 진학을 하기 위해 아비투어시험을 공식적으로 응시할 수 있었다. 18세기와 19세기에 비공식적으로 소수의 여성이 학사학위를 받는 경우가 있었지만, 1900년 하이델베르크 대학에서 처음으로 여성의 대학 입학을 공식적으로 허가했다. 1908년 프러시아를 비롯한 주정부는 여성의 대학 입학을 허가하였다. 1913년 전체 학생 중에 여대생은 약 8%를 차지했으며, 1930년 여대생은 13%에 이른다. 여성들은 시대적 한계로 인해 학자를 직업으로 선택할 생각을 거의 하지 않았으며, 한편으로 대학은 여대생의 교수 진출을 지원하지 않았고 심지어 고의적으로 방해하는 일이 있었다고 한다. 성별화된 대학 구조는 용어에도 나타난다. 박사학위 논문 지도교수는 'Doktorvater'라고 하는데, 이것은 '박사의 아버지'를 의미한다. 여성 지도교수에 해당하는 'Doktormutter'는 가끔 사용되며 대신 자문위원을 뜻하는 'Berater'라는 용어를 사용한다. 20세기 전반까지 박사과정을 밟는 선구적 여성들은 지도교수와 가까운 관계이거나 가족에 의해 특별한 후원을 필요로 했다. 1923년 최초의 정규 교수직에 두 명의 여성이 임용되었으며, 1966년 하이델베르크 대학에서 최초의 여성 총장이 선출되었다.

1960대 이후 여성의 대학 진학률은 큰 폭으로 상승했고, 또한 고위직 진출도 서서히 증가했다. 1970년대 이후 전체적으로 신진학자들이 진출할 수 있는 교수직은 정체되었으며 이로 인해 교수 임용과 관련한 경쟁은 치열해졌다. 1990년대 서독에서 교수들의 은퇴가 증가했고 동독에서 대학 교수직이 증가하여 대체적으로 신진교수의 임용이 늘어나게 되었으며, 이로 인한 혜택은 많은 부분 여성들에게 돌아갔다. 무엇보다 재정 운영에서 일반지원금을 줄이고 경쟁적 지원금을 늘려 신진학자, 박사과정 학생, 그리고 여성을 지원하였다.

2009년 자료에 따르면 아비투어 이후 고등학교를 졸업한 여학생 수는 55.7%이다. 여학생들의 경우 대학진학보다 직업을 선택하는 경우가 있기 때문에 여학생의 대학 진학률은 49.9%이다. 대학에서 여대생은 47.9%를 차지하고 있으며, 일단 대학에 진학한 여대생의 졸업률은 51%에 달한다. 박사과정에 여성이 차지하는 비율은 44.1%인데, 하빌리타치온을 마치는 여성은 23.8%에 불과하다. 대학 교직원 중에서 여성은 51.8%를 차지하고 있으며 교수직은 35%이며 조교는 39%에 해당한다. 여성은 교수직보다 행정직에 더 많이 포진한 것으로 나타난다. 총교수직에서 여성은 18.2%를 차지하고 있으며, 그중에서 최고지위 C4 교수직에 이르는 여성은 10.5%에 불과하다. 다음의 〈표 7-1〉은 대학의 서열에서 상위직으로 갈수록 남녀의 차이가 큰 폭으로 증가하는 것을 보여준다.

<표 7-1> 대학에서의 여성 비율

구분	여성 비율(%)		
	2007년	2008년	2009년
대학생	51.0	51.0	51.0
아비투어 응시자	56.3	56.0	55.7
대학1년	49.8	49.7	49.9
전체 대학생	47.7	47.8	47.9
대학 졸업생	50.8	51.1	51.0
박사학위	42.2	41.9	44.1
하빌리타치온	24.3	23.4	23.8
교직원수	51.8	52.1	51.8
교원수	32.8	34.3	35.0
조교(assistants)	37.1	38.5	39.0
교수	16.2	17.4	18.2
C4-교수(최고지위)	10.0	10.3	10.5

자료: http://www.destatis.de

III. 여성의 교수직 진출에 나타나는 문제점

최근에 젊은 남성과 여성은 이론적으로 남녀는 동등한 권리와 의무를 가지고 있으며 여성이 교수직으로의 진출에 부진한 이유는 여성들의 직업 야망이 부족하기 때문이라는 입장을 가지고 있는 경우가 흔하다. 이는 다른 요인에 비해 성과(performance)를 우선시하는 입장으로 볼 수 있다. 특히 젊은 여성들은 제2세대 페미니스트들의 입장과 달리 교수직 진출의 성공 여부는 젠더(gender)와 무관하다고 믿는다. 젊은 여성들은 능력과 기여 정도에 따라 남성과 동등한 임금을 받고 같은 기회를 가지고 객관적 기준에 의해 평가 받기를 원한다. 그들은 여성을 위한 적극적 조치 또는 쿼터제는 오명이며 여성의 성취를 가치절하한다고 여긴다. 만약 이러한 입장이 사실이라면 교수직에서 여성의 점유율은 지난 20년 동안 더 **빠른** 속도로 증가했어야 했다. 실제로 박사과정 이후 여성의 자퇴율은 남성보다 높고 여성의 교수직 진출은 지연되고 있다. 그러므로 여성의 교수직 진출에 영향을 미치는 다른 요인들을 살펴볼 필요가 있다.

대학과 연구기관에서 여성들이 상위 직위로 진출에 실패하는 데는 여러 이유가 있다. 대표적으로 사회화 과정, 노동의 성별분업, 일-가정의 우선순위, 그리고 학계의 성차별 등을 들 수 있다. 무엇보다 사회화 과정은 노동의 성별분업과 잠재적으로 연관되어 전공 선택 및 일-가정의 우선순위에 영향을 미친다. 보수적인 사회규범은 남성은 가장으로 여성은 가정주부와 어머니로서의 전통 역할을 설정한다. 여성과 일에 관한 전통적 태도에 변화가 생기고 있지만, 여전히 많은 여성들은 파트타임 일자리를 선택하며 일-가정 사이에 균형을 찾기 위해 애쓴다. 육아시설은 증가하고 있으나, 사회규범은 집에 있는 어머니로서의 여성을 우선시하며 일하는 여성은 나쁜 엄마 또는 이기적 엄마로 간주한다.

이와 같은 상황에서 젊은 여성들은 흔히 보수가 좋지 않는 직업을 선택한다. 비록 젊은 여성들이 기술 분야에 관심을 표현하지만 관련 학과를 선택하는 여성은 여전히 남성에 비해 적다(Ramm and Bargel, 2005). 1980년대까지 서독의 여학생들은 대학 진학의 이유를 결혼을 위한 삶의 기회에 두었으며, 최근의 여성들은 과거와 달리 취업을 위한 자격을 취득하기 위해 대학에 진학한다고 하지만 아직 연구 및 교수직에 대한 여성의 관심은 남성보다 낮다(Ramm and Bargel, 2005). 〈그림 7-1〉은 박사과정 후 여성의 높은 자퇴율을 보여주는데, 여성신진학자 지원정책은 특히 이 단계에 관심을 두고 진행되었다고 할 수 있다.

〈그림 7-1〉에서 알 수 있듯이 대학에서 성별 분리현상이 수평적·수직적으로 뚜렷이 드러난다. 수평적 분리현상은 사회화 과정과 학업

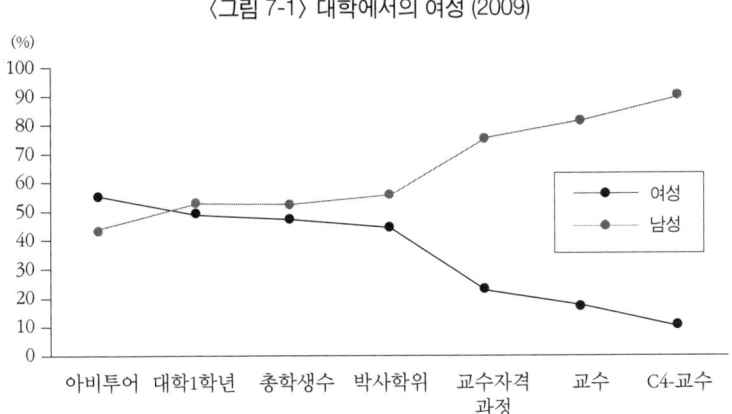

〈그림 7-1〉 대학에서의 여성 (2009)

자료: http://www.destatis.de

에 비해 상대적으로 가족을 우선시하는 이유 때문인 것으로 보인다. 또한 여성들은 낮은 직위에 더 많이 고용되어 있으며 고위직으로 갈수록 수직적 분리현상도 분명하다. 이와 더불어 다음의 〈표 7-2〉는 여학생들이 특정 과목에 집중되는 경향을 보여주고 있는데, 전공별로 나타나는 성별 분리현상도 주목할 만하다. 여학생들은 인문 · 교직 · 건강 · 복지 · 수의학 분야에 더 많이 진출하며, 반면에 남학생은 물리학 · 천문학 · IT 분야에 압도적이다. 기술대학은 응용기술 과목에 집중되어 있으며 여학생의 기술대학 진학률은 남성에 비해 떨어진다. 2008년 전체 여대생 비율은 54.9%에 이르는데, 이 가운데 기술대학에 진학한 여학생은 39.3%이다. 과거 동독에서 여성들은 과학 · 기술 전공이 상대적으로 많았으며 통일 이후 이러한 경향은 약화되었지만 여전히 나타나고 있다(Länder, 2011). 최근 여학생들의 MINT(수학 · 전산 · 자연과학 · 기술) 분야 진출을 지원하는 정책들이 시작되고 있다. 전공에서 나타나는 분리현상은 각각 남녀의 자발적 선택 결과이다. 지난 십 년 동안 남성들은 특정 학과에 집중되는 경향이 강한 반면 여성들의 학과 선택은 다양화 되었다(Becker et al., 2010).

〈표 7-2〉 대학 신입생의 전공별 학생수 (2008)

구분	신입생 학생수(%)	여성수(%)
총학생수	-	54.9
건강과 사회복지	15.8	77.8
생명과학, 물리학, 농학	7.7	50.0
수학, 컴퓨터학	7.0	34.4
인문, 교육, 예술	25.3	72.4
사회과학, 법학, 경제학	28.0	53.6
공학, 건설	15.9	17.4
데이터 부재	-	0.4

자료: http://www.destatis.de

앞에서 언급한 지배적인 가족 패러다임으로 인해 대학에서 여성들은 상위직으로 진출하는 데 있어서 일-가정을 병행해야 하는 어려움을 가진다. 교수직에 임용되기 위해서는 박사과정 이후 장시간 동안 고용과 재정에서 불안정한 상황을 겪어야 한다(Metz-Göckel et al., 2009). 이 시기는 결혼을 하고 가정을 꾸리기 시작하는 때이며 삶의 불안정성은 미래 설계에 큰 영향을 미친다. 결혼한 여성들은 강의 및 연구 활동을 육아와 병행하는 데 어려움을 겪는다. 이로 인해 여성들은 흔히 박사자격과정을 중도탈락하거나 출산휴가 이후 복귀하지 않기도 한다. 신진학자들은 해외에서 연구 활동이 요구되는 경우도 있는데, 이와 같이 때로는 지역적으로 유동성을 발휘해야 하는 학자로서의 삶은 가정생활과 병행하기가 쉽지 않다. 가정에서 유동성이 요구될 때 대체적으로 여성들이 그렇게 할 것으로 기대된다. 남성들은 가정에 비해 일을 우선시하며 여성의 경우 그러한 선택을 하기에는 불리한 상황이다 (Beuter, 2010).

결과적으로 학계의 상당수의 여성은 아이가 없거나 아이를 늦게 가지게 되며 독신여성과 이혼여성 수는 남성 동료들에 비해 높게 나타난다(Richter, 2000; Metz-Göckel et al., 2009). 또한 대학에서 여성들은 같은 직종의 남성들과 결혼을 더 많이 하는 것으로 나타난다. 남성들은 자신보다 직업 지위가 낮은 여성을 배우자로 선택하며 가사에 덜 얽매이게 된다. 가정에 대한 헌신 정도는 직접적으로 여성 경력에 영향을 미친다. 여성들이 박사학위를 받을 당시의 연령은 군복무를 거쳐야 하는 남성 동료에 비해 상대적으로 적은 경우가 많다. 그러나 하빌리타치온 이후에 상황은 달라져 남성의 연령이 더 적은 것으로 나타난다(Krimmer et al., 2003; Metz-Göckel et al., 2009). 아이를 가진 여성과 그렇지 않는 여성의 경력 과정은 두드러진 차이가 없는 것으로 보아 여성은 가정 및 출산 이외 다른 장애물에 의해 영향을 받는 것으로 나타난다.

대학의 남성지배적 구조는 성별 수평적·수직적 분리현상에 부분적인 책임이 있다(Lind, 2007). 한편으로 명백한 차별을 경험한 여학생 수는 감소하고 있어 긍정적 변화가 주목된다. 대학에서 차별을 느낀 여학생 수는 1990년 46%에서 2004년 20%로 감소했다. 그러나 여러 형태의 다양한 차별은 지속된다. 예를 들어 33%에 달하는 여자 공대생들은 교수와 남성 동료로부터 폄하 발언을 들었다고 답했다. 의대와 법대에 다니는 여학생들은 비록 학과의 남성들은 동의하지 않지만 성차별을 겪는다고 했다(Ramm and Bargel, 2005).

그러므로 여학생들은 남학생들과 같은 성취수준에 도달하기 위해 더 많은 노력을 해야 하는 것으로 보인다. 특히 공과대학의 박사과정은 외부의 통제 없이 아주 개인화된 지도교수 체제에 의해 운영되고 있어 여성의 이해와 대립되는 남성지배 구조를 유지하는 기제가 된다(Beaufäys, 2004). 개인화된 지도교수 체제에서 학생들은 비공식적인 네트워크를 통해 지식을 습득한다. 네트워크 참여는 비공식적 절차에 의해 이루어지며 여성에게 불리하게 작용한다(Leemann, 2002). 또한 여학생들은 역할모델 찾기가 쉽지 않아 동기화 과정에서 불리하다. 무엇보다 교수와의 관계 형성에서 차별을 경험한다(Ramm and Bargel,

2005). 또한 여성들은 남학생들에 비해 학과에서 관계 형성의 범위가 작으며 프로젝트에 참여할 수 있는 기회도 적게 가진다(Lind and Länder, 2007). 여성의 불리한 상황을 고려할 때 이들이 남성들과 같은 정도의 네트워크를 형성하기는 쉽지 않다. 게다가 비공식적 네트워크 내부에서도 성별 차이가 나타난다. 남성은 위계서열에서 높은 지위를 가진 멘토를 선호하는 반면, 여성은 그보다 효과가 작은 수평적 관계에 있는 멘토를 선호한다(Krimmer et al., 2003; Limbach, 2007).

조직서열에서 남성들은 의사결정자 위치에 지배적으로 분포되어 있어 남성중심의 구조는 지속된다(Beaufaÿs, 2004). 한편으로 여성에 대한 편견은 도처에 존재한다. 만약에 여성이 생리휴가 또는 가족관련 휴가를 가진다면 이는 여성들이 업무 추진력과 동기가 부족한 것으로 해석된다(Richter, 2000). 또한 여성들은 결혼과 출산 이후 일에 전념할 수 없을 것이며 쉽게 조직을 떠날 것이라는 예측도 있다(Beuter, 2010; Wissenschaftsrat, 2007). 성별 편견은 연구지원비 신청과 출판에 필요한 동료 교수의 자료 검토 과정에서도 나타난다(Brouns, 2007; Wenneras and Wold 2007). 이런 이유로 젠더 관련 프로젝트가 선정될 가능성이 적어진다. 여러 학과에서 연구의 질을 평가할 때 순수과학의 방법을 사용하며, 대개 출판기록 및 인용의 정도를 따지기 때문에 이러한 기준은 젠더연구 또는 간학문적 연구에서는 불리하게 작용한다(Allemndinger and Hinz, 2002).

하빌리타치온 이후 남성들은 교수직에 지원할 때 남성후원조직(old boy network)의 지원을 받아 비공식적 임용 과정에서 여성에 비해 유리하다(Krimmer et al., 2003; Wissenschaftsrat, 2007). 최근 극단적 예로 서로 자격이 비슷한 후보자들이 지원할 경우 여성후보자의 학문적 성과를 낮게 평가하는데 이는 남성을 고용할 경우 받게 되는 페널티를 피하는 방법으로 활용된다고 한다. 여성들은 교수직 임용에 더 어려움을 겪으며 또한 같은 자격을 가진 동료 남성에 비해 연구지원비를 받기가 쉽지 않다고 한다(Krimmer et al., 2003; Ramm and Bargel, 2005;

Beuter, 2010).

　여성이 대학에서 최고위직에 이르기는 아주 어렵다. 2008년 기준으로 총장(presidents or rectors)의 10.4%가 여성이며 부총장과 학장의 여성 비율은 22.9%에 해당한다. 대학에서 핵심적 행정 업무를 담당하는 사무국장 등의 행정고위직(chancellors) 가운데 여성은 21.5%를 차지한다. 전체적으로 여성 대학 최고경영자는 19.2%에 해당한다. 그러므로 여성은 정책 결정에서 그 영향력과 투입 정도가 적다. 많은 여교수들은 대학 행정가 자리에 임용되기 쉽지 않다고 느낀다. 최고위직 임용에 있어서 남녀가 평등하다고 생각하는 여교수 비율은 37%이며, 이에 비해 남성은 73%가 긍정적으로 답했다(Krimmer et al., 2003). 남자 교수들은 현재 시스템이 기본적으로 불평등하다고 생각하지 않는다.

　2009년 자료에 따르면 대규모의 공적 지원금을 받는 연구기관의 평균 여성 비율은 11.4%이다. 사회과학 연구기관 막스플랭크협회(Max Planck Society)의 여성 경영진 비율은 19%이다. 대조적으로 응용과학 분야에 중점을 두고 있는 프라운호퍼협회(Fraunhofer Society)에서 여성 관리자는 2.4%에 불과하다. 라이프니츠연구소(Leibniz Association)는 포괄적인 학문 분과를 다루고 있는데 여성 경영진은 평균에 해당하는 11.4%이다. 헬름홀츠독일연구센터(Helmholtz Association of German Research Centers)의 핵심 분야는 남성지배적인 과학·기술·생의학 분야로 여성 관리자는 단지 7.7%에 불과하다.[1]

---

1) http://www.bmbf.de/de/494.php

IV. 여성신진학자 지원 정책

대학 위계서열에서 다양한 직위에 여성의 점유율을 높이기 위한 노력들이 있어왔다. 기존에 실시된 정책들은 여성을 위한 특별 조치들이었다면 이제는 점차 성주류화를 목적으로 하고 있다. 여기에서는 우선 성주류화를 지향하는 연방정부 · 주정부(Länder) · 대학 차원의 정책을 살펴보려고 한다. 무엇보다 대학에서 성주류화 정책을 실천하는 핵심 기관은 성평등사무국(EOO)이라 할 수 있다. 2007년 이후 대학의 자율화는 상당한 수준으로 보장되었지만, 이와 상반되게 성주류화 정책은 위로부터 하향식으로 집행되고 있다. 대표적 사례로 경쟁적 기금을 들 수 있다. 대학이 경쟁적 기금에 지원할 경우 성주류화 정책에 순응하는 정도에 따라 기금 여부가 결정된다.

1. 성주류화 개념

성주류화 정책은 성별화된 전제 · 과정 · 결과를 가시화함으로써 성평등을 고취하고 주류 정책에 미치는 효과를 극대화하기 위한 노력으로 볼 수 있다. 성주류화는 "정책 과정에서의 조직 · 개선 · 발전 · 평가를 활성화하여, 정책결정 과정에 참여하는 모든 행위자의 성평등 관점이 행정 전반에 포함되도록 하는 것"이다(Council of Europe, 1998: 48). 이와 같이 성주류화는 여성의 옹호를 넘어 사회의 모든 주류 과정의 변화를 목적으로 한다. 또한 성주류화는 남성의 경험과 그들의 생활방식에 근거한 기존의 규범에 대한 도전이다. 즉 남성중심의 기득권, 제도적 안정, 그리고 집단적 보장에 대한 도전이다. 이 개념은 페미니스트와 급진적 레즈비언 사상에 기원을 두고 있는데, 이로 인해 보수적 평론가들은 성주류화가 사회적 대혼란을 일으킬 것이라고 비판하기도 한다.

성주류화 접근 방식에는 의제형성(agenda setting)과 통합주의적(integrationist) 접근이 있다(Walby, 2005). 의제형성은 구조적 변화를 목표로 하며 정책 패러다임의 변화와 재조정 그리고 의사결정 과정의 변화를 추구한다. 이 접근법은 남성뿐 아니라 여성의 경험과 관심이 정책 설계와 집행 과정에 통합되는 것을 강조한다(UN, 1997). 통합주의적 접근은 기존의 구조와 패러다임에 도전하지 않은 채 성별화된 관점의 도입을 통해 현 상태에 대한 도전을 줄이면서 동시에 여성을 통합하려는 것으로 정책적 효율성에 그 목표를 둔다.

성주류화는 하향식 접근(top-down approach)을 취하며 남녀의 기회 균등을 만들기 위한 기획으로서 의식고양, 정책 실행, 구조적 변화를 통해 추진된다. 하향식 접근은 다양한 차원의 적극적 또는 소극적 저항을 불러올 수 있다. 그러나 독일사회에서 사회규범은 서서히 변화하고 있으며, 정부는 법적·재정적 조치를 통해 육아를 비롯한 사회 전반에 걸쳐 여성을 위한 더 나은 조건을 만들려고 노력하고 있으므로 성주류화에 대한 전망은 낙관적이다.

2. 연방정부의 성주류화 정책

UN 경제사회이사회, 유럽이사회(European Council), 그리고 유럽연합(EU)은 성주류화를 적극적으로 권장한다. 유럽연합은 1997년 암스테르담 협약을 통해 회원국들에게 적극적으로 평등정책을 추진할 것을 요구했다.[2] 이는 회원국들에게 유럽연합법에 따르는 법의 제정 의무를 부과한 결과를 낳았다. 회원국은 유럽연합법에 따라야 한다. 즉 유럽연합과 회원국 사이에 갈등이 발생할 경우 국가는 유럽연합법에

---

2) http://www.eurotreaties.com/amsterdamtreaty.pdf

따라야 하며, 유럽연합과 개별 회원국의 시민 모두는 국가가 유럽연합 법에 순응하지 않을 경우 국가에 그 책임을 물을 수 있다. 다음으로 국제 지표에 의한 비교는 개별 국가에게 압력으로 작용한다. 2009년 유럽위원회는 독일 대학의 고위직 여성 비율이 33개국 중에 26위임을 발표하였으며, 이 자료는 대학에게 여성지원 정책을 실시하라는 권고의 계기가 되었다. 또한 유럽연합은 독일의 주정부와 대학의 지원금 정책에도 영향을 미쳤다. 유럽연합 예산의 10%에 해당하는 유럽사회기금(European Social Fund)은 회원국의 고용 관련 지원금으로 사용된다. 독일 대학의 평등기회사무국(EOO)은 멘토링과 같은 특별 프로젝트 운영을 위해 이 기금을 신청한다.

독일 대학은 자체적으로 위원회와 전문인 총장 또는 학장 체제에 의해 운영되며 유럽연합법, 연방법 그리고 주법의 적용을 받는다. 교육은 연방정부의 영향력을 거의 받지 않고 주 자체적으로 정책을 실행할 수 있는 소수 분야 중 하나이다. 무엇보다 독일의 연방 시스템에서 교육은 주(Länder)의 관할 하에 있다. 그럼에도 불구하고 주정부는 성평등에 관한 유럽연합법과 연방법을 무시할 수 없다.[3] 1990년 이후 전국의 대학 서열이 집계되었는데, 평가 기준은 연구 및 수업 지원, 신진학자 지원 그리고 성평등 지원이었다. 특히 여성에 대한 지원은 경제적 이유로 더욱 중요해지고 있다. 독일사회의 낮은 출산율과 고령화로 인해서 사회자원의 모든 잠재적 가능성이 육성될 필요가 있는데, 특히 여성은 학계에서 중요한 자원으로 인식되고 있다.

연방부처인 가족 · 노인 · 여성 · 청년부(BMFSF)는 성주류화에 관한 업무를 담당한다. BMFSF는 가족-친화적 대학 운영을 비롯하여 여성을 위한 다양한 영역에 기금을 지원한다. 무엇보다 연구 분야에서 젠더연구뿐 아니라 모든 일반연구에 젠더 변수를 포함시키기 위해 노력하고 있다. 연방부처들은 대학의 질을 향상시키기 위해 재정을 지원하는데,

---

3) 성주류화의 법적 논의에 대한 상세한 내용은 Baer and Obermeyer(2010)을 참고

특히 독일연방교육부(BMBF)는 성주류화 관련 주요 행위자이다. 성주류화는 대학경영의 한 부분으로 대학의 품질 보증을 위한 영역으로 분류된다. 고등교육특별프로그램 III(1996-2001)은 대학과 연구기관에 종사하는 여성을 지원하는데, 특히 운영금의 25%는 여성의 학계 진출을 지원하는 프로젝트에 제공하고 있다. 예를 들어 여성들이 박사과정 및 교수자격과정에서 중퇴한 뒤 대학으로 복귀하는 데 필요한 학비를 지원한다. 또한 여성의 요구에 맞게 박사과정과 하빌리타치온을 재구성하였다. 2001~2006년 '대학과 과학 프로그램'의 11%에 해당하는 기금은 평등기회를 위한 지원금으로 배정되었다. 2007년 BMBF는 주교육부와 함께 여교수를 위한 특별 프로그램에 협력하였으며, 2008년 이후 이 프로그램은 5년에 걸쳐 적어도 200개의 교수직에 여성을 임용하는 것을 목표로 했다. 이를 위해 대학은 은퇴한 남성 교수직에 여성을 우선적으로 임용하는 정책을 실시했다. 무엇보다 대학은 평가에서 좋은 결과를 얻기 위해 성주류화 전략을 받아들였으며, 2008년 78명의 여성 지원자가 임용되었고, 2009년 45명을 포함하여 2011까지 약 260명의 여성이 교수직에 임용되었다.

독일학술재단(DFG)은 연구 분야를 지원하는 연방 기관으로 성주류화를 활성화하기 위한 촉진제 역할을 하였다. 2008년 DFG는 학문의 우수성과 연구의 질을 보증하기 위해 성평등을 핵심 개념으로 선정했으며 '성평등 관련 연구 기준'을 발간하였다(DFG 2008). 그리고 대학은 인사와 구조적 측면에서 이 기준의 이행 정도를 밝히는 보고서를 제출해야 한다. 보고서 평가를 통해 2009년 12개의 대학이 모범 사례로 분류되었고 2011년 69개 대학이 참여하였으며 20개 대학이 최고의 점수를 받았다. 나아가 DFG는 모범 사례들을 모아 데이터베이스로 구축하여 다른 기관들의 정책 실행을 지원했다. 보고서의 평가 영역은 연구에서 젠더 포함, 성주류화, 성별민감성, 신진학자 지원, 인사 프로그램 개발, 품질 보증, 학생모집, 연구문화, 그리고 일-가정생활의 균형에 이르기까지 다양하다. 평가 대상 집단은 고등학생에서부터 대학 경영진까지 포함하고 있다. 연방정부의 교수지원프로그램 그리고 DFG의 평등 기준은 현상황의 측정 도구가 아니라 미래의 계획을 평가하는 역할을 한다.

연방정부와 주정부를 위한 학술 분야 자문기관인 '독일과학인문위원회(German Council of Science and Humanities)'는 비공식 임용 문제를 개선하고 투명한 임용 과정을 보장하기 위한 지침을 발간하여 개별대학에 제공했다. 주정부는 입법화를 통해 그리고 대학은 지침의 준수를 통해 이를 개선하려 했다(Wissenschaftsrat, 2005). 대학의 성주류화 정책에 영향을 미친 다양한 연방정부 프로그램이 있는데, 대표적으로 수월성 계획(Initiative for Excellence), 대학조약 2020(University Treaty 2020), 그리고 연구와 혁신을 위한 조약(Treaty for Research and Innovation)이 있다. '수월성 계획'은 성주류화 조치를 포함하고 있으며 엘리트 대학 육성을 목표로 한다. 대학원 개편을 통해 박사과정을 정비하였으며, 특히 위계적이며 개별적인 지도교수 체계의 문제점을 개선하였다.

결과적으로 이러한 조치들은 여성들이 지도교수, 연구기관 그리고 지원금에 쉽게 접근하도록 도왔다(Wissenschaftsrat, 2007). 처음 이러한 연방정부 프로그램에 지원한 대학은 실제로 성주류화를 위해 노력하지 않았다고 비판받았으며 독일교육부(DFG)는 이러한 비판을 강력히 지지했다(Koreuber, 2010). 2007년 이후 실시된 '대학조약 2020'은 특히 기술대학의 학생 수를 증가시키기 위한 노력의 일환으로, 이는 여학생과 여교수 증원에 긍정적 영향을 미쳤다. 대규모의 연구기관에 중점을 두는 '연구와 혁신을 위한 조약'은 여성 지원뿐 아니라 일-가정의 양립을 위한 프로그램을 지원하였다. 결과적으로 연방정부의 변화를 위한 노력에도 불구하고 정책에 순응하지 않는 경우에 뚜렷한 처방이 없는 것이 이러한 정책의 한계점으로 지적되었다.

마지막으로 비정부기구에 의한 성주류화 프로그램을 살펴보려고 한다. 대표적으로 헤르티재단(Hertie-Foundation) 그리고 로베르트보슈

재단(Robert Bosch Foundation)을 들 수 있다. 연방내무부 및 고등교
육센터(CHE)와 협력하여 로베르트보슈재단은 대학을 가족-친화적 환
경으로 만들기 위해 다양한 프로젝트를 실시하였다. 대표적으로 2001
년 대학의 노동 및 연구 조건을 평가하는 척도가 되는 '가족 친화적 대
학' 증서제도를 실시했다. 2011년까지 전국 대학의 약 33%에 해당하
는 119개 대학이 이 증서를 수여 받았다. 이 재단은 또한 평등기회의
성공적 도입을 위해 TEQ(Total E-Quality) 증서제도를 만들었다. 2002
년 이후 TEQ 증서는 삼 년 동안 수여되었으며, 2011년 35개 대학과 다
수의 연구기관이 TEQ를 수상했다. 대학은 이 프로젝트에 자발적으로
참여한다. 2009년 약 75%의 대학이 프로젝트에 참여하였다. 기술대학
(Fachhochschulen)의 참여율은 50% 미만이며 예술대학의 참여는 25%
정도에 그치고 있다. 국공립대학은 참여율이 높으나 그 반면에 종교재
단에서 운영하는 대학의 경우는 10%, 즉 20개 대학에서 2개 대학이 참
여하였으며, 사립대학은 5%에도 미치지 못한다.

2003년 라이브니츠사회과학연구소의 여성과학센터는 종합대학, 예
술대학, 그리고 기술대학을 대상으로 전국적 젠더 순위표를 편찬하였
다. 이는 격년으로 발간되며 성평등 관련 변화의 추이를 알 수 있는 양
적 자료를 제공한다. 앞서 말한 다른 프로그램들과 달리 이 순위표는
성주류화 정책의 실시와 권고에 중점을 두기보다는 현존하는 프로그
램의 상황을 판단하는 데 도움을 준다. 대학이 다양한 성주류화 정책
및 프로그램에 참여하면 대체적으로 성평등 관련 평가 순위에서 우위
를 점하게 된다(Länder, 2011).

3. 주정부(Länder)의 성주류화 정책

2000년 중반 이후 성주류화는 16개 주법(länder law)에 포함되기 시
작하였으며, 이와 같이 성주류화 정책은 하향식 접근을 취하고 있어 하

부 조직들은 상부의 지시에 따른 변화를 목표로 해야 한다. 최근 대학의 자율성 확대에도 불구하고, 주정부는 성주류화의 일정 목표를 달성하기 위해 기금 할당에 젠더 변수를 포함시켰다. 바텐-뷔르템베르크(Baden-Württemberg)와 베를린(Berlin) 주는 성평등의 질적인 측면의 향상을 목표로 하며, 헤센(Hessen)과 노르트라인-베스트팔렌(Nordrhein-Westfalen)은 포괄적 접근에 근거하여 성평등 프로그램에 기금을 제공하고 있다(Arbeitskreis, 2009).

베를린 주는 여성신진학자를 위한 기금을 마련하였다. 대학은 자율적으로 기금을 배정하는데 1990년대 약 65명의 여성신진학자들이 그 혜택을 받았다. 베를린공과대학과 베를린자유대학은 여성신진학자 지원에서 서로 다른 접근을 취한다. 예를 들어 자연과학과 공과대학 중심의 베를린공과대학(Technical University Berlin)은 기관의 목표보다 개인의 성취를 우선시하는 통합적 접근을 취하였다. 여기서 '초빙교수(Guest Professors)'를 임용할 때 모든 전공에 걸쳐 지원서를 받은 뒤에 전공에 상관없이 가장 전망이 밝은 후보자를 선택하였으며, 이들은 임용기간 동안 계약직으로 있으면서 학과에 제한적으로 통합된다(Degethoff de Campo, 2008). 이와 달리 베를린자유대학(The Free University Berlin)은 의제형성 접근을 취하고 있다. 이 대학은 여교수가 적은 분야의 여건을 개선하기 위해 관련 학과에 우선적으로 교수직을 마련하였다. 결과적으로 대학에서 여교수 점유율을 증가시켰으며 또한 그 교수직에 여성 지원자가 없을 때 남성 지원자들에게 자리를 제공하여 결국은 대학 전체에 효과를 미치게 했다. 또한 몇몇 기금은 박사과정에 있는 여성을 위해 학자금으로 제공되었다.

2006년 이후 여성신진학자 지원프로그램은 성격이 다소 변하여 주경제부, 주교육부, 그리고 대학에서 제공하는 기금에 의해 운영되기 시작했다. 기금의 50%를 제공해야 하는 대학의 학과들은 고정계약 교수직(W2)을 위한 지원금을 대학 행정처에 청구해야 한다. 이 교수직은 외부 프로젝트 참여를 원칙으로 하며, 이를 통해 신진학자들은 그들 분과의 연구 네트워크에 참여하는 기회를 가지게 된다. 자연과학 전공은 인문학에 비해 외부의 기금을 끌어들이기에 용이하다. 그러나 여성이 많은 인문학은 외부 기금을 제공받지 못하는 경우가 생겨 결과적으로 여성의 승진에 크게 기여하지 못했다(Lind and Länder, 2007). 이러한 기금 모델은 행정적 차원에서 다소 복잡하여 일의 절차 및 진행 속도에 문제점을 드러냈다. 바텐-뷔르템베르크 주는 여성에게 경쟁적 장학금을 제공하는 작은 규모의 프로그램을 운영하였다. 박사과정 여성들에게 3~5년의 계약직을 제공하여 그들이 과정을 이수하면서 연구실적을 쌓고 하빌리타치온을 마치도록 지원하였다. 또한 바텐-뷔르템베르크 주의 평등기회사무국(EOO) 연합은 주정부와 협력하여 멘토링 및 실무 훈련 프로젝트를 실시하였으며, 지역 수준에서 이들의 만남은 네트워크를 확대하고 개인의 고립을 줄이는 데 기여하였다.

베를린 주는 다른 주들과 비교해서 대학에서 여성 지위 향상에 선도적이며 성주류화 평가에서 좋은 점수를 받고 있다. 반면에 가장 인구가 많은 노르트라인-베스트팔렌(NRW) 주는 가장 낮은 점수를 받았다. 이처럼 성주류화 프로그램의 실행은 대학의 자율성에 기초하고 있어서 주에 따라서 그 결과에 차이가 있다. 주정부는 가능한 한 규제를 하지 않고 대학에 더 많은 자율성을 주려고 한다. 베를린 주에서는 신진학자 지원을 위해 마련한 자리에 여성이 40% 이상을 차지했다. 반면에 NRW 주에서는 약 30%의 자리가 여성에게 돌아갔다. 이처럼 NRW 주에는 새로운 체계를 수용하지 않는 대학이 많아서 여교수직 충원은 제한적 효과만을 발휘했다(Becker et al., 2010). 덧붙여 주정부 차원의 성공적인 성주류화 정책으로 멘토링제도, 학자금 지원제도, 그리고 젠더연구 분야 교수직 신설을 들 수 있다. 또한 대학 유형에 따라 주에서 제공하는 성평등 기금의 사용에 있어 차이점이 있다. 종합대학은 보육시설 같은 가족-친화적 환경을 조성하는 데 기금을 더 많이 사용하며, 기술대학은 평등기회사무국(EOO) 지원과 여교수 비율을 높이는 데 더 많이 사용하는 것으로 드러난다(Becker el al., 2010).

4. 대학의 성주류화 정책

지난 20년 동안 대학은 성평등과 성주류화를 지침으로 다양한 정책과 프로그램을 운영해왔다. 2007년 이후 대학의 자율성이 증가하면서 이와 같은 노력은 더욱 중요해지고 있다. 연방정부와 주정부의 정책 지원금으로 대학은 여성문제위원회와 평등기회사무국을 설치하였으며, 학생과 교직원을 위한 가족-친화적 환경을 만드는 데 주력하였다. 다른 주와 비교해서 베를린 주는 학생과 직원에게 더 나은 육아시설을 제공했으며, 다양한 프로젝트 지원금에 육아를 위한 특별기금을 항상 포함시켰다. 또한 부모의 편의를 생각하여 육아시설의 위치 및 운영 일정을 정했으며, 이러한 점은 다른 기관에 벤치마킹이 되기도 했다. 또한 '아버지와 어린이 날' 및 재택근무제의 도입 등이 주목할 만하다(Metz-Göckel, 2009). 이와 같은 정책 및 프로그램의 집행은 특정 문제에 대한 대응책으로 볼 수 있으며, 이를 통해 주류 시스템의 변화를 가져오기는 힘들다고 평가할 수 있다. 오히려 전일제 여성고용자 증가에 따른 염려를 확신시키기는 부작용을 낳기도 했다.

또한 대학은 전공 선택에 나타나는 성별 분리현상에 대한 대응책을 마련했다. 예를 들어 대학은 '여학생의 날'을 만들어 여고생들이 기술·과학에 흥미를 가질 수 있도록 하였으며, 대학 또는 기업에 이들을 초대하여 기술과 자연과학 관련 직업교육을 실시하였다.[4] 게다가 연방 지원에 의한 MINT 분야 프로젝트에 젊은 여성들이 많이 참여하도록 권장하였다. 이러한 노력은 공과대학과 기술대학에 영향을 미쳤으며, 이는 학생모집 사업이면서 동시에 성평등 정책의 일환으로서 그 효과를 발휘했다(Becker et al., 2010).

무엇보다 대학 학부에서 교수를 희망하는 여학생 수가 증가해야 여교수의 수가 궁극적으로 증가할 수 있다. 대학에서 실시한 성평등 관

---

4) http://www.girls-day.de/

련 프로그램 중에서 여대생들은 실무훈련을 선호하며, 시험 준비 및 자격과정에 대한 조언을 좋아하는 것으로 나타난다(Ramm and Bargel, 2005). 베를린공과대학은 연구 분야의 실질적 활동을 경험하게 하는 여름 프로그램을 성공적으로 추진했다.[5] 무엇보다 베를린 주의 주요 4개 대학에서 실시한 여성학자 지원 멘토링 프로그램은 성공적이었다. 이 프로그램은 여성의 승진 준비와 신진학자 지원에 주력하였다. 구체적으로 대학은 멘토와의 연결을 주선하였으며 이들은 매달 한 번의 비공식적 만남을 일 년 또는 그 이상 지속하였다. 여성신진학자들은 대학, 공공기관, 그리고 기업의 고위급 여성들로부터 멘토링을 받았으며, 여기서 이들은 역할모델을 만나서 많은 조언을 듣고 또한 이를 통해 네트워크도 만들게 된다. 또한 같은 대학의 멘토들로부터 연구비 신청 및 교수임용 지원 절차에 관한 도움을 받는다. 결과적으로 멘토링을 통해 여성 신진학자들은 대학에서 자신을 마케팅하는 데 자신감과 통찰력을 갖게 되며 경력을 추구하는 과정에 큰 도움을 받았다고 한다.

대학과 주정부는 고용과정에 나타나는 비공식적인 네트워크의 영향력을 제거하기 위해 개혁을 시도했다. 예를 들어 니더작센(Niedersachsen)주는 벤치마킹을 통해 고용과정에서 성중립을 지키기 위한 대책을 마련했다. 즉 대학과 평등기회사무국(EOO)은 고용과정의 성평등을 추진하기 위한 지침서를 마련하고 이를 통제 메커니즘으로 활용했다. 또한 베를린 자유대학은 고용과정에서 외부 심사위원뿐 아니라 내부 심사위원에 두 명 이상의 여성을 포함하도록 했다(Koreuber, 2010). 베를린자유대학은 1990년대 중반 성주류화가 의사결정 과정에 포함되도록 하였으며 이 분야의 선구자가 되기를 희망하였다(Koreuber, 2010). 이 대학은 각 학과에서 평등기회 증진을 위한 계획서를 제출하도록 권장했으며 지원금 경쟁에서 젠더 측면은 중요한 역할을 했다. 다른 대학들역시 EOO와 협력하여 유사한 프로그램을 운영했다.

---

5) http://www.impetus.tu-berlin.de/#24036

성주류화를 위한 재정지원정책은 여성의 고용 기회를 위한 강력한 정책이긴 하지만 학과에 따라서 정책의 실행 정도에 차이가 있다. 왜냐하면 한 학과에서 그 혜택을 받는 사람은 아주 소수여서 특별한 매력을 갖지 않는 경우도 있다. 결과적으로 어떤 학과에서는 성주류화를 실현하기 위한 대표적인 정책인 신진학자 지원, 승진 지원, 교수직 창출 등에 뚜렷한 성과를 거두지 못한 경우도 많다. 이는 특정 전공 분야와 관련된 것만이 아니라 오히려 학과 및 대학의 문화의 차이라고도 볼 수 있다. 왜냐하면 같은 전공 분야라도 대학에 따라 여교수 수는 다양하기 때문이다. 예를 들어 같은 지역에서도 기술대학의 법과 사회과학 분야 여교수는 26%이며, 이웃 대학의 같은 분야의 여교수는 6%에 그친다(Becker et al., 2010). 그러므로 이러한 차이는 적극적 차별의 결과라기보다는 여성의 기회를 감소시키는 관성이 지속된 학과 문화 또는 교수진의 문화에 그 이유가 있다고 볼 수 있다.

5. 대학의 평등기회사무국(Equal Opportunity Officers)

1970년대 이후 많은 대학은 여성문제위원회를 만들었으며 이 기구는 더 포괄적 활동을 하는 평등기회사무국(EOO)으로 대체되었다. 활동의 초점은 여성을 위한 특별 조치에서 여성·장애인·남성 모두를 위한 평등기회 창출로 옮겨졌다. 대표적 활동으로 '아버지와 어린이날' 제정 및 여학생이 다수인 학과의 남학생 지원 등이 있다. 2001년 연방평등기회법에 따라서 평등기회사무국의 두 명의 대표는 여성교직원과 학생대표단에 의해 선출되었다. 약 30%의 대학은 전일제 종신직을 두는 평등기회사무국을 설치하였다(Länder, 2007). 대학마다 사무국의 인사와 재정 상황은 아주 다양하다. 업무는 개인 학생 관련 문제 및 제도적 문제로 나누어진다. 제도적 차원에서 핵심 영역은 정책변화의 추구이다. 초기에는 성중립적 언어사용 도입을 추진했으며 이후 업무 범위는 확대되었다. 가장 일반적 업무로 여성의 필요에 맞는 시설 제공 및 가족 지원사업이다. 그리고 성추행과 성폭력 사건의 가해자를 밝혀내는 일도 담당한다. 성공적인 프로그램으로는 여학생 중도탈락자를 줄이기 위한 자문활동, 멘토링, 그리고 여름 실무교육을 들 수 있다.

평등기회사무국은 여성문제와 관련된 모든 회의에 참석하여 말할 수 있는 권리, 의사반영의 권리, 정보에 접근할 수 있는 권리, 그리고 청원과 진술에 관한 권리를 가진다. 또한 외부기금에 의한 고용을 비롯한 주정부 차원에서 이루어지는 모든 고용에 관여할 수 있다. 사무국 활동가들은 투표권이 없어 역량 발휘는 제한되지만 이들이 실제적으로 기여하는 부문은 정책 및 프로그램의 평가이다. 단과대학 교수진은 그 규모에 따라 평등기회사무국을 설치하여 여성 지원 프로그램을 계획하고 시행할 수 있다. 대부분 평등기회사무국은 대학경영진과 함께 통합적인 방안을 모색하기를 기대한다. 이러한 경향은 좀 더 급진적이었던 1970년대와 1980년대 1세대 평등기회사무국과는 대조된다.

V. 앞으로의 과제

1960년대 이후 여성의 대학 입학률은 증가했지만, 한편으로 대학에서 여성들은 여전히 특정 학과에 집중되어 있으며 학자로서 지속적으로 경력을 추구하거나 관리직으로 진출하는 여성의 수는 적다. 그리고 사회적으로 여성들은 학자로서 경력을 추구하는 것이 크게 기대되지 않았다. 무엇보다 대학과 연구기관의 남성중심적 구조는 지배적이다. 이제 이러한 상황에 변화가 일어나기 시작했다. 그 이유는 무엇보다 출산율 저하와 인구의 노령화로 인한 노동인구의 절대적 감소에 있으며, 이로 인해 여성 인력을 더 이상 간과할 수 없는 중요한 사회적 자원으로 여기게 되었다. 이와 더불어 유럽연합과 같은 국제기구들에 의한 평등 정책들은 지속적으로 압력을 행사하는 기제로 작용한다.

20세기 후반 여성들은 특별프로그램을 통해 지원받았으나 이제 지원정책의 초점은 평등기회와 성주류화로 옮겨졌다. 정책의 변화는 주의회와 연구재단 같은 상부기관에 의해 주도되며, 정책 실행 수단으로 급진적 변화를 유도하는 의제형성 접근 및 지원금 통제 방법을 사용하고 있다. 학과 선택에 나타나는 불균형의 해소와 같은 중요한 과제는 여전히 남아 있으며 앞으로 학자가 되기를 희망하는 여대생들이 대학에서 지속적으로 경력을 쌓을 수 있도록 하는 지원정책이 요구된다. 여성신진학자들을 위한 특별기금을 마련하여 박사과정 이후에 나타나는 높은 중도탈락률을 줄이고자 하는 노력들을 계속해야 한다. 가족-친화적인 환경조성은 이러한 계획의 일부이며 반대가 적은 정책이다. 상대적으로 대학의 위계질서에 성주류화 정책의 도입은 갈등의 여지가 많은 편이다. 이런 갈등을 피하기 위해 연구기관 및 대학의 평등기회사무국은 통합적 접근을 선택하여 저항은 줄이려고 하지만 그만큼 변화의 속도는 느릴 것이다. 성평등 및 성주류화 정책의 실행은 자율성에 기초하므로 실천력에 있어서 대학과 학과 사이에 격차가 발생하는데, 이로 인해 제재 조치와 할당제에 대한 요구는 더욱 커지고 있다(Dalhoff, 2011). 이러한 측면에서 보자면 대학의 개별 학과에 있어서 차별 없는 문화의 형성은 무엇보다 중요해 보인다.

종합대학, 예술대학, 그리고 기술대학의 젠더 관련 순위를 살펴보면 대학의 성주류화와 평등 정책 실천의 양상은 다양하며, 특히 개별 학과에 따른 차이는 상당한 것으로 드러난다. 다시 말하면 모든 대학과 학과에 걸친 일괄적인 프로그램들이 가지는 실천 효과는 적다는 것을 보여준다. 2000년 중반 이후 성주류화는 확산되었지만 아직 눈에 띄는 결과를 보기는 쉽지 않다. 게다가 상당한 수의 대학과 교수진들은 성주류화 실천에 참여하지 않는 것으로 드러난다. 2009년 대학 총리들의 보고서에 따르면 성평등 정책은 처음에 기대한 성과를 거두지 못한 것으로 평가된다(Arbeitskreis, 2009: 29). 다양한 정책과 프로그램들이 인사 문제, 구조적 문제, 그리고 내용적 측면에서의 불평등을 해결하기 위해 실시되고 있지만, 무엇보다 성평등을 위해서 학계의 모든 주체들에 의한 지속적인 노력이 요구된다. 여성들은 결코 독일 학계에 존재하는 모든 장벽을 극복할 수는 없다. 하지만 여성의 역할과 대표성에 관한 공공 논의는 활발하게 진행되고 있으며 성주류화를 향한 변화의 가능성은 기대할 수 있는 것으로 보인다.

제3부

여교수 역량강화 방안과 젠더정치

• 제8장 여성교수의 지위 현황으로 본 대학사회의 젠더정치

구자순

• 제9장 여교수회의 활동과 의미: 경북대 여교수회 결성과
　　　　활동의 경험　　　　　　　　　　　　　　　　김영화

• 제10장 대학사회의 몰성성(沒性性) 극복을 위한
　　　　성인지적 여교수 역량강화 방안　　　　　　　권희경

• 제11장 전국여교수연합회의 활동과 과제　　　　　　조성남

여성교수의 지위 현황으로 본
대학사회의 젠더정치*

구자순 ┃ 한양대학교 정보사회학과 명예교수

I. 대학사회와 여성교수

젠더(gender)는 여성뿐 아니라 사회 구성원 개개인에게 억압의 근간이며 권력을 구성하는 주요 요소이다.[1] 일반적으로 지식인들이 모

---

* 이 글은 필자의 "여성교수의 지위와 현황을 통해본 대학사회의 성정치"(『교육
정치학연구』제14권 제2호, 2007. 12, 7-28쪽) 논문을 최근 자료로 수정보완하고
단행본에 맞게 재구성한 것이다.

1) 섹스(sex)가 여성과 남성을 결정짓는 생물학적인 특징의 총체라면 젠더(gender)
는 사회·문화적으로 규정지어진 성으로 여성과 남성 간의 사회관계에서 불평
등한 권력관계를 논할 때에 여성주의에서 사용하는 개념이다. 여성주의에서는
젠더개념이 변화가 가능한 것으로 본다. 젠더는 문화적 상징으로 다양한 사회제
도영역들인 가족, 경제, 정치, 교육, 종교뿐 아니라 우리사회 전 영역에 규범으로
내재하고 있다고 주장한다(Butler and Scott, 1992; Harding, 1995). 젠더개념은 여
성문제뿐만이 아니라 사회의 다양한 관계에도 확대 적용될 수 있어서 드러내기

인 대학에서는 성차별이 없을 것으로 생각하지만, 남성중심이고 보수적인 대학사회에서는 교수채용뿐만 아니라 교수로 재직하는 동안에도 성차별은 여전히 존재해왔다. 한국사회에서 1970년부터 2011년까지의 여성교수 관련 연구결과들을 보면 교수직의 성별 불균형 및 교수채용과 대학행정 참여에서의 성차별 관행에 대한 문제들을 제기하고 있다(한국여성개발원, 1998; 2002; 민무숙, 2002; 이재기, 2002; 김경희·신현옥, 2004; 민경찬, 2004; 홍경표, 2004; 전국여교수연합회, 1998, 2006).

이러한 차별은 채용기회가 근본적으로 남성에게 주어지는 데서 초래하였다. 그 근간은 성 고정관념이나 여성 비하적인 풍토에서 여성을 교수사회에서 주변적인 집단으로 만들어 버린 데에 있다. 대학정책수립과정에서, 인사결정과정에서, 더 나아가 학연이나 지연의 연고관계에서조차 여성은 소외되어왔다. 최근에야 비로소 교수사회의 남성 중심 조직문화로 인해 여성교수들이 소외되거나 불이익을 받고 있다는 사실이 밝혀지기 시작하였으며 여성학계에서도 정책적 연구과제로 주목을 받아 왔다(김혜순, 2003; 민무숙, 2004; 김경희·신현옥, 2004; 한국여성개발원, 2006; 전국여교수연합회, 2006; 안재희, 2007). 이 글은 왜 여성이 대학교수 되기가 어려운가에 주목하고, 여성교수의 지위와 관련된 정부의 정책 및 교육통계자료와 기존의 연구결과 자료들을 성정치(gender politics) 관점에서 살펴봄으로써 여성교수의 지위향상을 위한 방안들을 제시해 보려 한다.

와 전략을 수립하는 데 도움이 된다. 여성문제는 개인의 문제가 아니며 개인의 힘만으로는 해결할 수 없는 일깨움을 일반인들에게 줄 수 있기 때문에 새로운 형태의 여성운동의 필요성을 강조한다. 이 글에서는 젠더 측면에서 성정치(gender politics)를 논할 것이다.

II. 여성과 정치

일반적으로 인간은 정치적 동물로, 두 사람 이상이 모여 생존을 위한 사회적 행위를 할 때는 반드시 정치적 관계가 이루어진다는 것이다. 따라서 인간은 자신의 위치를 확보하기 위해 자신의 입장을 표명하므로 공동체생활에 영향을 미치려는 소질을 가지고 태어난다는 주장을 하게 된다. 전통적으로 정치는 남성의 행동으로만 생각하여 정치연구에 젠더라는 변수가 전혀 고려되지 않았다. 만약 여성들이 정치에 관심이 있다면 일탈자 취급을 받아왔다. 월비(Walby, 1988)는 여성주의자들의 성정치적 입장에 대해 가해진 가부장적 저항의 성격과 정도를 이해하지 않는 한 여성들의 정치적 투쟁을 이해할 수 없다며, 젠더정치(gender politics)를 이해하기 위해 가부장제적 정치 관행연구의 필요성을 주장하였다. 최근 한국사회에서도 성인지 측면에서 젠더를 변수로 정치적 실존과 정치적 개념을 정의하려는 성정치가 연구영역으로 부상하고 있다. 여성들이 자신이 원하는 바를 성취했는가, 아직도 소외되고 있는가, 억압을 받고 있는가, 노조나 정당에, 정책수립에 통합이 되고 있는가에 주목하고 있다(장공자 외, 1998; 이영애, 2000; 공미혜, 2004).

이 글은 국내대학에서 여교수 지위 및 현황에 관련된 연구결과들과 교육과학기술부의 교육통계연보에 나타난 통계자료들을 이용하여 남녀성별 차이에 따른 불균형 문제들을 성정치 측면에서 밝혀보고 교수 임용에서의 젠더평등정책의 의미를 다루어본다. 이를 위한 자료들은 다음과 같다: 첫째, 1970년부터 2011년까지 교육통계에 나타난 여대생 비율, 여성석사 및 박사비율, 여성교수 비율의 변화 추이와 현황, 2001년에서 2011년까지 학문 영역별 여성박사와 여성교수 현황, 대학에서 직위별 여성교수 비율 및 보직교수 비율; 둘째, 정책 자료로 2003년에 실시된 국공립대학 여성교수 임용목표제에 대한 정책자료; 셋째, 기존

의 남녀교수 차별을 다루고 있는 연구 자료들을 수집하여 문헌연구 및
내용분석; 넷째, 여성교수들의 성정치과정을 알아보기 위하여 서울대
학교 여교수회의 사례와 전국여교수연합회를 선정하여 그동안 여교수
채용목표제 도입을 위해 개입한 과정을 살펴본다.

III. 여성교수의 지위 현황

1. 남·여 교수별 지위 및 현황

한국 대학에서 여성교수의 지위 및 현황에 관해서는 우선, 여성 인
적자원 측면에서 여학생 비율, 여성석사 비율, 여성박사 비율, 전체 여
교수 비율, 국공립대학 여성교수 비율로 구분하여, 1970년부터 2011년
까지 그 변화 양상을 비교해보자(〈그림 8-1〉 참조). 이 기간 동안에 전
체 여학생은 44.7%로 증가 비율이 급증한 데 비해 여성교수의 증가 비
율은 미약함을 알 수 있다. 국공립 일반 4년제 대학교를 대상으로 2004
년부터 2006년까지 여성교수 임용목표제를 실시한 결과, 2000년 이후
0.1~0.3%씩 매우 미미하게 증가하던 여교수 비율이 2004년 이후에는
0.7%씩 증가하여 2011년 현재 국공립대학의 여성교수 비율은 11.7%
가 되었다. 전체 여교수 비율은 17.7%로 진입하였으나, 여대학생 비율
50.4%에 비하면 여전히 저조한 실정이다.

이는 1987년에 남녀고용평등법이 제정된 이후 각 분야에 여성 인력
진출이 이전보다 더 활발해졌고, 특히 2004년 3월부터는 국공립대학
여성교수 임용목표제가 본격적으로 추진되면서 여교수의 비율이 현격
히 증가하였다고 해석할 수도 있다. 그 당시에 교육과학기술부는 2010
년까지 국공립대는 15%, 국공사립대를 모두 합한 여성교수 비율은

〈그림 8-1〉 한국 대학의 여학생과 여성교수 비율 변화

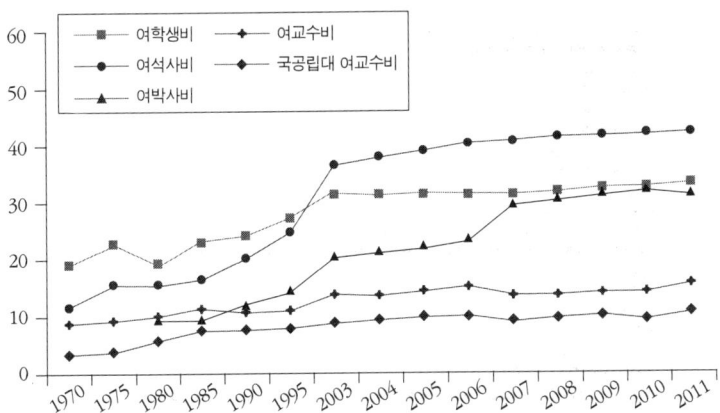

자료: 교육과학기술부, 『교육통계연보』(각 연도 통계자료)

20% 수준으로 높이기 위해 여성교수 채용목표제 1단계를 2004년에서 2006년 사이로 정하고 2010년까지 지속하는 것으로 계획하였다. 그러나 2011년 현재의 여성교수 비율은 2010년까지 20%로 정했던 2003년의 목표를 달성하지 못하고 있음을 여실히 보여주고 있다.

여대학생과 여성 석·박사들의 비율이 확연히 증대하고 있는 현실 또한 여성교수 비율을 높이기 위한 정책적 지원을 위해 고려해야 한다.

2. 학문영역별 여교수 현황

여성들은 여성 특유의 학문영역인 가정계열, 예술계, 사범계, 어문계에서 교육받고 연구하고 있다. 남성들이 주도하고 있는 공학, 이학, 사회계, 농림, 수산해양 계열에서는 여교수 비율이 낮아 계열별 편차가 크다(〈그림 8-2〉 참조).

〈그림 8-2〉 계열별 여성교수 구성비 변화 (1980, 2000, 2006, 2011)

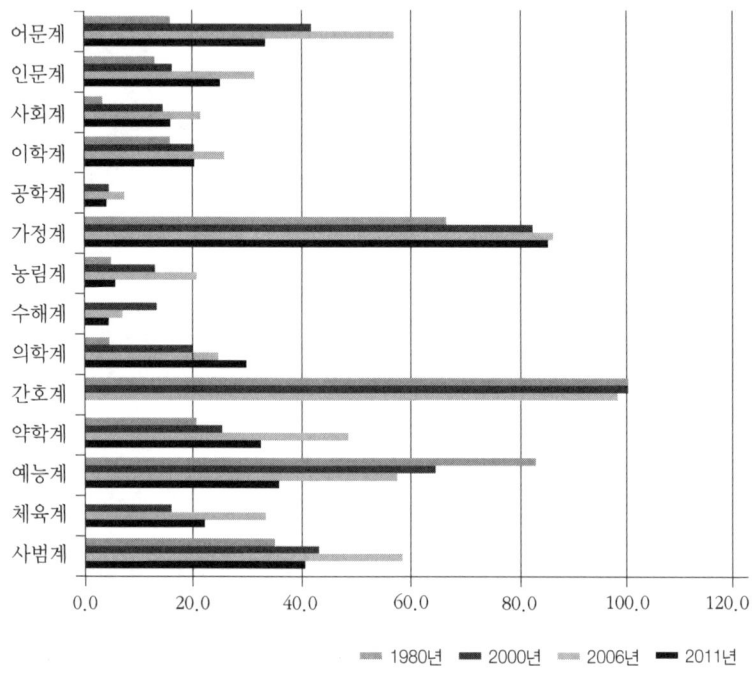

자료: 교육과학기술부, 『교육통계연보』(각 연도 통계자료)

　　이러한 편차는 각 대학 내에서도 계열별로 차이를 크게 가져오고 있
다. 예를 들면 경북대학교에서는 전국의 타 대학에서 비율이 높은 인문
계열, 사범계열에서도 여교수 비율이 무척 낮았다(박남희, 2006)고 한
다. 이는 단과 대학의 역사가 긴 대학일수록 여교수 임용비율이 낮은
것으로 파악되어 보수적인 대학 구성원의 의식이 여교수 임용에 상당
한 영향을 미침을 반영하고 있다. 실제 여교수 비율이 높아졌다고 하지
만 특정한 전공에 편중되어 있다. 가정계열과 간호계열을 제외하면 여
교수 비율이 20% 넘는 곳은 예술계열뿐이다. 단연 남성이 우세한 공학

계열과 사회계열은 여교수 비율을 높이기 위해 우선적으로 여성채용을 고려해야 한다. 현재 여교수가 한 명도 없는 계열은 25.4%이고, 여교수가 없는 학과나 학부의 비율은 61.2%에 이르고 있다. 최근 설립된 여성과학기술인협회도 증가하는 여학생 비율을 감안하여 여성과학기술인에 대한 채용목표제를 강조하고 있다.

이상의 자료들은 여대생 비율이 거의 40%에 이르고 있는 현실 속에서 여성리더를 길러낼 수 있는 구조가 빈약하다는 사실을 여실히 드러내고 있다. 다양한 학문공동체에서 여성들의 연구가 제대로 인정받기란 매우 어려울 뿐 아니라 편견으로 비하를 받고 있다고 볼 수도 있다. 또한 현재 국공립 대학이 수립·제출하고 있는 양성평등조치계획 및 실적보고서도 형식으로 이루어지고 있는 경향이 있어 대학에서 진정한 의미의 양성평등 문화가 정착하고 있는지에 대한 점검이 필요한 시점에 와 있다.

3. 대학에서 직위별 여교수 현황

대학에서 직위별 여교수비율은 1980년에서 2011년까지 31년 사이에 교수는 7.9%, 부교수 10.8%, 조교수 15.2%, 전임강사 24.1%가 증가하였으나, 상위직으로 갈수록 여성교수의 비율이 낮은 것을 알 수 있다(〈표 8-1〉 참조).

대학에서 전임강사와 시간강사의 비율을 보면, 여성교수 채용목표제 도입으로 여교수 임용비율이 증가하여 2004년도의 전임강사 비율이 27.4%에서, 2011년도에는 40.4%로 증가하였음을 알 수 있다(〈표 8-2〉 참조). 여성 시간강사 비율은 2004년 41.2%, 2011년 47.8%로 증가하였다. 국공립대학 시간강사의 경우에는 2004년의 36.6%에서 2011년도에는 44.7%로, 사립대학은 2004년 42.4%에서 2011년 48.6%로 증가하였다. 국공립대학의 전임강사는 2004년도의 18.0%에서 2011년도

〈표 8-1〉 대학교 직위별 여교수 비율

(단위: %)

연도	전 체	교 수	부교수	조교수	전임강사
1980	11.8	6.1	9.8	14.2	16.3
1990	13.8	8.9	13.9	16.0	20.1
2000	15.6	12.6	14.7	16.5	24.6
2001	16.0	12.7	14.7	17.8	25.8
2002	16.4	12.9	15.0	18.4	27.6
2003	16.7	13.0	15.3	19.1	27.9
2004	17.2	13.1	15.6	20.7	29.6
2005	18.1	13.2	16.5	21.2	32.8
2006	18.8	13.5	16.8	22.4	34.6
2007	19.3	13.6	17.5	23.6	35.8
2008	19.9	13.6	18.3	25.0	36.8
2009	20.4	13.6	19.4	26.3	37.7
2010	21.2	13.9	19.9	28.2	39.5
2011	21.8	14.0	20.6	29.4	40.4

자료: 교육과학기술부, 『교육통계연보』(각 연도 통계자료)

에 23.4%로, 사립대학의 전임강사는 2004년도 29.1%에서 2011년에는 41.2 %로 증가하였다. 여성 전임강사 수에 비하여 여성 시간강사 수는 점유비율도 높고, 그 증가 속도도 빠르다. 이러한 사실들로 아직까지 대학에서 고학력 여성인력이 주변 인력으로 활용되고 있는 대학의 현실을 알 수 있다. 과거에 비하면 여성강사 수가 많이 증가하였으나, 전임강사로 채용되는 비율을 보면 "강사자리는 여성에게, 전임교수의 자리는 남성에게"라는 편견이 아직도 작용되고 있다고 보아야 한다. 국공립대학보다 사립대학의 양성평등 수준이 더 높은데 이는 사립대학에 여자대학이 포함되어 있기 때문이다. 같은 시기에 대부분의 사립대학들도 여교수의 비율이 2% 내외로 증가되었으나 이 시기에 여학생들

의 비율은 7% 정도로 증가해왔기 때문에 여학생들의 증가추세를 따라
가지 못하고 있는 실정이다. 사립대학의 경우에는 국공립대학과 같은
여성교수 특별채용에 따른 인센티브는 없지만 교수임용의 확대와 함
께 여성교수 비율이 증가하고 있지만, 아직도 주요 사립대학은 10%도
채우지 못하고 있다.

〈표 8-2〉 교수 및 시간강사의 여성 비율

(단위: %)

구 분		2001	2002	2003	2004	2005
전 체	계	43,309	44,177	45,272	47,005	49,200
	남교수	37,198	37,757	38,541	39,778	41,227
	여교수	6,111	6,420	6,731	7,227	7,973
	여교수 비율	14.1	14.5	14.9	15.4	16.2
	여전임강사 (비율)				1,250 (27.4)	1,565 (30.1)
	여시간강사 (비율)				23,199 (41.2)	24,824 (42.6)
국공립대	계	11,448	11,632	11,924	12,503	13,008
	남교수	10,443	10,580	10,824	11,259	11,618
	여교수	1,005	1,052	1,100	1,244	1,390
	여교수 비율	8.8	9.0	9.2	9.9	10.7
	여전임강사 (비율)				126 (18.0)	187 (23)
	여시간강사 (비율)				4,367 (36.6)	4,742 (38.1)
사립대	계	31,861	32,545	33,348	34,502	36,192
	남교수	26,755	27,177	27,717	28,519	29,609
	여교수	5,106	5,368	5,631	5,983	6,583
	여교수 비율	16.0	16.5	16.9	17.3	18.2
	여전임강사 (비율)				1,124 (29.1)	1,378 (31.5)
	여시간강사 (비율)				18,832 (42.4)	20,082 (43.8)

구분		2006	2007	2008	2009	2010	2011
전　　체	계	45,575	47,195	49,152	51,199	52,874	55,797
	남교수	38,896	40,158	41,669	43,208	44,424	45,940
	여교수	6,679	7,037	7,483	7,991	8,450	9,857
	여교수 비율	14.7	14.9	15.2	15.6	16	17.7
	여전임강사 (비율)	3,084 (34.6)	3,126 (35.8)	3,337 (36.8)	3,452 (37.7)	3,670 (39.5)	4,119 (40.4)
	여시간강사 (비율)	39,432 (43.3)	42,805 (44.0)	45,306 (45.7)	48,920 (46.8)	52,200 (47.3)	53,529 (47.8)
국공립대	계	12,740	12,975	13,394	14,144	10,768	15,737
	남교수	11,503	11,690	12,018	12,622	9,704	13,896
	여교수	1,237	1,285	1,376	1,522	1,064	1,841
	여교수 비율	9.7	9.9	10.2	10.8	9.9	11.7
	여전임강사 (비율)	256 (25.4)	175 (25.7)	115 (22.7)	108 (23.7)	119 (26.4)	112 (23.4)
	여시간강사 (비율)	6,580 (37.4)	6,890 (38.6)	7,331 (40.7)	8,638 (43.8)	9,973 (43.6)	10,687 (44.7)
사립대	계	32,835	34,220	35,758	37,005	38,184	40,060
	남교수	27,393	28,468	29,651	30,536	31,386	32,834
	여교수	5,442	5,752	6,107	6,469	6,798	7,226
	여교수 비율	16.6	16.8	17.1	17.5	17.8	18.0
	여전임강사 (비율)	2,828 (35.7)	2,951 (36.7)	3,222 (37.7)	3,344 (38.4)	3,551 (40.2)	4,007 (41.2)
	여시간강사 (비율)	32,852 (44.7)	35,915 (45.2)	37,975 (46.9)	40,284 (47.6)	42,227 (48.2)	42,842 (48.6)

자료: 교육과학기술부, 『교육통계연보』(각 연도 통계자료)

4. 여성 보직교수 현황

　　최근 세계적으로 대학에서 여성총장들을 임명하면서 사회평등을 실현하려는 움직임이 일고 있다. 미국의 경우는 MIT, 프린스턴대학교, 브

라운대학교, 펜실베니아대학교, 듀크대학교, 가장 최근에는 하버드대
학교가 여성총장을 임명하였다. 이렇게 많은 대학에서 여성총장들이
대학을 개혁하고 쇄신하는 역할을 담당하고 있는 현실에서 우리나라
대학의 여성교수 지위를 살펴보는 것은 큰 의미가 있다. 현재 대학에서
보직교수와 각기 학문영역에서 대가라는 교수들은 지배적으로 남성이
라는 사실을 알 수 있다(〈그림 8-3〉 참조).

대학의 의사결정과 정책 입안에 여성교수들의 참여가 저조하다. 이
수치에 대해선 대학 행정업무의 특성상 여성교수가 수행하기가 부적
절한 것이어서 여성 스스로 소극적인 태도를 보이는 것인지, 아니면 남
성교수를 선호하고 우대하는 대학사회 풍토 때문인지, 아니면 여성교
수들의 리더십이 부족하여서인지 심도 있는 분석이 필요하다. 한 예로
한남대학교의 홍경표 교수는 1999년 교수 선거로 총장후보로 선출되

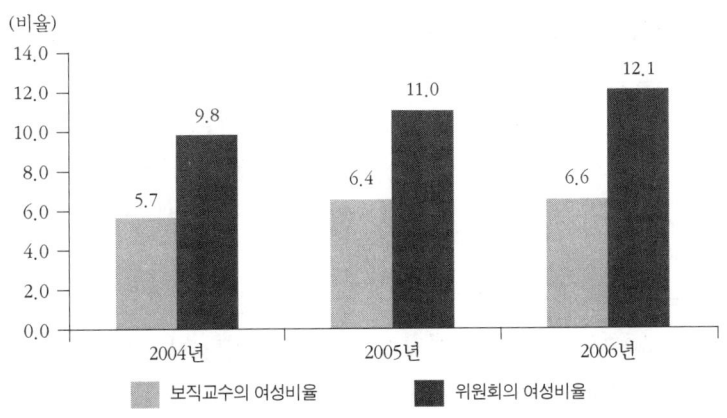

〈그림 8-3〉 여교수의 보직 및 위원회 활동 현황 (2004~2006)[2]

자료: 교육과학기술부, 『교육통계연보』(각 연도 통계자료)

---

2) 김남희(2006), "여교수임용목표제성과와 발전방안," 『전국여교수연합회 추계
학술대회 발표논문집(2006년 12월 11일)』, 5-30쪽, 11쪽에서 인용.

〈그림 8-4〉 여교수의 총(학)장 현황 (2006~2011)

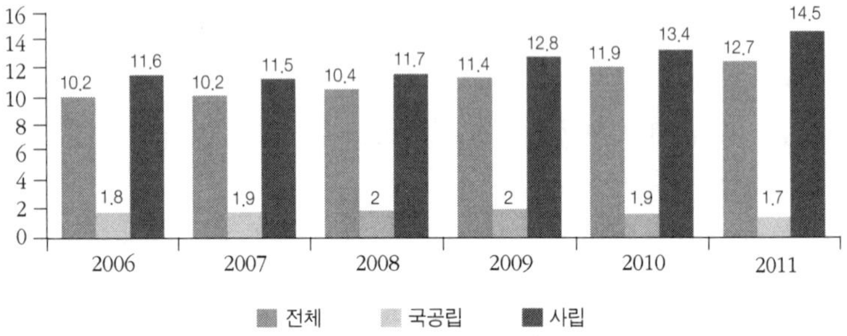

자료: 교육과학기술부, 『교육통계연보』(각 연도 통계자료)

있으나 여성이라는 이유로 재단의 이사회에서 거부되었다고 한다(홍
경표, 2004). 홍 교수는 여성 자책의 시대는 이미 지났으며 여성교수들
을 위한 현실적 보완책이 시급하다고 강조하였다. 단순히 여성교수의
수적 확대가 아니라 대학사회의 의사결정에서 젠더평등을 촉진시켜
학문발전을 도모한다는 목적에서 대학의 주요 보직과 각종 위원회에
여성비율을 높여야 한다. 유엔개발계획(UNDP)이 매년 발표하는 여성
권한척도(Gender Empowerment Measure)에 따르면 우리나라는 여성
의 지위가 OECD 가입국 가운데 여전히 하위권에 머물고 있으며 그 주
된 이유가 의사결정 과정에 여성들의 참여가 적기 때문이다(이정옥·
박은미, 2007).

한국사회에서 여성이 교수직에 진입하기 힘든 이유는 여러 가지가
있다. 교수자격을 갖춘 여성인력이 부족하다거나 자격을 갖추고 있더
라도 상대적으로 그 자질이 신진 남성학자들에 비해 떨어진다는 주장
과 같이 여성 개인 측면에서 그 원인을 찾기도 한다. 여성들이 교수가
되기 위한 자격을 얻기까지 거쳐야 할 과정이 남성들과 다르다는 점에
서 예비 여성교수 인력풀이 적은 원인을 여성 개인의 능력 부족으로만
한정 짓기에도 문제가 있다. 특히 기혼여성일 경우 보육제도의 열악함

으로 인해 여성들이 감수해야 할 부분들은 학문적 이외의 것들이 많다. 한국의 남성교수들이 여성에 대해 갖고 있는 성차별적 견해와 남성중심의 학연, 지연 등을 기반으로 한 네트워크는 여성이 교수직에 진입하는 데 불리하다고 한다(민무숙, 1998). 앞에서 여성 예비교수 인력풀을 살펴보았듯이 이러한 주장을 갖고 설명하기에는 한계가 있다. 정부차원에서뿐만 아니라 대학 내에 남녀고용기회균등위원회를 두어 대학자체 내 행정직 및 교수직에 대한 인력분석을 실시하고 고용목표를 설정하는 이외에도 각 대학의 평교수협의회와 대학 간의 단체 협약안에 성평등 조항을 포함하여 구속력을 높이고, 대학발전계획안에 평등고용정책을 통합하여 실시하는 것도 바람직하다.

IV. 여성교수의 지위와 젠더정치화 사례

여성 대학사회에서 성정치는 여성들이 처한 상황에 따라 세 가지로 구분할 수 있다고 본다(Rinhart, 1992). 첫째, 여성교수는 정치적, 도덕적 자세를 취할 의무가 있는가. 둘째, 여성교수가 정치적이고 대학도 정치적인가. 셋째, 여성교수는 보수적이라 정치적으로 보여지지 않는 개인적인 교수인가. 현재 한국 여성 대학사회의 젠더정치적 상황에 대한 연구가 이루어지지 않은 시점에서 여성에 초점을 두고 왜 극소수의 여성만이 교수가 되어 있는가에 대한 질문을 해야 한다. 그 이유는 다양하다. 첫째, 남성들이 여성교수를 채용하는 데 반대하여 왔고, 둘째, 남성과 여성 간에 경쟁에 관한 것이었으며, 셋째, 여성교수들이 채용과정에서 의사결정에 참여하지 못하고 있기 때문이다. 대학에서 성차별은 경력과정, 직급별, 계열별, 학교유형별, 영향력 있는 남성의 후원 정도에 따라 다르다. 왜냐하면 여성교수들이 당면하고 있는 대학 내 젠더

차별은 교수사회에 진입하려는 여성들을 가부장적 이데올로기에 의해 형성된 남성문화 잣대로 평가하고 있기 때문이다. 여성교수들은 이러한 현실의 모순을 직시하고 그 피해를 직접이거나 간접적으로 입게 되는 입장에 있는 만큼 이를 개선하는 데 관심을 두고 대학현장에서 젠더차별 관행을 폐지하는 제도적 장치와 정책을 마련하는 데 참여해야 한다. 특히 고학력의 여성인력을 사장시키는 현실의 부당함을 확인시켜주고 이들을 대변해 주는 사회활동에 적극 참여해야 한다. 그 첫걸음은 곧 여성교수들의 의지와 힘을 모으는 연대조직이다. 다음의 두 사례는 이를 극명하게 보여주는 분석대상이 된다.

1. 서울대학교 여교수회 사례

서울대학교에서는 지난 20년간 보다 많은 여성교수의 채용과 인력활용을 촉구하기 위해 일련의 활동을 해왔다. 그동안 만연해왔던 성차별 풍토에 대한 여성교수들의 문제의식 및 문제제기와 함께 대학당국의 노력으로 2006년 6월 현재 전임 여교수가 184명으로 전체 교수 1,734명의 10.6%에 이르고 있다(윤현주, 2006). 아직은 미흡하나 5년 전인 2001년도 102명(전체 교수의 6.9%)에 비하면 크게 향상되었다. 서울대학교 여교수회는 지난 1987년부터 서울대학교에 재직 중인 여성교수들이 모임을 해오다 1989년 11월 21일에 여성교수의 권익과 친목을 도모하고 대학 발전에 기여함을 목적으로 발족하였다. 제4대 회장인 박희진 교수는 2000년 7월에 출간한 『서울대학교 여교수회 10년사 (1989-1999)』의 회고담에 어느 여교수께서 "아! 나도 마누라가 있었으면"이라고 무심코 한 말이 명언이 되었음을 소개하고 여교수회가 탄생한 것에 대한 소감을 다음과 같이 쓰고 있다.

[성차별에 대한] 어느 정도의 한풀이가 끝난 후 새로 들어오는 여교수

들을 환영하고 퇴임교수들을 환영하면서 경조사에 참여하고, 그러면서 정식발표는 아니지만 각자 전공분야에 대한 관한 이야기를 청해듣는 기회도 갖곤 했다. 그러다가 때가 되자 전격적으로 여교수회가 정식으로 탄생한 것이다.

성차별은 그 자체가 너무도 분명한 부정이라 언젠가 사라지게 될 것이라는 소망, 비록 그 속도는 대단히 느리지만 상황이 그래도 조금씩은 나아지고 있다는 느낌, 기대를 걸어도 좋을 믿음직하고 유능한 젊은 후배들이 있다는 안도감, 그리고 정말 두려운 것은 우리 자신이라는 사실, 그리하여 어떤 여건하에서도 자신을 가다듬고 지켜나가는 작업만은 절대로 소홀히 할 수 없다는 깨달음이 우리들을 축 늘어져 있게만 하지는 않는다. 여자가 뭐 외계인도 아니겠고, 양은 질을 바꿔 놓는다고도 했는데 수적으로도 인류의 절반이나 되는 여성을 끝내 차별하고는 건강한 인류사회가 가능하지 않으리라는 사실을 위안으로 삼아본다. … 여교수 몇 사람 뽑아 놓고 큰 자선이나 베푼 듯한 태도를 취하는 잘난 남자교수들과 여자를 한 번도 채용해 본 적이 없는 과의 굳게 잠긴 빗장이 눈앞에 어른거려서…(4-5쪽)

여교수회에서 공적으로 추진했던 사업의 목표는 서울대학교의 여성교수 비율을 높이는 것이었다(이기춘, 2000). 서울대학교 교수협의회에 여교수회 회장을 당연직 부회장으로 포함시키도록 추진하고 정관수정까지 하여 통과가 되었다. 영어영문학과의 박희진 교수가 회장이 되면서 여교수 비율에 대한 글이 여러 신문과 방송에 기사화되면서 처음으로 이에 대해 관심을 받게 되었다. 특히 서울대본부와 교육과학기술부에 보낸 건의문은 당시, 주요 신문들에 기사화되었고(2001년 8월 27일), 회장인 정옥자 교수의 "서울대의 남녀차별"(조선 8월 29일), 부회장인 이광숙 교수의 "여교수 임용비율 늘려라"(경향 8월 29일)는 임용목표제를 공론화하는 데 기여했다. 여교수회의 조직과 활동을 소개하고 각 단과대학의 여교수 수의 현황에 대한 정보를 제공했으며, 동등한 능력을 가진 경우, 가급적이면 여교수를 채용하도록 대학당국과 학과 교수들에게 독려하는 내용의 편지를 지속적으로 보냈다.

창립 당시 80여 명의 여교수 모임이었으나 이제는 친목, 학술활동 등으로 여교수들의 다양한 목소리를 반영하고 대변하는 단체로 성장하였다. 현재는 서울대학교 여성학연구소와 함께 여교수 채용확대를 위해 학내교섭활동을 추진하고 있다. 서울대학교 본부는 여성교수 임용에 대한 문제제기와 의식에 부응하여 2003년 12월 서울대학교에 '대학교원임용 양성평등추진위원회'를 설치하고 교무처장이 위원장으로 여교수 임용계획을 조정하고 성차별 관련 업무를 관할하고 있다. 임명직 인사위원회의 8명 가운데 5명이 여성교수이다. 서울대학교의 여성교수 채용계획은 공식적 안건이 되었고 이를 위해 제도적으로 2001년에 입안된 서울대학교 장기발전계획안에는 2011년 시점까지 여교수 비율을 15%로 높일 계획이다. 현재 여학생 비율은 38.7%이다. 앞으로 대학본부의 일관되고 지속적인 여성교수 채용확대 및 활용정책 실천이 필요하다고 본다.

2. 전국여교수연합회

대학사회에서 여성교수들의 불평등한 지위에 대한 문제의식이 있는 전·현직 보직 여교수들이 중심이 되어 1998년 5월 22일에 창립한 전국여교수연합회는, 전국의 대학 및 대학교에 소속되어 있는 여성교수의 권익을 보호하고 연구 활동을 지원하며 회원 상호간의 유대강화를 위하여 노력하고 있다. 지난 1998년부터 대학에서 여성교수의 낮은 비율은 전문 분야에 여성 진출과 여성리더 양성 측면에서 장애가 되고 있음에 주목해 왔다. 지금까지 매년 두 차례의 여성교수 관련 주제의 세미나를 개최해왔으며 이를 바탕으로 교육과학기술부에 건의안을 제출해오고 있다. 여성교수와 관련된 문제들을 통합적으로 보기 위해 여대생 커리어개발 및 취업지도, 학생지도, 대학에서의 성희롱 및 성폭력, 통일을 대비한 여성인력개발, 여성교수들의 보육문제의 해결에 관심을 두어왔다.[3] 2001년도 11월에는 여교수 30% 채용목표제 건의안을 교육부에 제출하였으며 여성 보직교수 임명 권장안은 채택되어 각 대학에 공문으로 전달되기도 하였다. 지금의 국공립대학 여성교수 임용목표제는 국회 여성분과위원회와 한국여성학회와 함께 이룬 큰 성과이다. 마쥬르(Mazur, 2002)에 의하면 여성정책 형성에 있어 가장 결정적인 조건들 중의 하나가 여성 국회의원, 여성운동단체 그리고 여성정책 담당기구들 간의 전략적 동반자적 관계라고 한다. 기존의 성불평등 구조를 철폐하는 데 여성단체들이 어느 정도 공헌했는지는 성평등 정책 결정과정에서 중요한 쟁점 중의 하나이다.

전국여교수연합회에서는 여성들이 교수로 임용되기 어려웠던 것은 능력의 문제나 낮은 여성박사 배출 비율보다는 여성을 배제하는 대학의 구조적 문제라고 지적하면서 구체적인 정책대안으로 대학평가에서 여성교수 비율과 신규 여성교수 비율을 평가항목으로 지정하는 것과 여교수 채용목표제를 실시할 것을 주장해왔다. 동시에 교육과학기술부 여성정책담당관실, 전국여교수연합회, 교육위원회 소속 여성 국회의원들이 하나가 되어 교육위원회의 남성 국회의원들을 설득하는 작

---

3) 참고로 전국여교수연합회 여교수관련 학술세미나 대주제 및 개최 연도를 보면 다음과 같다: 1998년, "여교수의 역할에 대한 이해"와 "21세기 여교수의 위상과 역할"; 1999년, "전국 여교수 위상 정립을 위한 대토론회"; 2000년, "한국 여교수의 임용현황과 여교수의 역할"과 "통일대비 여성인력 활성화 방안"; 2001년, "한국대학교육협의회와 대학교육 개혁방안"과 "고급여성인력의 활성화 대책 I: 여교수채용목표제"; 2002년, "고급여성인력의 활성화 대책 II"와 "여대생의 대학생활 지도방안과 대책"; 2003년, "대학 내 성희롱, 성폭력 예방 대책"과 "대학사회 내 여교수의 참여적 현실"; 2004년, "대학사회 내 의사결정과정에서의 여교수 참여"와 "여대생 커리어개발을 위한 활성화 방안"; 2005년, "대학 내 보육시설 설치 활성화 방안"과 "대학사회 성평등의 이상과 현실"; 2006년, "여교수채용목표제의 현황과 평가"와 "국공립대 여성교수임용목표제의 발전방안"; 2007년, "고용불안정 시대의 대졸여성의 고용현실과 취업방안"과 "전국 여교수의 현황과 활성화 방안."

업을 하였고, 추후 한국여성학회와 여성생명과학포럼과 함께 대학에서 낮은 여성교수 비율 문제 해결을 교육부에 공식적으로 건의하였다. 2001년과 2002년 국정감사에서 교육위원회는 여교수 채용 확대의 중요성을 인식하고 이를 문제로 지적하였다. 그 당시만 해도 관련 공무원들, 남성 국회의원들, 대학관계자들 사이에서 과연 교수임용에서 성불평등이 적용될 영역인지에 대한 회의적, 냉소적 태도가 있었다. 이러한 의견에 대해 전국여교수연합회와 여성학회는 여교수 임용문제는 성차별적 고용관행의 결과라는 점을 부각시켰으나 아쉽게도 여성박사 집단은 특혜 받은 집단이라는 인식이 팽배해 있었고, 이 문제에 대한 다른 여성운동단체들의 관심은 냉담하였다. 전국여교수연합회는 여성박사 집단을 대신해 2001년부터 지금까지 이 문제를 본격적으로 쟁점화하고 감시하므로 정책의 추진과정에서 지속적으로 대행자 역할을 수행해오고 있다(민무숙, 2003).

V. 국공립대학 여성교수 임용목표제의 정치적 의미와 문제점

이 부분에서는 2001년부터 2003년에 교육공무원법 개정(2003)을 통한 '국공립대 여교수 임용목표제'가 수립되는 과정에서 이것이 어떤 정치적 기회구조 안에서 가능했는지를 살펴본다. 이 정책은 대학사회에서 여성교수의 지위를 향상시키고 기존의 가부장적 위계질서를 변화시킬 수 있는 기제로 중요하다(김경희 · 신현옥, 2004). 우리나라에서 국공립대학 여성교수 임용목표제가 가능했던 이유는 정부주도하에 여성조직이 협력하는 방식으로 이루어졌기 때문이라고 관련 연구들은 주장한다(안재희, 2007; 김경희 · 신현옥, 2004; 민무숙, 2003). 여성교수 확대 정책결정과정에서 성차별 문제가 어떻게 개입되었는가를 정치적 환경조성에 따른 이슈화, 법제화, 정책화에 주목하여 다음과 같이 세 단계로 정리해 본다. 국내에 여성학이 도입된 것이 1970년대 후반이었으나 2000년 이전에는 대학교수사회에 이러한 성정치가 전혀 논의되지 않았다. 주요 관심사는 학생들의 의식 계몽이었을 뿐이다. 이는 교수사회는 무엇보다도 학문적 우수성이 최우선이라 차별은 있을 수 없으며, 공정한 기준에 의하여 경쟁하는 조직이라는 암묵적 동의가 존재해왔기 때문이다.

제1단계는 1990년대 말부터 2000년대 중반까지의 시기로 남녀교수 비율의 현격한 차이가 쟁점으로 부상하였으며 여성교수 채용을 위한 정책 환경의 조성에 따른 쟁점화가 최고에 이른 시기이다. 김대중 정권이 들어서는 1998년에는 그간에 소외되었던 여성 집단에 대한 관심이 정부 6개 부처에 '여성정책담당관'제와 청와대에는 여성정책비서관실과 여성특별위원회를 신설함으로써 여성정책 추진을 위한 친여성 환경이 만들어졌다(안재희, 2007; 김경희·신현옥, 2004). 이에 따라 2001년 교육부가 국가인적자원을 개발하고 계획하는 교육과학기술부로 전환되는 시점에, 학계에서는 여성인력 활용의 극대화가 공론화되기 시작하면서 정치적 기회구조 안에 적극적으로 포함되었다. 그동안 개별 대학별로 조직되었던 여교수회가 있었고 간간이 성차별 문제를 제기했지만 공개적으로 시작한 것은 1998년 5월 23일에 창립한 전국여교수연합회이었다.

특히 2000~2001년에 걸쳐 대학 내 여성교수 비율의 저조함을 공론화하는 언론기사가 증가한 것은 이 문제가 정책 입안으로 상정되는 데 큰 힘이 되었다. 그동안 불이익을 받을까 혹은 소수집단의 자의식으로 꺼내기를 주저했던 성차별의 문제가 여성박사, 시간강사의 급증으로 사회적으로 부각되기 시작했다. 이 시기를 한국여성 엘리트들의 성인지적 단계라고 보고 있다(김경희·신현옥, 2004). 여성교수 채용목표제에 대한 최초의 제안은 2001년 11월 전국여교수연합회가 여교수 채용 30% 목표를 건의한 것이었다. 추후에 서울대여교수회, 한국여성학회, 여성생명과학포럼 등이 동시다발적으로 여성교수 채용목표제를 건의하여 결국 여성교수 자체집단들의 공로가 컸다. 이러한 배경에서 2002년 교육과학기술부 업무보고에서 국공립대학 여성교수 임용목표제 도입이 추진되었다. 그러나 실제 정책안으로 결정되는 과정에서는 저항 논리의 전개도 만만치 않았다. 제일 큰 저항은 국립대학들과 교육과학기술부에서 대학의 자율성 침해 측면에서 갈등을 야기할 수 있다는 논지와 다음은 능력주의 논리로 일정 비율을 여성으로 채용해야 한다는 것은 대학의 우수인력 확보에 위배된다는 것이었다(한국여성개발원, 2002).

제2단계는 2003년 교원임용법령에 국공립대학이 교수 임용 시에 특정의 성에 치우치지 않도록 노력하고 이를 위한 계획을 수립하도록 법제화하고 정책화하는 단계였다. 이 정책의 주요 담당관인 여성교육정책담당관실, 여성부 여성정책실, 청와대 비서관실, 국회여성위원회, 여성 국회의원, 전국여교수연합회, 한국여성학회가 축이 되어 형성한 법제화 의제를 위한 네트워크는 중요한 역할을 하였다(김경희·신현옥, 2004). 국회에 상정된 법률안은 대학 관련자들의 입장이 상대적으로 많이 반영된 측면이 있었으나, 여성위원회와 교육위원회에서 심의과정을 거치면서 여성계의 목소리가 크게 반영되어 국회에서 통과되었고 2003년 1월 2일 정부가 '교육공무원법'의 개정안을 제안했다(안재희, 2007; 김경희·신현옥, 2004). 국회 여성위원회에서는 채용목표 비율이 법조항으로 명시되어 있지 않고 이에 따른 제재조치가 마련되지 않을 경우에 얼마나 실효성을 거둘 수 있는지에 대해서 문제를 제기하고 보완되어야 할 사항들을 다음과 같이 지적하였다. 첫째, 대학 교원의 채용을 '신규 채용'뿐만 아니라 전직, 전보, 겸임하는 등 인사상의 모든 경우를 포함하는 '임용'으로 확대하고 양성평등 임용계획을 3년마다 수립하는 등 그 기간을 구체적으로 명시할 것이며, 둘째, 국가 및 지방자치단체가 임용계획 및 그 추진실적을 평가할 때 평가기간을 구체적으로 명시하고 행정적, 재정적 지원의 예시를 규정하는 규정이 필요하며,[4] 셋째, 적용대상을 국공립대학뿐만 아니라 사립대학까지 확대 적용할 것이었다. 이러한 작업은 '교육공무원법 개정안'이 소관위원회인 교육위원회에서 여성계의 의견을 수렴하면서 원활하게 통과될 수 있었던 힘이 되었다. 그러나 이 과정에서 사립대학과 보직, 승진 등 전반적인 적용범위를 확대하고자 하는 의견은 제외하였다.

정책화과정에서 정부는 긍정적 조치(PA)[5]를 사용했는데, 개정된 법률안에는 교수임용에서의 성평등을 위해 구체적 수치를 제시하지 않고 여성이 교수사회에 진입하는 것을 돕는 기구를 설립하고 대학평가 항목에 여성교수 비율을 넣어 그 결과를 기반으로 대학들에게 보조금이나 정책과제를 제공하였다. 교육과학기술부는 '교육공무원법'에 명시된 것처럼 대학교원임용 양성평등위원회를 설치해 국공립대학의 양

---

4) 하지만 교육위원회는 남녀평등 용어를 양성평등으로 수정하고, 재정적, 행정적 지원을 통해 국공립대학의 자율적인 노력을 유도하는 것 이외에 대학교원의 임용에 있어 대학인사위원회에 여성위원을 1인 이상 포함하도록 하고, 임용계획의 범위를 신규채용에 한정하지 말고 전직, 전보, 겸임하는 등 인사상의 모든 경우를 포함할 것을 제안하였다. 이 법안은 추후에 수정하여 가결되었다.

5) 적극적 조치(Affirmative Action)는 남성지배적인 노동시장과 정치 행정 분야에서 여성의 대표성을 제고하기 위한 조치로서 영국, 호주, 미국에서 성별, 인종에 대한 차별금지 법률에 포함되어 있다(Bacchi, 1999; Mazur, 2002). 적극적 조치는 기존의 제도와 정책들이 간접적으로 여성들을 어떻게 차별시키고 있는지에 주목하면서 역사적으로 여성들이 경험한 불이익을 시정하기 위한 정책들로써 기존의 차별로 인한 영향이 없어질 때까지 여성들을 위해 잠정적으로 정책을 시행하므로 여성들이 처한 억압적 사회, 정치, 경제적 상황을 적극적으로 시정하여 조직 내 여성비율을 높일 뿐 아니라 여성 집단의 능력강화(empowerment)를 유도할 수 있는 조치이다(김경희, 2000; 안재희, 2007). 반면에, 긍정적 조치(Positive Action)는 성평등의 경우에 이를 위한 구체적 수치나 방법을 제시하지는 않지만 채용을 돕는 기구의 설립, 조직평가 항목에 여성비율을 넣거나 여성지원자를 선호하는 적극적 노력에 보조금이나 혜택을 주는 것을 뜻하여 차이가 있다. 평등개념이 젠더 차이를 어떻게 반영하는가에 따라 그 내용이 조금씩 다르다고 보아야 한다.

성평등추진위원회에서 제출한 여성교수 채용에 대한 향후 3년간의 채용계획과 실적을 보고 받아 이에 대한 평가를 하고 이를 기반으로 재정적 지원을 하고 있다. 국공립대학 여성교수 임용목표제의 실시는 정부의 의지가 강력했기 때문에 이를 밀고 나갈 수 있었지만, 특히 이 과정에서 청와대 비서관실(여성정책비서관), 교육부(여성정책담당관실), 여성부(여성정책실) 등 정책기구들 간의 긴밀한 연계가 정책결정과정에서 중요한 정책 네트워크로서 작용하므로 큰 기여를 하였다고 본다(김경희 · 신현옥, 2004).

정부관련 행위자들은 기존의 정원을 건드리지 않고 별도의 정원(특별채용) 방식으로 추진하면 반대의 의견을 좁혀나갈 수 있다고 판단하여 2003년부터 국립대 교수정원 1,000명을 증원할 때 20%(200명) 범위 내에서 희망하는 대학에 한하여 여성교수 임용증대 계획에 따라 정원을 배정하였다. 현재로서는 200명 할당된 여성교수 정원 이외에, 개정된 법률안에 준하여 국공립대학들이 2004년부터 2006년까지 순수하게 채용한 교수는 277명에 불과하여 자율적으로 여성교수를 채용한 비율이 아주 낮다. 2004년부터 국공립대학 여성교수 임용목표제가 본격적으로 시행되어왔지만 아직도 이 정책이 안착되지 않고 있음을 보여주는 사례들이 나타나고 있다. 해당학과 교수들의 반발로 지원자가 없거나 채용공고가 연기되기나, 여성관련 전공에서 채용하여 다른 전공 여성박사들의 지원이 어려워지는 의도하지 않은 결과가 나타나고 있다.

배정된 200명 중 195명이 여성교수로 채워지게 되었고, 5명은 그 기간 안에 임용하지 못하여 회수되었다. 그러나 아직도 배출된 여성박사 비율을 감안하더라도 여성교수가 극소수인 학과가 많다. 철학과 304명 중 14명, 사학과 385명 중 49명, 정치학 269명 중 18명, 경제학 870명 중 21명, 법학 1,073명 중 65명, 생물 · 미생물학 352명 중 30명, 화학 592명 중 34명 등이다(김남희 외, 2006: 49). 물론 그 수가 전체 교수규모로 보면 미미하지만, 이로 인하여 여성이 희소한 학부에 여성교수가 증가하게 되었다(이공계 85명, 사회계 50명). 이러한 정책으로 대학사회의 교수채용에서 암묵적으로 이루어졌던 성차별을 없애고 여성교수가 없거나 극소수인 학과와 학부에 여성교수 비율을 높여야한다는 인식과 문화가 확산되기를 기대한다.

제3단계는 향후의 과제로 또 다른 국면을 맞이할 것으로 본다. 제2단계에서 이루어진 의식 변화와 정책적 효과가 향후 어느 정도 지속되고 안착될 것인지는 미지수이다. 왜냐하면 연구업적 중시와 정년심사가 강화되는 등 경쟁구조의 변화가 교수사회의 성정치에 어떠한 영향을 미칠지는 향후 주목해 볼 만한 시점에 와 있기 때문이다. 지금 한국사회는 그 어느 때보다도 정치, 경제, 문화 및 사회 환경 변화의 소용돌이 속에서 대학의 정체성과 자율성을 획득하기 위하여 개혁을 시도해야 하는 시점에 있다. FTA라는 개방화와 세계화라는 미명하에 획일적인 대학 구조조정은 그 어느 때보다도 대학의 본질인 학문적 가치창출 능력과 교수의 권익 및 자생력을 뒤흔들고 있다. 최근 KAIST에서 주창하고 있는 종신교수제(tenure system)를 위한 교수업적 및 교수평가 강화는 현재와 같은 성불평등 상황에서 여성들이 교수가 되는 것을 더욱더 힘들게 만들 것이다.

연구경력이 많은 사람에게 더 유리하고 안정된 환경에서 논문을 많이 낸 사람들이 선발되는 구조에서 주로 시간강사를 해온 여성박사들에게는 이러한 기회를 이용하기가 어렵다. 기존의 학회도 남성 중심으로 운영되어왔다는 면도 고려해야 한다. 그 예로 회장과 임원들은 대부분 남성으로 이루어져 있다는 사실을 지적할 수 있다. 더욱 심각한 문제는 현재와 같은 우호적인 젠더평등 분위기에서도 여성교수 비율이 현격히 상승하지 못하고 있다는 것이다. 이러한 상황에서 여성교수들의 성차별 인식은 중요하다고 본다. 이미 앞부분에서 살펴보았듯이 대학에 진학하는 여학생과 학위를 취득한 여성박사들의 비율은 증가하고 있는데 대학 내에서 여교수들의 비율은 턱없이 낮다. 정부는 2003년에 '국공립대 여교수 임용목표제'를 수용하기에 이르렀지만 2006년 현재 11%의 여교수 비율과 7%의 보직교수 비율로는 2010년까지 20%로 정한 여성교수 임용목표를 달성하기가 어려운 실정이다. 현재 국립 4년제 대학에도 여성교수가 한 명도 없는 학과와 학부가 약 50%가 되고 있어 특단의 정책적 조치가 필요한 시점에 있다고 본다.

여성이 교수가 되기까지에는 여러 종류의 사회적(조직 및 학문공동체), 문화적(가치와 규범), 정치적(대학교육의 목표달성), 경제적 요인(가족부양 및 지원 등)들로부터 영향을 받는다. 그 가운데에서도 여성교수 채용과정에서 발생하는 여성교수의 가치에 관한 차별적 논의는 일련의 성정치의 과정이라고 볼 수 있다. 왜냐하면 이러한 견해는 개별 학자의 업적을 비판할 뿐 아니라 이들이 처한 상황을 함께 비판하기 때문이다. 학문적으로 지배적 위치에 있는 사람들은 역사적으로 주로 남성들이며, 이들의 업적은 이들과 함께 수학하고 연구했음에도 불구하고, 여성연구자나 소수민족자인 연구자의 업적보다 더 중요한 것으로 간주되는 경향이 있다는 것이다(Ritzer, 2007: 5-6). 특정 이론이나 영역이 보다 더 많이 학회지에 게재되는 경향이 있어서, 여성이나 소수민족 관련주제는 중요하지 않다고 생각하는 경향이 있다고 비판한다. 즉, 백인 남성과 같은 다수 집단의 성원이 이룬 학문적 업적이 소수자의 업적보다도 더욱 높은 평가를 받는 경향이 있어서 흑인이나 여성학자의 연구업적이 제대로 인정을 받기란 아주 어렵다는 주장이다. 이러한 비판을 여성교수들이 차별받는 상황에 적용해보면 잘 알 수 있다.

여성들은 저명하고도 강력히 지원해주는 학문적 스승을 갖지 못하고 있다. 여성 제자는 불편하고 득을 볼 수 없다고 생각한다. 이미 살펴보았듯이 2006년 현재 여성교수는 주로 간호, 가정, 예능 그리고 어문계 영역에 채용되어 있었다. 사회적으로 특정지위에 자원과 보상이 많을수록 남성들이 주로 많이 차지하고 있고, 적을수록 여성들이 많은 것이 일반적이다. 독일의 사회학자인 울리히 벡(Ulrich Beck, 1992)이 지적하고 있듯이 한 영역이 그 사회에서 중심적일수록, 한 집단의 권력이 클수록, 여성들이 적게 대표되어 있고, 반대로 한 영역이 주변적일

수록, 그 집단의 영향력이 적을수록 여성들이 주로 많이 고용되어 있
거나, 그 고용가능성이 크다. 1980년대부터 '남녀고용평등법'이 시행
됨에 따라 노동시장의 고용평등을 꾸준히 추구해 왔으나 여성박사 인
력의 저활용 및 차별적 교수채용 문제는 사회문제로 여론화되지 않았
다. 특히 이 문제의 이해당사자인 여성박사들은 예비인력교수 무리로
서 교수채용의 문제를 제기하고 이슈화하는 데 소극적이었다. 성역
할 접근법에 의하면 여성은 성역할 사회화 과정에서 수동성을 내면화
하기 때문에 남성이 우선하는 원칙에서 소외되는 경우가 많다고 한다
(Fitzgerald, 1991; Rinehart, 1992).

따라서 전통적 성역할을 수용하는 여성은 성차별이나 성희롱을 일
상생활에서 필연적으로 일어나는 현상으로 생각하여 주관적 인식도
낮을 뿐 아니라 지적할 가능성도 적다고 한다. 이러한 이유들로 여성의
'교수되기'와 '교수하기'는 평등한 방식으로 이루어지지 않고 있다. 대
학사회에서의 성불평등은 권한, 권위, 지위, 이해관계가 높은 분야일수
록 남성 주도적이라 당연히 남성 중심의 상황 정의와 평가가 주도하게
되어 위계적으로 성별분리가 발생하게 된다. '여성적인 것이 가장 사
적이고, 사적인 것이 정치적인 것이 될 수밖에 없다'는 여성주의자들의
주장과 같이, 아직도 여성교수의 경우에는 가장 사적인 것이 정치적인
것이 될 수밖에 없는 상황에 있다.[6] 현재 객관성과 중립성으로 포장되
어 있는 양성평등 정책과정에서 성정치학은 이러한 질문과 의혹을 끝
없이 제기해야 할 것이다.

---

6) 1960년대 말에 유행하던 "사적인 것이 정치적이다(The personal is political)"라
는 슬로건이 여권운동을 소생시켰다(Orlands and Wallace, 1994). 여성들은 집안
일과 밖의 일을 포함하여 모든 일상생활의 활동들이 예를 들면 성행위, 출산행위
와 같은 일이 사적인 것이 아니라 정치적 의미를 가지고 있음을 점차적으로 이해
하게 되었다. 권력은 예민하여 여성들이 신체나 삶을 통제할 수 있는 선택을 갖
게 된다면 공적영역과 사적영역 간에 연계가 있음을 깨닫고 이러한 것을 알게 되
므로 능력강화를 할 수 있다고 보았다. 이렇게 함으로써 나아가 자신의 삶에 책
임을 질 수 있을 뿐 아니라 다른 여성들도 도울 수 있다고 보았다.

VI. 여성교수 확대 방안 및 연구의 한계

이 글은 대학사회에서 여성교수 지위 및 현황에 관련된 연구결과들과 교육과학기술부의 교육통계연보에 나타난 통계자료들을 이용하여 남녀차이에 따른 불균형 문제를 젠더정치 측면에서 밝혀보았다. 연구자료는 1970년부터 2006까지 교육통계에 나타난 여대생 비율, 여성석사 및 박사비율, 여성교수 비율의 변화 추이와 현황, 2001년에서 2006년까지 학문 영역별 여성박사와 여성교수 현황, 대학에서 직위별 여성교수 비율 및 보직교수 비율, 2003년에 실시된 국공립대학 여성교수 임용목표제에 대한 정책자료, 기존의 남녀교수 차별을 다루고 있는 연구문헌 자료, 여성교수들의 성정치 과정을 알아보기 위하여 사례로 서울대학교 여교수회와 전국여교수연합회가 대상이었다.

여성 대학교수사회에서는 1990년대 후반부터 여성교수들이 자체적으로 여성교수 임용에 대한 여론의 확산을 주도하였고 이에 따라 성평등에 대한 사회적 분위기가 고조되었다. 이 영향으로 우선 국공립대학 여교수 임용목표제가 법제화되고 정책적으로 실행이 가능해졌음을 알 수 있었다. 그러나 아직도 대학 내의 낮은 여성교수 비율은 개선이 필요하여 일정 수준에 이를 때까지 여성교수를 별도 배정하는 여성교수 채용목표제 실시가 요구되고 있다. 가장 효율적인 방안은 우선 모든 대학에 여교수 비율이 20%가 될 때까지 여성채용목표제를 지속적으로 운영하고 다음으로는 유엔(UN)이 제시하고 있는 여성고용의 적극적 조치 목표인 30%를 달성하는 것이다. 결과적으로 이러한 정책수행은 여성특유의 직관력과 창의력을 대학 정책에 반영하여 한국 대학의 경쟁력을 키우고 글로벌 시대에 대비하는 전략일 것이다. 전체 대학 내 여성교수 임용확대를 위해 현재 49.3%에 달하는 여성교수가 전무한 학과나 학부의 비율을 조속히 감소시키도록 해야 한다.

이 연구의 한계는 현재 여성교수에 대한 불평등, 차별에 대한 실증연구가 부족한 상황과 개인이 전국적 규모의 연구를 수행하기에 어려운 환경에서 기존의 정부 통계와 정책을 중심으로 전국 규모의 대학교수 관련 통계자료를 남녀로 분류하여 범주화한 자료에 의존하고 있는 탐색적 연구라는 점이다. 또한 본 논문의 주제가 여성교수와 젠더정치이지만, 대학사회 전반에서 성차별 문제도 이와 무관하지 않으며 향후 더 논의해야 할 주제라고 본다. 대학의 교과과정, 대학교육의 전반적인 과정, 대학 교직원 간의 문제, 교수와 학생 간의 문제, 남녀 학생 간의 관계에 대하여도 성찰이 있어야 한다. 교수사회의 젠더정치는 단순히 숫자적인 문제뿐 아니라 개별 학문의 내용적 측면, 교수과정의 측면, 대학행정과 문화의 측면 등 여러 부분과 연결되어 있다는 점에서 향후 보다 심층적이고 역동적인 연구가 이루어질 필요가 있다.

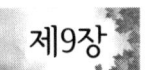

제9장

여교수회의 활동과 의미:
경북대 여교수회 결성과 활동의 경험

김영화 ┃ 경북대학교 사회복지학과 교수

I. 들어가기

대학사회에서 여교수는 학생들뿐만 아니라 지역사회에서도 '역할모델'을 설정하는 데 중요한 역할을 해야 하고, 또 할 수 있었음에도 불구하고, 현실은 그러지 못하였다. 그 이유는 그동안 대학교수사회는 남성 중심의 사회였고, 여성은 소수자의 위치에 서 있었으므로 여러 가지 제약이 많고, 또한 여교수에 대한 선입관과 편견도 만만치 않았기 때문이다.

이 글은 "여교수회의 활동과 의미"에 대해서 본인의 경험을 토대로 간단히 정리해 본 것이다. 정확한 자료에 근거하는 대신, 내 자신의 느낌에 바탕을 두고 써 보고자 하였다. 따라서 사실관계에서 조금씩 차이가 나더라도 크게 신경을 쓰지 않았다. 애써서 당시의 자료들을 찾지도

않았다. 그저 생각의 흐름에 따라 본인이 재직한 대학에서 당시 여교수
회를 만들었던 상황들을 편안하게 써 내려간 것이다.

본인이 대학교에 부임한 때가 1987년 3월 1일이었으니, 그때를 중심
으로 당시 여교수들의 성향과 특징, 여교수를 바라보는 편견과 선입관,
여교수회를 조직할 당시의 분위기, 나아가서 여교수회 활동의 의미 등
을 차례로 이야기해 보고자 한다.

II. 1987년 당시 교수들의 모습

1987년 당시 본인이 재직하게 된 학교의 교수와 여교수의 숫자가 몇
명인지 정확하게 잘 모른다. 알아보면 알 수 있겠으나 구태여 그럴 필
요도 느끼지 않는다. 당시 나에겐 남자교수의 수도 여자교수의 수도 중
요하지 않았고, 내가 하루하루를 어떻게 살아가야 하는가가 가장 큰 문
제였기 때문이다. 내 기억으로 1987년 3월 새로 임용된 교수의 수가 20
명 정도였던 것 같고, 그중에 여교수는 둘밖에 없었다. 한 사람은 본인
으로 사회대 소속이고, 다른 한 사람은 사범대 가정교육과 교수로 임명
된 사람이었다. 두 사람은 긴장된 분위기 속에서 서로를 쳐다보았을 뿐
인사조차 나누지 않았다. 3월의 추위는 한겨울의 그것과 비길 바는 아
니었지만, 8년간을 유럽에 있다 돌아온 나에게, 한국, 경상북도, 대구,
경북대학교는 너무나 춥고 을씨년스러웠던 기억으로 가득하다.

당시 사회대에는 나를 포함하여 5명의 여교수가 있었다. 사회대 교
수 전체가 약 35명이었던 것 같은데, 그렇게 본다면 전체 교수의 1/7,
약 14%에 해당하는 비율이었다. 당시의 여교수 비율로 본다면 사회대
는 여교수의 수가 많은 편에 속했다고 볼 수 있다. 여교수 다섯 명 중
두 명은 학교 직원으로 있다가 특정학과가 신설되면서 교수로 영입된

분들이고 나머지 두 사람 그리고 본인까지 포함하여 세 사람은 서울에서 공부하였고 외국에서 박사학위를 받은 독신여성들이었다. 당시 이미 50대에 있던 두 중년 여교수들은 사람들이 흔히 이야기하는 겸양의 미덕을 갖춘 "한국의 전형적인 내조형"이었고 나머지 두 사람은 젊고 자신만의 세계를 관철하려고 알게 모르게 좌충우돌하는 고군분투형으로 보였다. 당시 사회대 여교수들을 재미 삼아 유형별로 나눈다면 '현모양처'형 아니면 소위 '까도녀(까칠한 도시여자)'형이라고 할 것이다. 그러므로 이들 여교수들은 모성적이고 겸양적인 어머니, 누나, 희생적인 동생과 같은 모습이거나 아니면 차라리 가까이 가지 않는 것이 좋을 독특한 성향을 가진 사람, 둘로 구분되어 사람들에게 이미지화되었다고 할 수 있다. 여교수들은 남자교수들과도, 성향이 서로 다른 여교수끼리도 서로가 편하지 않은 존재였고, 그럼에도 어디를 가나 여교수들은 서로 무리지어 앉았다. 전형적으로 소수자들처럼 행동하였으나, 자신들의 불편함이나 권리를 주장하는 것은 금기시하는, 일종의 이중적 억압을 감내하는 모순적(실례!) 존재라 할 수 있었다.

따라서 당시 소수인 여교수들이 독립적으로 여교수회를 만든다는 것은 거의 상상할 수 없는 일이었고, 그것은 별난 여자들이 '괜히 밥 먹고 할 일 없어 하는 짓'이거나, 독신여성들의 '삐딱한 성향'이 기존의 질서에 반항하기 위해 만드는 모임으로 생각하는 분위기가 지배적이었다. 말하자면 여교수회란 제도권에 대한 반발, 남성교수에 대한 반항을 위한 집단으로 보는 분위기가 농후하였던 것이다. 여성들은 남의 눈에 띄는 일이나 앞에 나서는 일을 삼가는 것을 미덕으로 생각하였고, 학과나 대학의 회의 시간에도 의견내지 않는 것을 극히 '정상적인' 것으로 생각하는 분위기였다. 따라서 회의에 의견을 내려면, 말을 하는 데 용기가 필요하였고, 말을 시작하면 자신에게 꽂히는 다른 교수들의 시선을 느끼며 긴장하게 되고 그러다 보면 목소리가 떨리고…, 결국 교수회의에서 의견을 말하는 것조차 자기를 드러내고 싶은 '별난' 여자가 하는 이상한 짓이 되어버리기 일쑤였다. 말하는 사람도, 듣는 사람

도 "차라리 가만히 있는 것이 더 좋을 걸"이라고 생각하게 되는 부자
연스러운 분위기가 연출되곤 하였다.

III. 개인적 경험: 담배 피우는 여교수

다른 지역의 사정도 마찬가지였겠지만 당시 경상도 지역에서 담배
는 남성의 전유물이다. 여성이 담배를 피우면 그것은 "타락한 여자"
쯤으로 보는 경향이 여전하다. 요즈음은 담배가 절대적으로 건강에 해
로워 사회 전체가 담배를 피우지 않는 방향으로 가고 있지만, 당시만
하여도 금연 분위기가 그리 강하지 않았고, 술자리나, 회식자리에 담배
를 피우는 사람이 있으면 남자교수들은 서로 담배를 권하며 나누어 피
우는 것이 보통이었다. 그러나 여교수들에게는 공개된 장소에서 담배
를 피우는 것은 극도로 금기시되었고, 그랬다가는 당장 그 나이에도 부
모님까지 욕보일 정도로 낙인찍히는 분위기였다. "아녀자" 즉 여자와
아동은 언제나 사회가 보호하고 가르쳐야 할 대상으로, 담배피우는 행
실이 좋지 않는 여자에게 학생들을 맡기는 것은 문제가 될 수 있다고
생각할 정도로 "담배 피우는 여자"[1]에 대한 편견과 선입관은 강력한
것이었다. 흡연하는 여교수들은 주로 외국에서 유학한 독신들이었으
니, 외국물 잘못 먹은 "비정상적인" 여자들이 하는 짓거리로 보았다.
당시 나의 관심은 그런 강력한 선입관을 어떻게 깨부수나 하는 것이
었다. 흡연가도 아닌 사람이 남자교수들이 서로 담배를 권할 때 "저도

---

1) 이 글에서 '여자'와 '여성'을 조금 구분해서 사용하고 있다. '여자'란 우리가 통
상 사용하고 있는 사회적으로 내재된 이미지가 들어 있는 젠더(gender)의 개념
으로, '여성'은 상대적으로 편견과 선입관이 제거된 생물학적인 존재로서의 성
을 말한다.

하나 주실래요?" 하며 담배를 달라고 청하였고, 그때마다 남자교수들이 쇼크를 먹는 얼굴들이 아직도 눈에 선하다. 편견을 깨는 일은 위험을 동반하기도 하지만, 얼마나 통쾌한 일이었는지…. 참고로 당시 나의 부친은 같은 학교, 사회대 바로 앞 건물의 법대 교수셨다.

학생들에게 항상 당당함을 가르치고 싶었다. 당당하기 위해서는 실력이 있어야 하고, 경험이 풍부해야 하며, 무엇보다도 자신감이 있어야 한다. 금기시되는 영역이 많을수록 당당함은 줄어들고 주눅이 들게 된다. 담배 따위가 사람을 위축시켜서야…. 여자이기 때문에 담배를 피우지 말아야 하는 것이 아니라 담배는 건강에 해로우니, 하지 않는 것이 좋다고 강조하였다. 더구나 여성의 생체는 담배와는 상극이고, 태아에게 치명적인 위해를 가하며, 임신, 출산 그런 여성들의 고유한 기능에 손상을 가할 수 있다는 사실 때문이다. 그러나 꼭 해야 하겠으면 화장실에서 남몰래 비행 청소년 같은 행동으로 하지는 말아야 한다고 역설했다. 담배는 나쁘지만 기호품이다. 기호품을 즐길 권리는 누구에게나 있다. 그러나 남성들의 흉내를 내지는 말았으면 좋겠다. 스스로 생각하고 판단하여 결정하는 능력을 키우면 좋겠다. 강의시간에 담배와 관련되는 주제가 나오면 열변을 토하던 나의 모습이 떠올라 지금도 웃음이 나온다. 여자이기 때문에 담배를 피우지 말아야 하는 것이 아니라 여성의 건강에 해롭기 때문에 담배를 피우지 말아야 한다는 그리고 그것은 주체적이고 자율적으로 판단하고 결정해야 한다는 그 평범한 진리를 말하는 것이 그리도 용기가 필요했던가, 지금 그런 이야기를 한다면 학생들은 반응은 어떠할까?

이 이야기는 1980년대 말 대학사회를 보여주는 한 단면으로서 예시하였다. "쿼바디스 도미네…" 당시 나의 삶, 나의 환경은 내가 살고 싶은 모습과는 몹시 거리가 멀어보였다.

IV. 1987년 3월 1일에서
2004년 5월 14일(경북대 여교수회 창립일)까지

답답했다. 여교수에 대한 편견과 독신여성에 대한 선입관, 게다가 학과의 문제까지 겹치면서 스트레스 수위는 최고도로 상승하였다. 더욱 힘든 것은 여교수들 스스로가 자신의 정체성과 역할을 한정적으로 설정한다는 것이다. 결혼하지 않은 독신교수들에 대한 당시의 편견은 독특한 가치관의 소유자이거나, 개인적 결함으로 결혼시장에서 밀려나 버린 흠집 있는 사람쯤으로 생각한다는 것이었다. 이도 저도 아닌 사람을 보면 "아깝다"였다. 큰 흠도 없어 보이고, 독신주의자도 아닌데, 왜 결혼을 못했을까? 그 분류에 내가 들어가는 것 같았고 당시 50대 이상의 기혼 여교수들은 나를 보면서 "아깝다"고 뒤에서 수군거렸다 한다 (맙소사!). 결혼이 인생의 최고 과제인 사람들에겐 그렇게 생각될 수도 있겠지….

그러한 상황이었으니 학교를 위해서 무언가를 같이 해보자고 제안하면 기혼여성들이 가진 미혼 또는 독신여성들에 대한 편견과 부딪치는 것은 다반사였다. 당신들은 결혼을 하지 않아 시간이 남을지 몰라도 우리들에겐 돌보아야 할 가족이 있어 당신네처럼 그렇게 한가하지 않다는 것이다. 아니, 그러니까 육아, 가사 등을 공동으로 해결하는 방법을 찾자는 것 아닌가? 여성에게 "개인적인 것은 정치적인 것이다"는 명제가 있지 않은가? 또한 그들의 의견으로는 독신 여교수들은 남의 눈에 띄지 않게 행동하지 않는 것이 좋고, 별스럽게 나서는 일은 앞으로의 결혼가능성을 더욱 줄이는 일이라는 것을 은근히 암시하곤 하였다. 결혼 안 한 여자는 성인취급 못 받는 사회였으니까…. 그래서 무언가를 도모한다는 것은 독신여성들에 대한 편견을 강화시킬지도 모른다는 노파심으로 그것이 또한 행동으로 연결되지 못하게 만들었다. 결국 각자 다른 이유로 그 누구도 지금 있는 이 상황에서 벗어나고 싶어 하지 않았으며, 해 보지 않은 일에 대한 불안함과 두려움도 컸던 것 같다. 남자교수들은 교수면 되지 무슨 여자교수로 따로 봐주어야 할 것이 있는가? 그것이야말로 여성이 무능하다는 것을 드러내는 것 아닌가? 이런 생각은 남자교수에게뿐만 아니라, 여교수들 자신에게도 팽배하고 있어서 작은 일이라도 여교수의 정체성으로 무엇인가를 추진하는 일을 극히 부담스러워 했다. 단지 여교수들은 개별적인 친분관계를 형성하여 개인적으로 만나서 서로 친목하는 정도가 가장 적합한 형태로 보였다. 이런 저런 이유로 인하여 당시 내 주변 어디에도 아군은 없는 듯 보였다.

답답해지면 나는 해외로, 국내 다른 도시로 도피(?)하였다. 물론 적법하고 적절한 연구기금제도, 교류교수제도 등을 잘 활용한 것이었으나, 합법적 틀 속에서의 정서적 방황으로 볼 수 있다. 다른 교수들은 연구업적을 쌓기 위해 열심히 논문을 쓰고 있는 동안 나는 그런 것이 별로 중요하게 생각되지 않았다. 이 지역에 대한 답답함과 다른 지역에 대한 호기심으로 어디 다른 곳으로 갈 수 있는 기회가 없나 늘 두리번거리고 있었던 '반항아'였으나, 겉으로는 능력 있는(?) 교수로 포장하여 위장전출(?) 하였던 것이다. 1987년에 전임강사로 부임하여 3년 만인 1990~1991년에 미국(Harvard-Yenching), 또 다시 3년이 지난 1994년에 3개월간 독일, 그러고 나서 불과 6개월 만인 1995~1996년에 제주대학, 3년 만인 1999~2000년에 다시 미국(Berkeley, Fulbright), 2년 후인 2002~2003년에 서울 UNESCO 등, 2004년 여교수회가 창립되기 전까지 다섯 번에 걸쳐 4년 3개월간을 현지 이탈하였다. 내가 있던 곳만 떠나면 어쩜 그곳들은 그리도 하늘이 더 넓고 푸르며, 공기도 어떻게 그리 신선한지…. 자유라는 두 글자가 내 육신과 정신 깊이 스며들어 모든 것을 맑게 만들어 주는 것 같았다. 사람들이 사는 다양한 모습들을 보면서 사는 것이 무엇인지, 어떻게 사는 것이 나에게 맞는 것인지, 그런 것들도 제법 깊이 생각하였던 것 같다. 젊었을 때의 방황은 돈을 주고도 살 수 없는 귀중한 것이라고? 그런데 그때 난 이미 젊은이라고 하기에는 좀 부담스러운 나이에 있었고, 서서히 내가 무엇인가를 주도적으로 해 나가야 한다는 생각을 굳히기 시작하였던 때이기도 하였다.

1996년 여학생 기숙사 사감을 출발로 학교행정을 알기 시작하였고, 1997년~1999년에 기획실에 국제부가 처음 생기면서 국제부실장, 그 다음 해에는 연구부실장을 겸임하면서 현장감 있는 남성사회(?)의 실전을 경험할 수 있게 되었다. 그것도 보직이라고, 사람들은 경북대학교 역사 50년 만에 여자가 본부 보직에 발탁된 것은 처음이라 하였다. 따라서 호기심 어린 눈으로 나를 여기저기서 관찰하였을 것이고, 얼마나 잘하나보다는 얼마나 잘못하는지 확인하고 싶었을지 모른다. 그때 내가 가진 것은 도전정신과 패기뿐이었는데, 그 당시 나를 어떻게 평가하고 있었는지 지금도 궁금하다.

당시 비슷한 연령의 남자교수 둘이 같은 기획실에서 부실장직을 수행하고 있었는데, 한 명의 부실장이 나에게 함께 일하게 된 것을 환영한다며 나를 '여자'로 생각하지 않는다는 말을 하였다. 일 잘하는 여자는 "명예남자"로 승격시켜준다는 말인데, 이런 원, 딱한 일이 있나? 여자는 이등인간? 어떻게 여성들을 모두 부정하는 그런 남성우월주의적 발언을 만천하에 고할 수 있는지… 흑인에게 그 사람의 능력을 인정해 준답시고, 나는 당신을 흑인으로 보지 않는다는 말과 뭐가 다른가? 나는 당신을 장애인으로 보지 않는다? 여성차별주의, 인종차별주의, 장애인차별주의 그런 것들이 다 이런 발상 아닌가? 그 순간 나는 바로 "저도 선생님을 남자로 보지 않는데요?!"라고 맞받아쳤다. 나중에 알게 된 일이지만, 이 말에 그 교수가 마음에 상처를 입고 집에 가서 얼마나 고민했는지 모른다고 했다. 남자로 보지 않는다니, 경상도 지방에서 어디 그런 모욕이 있겠는가? 참 순진하시기도 해라. 나는 당신을 남자가 아니라, 함께 일할 동료로 본다는 뜻이었는데, 그런 뜻을 이해할 귀가 있었겠는가? 하여간 나는 당시 검증되지 않은 여자를 중요한(?) 보직에 임명해 준 총장에게 무척 감사한다. 얼마나 걱정이 되었겠는가? 와장창 진흙탕이라도 만들어 버리면…(이것은 혹시라도 생각하였을지도

모르는 총장의 생각을 대변해 본 것뿐이다).

V. 2004년 여교수회를 창립하기까지

12월 초에 학기가 끝나면 격년으로 경북대학교에서는 교수회 의장을 선출한다. 경북대학교 교수회는 국립대학 중에 제일 먼저(1987년) 교수협의회를 만들었고, 이는 교수회를 제도권으로 진입시킨 최초의 사례이기도 하다. 따라서 교수회 의장은 총장과 함께 학내에서는 제대로 그 역할을 한다면 막강한 파워를 가진 존재로 볼 수 있다. 2003년 12월 교수회 총회에서 내가 부의장으로 선출되었고 2004~2006년까지 교수회 활동을 하게 되었다. 이는 우리가 초등학교(당시 국민학교)에 다닐 때, "남자는 반장, 여자는 부반장"이라는 통념이 대학사회에는 그제야 적용된 것이라 볼 수 있는데, 그동안 대학사회에서 여성은 보이지 않는 존재였고, 말할 것도 없이 "반장은 남자, 부반장도 당연히 남자"였기 때문이다. 진보적이라는 교수회도 17년 만에 '여자'가 처음으로 의장단에 진입한 것이니, 이런 면에서 본다면 어느 사회보다 대학사회가 훨씬 더 보수적이고 폐쇄적이라고 할 수 있다. 어쨌거나 당시 교수회 의장은, 혹시라도 자신에게 쏟아질지 모를 '여자랑 노는 찌질한 남자'라는 비난과 위험을 감수하면서 '여자'를 러닝메이트로 내걸었으니, 그 당시 경북대학교에서는 몹시 앞선 사람이라 할 수 있다.

나에겐 이 기회가 몹시 소중한 것으로 여겨졌다. "갈매기만 떠도는 외로운 바위섬"으로 존재하다가 서열적 직위에 의해서건, 동료로서, 또는 동지로 마음이 통해서건 간에 더불어 일할 수 있는 사람들이 생긴 것이었다. 남성들과 대등한 위치에서 능력으로 인정받는 일은 나에게 일하고 싶은 의욕을 불러일으켰고, 의식, 무의식적으로 위축되었던 마음을 펼 수 있는 좋은 기회가 되었다. 바로 이런 때 여교수회를 만들어야 한다는 확신이 들었다. 바로 그때의 학내 환경은 여교수회를 만들 수 있는 절호의 찬스였고 그때 여교수회를 만들지 않으면 앞으로도 영원히(?) 어려울 것이라는 생각이 들었다. 주위 몇 명의 교수들과 의논해 보니 소극적인 동의를 해 주었고, 그리 반감이 커 보이지 않았다. 터뜨리자! 여성교수가 존재함을 알리고 우리의 권리와 의무를 선언하자! 우선 여교수회 창립을 위한 설문지를 교수 전체에게 돌림으로써 여교수회가 설립된다는 분위기를 조성하였고, 준비위원회를 거쳐 여교수회 창립을 위한 준비에 나섰다. 한 남자교수는 내가 여교수회를 창립하기 위해서 교수회에 침투해 들어왔다는, 스파이를 연상시키는 '음모설'을 퍼뜨리기도 하고, 총장이 되려고 여교수회를 설립하려 한다는 '배후설'을 퍼뜨리기도 하였다(내가 총장이 되려고 한다? 나에게는 듣기에도 벅찬 야심이었다). 설문지 형태가 그게 뭐냐? 새 기구를 창립하는 모양새가 맞지 않다 등등 딴죽을 걸며 거부감을 표시하는 많은 교수들을 뒤로 하고 어설프지만, 힘차게, 확신 있게 밀고 나갔다. 그때도 역시 나는 혼자였다.

1987년 국립대학에서 처음으로 교수협의회를 만든 창립 멤버들을 여교수회 창립을 위한 준비위원으로 모시고, 각 대학에 준비위원들을 선출하여 여러 차례 준비위원회를 개최하였다. 나보다 먼저 부임해 와서 나보다 더 어려운 시간들을 겪어냈을 여교수들은 생각과 달리 거의 움직여 주지 않았고, 오히려 여교수회 결성과정을 방관적으로, 냉소적으로, 때로는 비판적으로 관찰하였다. 당시 여교수 수는 87명으로 900명 교수에서 10%가 좀 못 미치는 비율이었다. 내가 여교수회를 만들어야 한다고 생각한 이유는 단순하였다. 여교수의 이익을 대변해 줄 학내 기구가 필요하다는 것이었다. 여교수들은 보이지 않는 존재로 자신이 가르치는 일 이외 거의 모든 학교 행정에서 제외되었고, 부당한 처사를 당해도 여교수들은 자신의 잘못으로 생각하는 순진 무궁한 '순둥이'들이었다. 당시에 각 건물마다, 또 건물의 각 층마다 여자화장실이 없는 곳이 많았고, 학내의 성희롱사건이 일어나도 유야무야 지나가는 분위기 속에서 교수로서의 정체성을 확립하고 나아가 여성으로서의 정체성을 더하여 필요한 부분들을 챙기고, 잘못된 부분들에 대해서 비판하고 대안을 제시하는 역할이 필요하다는 소박한(?) 생각이었다.

무엇보다 감사한 것은 당시의 교수회 멤버들이다. 교수회 의장도 여교수회 창립에 소극적인 동의와 지지를 해 주었고, 교수회 회의실에서 여교수회 회의를 가능하게 해 주었으며, 여직원은 일이 많아지는 것이 귀찮았을 텐데, 그리고 또한 여직원과 여교수의 이해관계는 달랐을 텐데 모든 일들을 마다않고 가능하게 후원해 주었다. 전체 교수에게 보내는 주소록과 이메일시스템, 그리고 한 단체의 설립 초기에 있을 수 있는 번거롭고 잡다한 일들을 마다 않고 해 주었던 여직원에게 감사한다.

VI. 여교수회 창립총회

교수회 부의장이 주축이 되어 여교수회를 만드니, 학내의 보직자 교수들도 무시하기가 어려웠던 터라 여교수회 창립총회에 본부 보직자 남성교수들도 대거 참석하였다. 개인적으로 잘 아는 성악 전공 교수님께 축가를 부탁하여 여성적 가치가 내면화된 부드럽고도 희망적인 분위기의 창립총회가 개최되었고, 약 70여 명 정도의 교수가 참석하였다. 2부의 총회로 넘어가면서 여교수들만 남았다. 여교수회 회칙을 만드는 데서 여교수회의 설립목적 중 하나가 "학내의 양성평등을 지향하고…"였는데, 한 의대 교수가 양성평등이란 말이 거부감을 주므로 사용하지 않았으면 좋겠다고 발언하는 바람에 몹시 당혹스러웠다. 남성문화와 남성 중심적인 사고방식에 잘 길들여진 여성들이 스스로 남성들의 입장에 서서 거부감이 드는 단어들은 검열하는 '자진납세'가 당시 여교수들의 모습 중 하나였음도 고백하지 않을 수 없다. 당시 여성부의 영어이름이 "Ministry of Gender Equality"라고 설명함으로써 이런 불편한 상황을 모면하였으나, 우리가 갈 길이 참 멀다고 느껴지는 좌절의 순간이기도 하였다. 우리들은 교수였으되, 남자교수들이 누리는 모든 것을 누리지 못하였고, 여교수였으되 여교수로 드러나는 것을 꺼리는 참으로 모순된 존재였다. 무엇보다도 소수자로서의 여성적 정체성을 가지고 필요한 일들을 챙기고 추진하여야 했음에도 불구하고, 교수라는 집단 속으로 무임승차하여 가만히, 조용히 남성들에 묻어가고 싶은, 여자로 드러나는 것을 꺼리는, '여성'교수도 남성교수도 아닌 경계인 같은 모습이 확인되는 순간이기도 하였다.

회장단 선거에서 회장과 부회장 선출이 있었고, 감사 선출이 있었다. 각 대학에서 골고루 참여하도록 안배하여 회장단을 구성하였는데, 회장은 내가 선출되었다. 여교수회를 만드는 데 앞장선 공로가 인정되었기 때문이라 생각한다. 문제는 나보다 먼저 온 교수들이었는데, 그중에는 자신이 연공서열로 보아 당연히 회장을 해야 한다고 생각하고 참석한 교수도 있었고, 아예 냉담하게 참여를 거부한 교수들도 있었다. 내 눈에 이들은 권위주의적 남성들로부터 뭔가 잘못 배운 것처럼 보였다. 아무 것도 기여하지 않고 단지 학교에 먼저 왔다는 이유로 "모심"을 받아야 한다는 생각과, 특별한 대접을 하지 않으면 직접 나서지 않겠다는 권위의식, 게다가 "별당마님", "공주표" 속성까지 겸하여 내가 그들을 설득하기란 역량 부족인 것처럼 보였다.

그러다 결국 화를 당한 사건은 자신이 회장을 해야 한다고 혼자 생각하였던 교수가 어느 날 학교행사를 마치고 식사 장소로 이동하던 중, 내가 인사를 하자 부아가 발동하여 천하에 예의도 없고 안하무인인 사람으로 나에게 모욕을 주는 사건이 발생하였다. 그 분의 요지는 자신이 학교에서 여교수 중 제일 원로교수인데, 자기에게 여교수회 설립에 관해 한마디 상의도 없었고, 또 자신에게 초대회장의 기회도 주지 않았다는 것이다. 주위의 많은 교수들이 이 청천벽력 같은 상황에 아무 말 한

마디 하지 못하고 숨죽이고 있었는데, 지금 생각하면, 여교수회 총회에서 그래도 내가 회장후보에 그분의 이름이라도 거명했더라면 이성을 잃을 정도로 화가 나지는 않았을 것 같다. 물론 나도 이분이 언젠가는 문제를 일으키리라 예측은 하고 있었지만, 그래도 그렇게 할 수는 없었다. 죄송한 말씀이지만, 평소에 내가 나이 들어 닮으면 안 되는 사람 제1호로 생각한 사람이 바로 그 교수인데, 그분에게 가서 여교수회 설립에 관한 내용을 상의했을 리가 있겠는가? 따라서 그 교수에게서 받았던 공개적인 모욕은 한 조직을 만들고 키우는 데 감수해야 하는 운명 같은 것이었다고 정리하고 있다. 그동안 학교에 건강하게 여교수회가 만들어지지 못한 것도 이런 분들 때문이었다고 할 수 있다. 이제 이 세대들을 넘어서서 막 부임하기 시작하는 젊은 여교수들에게 앞으로 마음껏 활동하고 역할을 할 수 있는 장을 펼쳐주어야겠다는 것이 나의 생각이었다. 그러나 결국 이 화근은 오래 갔고, 급기야는 내가 여교수회 장직 2년 임기를 6개월 남겨놓고 중도하차 하게 되는 사건과 무관하지 않은 장본인이기도 하였다. 그러나 어쩌랴 그것은 어쩔 수 없는 조직의 운명 같은 것을….

VII. 여교수회의 활동과 의미

여교수회는 대부분의 대학에서 처음엔 친목단체로 시작하여, 목적단체로 전환된 경우도 있고, 그대로 친목단체로서의 위치에 머무르고 있는 학교도 있다. 그러나 경북대학교의 경우엔 2004년 설립 당시 바로 전체 여교수 87명을 대상으로 여교수회를 만들었으며, 모든 여교수들은 자동으로 여교수회 회원으로 가입되며, 회비 납부는 의무사항이 된다.

여교수회 활동은 그야말로 활발하게 전개되었고, 재미있었으며 또 뜻 깊었다. 매주 회장단 회의와 매달 운영회의를 개최하였고, 학내의 필요한 사안들을 챙겼으며, 교수회 소식지에 여교수회란을 신설하여 여교수회 동정을 실었다(이것은 당시 교수회에서 내가 교수 소식지를 만들고 있었고 교수회에서 동의를 해 주어 쉽게 이루어졌다). 여교수회 주최 정기 포럼을 매달 개최하였고, 가정형편이 어려운 학생들을 위한 장학생제도를 마련하였으며, 직장보육시설 모금을 위한 음악회도 개최하였다. 여교수회가 공히 학교의 주요한 조직과 기구로 자리잡도록 노력하였고, 여성동창회, 전국여교수연합회 등 다른 학교의 여교수회들과도 연계하여 필요한 일들을 연대하였다. 그때 내 느낌은 누군가 깃대를 잡으면 그 이후엔 모든 것이 가능하고 쉬워진다는 것이었고 어려운 고비를 잘 넘기면 일사천리로 일이 쉽게 풀려나간다는 사실이었다. 시간이 지나면서 모든 대학 구성원들이 여교수회에 대해 조금씩 협조적인 자세로 바뀌어 나갔다. 필요한 일에 대한 모금활동도 원활하게 이루어졌으며, 여교수회 조직이 실로 1년 만에 급성장하는 모습을 보였고, 그 위상도 굳건히 다져지는 느낌이었다. 그럼에도 불구하고 구성원들 사이의 의견대립을 비롯하여 크고 작은 갈등과 문제가 왜 없었겠는가? 다 만들어진 일을 뒤엎어버리는 무지막지한 일도 있었고, 여교수회의 존속에 큰 위기상황도 있었으나, 조직을 살려야 한다는 생각으로 나 개인보다는 여교수회의 지속과 발전에 더 많은 비중을 둠으로써 어려움을 극복해 나갔다. 개인과 집단의 갈등에서 개인이 아무리 옳다고 하더라도 그것이 조직의 와해를 담보로 하는 것이라면 개인의 유보적인 희생은 불가피한 것으로 나름 판단하였던 것이다. 더구나 어떻게 만든 여교수회인데….

현재 경북대 여교수회는 서울대 여교수회와 더불어 전국적으로도 가장 왕성한 여교수회에 속한다. 교육과학기술부 소속 대학교원임용 양성평등위원회에서는 매년 각 국립대학교의 양성평등 정도를 심사하는데, 보고서로 제출된 서면평가뿐만 아니라 성평등적인 대학 내 문화와 분위기, 그리고 총장의 양성평등에 대한 의지와 리더십을 보고 듣기 위해서 현장평가를 나간다. 이 평가에서 경북대학은 늘 상위권을 차지하고 있는데, 가장 큰 이유는 여교수회의 적극적인 활동 때문이다. 상위권에 진입하면 상금을 받을 수 있으며, 예산이 있으면 사업하기가 훨씬 쉬워진다. 이제 경북대학교 여교수회는 더욱 발랄한 신세대 교수들에 의해 앞으로 발전과 성장을 지속하리라 확신한다. 물론 많은 것이 더 필요하다. 교수회처럼 법적기구가 되면 좋겠고, 따라서 일정한 예산을 학교로부터 받을 수 있으며, 공간과 인력도 학교로부터 지원받을 수 있으면 좋겠다. 초기에 그런 사항들에 대해 논의하였으나, 아직 이루지 못하고 있다. 회장의 임기는 2년에서 1년으로 바뀌어서 한 개인이 너무 많은 부담을 가지기보다는 되도록 많은 사람들이 회장직을 경험해 보도록 개정되었다.

2011년 4월 1일 기준으로 경북대학교 대구캠퍼스만 보자면 1,029명의 전체 교수가 재직하고 있으며, 그중에서 131명(상주캠퍼스 포함 145명)이 여교수로 12.7%의 여교수 비율을 보이고 있다. 2004년 5월 14일 당시 개교 이래 50년 동안 87명의 여교수를 채용하였다면, 이후 7년 동안 44명의 여교수를 더 채용하였고 이는 비율적으로 1987년과 비교하면 약 3%의 증가율을 보이고 있다. 여성의 존재를 일반에게 알리는 데 가장 중요한 것은 여성 통계이다. 오랜 세월동안 여성은 보이지 않는 존재로서, 가정이라는 사적영역에서 모성으로서의 정체성을 가지고 살아왔다면, 이제는 더욱 확장된 공적영역에서 일하는 사람으로, 또한 시민으로 그 역할을 다해야 할 것이다. 자기 자신의 정체성을 확고히 하고 나아가서 사적인 이익이 바로 공적인 이익과 합치될 수 있음을 보여주어야 할 것이다. 그것은 바로 공적 이익과 사적 이익이 서로 대치되고 반대되는 개념이 아니라 하나의 통합적 개념이며 영역이라는 사실을 그동안의 체험에서 연결고리를 찾아야 할 것이다. 아이를 키우고 돌보는 일, 한 가정의 살림을 사는 일, 가사노동과 가정교육이 어찌 사적인 영역에만 머무를 수 있는 일이던가? 사적인 영역이 절단된 공적인 영역은 얼마나 위험한 것이며, 공공선을 가장하여 자신의 이익만을 내세우는 사적 이기주의는 우리사회에 얼마나 시한폭탄과 같은 것인가?

교수는 한 사회의 인적, 지적 자원이다. 교수사회를 아무리 비판하고 비난하여도 그것은 일반인들이 가진 교수에 대한 기대감 때문일 것이다. 여교수는 교수보다 더욱 한 단계 높은 수준의 사회적 자원이라 생각한다. 여교수들은 교수가 가진 능력과 역할 이외에, 많은 것을 할 줄 아는 멀티 플레이어들이다. 임신과 출산에서 자녀양육과 교육에서, 그리고 관계중심으로 한 가정을 이끌고 나가는 능력과 위기상황에 대처하는 능력까지, 본능적인 것에서부터, 모성으로 훈련된 돌봄과 살림(죽임이 아니라) 기능, 그리고 내일의 삶을 내다보는 미래지향적인 안목까지 겸한 다양한 역할을 할 수 있는 사람들이다. 여교수들이 가진 이런 기능들을 대학의 교육적 환경으로 끌어들일 수 있는 방법이 모색된다면 대학사회는 좀 더 인간중심적이고 인문학적인, 그리고 보다 더 강한 공동체 정신으로 미래를 꿈꾸는 젊은이들의 삶의 현장이 될 것이다. 그럼으로써 대학사회는 차세대를 위한 젖과 꿀이 흐르는 인적자원의 보고가 될 수 있지 않을까? 여교수회 활동은 그런 뜻에서 매우 중요한 사회적 의미를 가지고 있다고 할 수 있다.

VIII. 여교수회 창립 그 이후: 2011년 타인의 눈에 비친 경북대학교 여교수회의 모습

다음 글은 2011년 11월에 교육과학기술부 한국여성과학기술인지원센터에서 출판된 책[2]에 나타난 경북대학교에 관한 글이다. 여교수회를

---

2) 교육과학기술부 · 한국여성과학기술인지원센터(2011), 『여성과학기술인과 함께

중심으로 서술되어 있어 그동안의 모습이 어떻게 외부에 비치고 있는 지 잘 보여주는 사례로 보여 소개한다.

1. 우리 여기 존재합니다[3]

"서른셋의 나이로 1987년에 경북대학교에 부임했는데 굉장히 답답했어요. 여자라는 틀에 집어넣고 그 안에서만 교수하라고 요구하는 것처럼 느껴졌거든요."

여교수회 1대 회장인 김영화 교수는 이런 환경을 바꾸고 싶었다. 당시로서는 드물게 국제부 실장이라는 보직을 거쳐 2003년 교수회 부의장이 된 순간, 기다리던 때가 왔다고 생각했다. 지체 없이 '여교수회 준비위원회'를 후다닥 만들었다. 곧 교수들에게 '경북대학교 여교수회 출범합니다'라는 제목으로 전체 메일을 보냈다. 그렇게 해서 2004년 5월 14일 여교수들뿐만 아니라 총장을 비롯한 본부 보직자들, 전국 여교수협의회 회장이 참석한 가운데 여교수회가 출범했다.

경북대학교 여교수회가 가장 시급하게 생각한 것은 학내 보육시설 문제였다. 먼저 보육시설에 대한 관심을 환기시키는 것이 중요하다는 생각으로 학내 보육시설에 관한 설문조사를 대대적으로 실시했다. 또한 보육시설 기금마련을 위한 음악회도 열었다. 700명이 참여할 정도로 큰 행사였다.

경북대 여교수회는 매달 여교수회 주최 포럼을 열고, 학생들 대상으로 성교육 특강을 실시했다. 행사를 떠들썩하게 치르고, 이런 저런 사

하는 기운찬 10가지 이야기—일과 삶의 조화, 여성친화적인 과학기술 문화를 선도하는 10개의 아름다운 이야기』, 54-65쪽.
3) 위의 책, 56-57쪽.

업들을 동시다발적으로 펼친 것에 대해 김영화 교수는 이렇게 말했다.

"우리 여기 존재합니다. 여교수회가 있습니다. 이걸 알리는 것이 중요
했으니까요. 일을 벌여도 크게, 크게 벌였죠. 그래야 사람들이 돌아보니까
요."

전략적인 이유도 있었다. '우리는 우스운 존재가 아니다', '그동안
참고 있었지만 기회가 없었던 것이고 우리는 전문인이다', '여성이 갖
는 배려하고 돌보는 성향은 학생들을 교육하는 데 가장 좋은 자질이
다'라는 것을 표현해야 했다. 이런 노력에 힘입어 경북대 여교수회는
짧은 기간 학내에 각인시키는 데 성공하였다. 처음엔 '뭐 그렇게까지'
라는 반응을 보이던 여교수님들도 어느 새 가랑비에 옷 젖듯 알게 모르
게 영향을 받아 여교수회에 참여하기 시작했다.

2. 5년간 연속 양성평등 우수대학[4]

짧은 기간 동안 괄목할 만한 조직으로 성장한 여교수회의 노력으로
경북대학교는 연속 5년간 교육과학기술부[5] 평가 양성평등 우수대학으
로 선정되었다. 특히 2008년에는 양성평등 최우수대학으로 선정되어
경북대학교에 여교수가 추가로 배정되기도 했다. 2001년에 7%에 불과
하던 여교수 비율도 2008년 12.1%로 증가하였다. 여성교수들이 학교
운영에 참가하는 비율도 점차 늘어갔고, 대학원 설립 이후 최초 여성
대학원장도 나오기도 했다.

---

4) 위의 책, 60-61쪽.
5) 본인은 교육과학기술부의 대학교원임용 양성평등위원회에 2006년부터 소속되
어 있으나, 위원의 해당대학 평가는 제외하는 것으로 되어 있어, 본인이 경북대
학교를 평가한 경우는 없음을 밝혀둔다.

양성평등 특별위원회 설치를 비롯하여, 멘토링, 홈페이지, 간담회 등 네트워트 형성을 통한 정보교류가 가능해지면서 여교수 상호간, 여교수와 남교수, 여교수와 대학원생, 여교수와 본부과장, 여교수와 산업체 간 소통도 원활해졌다. 여교수회가 조직되어 활동하기 시작하면서 학내에 양성평등에 대한 의식이 변화하기 시작한 것도 큰 성과이다. 여성교수들의 변화가 무엇보다도 큰 성과였다. 여교수들은 적극적으로 참석하고, 반응하고, 의견을 개진했다. 지금 학생부처장을 맡고 있는 채연숙 교수도 그중 한 명이었다.

"저는 10년 동안 연구만 했어요. 동료교수들은 모두 경쟁자였고, 이겨야 했거든요. 그런데 여교수회 일을 하게 되면서 저는 처음으로 알았어요. 여성이라는 종족이 따로 있고, 그 여성은 소외 카테고리 안에 들어있다는 것을요. 그때 문제의식을 느끼고 처음으로 연구실 밖으로 나왔죠. 여성으로 할 수 있는 일들을 동료교수들과 같이 하면서 소중한 체험을 많이 했어요."

3. 여교수회 지원사업의 성과, 대구경북 지역으로 확산되다[6)]

요즘 대학가는 평가 문제로 교수들이 모두 과도한 심리적 부담을 느끼고 있다. 이들에게 다시 활기와 즐거움을 불어넣을 수 있는 방법을 모색한 여교수회는 교수동아리 사업을 시작했다. 남자 교수들도 적극 참여하였다. 우선은 즐거운 활동이었지만 양성이 소통하는 장이기도 했다. 캠퍼스 분위기도 밝아졌다. 여교수 말을 들으면 학교가 좋아진다.

경북대 여교수회의 활약상은 지역의 다른 대학에도 많은 영향을 미쳤다. 안동대학교는 여교수회 창립총회를 개최했고, 영남대학교는 총

---

6) 위의 책, 62-63쪽.

장을 비롯한 보직자들에게 경북대 여교수회 활동상을 소개하면서 영남대 여교수회의 현황에 관심을 갖도록 만들었다. 동국대학교 경북캠퍼스도 월 오천 원 회비를 징수, 신임여교수 환영선물, 여학생 장학금 지급 등 경북대학교에서 해 왔던 일들을 적용했다. 여교수회가 잘 되고 있는 곳은 그만큼 대학이 의식적으로 앞서가고 있다는 인식이 있어서 다른 대학들이 경북대학교의 사례를 본받기 시작했다.

2011년에는 본격적으로 경북대학교 여교수회가 그동안 해왔던 양성평등사업을 대구경북 지역으로까지 확산시켜 나갔다. 한국여성과학인 지원센터의 지원으로 대구경북 지역 4개 대학의 '여교수회 활성화를 위한 네트워킹'에 나선 것이다. 지난 9월 22일에는 '대구경북 여교수회 워크숍'을 개최하여 경북대학교 여교수회의 활동내용과 양성평등문화 구축 사례를 발표하는 시간을 갖기도 했다.

경북대학교 여교수회의 활발한 활동으로 경북대학교는 지역사회에 긍정적인 영향을 미치는 명실상부한 지역거점 명문대학으로서의 역할을 꾸준히 잘 해나가고 있다.

4. 인터뷰[7]

1) 경북대학교 임지룡 부총장

"사람은 누구도 소외되어서는 안 되는 소우주"

"9월 1일에 부총장으로 부임하고 나서 깜짝 놀랐습니다. 여성교수님 이 굉장히 많은 사업들을 하고 계시고, 해내셨더라고요. 이런 모습들이 동료 남자교수들의 의식에도 변화를 준 것 같습니다. 그 결과 남녀교수

---

7) 위의 책, 63쪽, 65쪽.

들이 서로 소통할 수 있게 되었고요. 우리 학교가 양성평등 우수대학으로 선정된 것은 전적으로 여교수회의 노력 덕분입니다."

임지룡 부총장은 학교가 양성평등의 방향으로 나가는 것은 당연하다고 생각한다. 그러기 위해서 임 부총장은 여교수회가 환기시켜주고 있는 문제들을 열심히 경청하려고 한다. 여기에서 그치지 않고 문제해결을 위한 노력도 아끼지 않을 작정이다.

특히 임부총장은 여교수회가 꾸준히 요구하고 있는 보육시설 문제는 학교가 나서서 꼭 해결할 수 있도록 힘쓰겠다고 다짐했다. 여성이 갖고 있는 능력을 제대로 발휘할 수 있도록 하려면 보육시설이 필수이기 때문이라는 것을 알고 있기 때문이다. 임 부총장은 육아를 여성들에게만 맡기는 것은 개인에게뿐 아니라 학교차원에서도, 더 나아가 국가적으로도 큰 손실이라고 생각했다.

"여성이든 남성이든 모두 능력이나, 소신, 잠재력이 있는 소우주입니다. 나이차, 성차 등 사람마다 여러 가지 차이가 있을 테지만 그 차이를 이유로 소우주를 소외시켜서는 안 되지요. 저는 소외되는 사람이 없어야 대학이 갖고 있는 본연의 목적인 연구, 교육, 봉사라는 그 기능을 최대한 발휘할 수 있을 거라고 생각합니다."

2) 박헌복 교무과장

박헌복 교무과장은 담당관으로서 "여교수님들이 요구하는 것은 최대한 일이 되도록 열심히 하겠다"고 포부를 밝혔다.

"자료를 보니까 여교수나 여직원들을 위한 예산지원 활동이 없더라고요. 여교수회 활동을 정례화하고, 여교수회가 총장 및 본부 보직자와 정기적으로 모임을 가질 수 있도록 제도화하고, 예산도 요구하려고 합니다."

박 교무과장은 국립대학이라 여러 가지 복잡한 절차가 있긴 하지만 여교수회에서 오랫동안 요구한 보육시설도 어서 빨리 설치되도록 적극 지원하겠다고 했다. 양성평등 대학에 대한 강한 의지를 갖고 있는 박 교무과장으로 인해 본부가 더욱 여성친화적인 공간이 될 수 있을 것 같다.

IX. 글을 마무리하며: 전망과 과제

우리 사회는 이제 겨우 여성의 존재를 인식하기 시작하였고, 여성의 존재를 인식하면서 모든 사회적 장치가 오랜 시간 모르는 사이에 모두 남성중심으로 되어 있다는 것을 알아가고 있다. 생각과 가치뿐만 아니라 행동과 습관, 나아가서 권력과 이해관계 모두 남성중심으로 되어 있었다는 것을 깨달아가고 있다. 또한 집을 나서면 모든 것이 여성에게는 불편하지만, 그런 것이 당연한 것인 양 여성들에게 잘 훈련되어 왔다는 사실도 이제야 점차 알게 되었다. 버스를 타면 손잡이가 너무 높고, 뾰족구두를 신은 여성들에게(왜 여성들은 치마와 뾰족구두로 상징되는지 불만이기는 하다) 보도블록은 걷기가 어려우며, 아이가 있는 경우엔 도시환경의 위험수위는 더욱 가중된다. 화장실 사용문제, 수유와 기저귀 갈이 문제, 버스에 올라타는 일, 모두가 어렵고 힘들기만 하다. 지역사회공간을 토털 여성주의적 시각(돌봄과 배려, 살림과 상생적 가치)으로 재구성할 수는 없을까? 컴퓨터 그래픽기술에다 여성주의적 가치를 투입하여 성평등주의적, 인간주의적 사회를 만들어 본다면 어떤 형태의 공간이 탄생할까?

인적자원과 지적자원으로서 여교수들이 할 일은 참으로 많다. 여성의 존재를 사회적으로 인식시키는 일부터 시작하여, 공적 공간에서 여성이 할 수 있는 일을 알리고 그런 것들을 사회가 활용할 수 있는 방법을 모색하여야 한다. 약자로서, 사회적 소수자로서의 여성의 권리를 확보하는 일은 가장 초보적인 일에 속한다. 사적인 공간의 경험을 공적인 공간으로 확장하여 활용할 수 있는 방법을 여성교수 스스로 모색하여야 한다. 그런 것을 알려주고 기회를 제공해 줄 사람은 이 사회에 아무도 없다. 우리들이 모두 최전선에 서 있으며 우리가 지역사회의 모델이 되어야 할 것이다.

사회적 엘리트 집단으로서 여교수회의 활동과 의미는 참으로 중요하다. 대학 내 "여성의 눈"으로 보아 빠져 있는 부분들(예를 들면, 경북대 국제회의장에는 남자화장실만 있다. 국제회의는 남자만 하는 것?), 하면 안 되는 일이 엄연히 통용되고 있는 일(성희롱, 성폭력), 이제는 바꾸어야 할 일(여학생이 더 많은 학과에서 여전히 남학생만 취업에 추천하는 일), 추가되어야 할 일(보직자 및 위원회에 여성임용을 늘이는 일) 등을 챙겨서 시정과 변화를 촉구해야 한다. 또한 대학 구성원들에게 롤 모델을 제시함으로써 보다 진취적이고 적극적인 여성상과 인간상을 제시해야 하며, 학생들이 가진 문제들을 따뜻하게 품어주고 이해해주면서 스스로 해결책을 찾도록 하는 상담자, 멘토의 역할을 해야 할 것이다. 아픈 청춘들을 보듬고 88만 원 세대에게 희망을 주는 일도 여교수들이 해야 할 일들이다. 가정의 모성역할을 사회적 돌봄 가치로 확장시키는 일이다.

또한 대학과 대학 간의 연대감을 강화시킬 수 있는 협의체를 만들어 서로 연대하며 공동으로 협력하는 것이 좋겠다. 2011년부터 대구경북 지역에서 경북대학여교수회가 앞장서서 이것을 시도하고 있지만, 더욱 구체적인 지역의 젠더문제를 중심으로 사업을 심화시켜 나가야 할 것이다. 젠더문제는 결국 모든 사회구성원들의 문제와 연결되어 있고, 우리의 가장 심각한 사회문제들과 직접, 간접적으로 연관되어 있기 때문이다. 나아가서 여교수회가 여성이 지역사회에서 자유롭게 마음 놓고 살아갈 수 있는 편안함과 안정성을 담보할 수 있도록 어떤 역할이라도 할 수 있으면 좋겠고, 가능하다면 여성의 모성권과 인권, 노동권을 보장하는 일에도 관여할 수 있으면 좋겠다. 그것은 여성주의가 나눔과 배려, 돌봄과 상생 등을 주요가치로 삼고 있기 때문이며, 이를 실천하는 구체적인 방법과 형태의 모델도 여교수회에서 제시할 수 있기를 바란다.

나아가서 다문화사회의 다양한 문화와 가치관이 어떻게 서로 화합하며 공존해 갈 수 있는가를 찾는 것도 여교수회가 선두에 서야 할 일이다. 소통과 공감을 중요시하는 지금의 시대적 코드가 바로 여성이 그동안 해 왔던 가치였음을 깨달아 더욱 적극적으로 여성주의적 가치를 사회적으로 연결시키는 데 여교수회가 앞장서기를 기대한다.

제10장

대학사회의 몰성성(沒性性) 극복을 위한 성인지적 여교수 역량강화 방안

권희경 | 창원대학교 아동가족학과 교수

I. 대학사회의 몰성성(沒性性)

전국적으로 여교수의 비율이 두 자리 수를 넘은 지 오래되었지만, 여교수는 여전히 대학사회의 비주류이다. 학교의 정책을 결정할 수 있는 가장 중요한 자리라고 할 수 있는 대학 총장의 경우, 여대가 아닌 대학의 여성 총장은 극히 드물다. 국립대학교에는 지금까지 단 한 명의 여성 총장이 선출된 바 있으나(상주대학교), 대학 간 통합에 의하여 현재는 여성 총장이 한 명도 없는 실정이다. 학내 의사 결정과 관련된 처장 등의 주요 보직은 아직도 대부분 남자 교수들이 차지하고 있으며, 여교수가 전체 교수사회에서 점유하고 있는 비율에 비하여 여성에게 훨씬 더 적게 할당되어 있다.

몰성성(沒性性: Gender blindness)은 성맹성(性盲性) 또는 무성성(無

性性)으로 사용되기도 하는데, 무조건 여성과 남성에게 동일한 절차, 기회, 조건을 제시함으로써 성별 차이와 성차별적인 사회 환경을 고려하지 않는 것을 의미한다(김양희 외, 2004). 몰성적인 것은 일견 성중립적(gender neutral)으로 여성과 남성에게 동등한 기회나 조건을 제시한다는 점에서 평등의 원칙에 부합하는 것처럼 보이지만, 성차별적인 현실에서 결과적으로 성별 불평등의 효과를 초래할 가능성이 있다는 점이 지적되어 왔다(백진아, 2005; 송인자, 2009; 한정자 · 함인희, 2004).

우리나라의 모든 영역이 그러하지만 특히 대학사회는 이 몰성성이 기회의 평등이라는 이름으로 가려져온 것이 사실이다. 예를 들어, 2011년도부터 도입되었고, 2015년도부터 전국 국립대 교수들을 대상으로 시행될 '성과급적 연봉제'는 그 누진성으로 인하여 초기에 높은 등급을 받는 것이 무엇보다 중요한데, 남성과 여성이 처해 있는 여건을 고려하지 않는 몰성성으로 인하여 성차별의 가능성을 안고 있다.

우선, 통상적으로 교수는 성별을 막론하고 임용 초기에 더 많은 연구와 교육성과를 낼 것으로 기대된다. 그러나 현실은 어떤가? 이는 남성 교수들에게만 적용 가능한 명제이다. 남성 교수들은 임용되는 때에 기/미혼 여부에 관계없이 직무에 매달릴 수 있는 여건이 된다. 그러나 여교수들의 경우, 학위를 마치다 보면 우리 사회에서 '혼기' 또는 '결혼 적령기'라고 부르는 시기를 놓치는 경우가 많고(혼기를 놓치지 않고 결혼할 경우 학업이 지연되어 취업 시장에서 경쟁력을 잃기 쉽기 때문에), 대학에 미혼인 상태로 취업하는 경우가 많다. 그런데 이 여교수들이 결혼을 하게 되면 가사와 출산, 육아를 모두 담당해야 하는 경우가 많으므로 임용 초기에 실적을 내기 어려운 상태에 놓이게 되는 경우가 많다. 따라서 임용 초기에 반드시 높은 실적을 생산해 내야만 유리한 고지를 선점하게 되는 성과급적 연봉제의 기본 발상은 성인지적 관점이 배제된 몰성적 제도라고 할 수 있다. 가장 진보적이고 평등이라는 가치를 지향해야 할 대학사회에서 시행하고자 하는 제도의 실상은 보수적인 것이다. 그렇기 때문에 이러한 사실을 알고 있는 여교수들은 자의에 의해서든 타의에 의해서든 혼인을 미루게 되는 경우가 많고, 결과적으로 대학의 여교수는 미혼이거나, 기혼일 경우에는 가사와 육아를 전적으로 타인의 돌봄노동에 의지하게 되는 결과로 이어진다. 가사와 육아가 전적으로 타인의 돌봄노동에 의해 이루어진다 하더라도, 감정의 몰입이 배제될 수 없는 가사와 육아의 특성으로 인해 일단 기혼의 세계로 들어선 여교수들은 같은 연령대 또는 입사 시기가 비슷한 또래 남성 교수들보다 불리한 입장에 처할 수밖에 없다.

사회현상에서 나타나는 성별 차이는 곧 성별에 따른 요구의 차이가 있음을 의미한다. 성별 요구의 차이는 성역할, 성별 노동분업, 평가방식, 접근권의 차이, 권력관계에서 비롯된다. 즉, 여성과 남성은 신체적 차이뿐 아니라 성별에 따른 역할과 하는 일의 내용, 그리고 서비스와 자원에 대한 접근 정도가 다르고, 불평등한 관계를 경험하기 때문에 성별에 따른 요구가 서로 다를 수밖에 없다. 이러한 성별 차이를 고려하지 않는 성중립적인(gender-neutral) 혹은 몰성적인(gender- blind) 정책은 사회적 다수인 남성의 요구를 일반화하거나 기존의 성별 권력관계를 유지하는 결과를 가져올 수 있다. 그러므로 정책을 기획, 집행하는 데 있어서 성별에 따른 요구가 다름을 인식하고, 이를 고려하는 것은 매우 중요하다(김양희 외, 2004). 성별 요구는 현실 문제를 해결하려는 데서 비롯되는 질적 성별 요구와 성평등을 지향하는 목적을 지닌 전략적 성별 요구로 나뉘어진다. 실질적 성별 요구를 만족시키기 위한 정책이 현실 개선 정책이라면 전략적 성별 요구를 만족시키기 위한 정책은 평등 지향 정책으로 이해할 수 있다.

따라서, 여교수의 목소리를 통해 여교수가 처한 여건을 고려한 여교수 역량강화 방안을 모색하는 것은 여교수가 대학사회의 주류로 진입하고, 대학사회의 성평등을 구현하기 위한 효과적인 방편이 될 수 있다. 창원대학교 교수회에서는 지난 2010년 여교수 역량강화를 위한 연구를 수행하여 그 결과를 공유한 바 있다.

창원대학교는 2003년 전국의 국립대 가운데 최초로 여교수를 학생처장에 임명한 바 있는데, 이는 교육공무원법 개정(2003.7.25) 전에 이루어진 조치로서 양성평등 구현에 대한 창원대학교의 의지를 반영하는 사례이다. 이를 통하여 여성 교원의 의견이 주요 정책결정 과정에 자연스럽게 반영되었을 뿐 아니라 본교에 여대생 커리어개발센터가 설치되는 등 양성평등에 대한 인식의 변화에 기여하였다. 또한 2005년에는 교육인적자원부로부터 양성평등추진실적 우수대학으로 선정된 바 있다. 또한 학칙에도 양성평등에 관한 내용을 명시하고(창원대학교 학칙 제3조 총장이 보직교수를 임명할 때 특정 성에 편중되지 않도록 하여 대학의 양성평등을 구현하기 위하여 노력하여야 한다), 인사위원회 규정에도 여성 위원이 20%를 넘도록 규정하는 등 양성평등을 위한 기본적인 틀을 마련한 바 있다. 그러나 이러한 여교수의 양적 최저한도 규정이 실질적인 여교수 역량강화로 이어지지 않았고, 특히 여교수를 대상으로 하는 성인지적 역량강화 기회는 거의 없었다. 이에, 창원대학교 교수회에서 수행한 여교수 역량강화 방안 연구를 소개하고, 여교수 역량강화를 위한 방안을 모색하고자 한다.

II. 여교수 역량강화 요구도 조사[1]

여교수의 교육·연구 환경에 대한 고충이나 불만족과 구체적인 역량강화 방안에 대한 인식에 대한 기초조사를 위해 창원대학교에 재직 중인 여교수 전체 인원인 37명을 대상으로 설문조사를 실시하였다.

---

1) 창원대학교 여교수 현황 및 여교수 역량강화 요구도 조사는 필자가 연구책임자였던 『창원대학교 여교수 역량강화 방안 연구』(권희경 외, 2010) 결과의 일부를 요약한 것임을 밝힌다.

2010년 5월 26일부터 6월 4일에 걸쳐 사전에 전화 및 면대면으로 설문 조사의 취지와 목적을 설명한 후, 설문지를 배부하고 수거하였다. 조 사대상은 2010년 3월 현재 창원대학교에 임용된 여교수이었으며, 조사 기간 당시 연구년이나 출장, 병가 등으로 부재중인 여교수를 제외한 총 30명이 설문 조사에 응답하였다. 설문 결과는 SPSS와 Excel을 이용하여 빈도 분석하였다.

1. 창원대학교 여교수 현황

창원대 여교수의 연령별 분포를 보면(〈그림 10-1〉), 30대가 2명, 40 대 20명, 50대 11명, 60대가 4명으로, 40대와 50대가 가장 많았다.

〈그림 10-1〉 연령별 분포

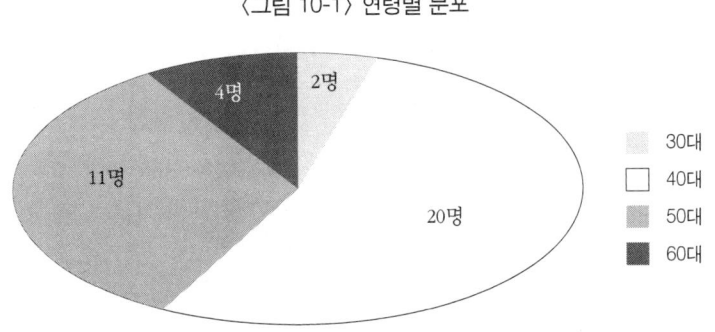

혼인 상태별 분포(〈그림 10-2〉)에서는 기혼이 23명, 비혼(미혼, 결혼 이후 독신, 기타 포함)이 14명이었다.

〈그림 10-2〉 혼인 상태

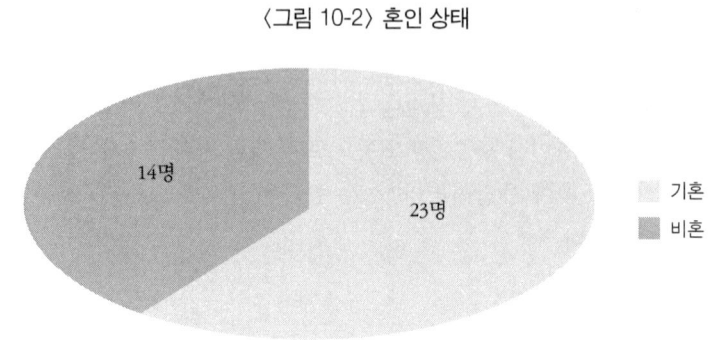

14명   23명   기혼   비혼

자녀수별 분포를 보면, 무자녀가 12명, 자녀가 1명인 경우가 6명, 2명인 경우가 17명, 3명인 경우가 2명이었다(〈그림 10-3〉).

〈그림 10-3〉 자녀수

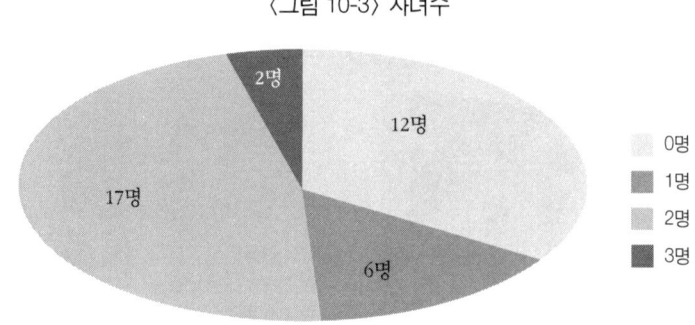

2명   12명   0명
17명   6명   1명   2명   3명

자녀의 연령대를 보면(〈그림 10-4〉, 〈그림 10-5〉), 5세 이하부터 26세 이상까지 폭넓게 분포되어 있다. 첫째와 막내의 연령대가 5세 미만인 경우가 각각 3명씩이었으며, 6-10세는 각각 1명과 2명, 11-15세는 5명과 7명, 16-20세는 5명과 1명이었다. 40대 이하의 여교수 인원수와 자녀의 연령을 고려해 볼 때, 자녀 양육과 가사에 대한 부담이 있는 여교수가 많을 것으로 사료된다.

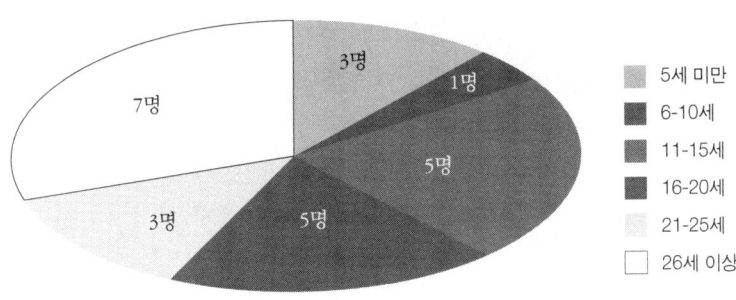

〈그림 10-4〉 첫째 자녀 연령대

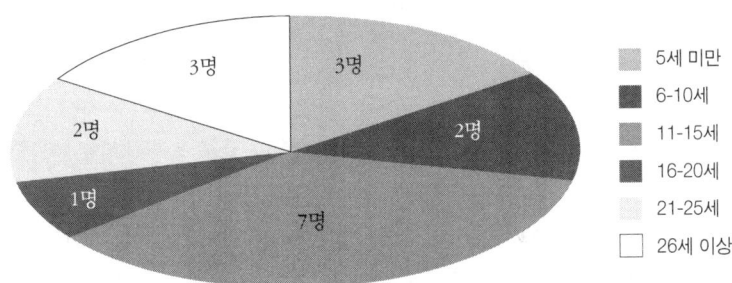

〈그림 10-5〉 막내 자녀 연령대

여교수의 직급별 분포를 살펴보면(〈그림 10-6〉), 전임강사가 2명, 조교수 7명, 부교수 11명, 교수 17명이었다. 현재 정년보장을 받은 교수급이 17명으로 가장 많으며, 나머지 20명은 모두 승진이나 재계약, 정년심사 등을 앞두고 있는 상태였다. 연구 및 교육 역량강화, 자기 계발 등을 위한 지원이나 노력이 상당히 필요한 상황이라 할 수 있다.

〈그림 10-6〉 직급별 분포

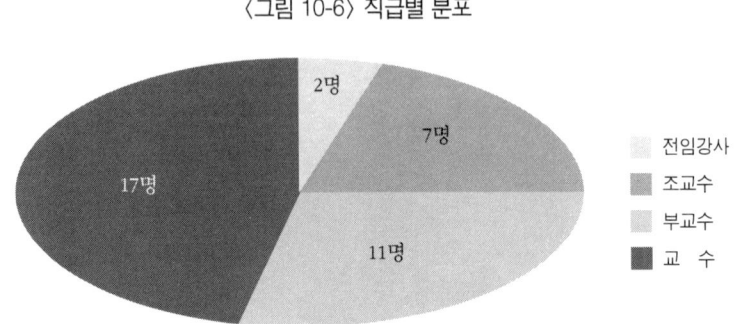

전임강사
조교수
부교수
교　수

　단과대학별 분포를 보면(〈그림 10-7〉), 인문대가 9명, 사회대 3명, 경상대 1명, 자연대 18명, 공과대 0명, 예술대 6명이었다. 자연대학은 창원대 내에서 여교수 비율이 26.1%로 가장 높으며, 2003년 이후 거의 매년 여교수를 충원하여 소폭이지만 지속적인 상승세를 유지하고 있다. 그중에서 15명이 의류학과, 아동가족학과, 식품영양학과로 이루어진 생활과학계열 소속이며, 3명이 통계학과, 생물학과, 간호학과에 각각 소속되어 있다. 최근에 간호학과가 신설되어 2010년에 여교수 1명이 충원된 상태이며, 학과 특성상 여교수 충원이 더욱 증가할 전망이다.

　인문대학은 여교수 비율이 18.8%로 비교적 높은 편이며, 영문학과, 일문학과, 국문학과, 특수교육학과, 유아교육학과 등의 5개 학과에 각각 소속되어 있다. 인문대학 내의 9개 학과 중 4개 학과에는 여교수가 없다. 경상대학과 사회과학대학에는 여교수가 각각 1명, 3명이 포함되어 있다. 그중 사회과학대학은 2009년에 2명, 경상대학은 2010년에 최초로 1명이 충원되어 최근에 가장 큰 변화를 보여주었다. 예술대학의 여교수 수는 6명이지만 비율은 24%로 매우 높은 편이며, 이는 전체 인원이 25명으로 매우 적기 때문이기도 하다. 예술대학은 최근 10년 이내에 여교수 임용이 전혀 이루어지지 않고 있다.

　공과대학은 여교수가 한 명도 없었다. 공과대학은 창원대학교에서 가장 규모가 크고, 대학 특성화를 위한 지원이 가장 많이 이루어지는 계열로서, 신임교수 충원이 지속적으로 이루어지고 있는 상황이므로 여교수 채용에 대한 적극적인 계획과 실행이 필요하다.

〈그림 10-7〉 단과대별 분포

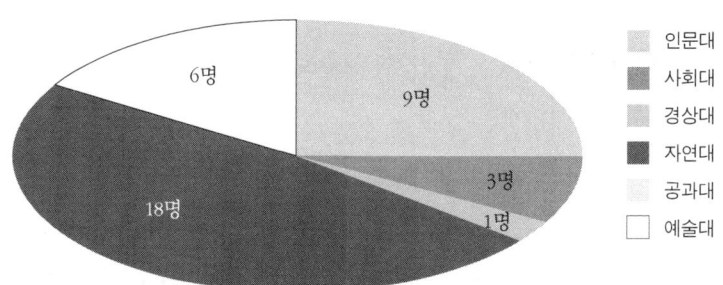

임용기간별로는 5년 이내가 10명, 6년에서 10년 이하가 9명, 11년에서 15년 이하가 6명, 16년에서 20년 이하가 6명, 21년 이상은 6명이었다(〈그림 10-8〉). 2004년부터 창원대학교의 여교수 채용목표를 설정한 이후 여교수 채용이 가시적으로 증가하여 최근 5년 이내 임용된 여교수가 10명이었으며, 여교수 비율은 2004년의 8.9%에서 2010년 11.6%

〈그림 10-8〉 임용기간별 분포

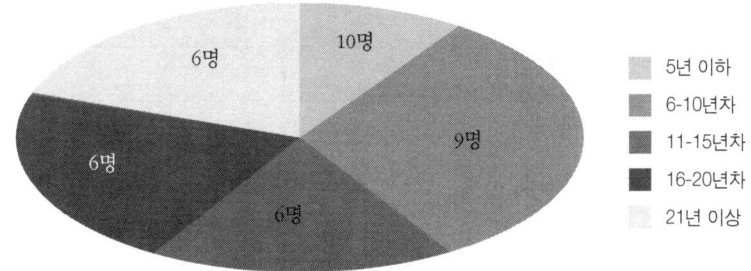

로 상승하였다. 그러나 2009년까지의 여교수 채용목표를 실현 가능한 목표인 13.1%로 조정하였음에도 불구하고 이에 크게 못 미치는 실정이므로, 여교수 채용을 위한 적극적인 조치를 취할 필요가 있다.

2. 창원대학교 여교수 역량강화 요구도

1) 여교수의 고충

설문 조사에 참여한 창원대학교 여교수의 고충에 관한 7문항을 다중응답으로 조사한 결과는 〈표 10-1〉과 같다. 사회적으로 대학의 경쟁력 강화와 혁신적 변화가 요구되는 시점이므로 강의와 연구 외에 요구되는 업무가 매우 다양하고 많아지면서, 이에 대한 불만족이 가장 많은 것으로 나타났다. 또한 체력증진이나 자기 계발을 위한 시설이나 프로그램 부족에 대한 불만이 많았는데, 창원대학교에는 여교수는 물론 전체적으로 체력증진이나 기타 복리시설과 프로그램이 전무한 상황이다. 그 다음으로 남성중심적 관행에 대한 불만족이 많았다. 공적, 사적 자리에서 여교수를 배려하지 않는 행태로 이루어지는 경우가 있으며,

〈표 10-1〉 여교수의 고충 사항

문항	빈도
① 강의, 연구, 보직, 학생 상담, 출장, 취업지도 등 너무 많은 업무가 요구된다.	27
② 교직원의 업무 협조가 만족스럽지 않다.	14
③ 일과 가정을 양립할 수 있는 지원 제도가 부족하다.	14
④ 여교수로서의 고충 및 의견을 수렴할 수 있는 경로가 부족하다.	13
⑤ 남성중심적인 관행으로 불편함을 느낄 때가 있다.	15
⑥ 체력 증진이나 자기 계발을 위한 시설이나 프로그램이 부족하다.	20

음주가 수반되는 문화에 불편함을 느낀다고 하였다. 그 외에 교직원의 업무 협조, 일과 가정의 양립에 대한 지원제도, 여교수의 고충이나 의견 수렴경로에 대해서도 30% 이상의 여교수가 불만을 토로하였다.

고충이나 불만족 사항에 대한 기타 의견도 상당히 많았는데, 다음과 같이 정리할 수 있었다.

- 남성 중심적 문화
  • 여교수가 소수라는 이유로 남성중심 조직문화를 주류로 간주하고 학교문화가 구성됨
  • 소수인 여교수에 대해 회의나 학과 행사에서의 기본적 배려가 없음
  • 남자 직원이 여교수를 무시하거나 업무에 비협조적임
  • 공적, 사적 자리에서의 성적 농담을 대처하기가 힘듦
  • 일상대화에서 여교수에 대한 편견 및 고정관념(한국사회에서 통용되는 여성전문인에 대한 불편함. 남성 중심 조직에 구색 맞추기 위한 인물이라는 또는 여성이나 가족 관련 등의 특정 분야 이외 영역에 존재하는 여성의 전문성에 대한 소극적 평가)이 있음
  • 낮에 하는 회의 겸 식사에 술잔 돌리는 문화는 지양되어야 함
  • 결혼 생활이나 여자 독신에 대한 내용을 화제로 삼는 경우 대화에 끼어 들기 힘들 때가 있음
  • 일과 가정의 양립
  • 아이가 어린 경우 저녁 모임이 힘듦
  • 보직을 여러 개 맡는 경우 책임 강의 시수가 너무 많음
  • 학과, 학회, 가사 등 일이 너무 많음–책임시수 하향 조정(경북대의 경우)이 필요함
  • 사무실, 휴게실 등의 여교수 전용 공간이 필요함

- 기타

- 법적인 양성평등위원회 이외에 여교수의 실제적인 위원회 참여가 저조함
- 학내 행정이나 업무 처리가 시스템화 되어 있지 않음
- 연구지원시스템 부족−행정적 업무까지 처리하기 힘들기 때문에 제도적 지원체제 필요

2) 여교수 역량강화 방안에 대한 인식

여교수 역량강화 방안에 관한 10개 문항을 5점 리커트 척도로 측정한 결과는 〈표 10-2〉와 같다. 대학의 여교수 비율을 현재의 11.6%보다 더 높여야 한다는 인식이 4.36으로 가장 높았다. 그 다음으로 직장보육시설 설치와 출산 및 육아지원제도에 대한 필요성을 높게 인식하고 있었다. 또한 학내 주요 보직 및 위원회 활동에서의 여교수 비율 제고에 대한 인식이 높게 나타났다. 그 밖에도 체력단련 및 건강증진 시설 설

〈표 10-2〉 여교수 역량강화 방안에 대한 인식

항목	평균
① 우리 학교의 여교수 비율을 현재(11.6%)보다 더 늘려야 한다.	4.36
② 주요 보직 및 위원회 활동에서 여교수의 담당 비율을 현재보다 높여야 한다.	4.21
③ 여교수회의 성격을 현재의 친목 모임에서 교내 공식 기구화해야 한다.	3.61
④ 여교수회에 대한 재정 지원이 필요하다.	4.01
⑤ 여교수의 고충이나 의견을 수렴할 수 있는 기구를 설치한다.	3.89
⑥ 여교수 역량 강화를 위한 다양한 프로그램을 개발해야 한다.	3.61
⑦ 체력 단련 및 건강 증진을 위한 시설을 설치한다.	4.10
⑧ 여교수 전용 공간을 설치한다.	4.00
⑨ 직장 보육 시설을 설치한다.	4.29
⑩ 출산 및 육아를 위한 지원 제도를 마련해야 한다.	4.29

치, 여교수 전용공간 설치, 여교수회 지원 등의 의견에서 평균 4점(그렇다) 이상의 높은 인식을 나타냈다.

여교수 역량강화 방안에 대해서도 제시된 문항보다 더 많은 의견이 있었는데, 이를 정리하면 다음과 같다.

- 복지 및 건강관련 시설 확충
- 연구실을 더 따뜻하게 만들어 주길
- 학내 체력단련 및 건강증진 시설 꼭 필요
- 체력증진을 위한 요가시설 공간 및 프로그램
- 복지시설 확충 및 건강 증진 프로그램
- 여교수 전용 체력단련실

- 여교수 비율 제고
- 여교수의 활동 비율을 높이기 위해서는 여교수의 비율이 더 높아야 함
- 여교수 비율 확대하여 활동비율을 높여야 함-그렇지 않은 경우 여교수 1인에 대한 부담 가중

- 직장보육시설
- 여교수, 여직원, 대학원생들을 위한 직장보육시설 필요
- 학내 보육시설 확충이 꼭 필요

- 역량강화 프로그램
- 여교수의 문제점이나 그 외 문제의 토론의 장을 위한 연수회 실시
- 학내 구성원(교수, 교직원, 조교, 학생) 대상 정기적 성희롱방지 프로그램
- 남교수까지 포함하는 역량강화 프로그램 (예: 크로스 캠퍼스 세미나, 다학제적 세미나)
- 학내 구성원들(양성 포함)을 대상으로 양성평등에 대한 올바른 생각을 심어줄 수 있는 강연

- 여교수회의 공식기구화
- 여교수의 고충이나 의견이 반영될 수 있는 교내공식기구로의 여교수회
- 여교수회를 교수회 산하 정식 기구 조직으로 편입

- 업무 및 연구지원
- 아카데믹 어드바이저, 외국학생 어드바이저를 통해 학생들 전담관리 필요
- 연구역량강화를 위한 인센티브제 도입
- 학내 연구비 지원 강화

- 기타
- 대학 내 또는 근거리 숙소지원(원거리 통근자가 많은 현실에서 교육, 연구, 봉사 분야의 업무 효율 증가시킬 수 있음)
- 남녀 교수 모두를 대상으로 하는 고충이나 의견수렴 기구 설치

창원대학교 여교수를 대상으로 역량강화 방안에 대한 설문 조사 결과를 요약하면, 여교수는 학내 연구 및 교육 지원 시스템에 대한 고충을 많이 인지하고 있으며, 이를 해결하기 위한 방안으로 출산 및 육아를 지원하기 위한 제도적 지원과 함께 여교수 채용 및 보직 참여 확대를 원하고 있었다. 아울러 연구와 교육을 수행하기 위한 다양한 욕구를 가지고 있으며 여교수의 입장에서 대학 본부와 소통할 수 있는 공식적인 전달 체계가 갖추어지기를 원하는 원하고 있는 것으로 나타났다.

III. 여교수 역량강화 방안

창원대학교 여교수를 대상으로 한 설문 조사 결과를 바탕으로 여교수 역량강화를 위한 모델을 제시한 바는 〈그림 10-9〉와 같다.

여교수 역량강화를 위해서는 여교수 비율 확대, 여성 친화적 연구·교육 환경 조성, 일과 가정의 양립을 위한 업무 환경 및 인식 기반 조성, 여교수 역량 개발 및 조직 내 역할 확대, 양성평등 조직문화 정착이 함께 이루어져야 함을 뜻한다. 여교수 역량강화를 위한 방안에는 우선순위의 차이가 없으며, 모든 방안들이 동시 다발적으로 강구되어야 한다는 것을 강조하기 위하여 입체적인 원형으로 배치하였다. 이는 학교에 따라 그 상황이 크게 다르지 않은 한국의 대학 사정을 감안한다면 일반적으로 대학사회에 모두 적용할 수 있는 모델이라고 할 수 있다.

〈그림 10-9〉 여교수 역량강화 방안 실천 모델

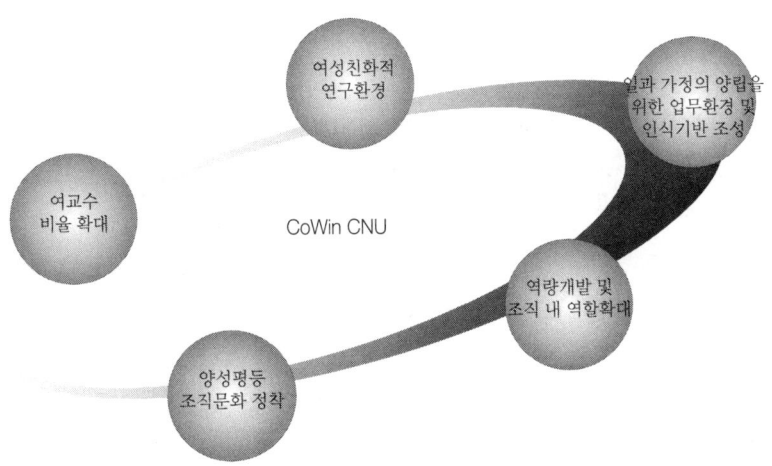

1. 여교수 비율 확대

전체 교수 중 여교수의 비율은 절대적으로 낮은 상태이다. 2011년 현재 국내 2년제 이상 대학 전체 교수 81,766명 가운데 여교수는 17,809명으로 전체 교수 수의 21.8%에 불과하며, 국공립대학의 전체 교수 18,993명 중 여교수는 2,571명으로 13.5%에 불과하다(교육통계연보, 2012). 국공립대학 학과 중 여교수가 단 1명도 없는 학과 및 학부의 비율도 전체의 절반 가량인 49.3%에 달한다. 창원대의 경우 여교수 비율은 11.6%이며, 여교수가 1명도 없는 학과 비율이 66%에 달한다(2010년 3월 기준).

교육과학기술부는 2000년대 초 국공립대학에 대한 여교수 할당제를 실시한 바 있으며, 2007부터 2009년까지 2단계 양성평등조치계획으로 2010년까지 국공립대 여성교수의 비율을 15%까지 높이고자 하는 계획을 수립한 바 있다. 무엇보다 여교수 비율을 높이기 위해서는 명문화된 규정 외에 적극적 의지와 노력이 필요하다. 창원대학교에서도 2004년부터 여교수 채용목표제를 지속적으로 추진하여 2009년의 목표를 13.1%로 설정하였으나 이를 달성하지 못하였을 뿐만 아니라, 현재도 여교수 비율을 높이기 위한 가시적인 노력이나 지원을 구체적으로 시행하지 않고 있다.

따라서, 여교수 채용목표를 달성하기 위한 방안을 구체적으로 수립하고 시행하여야 한다. 연도별 여교수 채용목표 범위에 도달할 때까지 여교수 채용 정원을 별도로 책정, 관리해야 한다. 신임교원 TO 배정 시, 여성 교원이 부재한 학과 중 여성 교원 채용 및 활용 계획서에 의거하여 우선 배정하는 것도 한 방법이 될 수 있으며, 여교수를 우선적으로 채용하는 학과에 학과 평가 및 재정지원에서 인센티브를 적용할 수 있다. 이를 위해 각 계열별로 여교수 비율이 최소 10% 이상이 되도록 여교수 특별 정원 배정 계획을 수립하며, 특히 현재 여성교수 채용 비율이 현저히 낮은 공학계열 및 경상, 사회계열에 대해 적극적인 채용계획을 수립할 필요가 있다.

또한 타대학의 사례를 연구 검토할 필요가 있다. 여교수 비율이 국공립대 가운데 최고인 충남대의 경우는 여성교원 채용 우대 정책을 효과적으로 실시한 결과, 양성평등 우수대학으로 선정되어 상당한 인센티브를 받은 바 있다.

2. 여성친화적 연구 · 교육환경 조성

중장기적 관점에서의 여교수 연구 · 교육환경 조성을 위한 방안을 마련해야 한다. 구체적인 연도별 목표와 계획이 수립되어야 단계적 실천을 통해 실질적인 여교수 역량강화를 도모할 수 있을 것이다.

또한, 여교수의 건강증진 및 전용 시설이 필요한 것으로 판단된다. 여교수 인식 조사 결과 특히 여교수 전용 공간에 대한 요구가 매우 높았다. 대부분의 직장에도 여성만을 위한 공간이나 시설이 있는데, 대학은 이러한 점에서 오히려 사각지대인 것으로 보인다. 창원대학교의 경우 여교수 전용공간(쉼터, 체력단련실, 화장실 등)이 전혀 없는 실정이다.

한편, 여성친화적 환경 조성을 위한 연구를 지속적으로 추진할 필요가 있다. 서울대의 경우 여교수회 산하 여성연구소를 설치하여 여교수 채용비율 확대 및 여교수 지원제도에 대한 연구를 실시하고 있다. 성인지적 관점에서 여교수의 실제적인 요구를 수용하고, 여교수가 역량을 발휘할 수 있는 학내외 인프라 구축을 우선해야 한다. 창원대학교의 경우 학내에 양성평등지원센터와 여대생 커리어개발센터가 있으나, 이를 전담하여 업무를 맡은 교직원은 전무하여 대학원생 조교가 배정되어 있을 뿐이다. 학내 성폭력 상담 업무 및 양성평등 확대 등의 업무를 담당하는 양성평등지원센터와 여대생을 위해 특화된 프로그램을 진행해야 하는 여대생 커리어개발센터의 특성상 연구와 사업을 전담할 수 있는 전문 인력이 상주하는 것이 반드시 필요하다. 현재의 대학원생 조교는 연구, 사업 기획 및 평가를 하기에는 역부족이므로 이러한 업무를 추진할 수 있는 전문 인력을 확보하여 양성평등을 구현하기 위한 환경을 조성해야 한다.

3. 일과 가정의 양립을 위한 기반 확충

일과 가정의 양립을 위한 기반 확충은 여교수뿐 아니라 학내 다른 구성원들을 위해서도 반드시 이루어야 할 중요한 사항이다. 이 중 직장보육시설은 여교수뿐만 아니라 남교수의 수요 또한 매우 높은 법정 기반 시설이다. 영유아보육법에서는 300인 이상의 여성 근로자, 500인 이상의 근로자가 근무하는 직장에서는 직장보육시설을 설치하고 운영하도록 규정하고 있다. 창원대학교는 500인 이상의 직원이 근무하는 직장으로서 직장보육시설에 대한 요구와 필요성이 높음에도 불구하고, 만 6세 미만의 영유아 1인당 3만 원의 보육 대체 수당이 지급되고 있을 뿐이다. 아동가족학과 놀이방을 보육교사 교육원 및 경남보육정보센터와 연계하여 어린이집으로 확대 운영함으로써 여교수뿐 아니라 창원대학교의 여성 교직원의 복지 수준과 업무 수행 능력을 향상시키고자 하는 계획이 수립되어 있으나 오랫동안 기획단계에만 머물러 있을 뿐 실제적인 추진 노력이 없었다. 따라서 일과 가정의 양립을 위해 가장 기본적인 직장보육시설을 시급히 확보할 필요가 있겠다.

또한 구체적인 출산 및 양육 지원방안을 수립해야 한다. 예를 들어 출산 및 양육 시기의 교육 의무시간의 축소 및 탄력적 교육시수 운영 등을 제도화할 필요가 있다. 현재 창원대학교는 출산 휴가시 기본 교육 점수가 인정되지 않으므로 이에 해당하는 시기의 여교수들은 출산 휴가를 줄이고 강의를 하고 있는 실정이다. 출산에 따라 당연하게 이용해야 하는 출산 휴가를 반납하고 강의를 하는 현상은 성과급적 연봉제가 본격적으로 시행되면 더욱 악화될 것이 당연하다. 따라서 출산 휴가를 연구년이나 안식년에 준하는 활동으로 인정하여 기본적인 교육 점수를 인정받을 수 있도록 하여야 한다.

서울대의 경우 출산여교수에 대한 교원임기 신축운영제를 도입하여 실시하고 있다. 즉, 임신·출산 시 계약을 연장하며 승진 및 정년보장 심사를 유예하고, 출산(또는 전후) 학기에는 책임 시수를 감면하고 있다. 또한 경북대는 '출산여교수 안식년 우선 지급'을 추진 중에 있는데(서울대학교 여성연구소, 2010), 이러한 지원은 성인지적인 여교수 역량강화의 모범적인 사례라고 할 수 있다.

4. 여교수 역할 확대 및 역량 개발 기회 제공

대학사회의 성주류화를 위해서는 주요 보직 및 위원회의 여교수 참여비율을 확대하는 것이 무엇보다 중요하다. 양성평등조치 추진계획의 일환으로 여교수의 보직 참여 비율을 30%까지 증대하기로 목표를 설정하였으나(2006년 기준), 여교수의 인원수가 절대적으로 열세인 상황에서 현실적이지 못한 계획이라 할 수 있다. 2012년 현재 창원대학교의 처(실)장, 학장 등 교무회의에 참석하는 여성 보직 교수의 비율은 0%이다. 각종 위원회의 여교수 비율 또한 위원회에 따라 편차를 보이고 있다. 즉, 양성평등추진위원회, 학술진흥위원회, 학생생활관, 보육교사 교육원, 국제교류센터, 여대생 커리어개발센터 등의 운영위원회는 여교수의 참여 비율이 20%를 상회하지만 교무위원회나 기획위원회는 0%로 평균적으로 매우 낮다. 이는 비단 창원대학교만의 문제가 아니며, 대부분의 국공립 대학에서 행정이나 주요 의사결정이 이루어지는 주요 보직을 담당하는 여교수의 비율은 매우 저조한 상태이다. 따라서 학내 의사결정 구조에 여교수가 참여할 기회를 확대할 수 있는 방안을 모색해야 한다.

또한, 여교수회의 위상과 역할을 강화할 필요가 있다. 창원대학교 여교수회는 여교수들이 자발적으로 구성한 협의체로서 매학기 1~2회의 정기 모임을 갖고 있다. 여교수회는 여교수의 위상을 높이고, 지위 향상을 도모할 수 있는 네트워크 구축의 주도적 역할을 담당할 수 있는 조직이다. 현재 창원대학교 전체 여교수 38명이 모두 가입되어 있으며, 매월 10,000원의 회비를 납부하고 있다. 양성평등 우수대학으로 선정된 서울대와 경북대의 경우 여교수회가 학내 공식기구로 인정되고 있으며, 여교수회 주관으로 여교수의 역량을 강화할 수 있는 효과적 프로그램들이 지속적으로 추진되고 있다. 2012년 들어 최초로 여교수회의 활동에 대한 예산이 공식적으로 교수회 예산에 포함되었는데, 이는 여교수회의 역할 확대를 위한 중요한 교두보가 될 것으로 보인다.

아울러, 여교수 역량강화를 위한 성인지적 프로그램을 개발할 필요가 있다. 예를 들어, 여성친화적 연구지원 프로그램, 학제간 연구 지원, 리더스 포럼 등 여교수의 요구와 사회적 변화에 대응할 수 있는 프로그램을 개발하고 지원해야 한다. 경북대학교의 경우에는 이공계 여교수의 산학연 네트워킹 프로그램을 개발하여 여교수에게 상대적으로 취약한 부분을 해결하기 위한 방안을 실행하고 있으며, 부산대학교의 경우 과학기술분야 여교수의 자기계발과 역량강화를 위한 프로그램을 지원하고 있다. 여교수가 수적으로도 적고, 비주류로 머물고 있는 상황에서 여교수가 대학과 사회의 리더가 되기 위해서는 추가적인 지원이 필요하다.

5. 양성평등한 조직 문화 정착

양성평등한 조직 문화를 정착시키기 위하여 여교수 고충처리기구를 설치할 필요가 있다. 여교수 설문 조사 결과, 여교수로서 겪는 고충이나 의견을 수렴할 수 있는 전담기구에 대한 요구가 제기되었다. 경북대학교의 경우 여교수협의회 주관 '여교수 고충처리 상담 시스템'을 효율적으로 운영하면서 남녀 교수 모두 참여하여 함께 문제 해결을 함으로써 쌍방의 이해의 폭을 넓히고 양성평등 문화를 형성하도록 하고 있다.

현재의 양성평등지원센터가 실질적인 양성평등 전담기구의 역할을 할 수 있도록 활동을 강화할 필요가 있다. 창원대학교는 양성평등 조치 계획의 일환으로 양성평등위원회를 설치하고, 위원장을 포함한 15인 이내의 위원으로 구성하되, 위원의 3분의 1이상은 여성 위원을 포함하도록 규정하고 있다. 양성평등위원회는 교수 공채 시 양성평등조치위원을 교원채용심의위원회에 위촉하여 중간점검 시 성차별 등 불평등 사항을 감독하고 성차별이 확인될 경우 총장에게 시정을 요구할 수 있도록 양성평등조치위원에게 교수 공채 성차별 감독 기능을 부여하고 있으나, 실질적인 활동은 거의 없는 실정이다. 서울대의 경우 양성평등을 대학의 주요 비전으로 선포할 만큼 그 중요성을 크게 인식하고 있으며, 이를 달성하기 위한 구체적이고 실질적인 정책을 추진하고 있다. 따라서 양성평등 전담기구의 역할 및 활동을 강화하여 양성평등 정책 수립, 네트워크 구축 등의 질적 향상을 도모할 수 있을 것이다.

양성평등한 조직 문화를 정착시키기 위해서는 무엇보다 남성 중심적 문화를 변화시킬 필요가 있다. 남자 교수가 절대적인 수적 우위를 차지하고 있는 상황에서 학내 조직문화가 남성중심적 관행에 의해 주도되는 경우가 많았다. 여교수의 경우 기존 남성 문화를 그대로 수용하여 인내하거나, 예외적이고 개인적인 일로 간주하는 등 부당하다고 생각하는 여러 가지 상황에 대해 소극적으로 대처하는 경우가 많다.

또, 창원대학교 교양 교육과정에 편성된 성인지적 교과목 및 진로탐색과목 강좌의 경우 여교수가 담당하거나 주도적으로 교육과정 설계를 할 수 있도록 지원할 필요가 있다. 여교수가 진행하는 강의를 통해 여학생의 진로에 대한 롤 모델 설정, 동기부여를 장려하여 장기적, 거시적 관점에서 사회전반적인 양성평등 문화를 구현할 수 있는 계기를 마련할 수 있을 것이다.

IV. 여교수 역량강화를 위한 3요소 제안

여교수 역량강화를 위한 방안의 실천 구조는 〈그림 10-10〉에 제시되어 있는데, 공식화, 참여, 파트너십이 함께 해야 함을 강조한다.

〈그림 10-10〉 여교수 역량강화 방안의 실천 구조

첫째, 여교수 역량강화를 위한 방안을 학내외로 공식화, 제도화해야한다. 이를 위해서는 대학 본부의 공식적 지원이 필요하며 모든 사업이 공식적인 통로를 통해 진행되도록 할 필요가 있다. 양성평등한 대학사회를 구성하기 위한 제도적 장치가 여전히 필요한 상황이며, 성차별적, 남성중심적 요소를 개선하기 위해 학내 구성원 전체가 함께 노력해야한다.

둘째, 여교수의 적극적인 참여를 기반으로 해야 한다. 여교수의 참여는 물론이고 남자 교수들도 함께 참여할 수 있는 프로그램을 운영할 필요가 있다. 나아가 여직원, 여학생 등으로 확대하여 전체 여성 구성원의 역량강화를 위한 롤모델로서의 역할을 다해야 한다. 짧은 현대 역사 속에서 우리나라의 정책들은 상향식이 아니라 하향식으로 형성되었기 때문에, 양성평등을 위한 법제 및 제도들은 비교적 잘 갖추어진 편이다. 여성발전기본법, 남녀고용평등법과 일·가정 양립 지원에 관한 법률 등의 제도적 기반에도 불구하고, 대학사회에서의 실질적인 양성평등은 요원한 실정이다. 따라서 여교수 스스로 자신의 권리를 주장하고 학내 의사 결정에 주도적으로 참여하고자 하는 상향식 참여가 필요하다.

셋째, 당사자 간의 협력과 파트너십이 필수적이다. 이는 대학 본부의 인식 제고와 실천 전략이 우선되어야 함을 뜻하며, 교수, 남교수 및 학내 구성원들이 단순한 참여를 넘어 진정한 파트너십을 구축해야 함을 의미한다. 기관장의 의지는 하향식 명령 전달 체계로 이루어진 우리나라 대학사회에서 양성평등을 구현하기 위해 무엇보다도 중요한 요소이다. 예컨대, 창원대학교는 전국의 국립대학교 중 최초로 여성 학생처장을 배출하기도 하였지만, 또 그 다음 총장은 임기의 대부분 동안 단 한 명의 여교수도 주요 보직에 발탁하지 않았다. 이처럼 기관장의 의지에 의해 양성평등이 좌지우지되는 것을 막을 수 있는 방법이 제도화이다. 현재 창원대학교에서는 여교수회를 대학 제도권 안으로 편입하기 위한 노력이 이루어지고 있다. 학칙에 여교수회를 명시하게 되면, 여교수회는 법제적인 기관으로서 기능할 수 있고, 기능을 공고히 할 수 있다.

그러나 한편 주의해야 할 점은, 이러한 성주류화가 여성에 대한 역할 과부하를 통해 실현되어서는 안 된다는 것이다. 창원대학교에서 여교수를 대상으로 조사를 실시하였을 때, 많은 여교수들이 입을 모아 성주류화의 필요성을 강조하였지만, 한편으로는 학내 성주류화가 자신의 역할 과부하로 이어지기는 원하지는 않는다는 목소리 또한 있었다. 이러한 이유로 인해 대학사회에서는 남성 교수들이 '밤늦게 회의를 해야 할 때에 참석 못하는 경우가 많아서 여교수에게는 중요한 보직을 맡길 수가 없다'는 말을 하곤 하는데, 이는 결국 대학사회의 문화가 바뀌어 야만 하는 현실을 반영한다. 즉, 중요한 회의는 밤이 아니라 낮에 하는 것으로 바꾸고, 중요한 의사 결정은 공식적인 학과 회의를 거쳐서 하는 등 학사 업무에 대한 패러다임을 변경할 필요가 있다는 것이다.

결론적으로, 성인지적 여교수 역량강화는 여교수가 놓여 있는 삶의 여건을 고려하고 여교수와 남교수가 처해 있는 서로 다른 조건에 영향 을 받지 않고 연구와 교육 및 봉사를 수행할 수 있는 학교 여건을 만드 는 것이다. 이러한 성인지적 역량강화는 무엇보다 제도화와 이해관계 당사자 간의 협력 관계, 그리고 여교수의 주도적인 참여를 통해 이루어 질 수 있다.

전국여교수연합회의 활동과 과제

조성남 | 이화여자대학교 사회학과 교수

I. 전국여교수연합회의 창립과 초기 활동

1. 전국여교수연합회 창립

"대학사회에서 여교수의 위상을 재정립해, 교육에 있어서 성(性) 평등의 산교육을 실천하고자 전국의 여교수 4천5백 명의 회원으로 전국여교수연합회가 출범하였다"는 기사가 1998년 5월 26일자 일간신문(중앙일보)에 실렸다. 이어서 고정명 초대 회장(당시 국민대 법대 교수)의 인사말을 소개하고 있는데, "대학에서 여교수가 실제 연구, 활동성과와는 무관하게 극소수의 특이한 존재로 인식 되는 게 현실"임을 지적하며 "대학 평가 항목에 여교수의 비율을 포함시켜 대학 내 여교수의 활동이 갖는 의미를 제고할 계획"임을 강조하였다.

이렇게 전국여교수연합회(Korean Federation of Women Professors)
는 고정명 교수(국민대 법학)를 비롯한 강지용(이화여대 의대), 구자순
(한양대 정보사회학), 김애실(한국외국어대 경제학), 서영희(선문대)
교수 등 전국 여교수 68인의 발기인에 의해, 건국 50년이 되는 1998년 5
월 22일(금요일) 오후 4시 40분 프레스센터 19층 기자회견장에서 〈전
국여교수연합회〉 창립총회를 개최하면서 탄생되었다. 창립총회에서
초대 회장은 고정명 교수(국민대 법대), 감사는 한재숙 교수(영남대)와
조원정 교수(연세대)가 선출되었다.

창립 당시의 창립준비위원장은 주영숙 교수(덕성여대)였고, 전국여
교수연합회의 정관의 임원 종류와 정수(제3장 8조)에 의하면 회장 1인
과 부회장은 5인 이내, 사무총장 1인, 이사 30인 이내와 감사 3인을 두
고, 고문 약간 명을 둘 수 있으며, 임원 임기는 2년으로 하되 1차에 한
하여 연임할 수 있음을 명시하고 있다. 이에 따라 전국여교수연합회의
창립 임원으로는 고정명 회장과 함께 부회장으로 서영희 교수(선문대
부총장)와 김종의 교수(순천향대)가 그리고 사무총장으로는 구자순 교
수(한양대)가 맡고, 그 외 국제교류(목진자 단국대 교수), 사회봉사(김
숙자 이화여대 교수), 연구 및 교육(신은숙 순천향대 교수, 남인숙 효성
가톨릭대 교수), 재정(김인숙 국민대 교수), 친선(송미섭 경희대 교수,
양수화 평택대 부총장), 출판(강정애 숙명여대 교수), 상담(이길표 성
신여대 교수), 섭외홍보(사공정숙 고려대 교수) 담당의 기구와 임원진
을 갖추어 출범하므로 전국여교수연합회의 초대 회장단과 운영위원회
의 활동이 시작되었다.

창립 당시에는 서울지부협의회(육완정 회장, 단국대), 강원지부협의
회(진성자 회장, 강원대)와 경북지부협의회(최보가 회장, 경북대)의 3
개 지부를 갖추어 시작하였고, 이듬해(1999. 6. 18)에는 강원도의 조직
활성화를 위해 영서지부협의회(진성자 회장, 강원대)와 구별하여 영동
지부협의회가 결성되었고 회장에는 안임수 교수(관동대)가 임명되
었다.

창립 당시 지회소식에 의하면 8월 29일 11시 30분 서울클럽에서 서울지부 대표교수 모임이 있고 서울지부 준비위원장이던 육완정 교수(단국대)가 서울지회장으로 선출되었는데, 서울지역 43개 대학 가운데 23개 대학의 대표교수가 선임되었음을 보고하고 있다. 또한 강원지회도 1998년 9월 19일 오후 3시 춘천 두산리조트 코랄룸에서 강원지역 4개 대학 대표교수 6명이 참석하여 강원지회를 결성하고 진성자 교수(강원대)를 강원지회장으로 선출하였고 영남지회는 11월 21일 영남대학교 국제관에서 대구, 경북지역 여교수를 대상으로 영남지회가 결성됨을 보고하고 있다.

한편, 창립 당시의 회원가입 신청서에 의하면 회원 입회비는 2만 원, 연회비는 1만 원이었고, 당시 고려대 김정배 총장, 명지대 송자 총장, 이화여대 장상 총장, 한양대 김종량 총장을 비롯한 많은 대학 총장들과 국민재단 이현재 이사장, 덕성여대 박원국 이사장 및 쌍용그룹 명호근 사장 등이 후원금을 냈다는 기록이 있다. 당시 사회와 대학의 분위기로 보아 전국여교수연합회는 많은 대학에서의 지지를 받으면서 시의적절하게 창립하였음을 짐작케 해준다.

2. 전국여교수연합회 설립 목적과 취지

창립 당시 전국여교수연합회 설립 취지를 요약하면 다음과 같다.

한국사회가 당면한 어려움 속에서 진리를 탐구하는 교수 본연의 책무수행과 함께 시대적 어려움을 극복해 갈 지성의 참모습을 정립하고 실천해 갈 방향모색에 지혜를 결집해야 할 시점에 서 있다. 그동안 우리 여교수들은 대학사회의 중추로서 미래의 주역인 대학인들을 지도하고 일깨움은 물론 바른 사회의 구현이 곧 우리들에게 부여된 사명으로 알고서 주어진 임무에 믿음을 가진 채 매진하여 왔다.

21세기를 목전에 둔 현재 우리나라 대학은 사회의 싱크탱크(think-tank)
로서 그 역할이 더 한층 증대되고 있다. 아울러 사회의 건강성을 고양하
기 위해서도 여성 지성인들의 역할이 보다 요구되는 변환시점에 이르고
있는 것이다.

오늘날 대학에서 우리 여성들은 학생 수의 증가와 더불어 교직원 및 행
정 보직에까지 담당 영역이 확대되어 가고 있다. 특히 남성들이 주류를
이루고 있는 대학의 행정 보직에 여교수들의 참여는 여성 고유의 섬세함
과 직관력의 발휘로 대학행정 및 운영전반에 대한 의식의 일대 전환을
초래하고 있으며 정보사회의 도약에 커다란 역할 담당자로 나아가고 있
음을 강조하지 않을 수 없다. 때를 같이하여 대학사회에서부터 자유, 평
등, 정의가 진정으로 실현될 수 있도록 여교수들의 지성적 결집이 요구
되는 것이다. 이러한 시대적, 사회적 변화에 능동적, 창의적으로 대응키
위하여 우리 여교수들은 전국여교수연합회의 창립을 선언케 되었다.

이러한 설립 취지를 바탕으로 1998년 5월 22일 창립총회에서 통과된
회칙은 1998년 7월 3일 임시 이사회에서 개정한 정관으로 발표되었다.

전국여교수연합회 정관 제1장 제2조(목적)에 명시된 바에 의하면,
"본 회는 전국 대학(교)에 소속되어 있는 여교수의 권익을 보호하고,
연구 활동을 지원하며 회원 상호간의 유대강화를 그 목적으로 한다"는
것이다. 이를 바탕으로 제1장 제3조에는 주요활동으로 아래 6가지 활
동을 명시하고 있다.

① 여교수의 학문연구를 위한 상호 정보교환을 추진한다.
② 여교수가 대학행정 및 운영에 적극적으로 참여할 수 있도록 정
  보 수집, 교환 등을 지원한다.
③ 대학 행정보직에 참여하고 있는 여교수의 행정 능력 고양과 불
  이익에 대처하기 위하여 공동으로 노력한다.

④ 신임 교원 임용 시 여성이 부당한 대우와 불이익을 받는 일이
없도록 감시한다.

⑤ 여성관련 교육 및 평등 정책의 수립 개선을 위해 연구 노력한다.

⑥ 기타 여교수들이 수행한 연구 성과의 간행 및 지위 향상을 위
한 제반 지원을 한다.

3. 창립 당시 한국 대학의 남녀교수 불균형 현황과 여성교수의 역할

1998년 5월 22일의 창립총회에 앞서 오후 3시~4시 30분, 〈여성교수
의 역할에 대한 이해〉라는 주제로 창립기념 심포지엄이 있었고, 이 세
미나에서는 고정명 교수(국민대)의 "여성교수의 역할에 대한 이해"라
는 발제 강연에 이어 "한국사회에서의 여성교수의 역할"(이영자 가톨
릭대 교수), "독일사회에서의 여성교수의 역할"(남윤삼 국민대 교수),
"미국사회에서의 여성교수의 역할과 현황"(목진자 단국대 교수), "일
본사회에서의 여성교수의 역할과 현황"(모리야 미사코 경주대 교수),
및 "중국사회에서의 여성교수의 역할"(김숙이 박사, 한국사학교육연
구소)의 발표를 통해 각국의 여교수의 역할과 현황을 짚어보고 있다.

당시 고정명 교수의 발제에 의하면, 1996년 현재 대학생 가운데 국
공립대는 30.8%, 사립대학은 34.6%가 여학생으로 나타나고 있는데 비
해, 대학교수는 전체 36,159명 중 12.4%인 4,476명이 여성교수로 파악
되고 있다고 지적하였다. 또한 교수임용에 있어서의 차별적 불이익을
받고 있다는 현실에 대해 당시 임용된 여교수들을 대상으로 한 설문조
사를 인용하며 "인문, 어문, 사회계열의 신임 여교수들은 100%가, 이
공계열에서는 82.9%가 여성이기에 차별을 받은 것으로 답변하고 있
다"는 것이다.

이영자 교수의 발표에서도 "대학의 남녀교수 불균형 현황과 개선방
안"이라는 한국여성개발원의 연구보고서를 인용하며, 석박사 학위취

득자의 여성비율이 증가하는 것에 비해(1970년에 10.7%에서 1996년에 27.8%로 증가), 전체교수 중 여교수 구성비의 증가는 저조한 것(1965년에 9.2%에서 1996년 12.6%로 증가)으로 나타나고 있고, 반면에 시간강사 중 여성의 비율은 1996년 33.8%를 차지하는 것으로 나타났다. 또한 여교수의 구성비는 특히 남녀공학과 국공립대학에서 훨씬 적은 것으로(여교수 비율은 남녀공학 10.8%, 국공립대학 8%) 나타남을 지적하고 있다. 1998년 당시를 기점으로 지난 5년간 대학의 신규교수 임용현황을 보면, 여성은 지원자 중 8.3%가, 남성은 13.9%가 임용되어, 여성은 남성합격률의 절반을 약간 넘는 수준임을 지적하였다.

뿐만 아니라 여성은 교수사회에서 다양한 성차별의 관행과 남성 중심적인 조직문화로 인한 소외나 불이익을 받고 있으며, 대학정책에 대한 영향력 행사나 인사결정 과정에서, 학연이나 지연 등의 연고관계에서, 그리고 기타 비공식적인 활동에서, 여성은 남성보다 불리한 위치에 있음을 지적하고 있다. 이러한 성적 고정관념이나 여성비하적인 풍토가 교수사회에서도 여성을 주변적 집단으로 만드는 요인으로 작용하고 있음을 강조하고 있다.

이러한 현실의 모순을 직시하며 이를 개선하기 위해 여성교수들은 "첫째 전문직 여성으로서 성차별을 지양하는 직업사회라는 교수사회의 모델을 제시하고, 둘째 성평등의 사회를 만들어 가야 할 새로운 세대의 교육자로서의 주도적 역할을 담당하고, 셋째 여성 지도층으로서의 잠재능력과 지도력을 개발 확대시켜, 여성 전체의 사회참여의 역량과 지평을 넓히는 역할에 주력해야" 함을 강조하고 있다.

이를 위해 여성교수들은 그들이 일하는 현장에서 성차별의 관행을 폐지하는 제도적 장치와 정책을 마련하는 노력을 해야 하고, 남녀학생들에게 성평등에 입각한 진로 및 학업지도, 성평등의식 교육에 적극적인 역할을 해야 하며, 여성의 전문능력과 진로를 새롭게 개척하고 넓히는 교육에 치중해야 함을 강조하고 있다. 또한 대학문화 전반에 나타나는 성차별적 현상들에 대해 학교 당국과 교수와 학생이 적극 대처해 가도록 유도하는 역할이 필요하므로 교육방식, 행정조직, 문화 환경 등을 개선시키는 방안을 모색하여야 함을 주장하고 있다. 아울러 여성교수는 여성 직업인 중에서도 지도력과 영향력을 행사할 수 있는 위치에 있고, 여성의 사회참여 능력과 그것이 사회발전에 기여할 수 있는 가능성을 모범적으로 제시하여야 할 위치에 있으므로, 사회발전에 기여할 수 있는 여성의 잠재능력을 입증해 보이는 선도적 역할을 해야 함을 강조하고 있다. 이러한 역할들의 수행을 위해 바로 여성교수들의 의지와 힘을 모으는 연대조직이 필요하다는 것이다. 그리하여 전국여교수연합회와 같이 대학사회 전체를 아우르는 여성연대의 조직과 활동은 여성교수들뿐만 아니라 남성교수들을 동참시키는 보다 큰 변화의 물결을 이루어 교수사회를 새롭게 만드는 미래를 열어야 함을 강조하고 있다.

II. 초창기 전국여교수연합회의 활동과 당시 여교수의 지위와 역할

1998년 10월에 발간된 전국여교수연합회 뉴스레터 제1권 1호에 실린 초대 회장의 인사에 소개된 연합회의 사업계획은, 우선 우리나라 대학 강단에서 열심히 활동하고 있는 여교수들이 한자리에 모여 토론과 의견교환, 그리고 친목을 도모할 수 있는 만남의 장을 마련하고자 하고, '전국여교수의 날'을 제정, 선포하는 것도 의의가 있다는 제안을 하고 있다. 또한 여교수들의 임용실태 및 보직현황을 분석하고 문제점이 있으면 이에 대처할 수 있는 토론의 장을 마련하고자 한다는 것과 특히 여교수 임용에 관한 사례발표회 등을 갖는 것을 제안하고 있다. 점차적으로 연구 논문지원을 위한 연구보조비 지급이나 출판지원 등을 위한 사업구상 및 우수논문을 공모하여 포상하므로 여교수들의 능력발휘

기회를 진작시키는 사업계획도 밝히고 있다.

1998년 창립 이후 2년간 전국여교수연합회의 초대 회장과 임원진의 임기 동안의 주요사업 내용을 보면, 창립 기념 심포지엄을 비롯한 두 차례의 학술 세미나와 〈대학 내 여교수 권익침해 사례〉 및 〈여교수의 학내 활동 및 임용과 관련한 불평등 사례〉 발표가 있었다.

창립기념 세미나에 이어 전국여교수연합회의 제2차 세미나는 연합회가 발족한 지 반년만인 1998년 12월 15일(웨스틴조선호텔 오키드룸), "21세기 여교수의 위상과 역할"이란 주제로 백영옥 교수(명지대)의 발표 및 송년의 밤 행사를 갖고, 당시 조선제 교육부 차관, 조완규 한국대학총장협회 이사장, 장상 이화여대 총장 및 유재건 국민회의 부총재 등이 참석하여 격려사 및 축사를 하였다. 이날 세미나에서는 대한민국 여교수들이 걸어 온 발자취를 돌아보며 21세기를 눈앞에 두고 여교수들이 수행해야 할 바른 좌표를 설정하는 토론의 장이 마련되었는데, 이 세미나를 계기로 교육부가 대학평가 때, 각 대학의 여교수들이 차지하는 비율과 보직을 맡고 있는 비율 등을 적극 반영하여 우수대학에는 재정적 지원을 하기로 하는 등의 성과를 얻었다.

창립 1주년이 되는 1999년 6월 18일 캐피탈호텔에서 총회를 갖고 고정명 초대 회장의 은퇴로 인한 잔여임기에 관한 토의 후, 창립 정관에 명시된 임원 임기 2년을 그대로 지키기로 한다는 의결을 한 보고가 있다(2000.5.23일 발행 소식지 3호). 이에 따라 제2기 김종의 부회장(숙명여대), 신은숙 부회장(순천향대)과 함께 초대 회장의 남은 1년 임기 동안은 지방조직 활성화를 위해 지부의 행사 활성화를 위해 노력한다는 구체적 계획과 함께 중앙에서는 국제대회 등 국제행사를 담당할 계획을 표명하고 있다.

세미나 이외에도 초기 활동으로 주목할 만한 것으로 대학 내 여교수 권익침해사례와 여교수의 학내활동 및 임용과 관련한 불평등 사례 발표가 있었다. 1999년 6월 총회에서는 대구대학 이상보 교수 문제에 대해 연합회 차원에서의 지원방법을 모색하고자 하며 자체적으로 비상

운영위원회라도 가동시켜 진상조사를 위한 소위원회를 만들 생각임을 결의하는 부분도 있다. 문제가 극단으로 치닫지 않고 대학 자생력으로 잘 해결될 수 있도록 총장과의 중재에도 힘썼다.

이 사건을 보도하고 있는 여성신문 기사는 고정명 회장의 인터뷰를 인용하며, 부산의 B대, 대구 D대 등에서 이런 일이 발생한 배경에는 현재의 가부장제 사회 속에서 여성비하 의식이 곳곳에 잠재돼 있었기 때문이라며, 7월 1일부터 시행 중인 남녀차별금지법 등 관련법과 제도가 이런 부조리를 불식시킬 수 있도록 운영되어야 함을 강조하고 있다. 아울러 "이런 때일수록 여교수들이 더욱 분발해 학문적으로 어느 남자교수보다 뒤지지 않는다는 실력과 열정을 보여줘야 한다"는 점을 당부하였다.

〈여교수의 학내 활동 및 임용과 관련한 불평등 사례〉에 대해서는 1999년 12월 27일(롯데호텔 36층) 송미섭 교수(경희대)의 발표로 다루어졌다. 이때 전국여교수연합회는 〈새천년 한국여교수의 위상 정립에 관한 대토론회〉를 개최하고 대학 내에서의 여성학 강좌 활성화, 여교수들의 인문사회 편중 지양 등 다양한 의견이 제시됐다. 특히 "교직의 여성화"와 "여교수의 임용현황과 여교수의 역할"에 대해서는 창립 2주년 기념 학술세미나의 주제로 본격적으로 다루어졌다.

창립 2주년 기념 세미나(2000년 6월 2일 프라자호텔 22층 덕수홀)에서는 "교직의 여성화 어디까지 왔나"(경희대 송미섭 교수)라는 제1주제로 초등학교, 중고등학교 및 대학 교직의 여성화 현황에 대해 교원의 남녀별 실태와 교직 여성화 경향의 원인을 분석하고 있다. 21세기 교직의 여성화에 영향을 미칠 환경변화에 대해 논하며, 사회구조적, 문화구조적, 정보화 및 노동환경의 변화에 대해 구체적으로 짚어보고 있다. 한국의 교직사회의 빠른 여성화 성향을 예견하는 송미섭 교수의 발표에 대해 토론한 박수연 교수(이화여대)는 전체적으로 이견은 없으나 이 예견의 근거가 교직에 충원된 여성들을 상대로 조사연구를 실시하여 나온 것이 아니기 때문에 여성화 경향의 원인으로 지적된 요인과의 인과관계는 타당한 근거가 부족하다고 인식했다. 이와 함께 대학에 있어서도 남녀공학에 여자학생 수가 급격하게 늘어가므로 여성교수의 수가 늘어가야 하는 필요성을 강조하며, 여성교수가 남성교수에 비해 가르치는 것을 더 좋아하고 학생들을 돌봐주는 것을 더 좋아한다는 연구결과도 있음을 지적하고 있다. 이에 따라 여성교육을 위하여 여성교수의 역할 모델도 필요하고, 교직 여성화는 막을 수 없는 추세이며 더 많은 여성을 각급 학교 교직에 포함함으로써 교육발전에 이바지할 수 있을 것이라고 덧붙이고 있다.

제2주제는 박남희 교수(경북대)의 〈우리나라 대학의 여교수 임용현황과 여교수의 역할〉에 대한 발표로 당시 우리나라 대학의 여교수 임용현황에 대해 교육기관별 여교원의 임용현황, 계열별 여성고학력자 비율과 여교수 비율, 대학설립 유형에 따른 임용상태 및 지역권역별 여교수 임용상황에 대해 분석하고 특히 2000년도의 영남권 대학의 여교수 임용현황을 집중하여 조명하고 있다. 박남희 교수가 파악한 당시 우리나라 대학의 여교수 임용현황에 의하면 우리 대학이 해방 후 폭발적 성장을 하여 대학교육은 미국 다음으로 높은 40%의 진학률을 보여주고 있다. 특히 해방 후 대학 수는 3배, 학생 수는 53배, 교수 수는 28배 증가하였는데, 고등교육 기관의 여학생의 양적 성장을 감안하면 대학에서 여교수 증가율은 실로 낮은 비율로 우리나라 대학의 국제경쟁력을 떨어뜨리는 여러 이유 중 한 이유가 된다는 것을 지적하고 있다. 여교수의 비율에 대한 교육부 통계분석에서도 1995년 21.3%, 1997년 22.7%가 되었다가 1998년 13.1%로 떨어졌고, 1999년에는 13.3%가 되었음을 보여주고 있다. 이때 국가적 경제위기, 구조조정, IMF 경제위기 등의 환경적 변화로 인하여 여교원 및 여교수가 구조조정에 포함되어 1997년에서 1998년 사이에 비율이 갑자기 저하된 것을 보여주고 있다.

이처럼 대학에서의 여교수 비율이 저조한데, 여성 적격자가 과연 부족한지 등을 민무숙의 〈대학의 남녀교수 불균형 현황과 개선 방안〉에서 인용하며 박남희 교수는 자세히 검토하고 있다. 1996년 자료에서 석박사 학위 취득자 중 여성 비율을 보면 가정계열 94.9%, 예능계 75.5%, 어문계열 55.9%, 사범계열 48%가 되어, 전공에 따라 여성 중심학과와 여타 전공 여성비율에는 차이가 크며, 여성 중심의 전공분야에 집중되었음을 보여주고 있고, 공학계는 여전히 낮지만 사회계, 어문계, 농림계에 여성학위 취득자가 전반적으로 증가하고 있음을 보여주고 있다. 이에 반해, 여교수의 비율을 남녀공학대학과 여대를 구분하여 계열별로 조사한 자료에 의하면, 여교수 분포비율이 10%가 넘는 곳은 남녀공학 대학의 어문계(17.3%), 의학계(13.6%), 예술계(13.5%), 가정계(13.2%), 사범계(10.8%)의 순이고 여대의 경우 어문계(17.3%), 예술계(16.9%), 사회계(12.8%), 사범계(12.1%), 가정계(11.6%)의 순으로 높아 남녀공학 대학과 여대의 차이를 보여주고 있다.

이러한 실태는 여성 석박사 학위 취득자의 비율이 상대적으로 낮은 계열인 이학계(1996년 기준 29.1%), 공학계(5.5%), 수산해양계(8.7%)에서 여교수 분포비율이 극히 낮은 것(이학계 7.1%, 공학계 1.7%, 수산해양계 0.2%)은 물론, 여성 학위 취득자가 압도적으로 높은 계열이라 하더라도 여교수의 구성비율은 상대적으로 매우 저조한 실정(가정계 81.2%, 예술계 30.1%, 사범계 10.8%)임을 알 수 있다. 또한 여기서 어문계나 의학계의 경우처럼 전체 여교수 분포비가 10%가 넘는 계열이라도 여교수의 구성비를 비교해 보면 어문계 18.8%와 의학계 8.6%로 매우 저조한 상황을 보여주고 있다.

한편, 당시 국공립대학과 사립대학의 여교수 분포에 따르면, 국공립대학 전체 여교수 비율은 8.0%인데, 사립대학의 여교수 비율은 14.3%로 국공립대학의 여교수 비율이 사립대학보다 훨씬 낮은 상황을 보여주고 있다. 또한 전공 특성상 남성 비율이 낮은 가정계(81.1%), 간호계(97.8%), 예술계(28.0%)의 전체 여교수에서 차지하는 비율은 각각 17.5%, 10.2%, 12.9%이며, 어문계와 사범계의 경우 여교수 비율은 각각 13.1%, 10.3%로 전공 내에서는 남성 비율보다 낮지만, 우리나라 여교수 전체에서 차지하는 비율은 12.3%와 15.7%로 높다. 사립대학이 국

공립대학보다 단연 여교수 비율이 높고, 가정계, 간호계에 집중되어 있
는 국공립대학에 비하여 이학계, 의학계 등 다양하게 분포되어 있음을
보여준다.

박남희 교수는 특히 지역권역별, 계열별 여교수 비율과 분포를 통
해 수도권, 충청권, 영남권, 호남권, 강원권의 순으로 여교수 비율이 높
다는 것을 보여주고 있다. 가장 보수적일 것으로 예견되는 영남권보다
강원권과 호남권의 여교수 비율이 낮은 상황을 보여주고 있다. 이어서
2000년도의 영남권 대학의 여교수 임용현황에 대한 전체 여학생의 비
율, 여교수 비율과 2000년에 신규 임용자 가운데 여교수 수를 분석하고
있는데, 1990년에서 2000년 사이에 전체적으로 여학생 수와 여교수 수
모두 증가하고 있으나 전국 평균치보다 낮다는 것을 밝히고 있다.

대구경북권 대학의 계열별 여교수 비율에서도 가정계열 여교수 비
율이 압도적이고, 다음으로 많은 전공은 예술계인데, 대구대학은 어문
계, 의학계, 사범계에 비교적 골고루 분포되었으나 경북대의 경우 인문
계열, 이학계열, 농림계열에 여교수가 전혀 없고, 계명대의 경우 공학
계가 전혀 없고, 대구대 역시 인문계열, 농학계열, 영남대는 공학계열,
농림계열, 약학계열에 전무한 당시 상황을 보여 주고 있다. 한편, 대구
경북권 대학에서 여교수가 꾸준히 임용되고 있어 전체적으로 증가 추
세에 있음이 고무적인 현상으로 주목하고 있다. 즉, 영남권 9개 대학
가운데 대구대, 대구과학대, 안동대를 제외한 6개 대학에서 IMF 이후의
신규임용에 여교수가 배제되지 않았으며, 이들 대학의 평균 17.5%의
신규임용율은 수도권의 여교수 임용율보다 높은 비율임이 희망적으로
해석되고 있다. 그러나 여성은 강사의 비율이 높고 전임교원 임용 시에
는 남성 위주로 임용하여 여성 자격자는 저임금으로 대학사회의 주변
인물로서 봉사하는 경우가 많다는 점이 지적되었다.

또한 박남희 교수는 여교수의 대학 내 위상과 역할을 고찰하기 위하
여 학내 보직에 어느 정도 임용되었는지 분석하고 있는데, 여교수들의
학내 보직은 거의 순환제 보직인 학과장, 학부장에의 임용율이 크며,

교무처장, 학생처장 등 학내 주요보직에는 거의 기용되지 않았음을 보여주고 있다. 다시 말하면, 보직 임용의 경우 양적보다는 질적인 면에서 대표적인 역할을 수행하지 못하고 있으며, 이런 점들이 여교수 임용을 지원할 수 없는 여건이 되며, 결국은 낮은 임용 비율의 원인이 된다는 점을 지적하고 있다.

대학에서의 여교수 임용이 저조한 데에는 남성중심의 사회구조, 남성우월주의와 전통적 가치관 등 여러 원인이 있지만 대학에서 여교수가 주요 보직에 참여하는 경우가 적어 학교 내의 주요 의사결정에 여교수가 소외되는 것이 큰 이유로 지적되었다. 여교수는 주로 순번제로 순환제 보직에 국한되었고 학내 의사 결정에 주요한 대표성을 띤 보직에는 거의 소외되어 남녀공학 국공립대학은 약 0.1%에 불과한 것으로 나타나고 있다.

여교수 임용문제는 여성 고용의 차원만이 아니라 고학력 여성의 사회 기여의 측면에서 고려되어야 하며, 여교수도 자기중심적 개인주의에서 벗어나 후배 여성을 위한 노력과 프로그램 개발에 관심을 가져야 함을 환기시키고 있다.

지정토론자인 남윤삼 교수(국민대)는 여교수 임용 확대방안에 관한 제안으로 우리 대학의 현실을 파악하여 구체적인 대안을 도출해야 할 점을 강조하며, 여교수 임용과 관련된 사례를 수집 평가하여, 개인이 아닌 집단적인 대처방안을 세울 필요가 있음을 덧붙여 지적하고 있다. 또한 여성 교수임용의 저조원인으로 지적된 1)대학 내 위원회나 보직에 여성 교수가 적은 점, 2)여성이 남성보다 학문적 후원자가 적은 점, 3)남성지원자보다 여성지원자가 학력이나 연구업적이 떨어진다는 일반적 인식, 이외에도 남성교수의 여교수에 대한 동료의식의 결여를 또 하나의 요인으로 덧붙이고 있다. 이러한 사회적 인식과 통념을 바꾸기 위해서는 정책적 배려도 중요하고 우리 사회의 여성관의 성숙도 필요하지만 그와 아울러, 여교수 스스로의 역할과 노력 또한 요구된다는 점을 강조하고 있다. 결국 우리 사회는 "고학력 여성인력의 활용에 대한 진지한 성찰"과 함께 "여교수 스스로도 보다 철저한 직업의식과 후배 여성에 대한 책임감과 사명감을 가지고 노력해야 할 것"을 강조한다.

또한 여교수 임용 확대와 대학 내에서의 지위 향상은 한 사람의 노력으로 이루어질 수 없는 과제인 만큼 조직과 단체에 의해서 그리고 지속적인 프로그램을 개발하여 적극적으로 실천할 때 가능하다는 점을 지적하며, 전국여교수연합회 활동의 핵심적 관심사항으로 풀어야만 할 과제인 점을 강조하고 있다. 이와 관련하여 이미 대학 내에도 여성교수협의회가 조직되어 활동하고 있으나(공주대 등), 여교수 임용과 관련하여 직접, 간접으로 참여하고 있지 못한 실정이긴 하지만 이러한 조직을 충분히 활용하여 전국 대학에 확산하는 방법과 독일과 같이 여교수협의회를 구체적으로 도입하는 방안 등을 제시하고 있다.

전국여교수연합회 창립 2주년 기념 세미나는 당시 이희호 대통령 영부인의 축하메시지와 이현청 대교협 사무총장의 축사로 전여연 활동의 중요성과 무게를 더해 가고 있었다.

III. 전국여교수연합회의 성장기 활동

새로운 밀레니엄을 여는 21세기에 들어서며 2000년 7월 제2대 서영희(선문대) 회장이 취임하였고, 2001년 7월부터 이선재 교수(숙명여대)가 제3대와 4대 회장을 맡아 전국여교수연합회의 성장을 위해 기반을 다져갔다. 2003년에는 제5대 이소우 회장(서울대), 2004년에 제6대 이경희 회장(경희대)과 2005년에 제7대 목진자 회장(단국대)의 취임으로 이어지며 전국여교수연합회의 활동은 그 토대를 더욱 단단히 다져가게 된다.

창립 이후 전국여교수연합회는 매해 춘계 및 추계학술 세미나를 개최하고 대학에서의 여교수의 지위 향상과 역할에 대한 성찰 및 관련 활동을 전개해 왔다. 당시 세미나의 주제는 주로 고급여성인력의 활성화, 대학사회에서의 성불평등, 여교수의 대학 내에서의 위치와 역할 및 대학에서의 고급여성인력 양성과 여대생 지도 등의 주제로 요약될 수 있다.

1. 고급여성인력의 활성화 대책과 〈여성교수 채용목표제〉의 도입

1998년 창립 이후 여교수들의 권익보호에 관해서는 전국여교수연합회의 주요 활동목표로 학술세미나의 주제로도 꾸준히 다루어져 왔는데, 교직의 여성화와 대학 여교수의 임용현황을 다룬 창립 2주년 기념세미나에 이어 제2대 서영희 회장(선문대) 재임 시기인 2001년 5월 19일, 창립 3주년 기념세미나에서는 "전국여교수연합회의 당면과제"에 대해 이소우 교수(서울대 제5대 회장 역임)와 진성자 교수(강원대)의 발표와 함께 이현청 당시 한국대학교육협의회 사무총장의 "대교협과 대학교육 개혁방안"에 대한 발표로 이어져 구체적인 과제와 전략을 세워나가게 된다. 그리하여 2001년 11월 전국여교수연합회의 제7차 정기세미나에서는 〈고급여성인력의 활성화 대책: 여교수 채용목표제〉에 대해 구체적으로 다루고 있다.

당시 한명숙 여성부장관은 축사를 통해 3돌을 지낸 전국여교수연합회는 여교수들의 권익을 보호하고 연구활동을 지원하는 유일한 단체로서 선배교수들이 신진 여성과학자, 여성박사들의 진출확대와 발전을 모색하기 위해 마련한 세미나의 의의를 치하하고 있다. 특히 우리 사회에서 전문 영역을 개척한 고학력여성들조차도 각종 채용상의 성차별적 장벽으로 인해 취업에 어려움을 겪고 있는 현실로 2001년 현재, 지난 3년간 박사학위를 취득한 여성박사들 가운데 37.7%만이 정규직에 진출하는 현실이 지속됨을 지적하고 있다. 그리하여 고학력 전문직

여성이 어떤 자리를 확보해야 하는지에 대한 공론화의 장이 부족하여
왔으나 전국여교수연합회의 학술 세미나가 이 문제를 새롭게 조명해
보는 중요한 계기가 되었다는 점에서 뜻깊다는 점을 강조하고 있다.

지식기반산업분야의 여성 진출을 촉진하기 위해 여학생들의 진로교
육이 강화되어야 함을 강조하고, 국공립대학의 여교수 채용목표제, 여
성과학기술인력 채용목표제 등 고학력 여성의 활용을 위한 적극적 조
치가 조속히 도입될 수 있도록 하겠다는 점과 여성고급인력의 사회진
출과 고용확대를 위한 제반 지원방안을 검토해 나갈 것이라고 하였다.

김송자 노동부 차관의 "21세기와 여성의 역할"이라는 기조강연에서
도 1)여성부 출범으로 체계적, 일관성 있는 여성정책 전기 마련, 2)국회
의원 비례대표 여성할당제 도입, 3) 중앙부처에 차관 임명 등을 언급하
며 여성계 지도자들의 노력으로 여성지위 향상을 위한 여건이 개선되
어 가고 있음을 지적하였다. 그러나 당시 1999년의 UNDP 여성권한척
도(Gender Empowerment Measure)의 결과를 인용하며, 조사대상 102
개국 중 우리나라는 78위로 여성의 경제활동을 촉진하는 인프라 부족
등 미흡한 부분도 함께 지적하고 있다.

특히 이때의 세미나에서는 "여성과학기술인력의 활용 및 지원방안"
에 대한 전길자 교수(이화여대), 노정혜 교수(서울대)와 오명숙 교수
(홍익대)의 발표를 통해, 구체적으로 자연과학계열과 이공계열에 적용
되는 여성과학자 활용현황을 짚어보며, 여성과학 인력의 활용과 지원
방안에 대한 논의가 있었다.

또한 고급여성인력의 활성화 대책에 대한 발표에서 과학기술부 기
초과학인력국의 최재익 국장은 〈여교수 채용목표제〉 도입에 대해 소
개하고 있다. 당시 국공립대학과 정부출연 연구기관에 2003년까지
10%, 2010년까지 20%, 여성과학기술인력을 채용토록 하는 채용목표제
를 추진 중이라는 것이다. 우리나라 정부는 1996년부터 여성공무원 목
표 채용을 시작하였고, 2002년 5급 이상 여성공무원 관리직 목표제를
실시하게 되었는데 대학에서의 〈여성 채용목표제〉가 2003년 6월부터

국회 입법화되었다.

교육분야 성평등 관련 정책은 그동안 상당한 발전을 거듭하여 온 반면, 고등교육 단계에서의 가시화된 성평등정책은 거의 시행되지 못하였는데, 이는 고등교육 단계는 상당 정도 대학의 자율권이 존중되는 형태로 정책이 집행되는 점에서도 비롯되었던 것이다(민무숙 외, 2010). 그런데 2000년대 들어 대학 재학 중인 여학생 비율이 40%를 상회하기 시작하고, 석박사 과정 여학생 비율 역시 증가함에 따라 고등교육 단계의 성평등 문화에 대한 관심이 제고되기 시작되었다. 특히 1990년대 말 대학사회에서 불거진 여러 성희롱사건의 발생 등은 성평등 관점에서 대학의 제반 문제점들을 대학구성원들이 깨닫게 되는 계기로 작용하였던 것이다(민무숙 외, 2010).

특히 2002년 교육부가 교육인적자원부로 개편되고, 사회전반에 인적 자원의 개발과 활용이라는 화두가 대두되면서 여성인력에 대한 사회적 관심 또한 상당히 증가하기 시작하였다. 이에 따라 상당한 규모의 고학력 여성이 배출되고 있음에도 불구하고 그 활용률은 매우 저조하다는 인식이 확산되면서 특히 과학기술분야의 여성인력에 대한 지원정책을 법제화하는 계기가 마련되었다. 나아가 이러한 문제는 대학사회 전반의 여성인력 활용의 문제가 정책적 이슈로 부각되기 시작하였던 것이다. 이러한 배경의 진전에 따라 정부는 마침내 대학교수직의 심각한 성별 불균형 문제를 해소하고 고등교육 부문에서 여성인적자원의 활용을 제고하며 나아가 대학의 성평등 문화 확산을 도모하기 위하여 2003년 〈국공립대학 여성교수 임용목표제〉를 도입하게 되었다. 주요 내용은 2003년 국공립대 여성교수 별도 정원 배정(200명)으로 이는 2006년에 종료되었다.

2003년 7월 교육공무원법 개정으로 교수 임용 시 특정 성이 편포되지 않도록 임용하고, 대학교원임용 양성평등위원회 설치, 인사위원회에 20% 여성임용, 국공립대학 양성평등조치계획 수립의무 부과 등의 조항을 신설하며 국공립대학 총 41개교를 적용대상으로 2006년 개정되었다. 대학이 자체적으로 3년마다 계열별 임용목표 비율이 명시된 계획 등 적극적 조치 시행을 위한 양성평등조치계획을 수립하고 추진하면서, 대학자체보고서를 모니터링하는 동시에 임용목표비율 등 양성평등조치계획 실적 평가를 통해 우수대학을 선정하고, 재정적 인센티브를 부여하는 것이 2007년부터 시행하게 된 것이다(민무숙 외, 2010).

민무숙(2010) 박사는 "여교수 임용목표제의 성과와 향후과제" 발표에서 2003년 도입된 '국공립대학 여성교수 임용목표제'가 단순히 여성교수의 양적인 확대정책이 아니라 고등교육단계의 성평등정책의 투입과 진전을 가져온 대단히 의미 있는 정책이라고 평가하며, 여성인적자원의 활용뿐 아니라 대학의 성평등 문화 및 의사결정의 여성참여 확대의 관점에서 여러 변화된 모습을 보여주게 된 점을 강조하고 있다. 관련법은 당시 여성부의 지원과 함께 교육과학기술부의 주도적인 입법노력에 의하여 제정되었다는 점에서 그 의미가 크고, 전국여교수연합회와 여성 국회의원 및 여성부가 연계하여 21세기 한국사회 전반에 걸쳐 양성평등의 사회적 분위기를 확산하고 가속화하게 되었다는 의의가 있다고 할 것이다.

여성교수 임용목표제의 양적 성과를 대학에서의 여교수 비율의 변화를 통해 살펴보면, 1970년에서 1980년까지의 10년 사이 1.4% 증가, 1980~1990년 사이에 0.9% 증가, 그리고 1990~2000년 사이에 1.9% 증가하였는데, 2000~2006년의 6년 사이에는 3.1%의 증가를 보여주고 있다. 이는 2003년 6월 여교수 채용목표제 국회 입법화 이후 여교수 채용이 확산된 결과이며, 2006년 이후에도 꾸준히 증가해 왔다.

4년제 일반대학, 교육대학, 산업대학, 방송통신대학의 전체교수는 2000년에서 2009년 사이에 45,114명에서 57,536명으로 27.4% 증가하였고, 여성교수는 6,130명에서 10,504명으로 71.4% 증가하였다. 한편, 전체 대학의 여성교수 비율은 2000년에 13.6%에서 2009년 18.3%로, 2000년 이후 지속적으로 증가하고 있으나 9년간 4.7% 밖에 증가하지 못했

〈표 11-1〉 일반 대학의 남녀교수 구성비 변화

(단위: 명, %)

구분	전체			국공립대			사립대		
	남교수	여교수	여교수비	남교수	여교수	여교수비	남교수	여교수	여교수비
1970	5,905	621	9.5	2,344	66	2.7	3,561	555	13.5
1975	7,614	861	10.2	2,958	108	3.5	4,656	753	13.9
1980	10,512	1,284	10.9	3,788	212	5.3	6,724	1,072	13.8
1985	17,396	2,412	12.2	5,990	530	8.1	11,406	1,882	14.2
1990	22,352	2,985	11.8	7,624	665	8.0	14,728	2,320	13.6
1995	29,743	4,195	12.4	9,365	818	8.0	20,378	3,377	14.2
2000	417,88	5,751	13.7	11,334	966	8.5	30,454	4,785	15.7
2001	43,147	6,103	14.1	11,422	1,005	8.8	31,725	5,098	16.1
2002	44,018	6,411	14.6	11,606	1,052	9.1	32,412	5,359	16.5
2003	45,106	6,719	14.9	11,899	1,100	9.2	33,207	5,619	16.9
2004	46,837	7,215	15.4	12,477	1,244	9.97	34,360	5,971	17.4
2005	49,034	7,961	16.2	12,982	1,390	10.7	36,052	6,571	18.2
2006	43,151	8,708	16.8	11,919	1,466	11.0	31,232	7,242	18.8
2007	57,296	13,661	19.3	14,754	2,047	12.1	42,542	11,614	21.4
2008	58,543	14,475	19.8	14,761	2,093	12.4	43,782	12,382	22.0

자료: 교육인적자원부, 교육과학기술부 교육통계연보, 각 해당 연도
* 1970년에서 2006년까지는 순수 4년제 대학의 경우이고, 2007~2008년의 경우는 전문대학, 방송 통신대, 겸임교수, 초빙교수를 포함한 수치임

으며 연평균 증가율은 0.5%에 불과하다(민무숙 외, 2010: 9). 특히 국공립대학 여성교수 비율은 2000년 8.8%에서 2009년 12.8%로 9년간 4.0%포인트 증가하였고 연평균 증가율은 0.4%이다. 이는 교육과학기술부가 수립한 국공립대학의 여성교수 목표비율(20%)에는 아직 못 미치는 것으로 7.2%의 격차가 있다. 사립대학의 여성교수 비율은 2000년에 15.6%에서 2009년에 20.3%로 9년간 4.7%포인트 증가하였고, 연평균증가율은 0.5%이다. 여성채용목표제 이후 여교수 임용 비율이 꾸준히 증

가하여 2007년 이후 여성교수 비율이 국공립대학은 12% 선을 유지하고 사립대학은 20% 이상이 되었으나 여학생 숫자에 비하면 매우 부족한 실정이다.

여성교수 임용목표제는 양적 성과만이 아니라 여성교수 증대를 위한 대학의 노력이 진전되었다는 질적 성과가 시작된 점을 주목할 수 있다. 각 대학이 다양한 방식으로 여성교수의 비율 제고와 의사결정 참여 확대를 위해 제도개선 노력을 실시하기 시작하여 의무규정을 둔 대학의 사례도 늘었는데, 대학 자체적으로 여성교수 채용 정원 확보와 교수채용 과정에서 양성평등추진위원회가 성차별 유무에 대한 모니터링을 실시하거나 대학의 장기발전계획에 여성교수 채용 확대 계획을 포함시키는 사례가 늘어가고 있음을 보여준다(민무숙 외, 2010). 또한 여성교수 의사결정 참여의 확대에 대해서는 여성교수의 보직비율의 제고 노력과 각종 위원회에 여성교수 비율 제고 노력 및 대학 내 양성평등 문화 확산에까지 그 성과가 확대되어 감을 보여주고 있다.

2. 여성교수 비율 변화

1980년에서 2008년 사이 여교수 비율은 8%의 증가를 보여주고 있는데, 여성총장 비율은 6.6%에서 10.4%로, 교수는 6.1%에서 13.6%, 부교수 9.8%에서 18.3%, 조교수 14.2%에서 25.0%로 증가하였고, 전임강사의 비율은 16.3%에서 36.8%로 증가하였음을 보여주고 있다. 교수나 부교수에 비해 조교수와 전임강사의 여성비율 증가폭이 큰 것이 현실이나 차츰 여교수 비율이 증가한다는 것은 미래 대학사회에서 여교수 입지가 현재보다 강화될 가능성을 보여준다는 것을 의미한다.

<표 11-2> 대학교 직위별 여교수 비율

(단위: %)

구분	전체	총장	교수	부교수	조교수	전임강사
1980	11.8	6.6	6.1	9.8	14.2	16.3
1990	13.8	8.1	8.9	13.9	16.0	20.1
2000	15.6	8.5	12.6	14.7	16.5	24.6
2001	16.0	8.5	12.7	14.7	17.8	25.8
2002	16.4	9.0	12.9	15.0	18.4	27.6
2003	16.7	10.8	13.0	15.3	19.1	27.9
2004	17.2	10.9	13.1	15.6	20.7	29.6
2005	18.1	10.9	13.2	16.5	21.2	32.8
2006	18.8	10.2	13.5	16.8	22.4	34.6
2007	19.3	10.2	13.6	17.5	23.6	35.8
2008	19.8	10.4	13.6	18.3	25.0	36.8

* 자료: 교육인적자원부, 교육과학기술부 「교육통계연보」 각 년도 통계자료

3. 대학 내 양성평등 정책추진

2004년 5월 전국여교수연합회의 춘계학술세미나에서 민경찬 당시 국공립대 양성평등추진위원회 위원장은 국제적 경쟁이 날로 치열해져 가는 상황에서 우리사회 구성원의 능력개발과 활용은 중요 요소이고 선진국들은 이미 고급 여성인력이 매우 중요한 역할을 하고 있다는 점에서 우리 여성들이 리더십을 주도할 수 있는 위치에 서도록 하여야 한다는 것을 주장하고 있다. 그러므로 여성교수 채용과 역할의 확대문제는 대학 자체의 문제만이 아니고 고학력 여성의 사회적 역량을 확대하는 데 크게 영향을 주는 중요과제로 인식해야 함을 주장하며 이러한 환경은 날로 늘어가는 여학생들에게도 자신감을 심어주게 된다는 것을 지적하고 있다. 그러므로 대학들은 행정에 있어서도 여교수 역할의 중요성을 인식하고 여성교수의 역량확대에 정책적인 노력을 적극적으로 기울여야 함을 강조하고 있다(민경찬, 2004: 7-8).

당시 정부는 대학에서의 교수임용 및 의사결정과정에서 양성평등의 정신을 구현하기 위하여 여러 가지 규정을 만들어 정책을 추진하게 되는데, 대학행정과 여교수 참여관련 정책 추진경과를 아래와 같이 요약할 수 있다(민경찬, 2004: 4-5).

2002. 7.5: 〈국가인적자원개발기본계획〉상 〈여성인적자원 활용
　　　　제고〉의 일환으로 〈여성교수 채용목표제〉 추진계획을 수립
2003. 2-3: 법안마련을 위한 공청회 등 개최
2003. 6.19: 여성교수 채용 확대를 위한 국립대 교수 정원(200명) 증원
2003. 7.25: 교육공무원법 개정
2003.11-12: 교육공무원 임용령 및 교육공무원 인사위원회 규정 개정
2004. 2: 대학교원임용 양성평등위원회 규정 개정 (교육인적자원부
　　　　훈령 651호)

이러한 과정을 통해 교육인적자원부는 2004년 2월 〈대학교원임용 양성평등위원회〉를 발족시키고 구체적인 실무 작업을 추진하게 된다. 2004년 3월 교육인적자원부는 대학별로 대학의 양성평등 제고를 위한 임용계획 등 적극적인 조치의 시행을 위해 〈양성평등조치계획〉을 발표하였고 이 계획에서 교육부는 대학에서 "여교수 채용과정과 방법의 개선" 계획과 함께, "대학의 주요 의사결정과정에의 여교수 참여"에 관한 조치 계획을 적극적으로 세울 것을 요구하고 있다(민경찬, 2004: 5).

구체적 실행방안으로는, 당시 〈양성평등조치계획〉에 따라 국공립 일반 4년제 대학교는 의무적으로 시행하여야 하나 사립대 및 국공립 비일반 4년제 대학교와 2년제 대학들은 자율적으로 시행하도록 하였다. 해당 대학들은 3년마다 3년 단위의 양성평등조치계획을 수립하여 교육인적자원부에 제출하도록 하고 있다.

양성평등조치의 계획과 추진실적 평가는 영역별로 공통부문 15%,

여교수 채용 65%, 여교수 참여 및 지원 20%로 배분되어 있다. 특히 "여교수 참여 및 지원"은 의사결정 참여기회의 적정성을 평가하는 것으로, 지표는 "여교수의 보직교수 비율은 적정한가?"와 "대학 내 각종 위원회의 여교수 구성비율은 어느 정도인가?"로 구성되어 대학이 각종 행정업무 및 위원회 활동에 여교수가 참여하여 봉사할 수 있는 기회를 적극 부여하도록 하고, 보직교수 위촉 및 인사위원회 위원으로 활동할 수 있도록 참여를 유도하고 있다(민경찬, 2004: 5-7).

4. 대학 내 의사결정직의 여교수 참여 변화

대학 내 여성교수 채용뿐만 아니라 전국여교수연합회는 대학사회 내 의사결정과정에서의 여교수 참여에 대해서도 창립 이후 꾸준히 관심을 가지고 학술세미나 등의 주제로 다루어 왔다. 2004년 5월 춘계학술세미나의 주제발표에서 당시 교육인적자원부 국공립대 양성평등추진위원회 위원장이었던 민경찬 교수(연세대)는 "대학에서의 의사결정과정에 중요한 역할을 하는 보직자들 간의 남녀 성비의 균형의 문제도 크게 개선이 요구되는 과제"라고 하며 4년대 일반대학의 현황을 분석하고 있다(민경찬, 2004: 2-4).

〈표 11-3〉 국공립대 및 사립대의 여성보직자 비율 (2001)

(단위: %)

구분	보직자	본부 내 임명직	위원회	인사위원회
전체	11.4	10.6	10.6	9.6
국공립대	7.1	5.9	6.4	5.8
사립대	13.1	14.5	12.0	11.8

출처: 민경찬, "대학행정에서의 여교수 참여 현황 및 관련정책"(2004), p.4 재인용

2001년 기준, 당시 전체 4년제 대학의 보직자 현황을 보면 전체 12,293명 중 여성은 1,396명으로 전체의 11.4%를 차지하고 있으며, 국공립대는 7.1%, 사립대는 13.1%이었다. 특히 사립대보다는 국공립대에서 본부 내 임명직, 위원회 및 인사위원회의 구성비에서 그 비율이 현저하게 낮은 실태를 보여준다(〈표 11-3〉 참조).

이러한 보직 중에서도 학교 학사운영의 전반을 책임지는 자리로서 핵심적인 위치에 있는 교무처장이나 기획처장, 연구처장 등 대학본부에서 근무하는 본부 내 임명직을 보면 전체 보직의 여성비율보다 현저히 더욱 낮게 나타나 본부 내 임명직 여성은 10.6%만을 차지하고 있음을 보여주고 있다. 일반대학의 경우, 여대를 제외한다면 국공립과 사립 모두 여성비율은 7~7.7%의 수준에 머무르고 있음을 보여주고 있다. 2001년 당시 25개 국공립대학의 본부 내 임명직 중 여성은 불과 10명으로 나타나고 있고, 특히 교육대학은 조사된 5개 대학 모두 여성은 한 명도 없는 상황이어서 본부 내 주요 보직에 여성비율의 개선이 시급함을 보여주고 있다(민경찬, 2004: 11).

한편, 사립대의 경우도 여자대학의 비중을 제외하고 나면, 주요 보직 내 여성비율은 10.6%로 더욱 낮아짐을 알 수 있다. 흥미로운 점은 상대적으로 여교수 비율이 높은 교육대나 방송대의 경우 행정보직 내 여교수 비율은 일반대학보다 오히려 더 낮아서 9.4%와 7.4%만을 보여주고 있어 이들 학교들이 여교수 비율은 높지만, 주요 학교 행정 및 운영에는 거의 영향력을 행사하지 못하는 것으로 분석되고 있다. 또한 산업대의 경우는 낮은 여교수 비율을 반영하고 있는데 국공립대학 5.5%, 사립대학 9.1%로 국공립대학의 여교수 보직비율이 낮은 것을 보여주고 있다(민경찬, 2004: 10).

행정보직만큼 학교 내 다양한 학사행정에 대하여 의사결정기능을 하는 기구로서 위원회의 여성 참여율은 대학의 성별균형정책을 가늠할 수 있는 척도가 되는데 2001년 당시 37,604명의 위원 중 여자는 3,978명으로 10.6%에 지나지 않고, 이 중 사립대학은 12%, 국공립대학은 이보다 훨씬 낮은 6.4%정도에 지나지 않음을 보여주고 있다(민경찬, 2004: 12). 여성의 저조한 참여율이 시급히 개선되어야 함을 알 수 있게 해 준다.

2001년 당시의 이러한 상황은 그 이후 별로 개선이 되지 않고 여전히 저조한 상황임을 알 수 있다. 41개 국공립대학의 2009년 주요보직 여성교수 비율은 8.6%로, 2007년 7.8%에서 0.8%포인트 증가하였다. 특히 일반대학의 주요 보직 여성교수 비율은 2007년 6.7%에서 2009년 7.4%로 0.6%포인트의 증가로 다른 유형의 대학에 비해 여성 보직자 비율이 낮다(민무숙외, 2010: 13-15). 보직 유형별로는 처·실장급의 여성비율은 낮아졌고, 학장, 대학원장, 부속기관장의 경우 소폭 높아졌음을 보여주고 있다.

21세기에 접어들면서 한국사회의 다양한 부문에서의 변화와 개혁에도 불구하고 급속한 경제발전에 의한 사회적 불평등 심화현상이 야기되고 장기적으로 불평등은 사회발전의 저해요인으로 작용하게 되었는데 그 가운데 성별 불평등 현상이 가장 광범위하고 지속적으로 나타나고 있다고 할 수 있다. 국가와 지역 차원에서 인구, 가족, 정치, 경제, 교

〈표 11-4〉 국공립대학의 주요 보직* 여성교수 현황

(단위: 명, %)

대학 유형	2007			2008			2009		
	전체	여성	여비율	전체	여성	여비율	전체	여성	여비율
전체	1,439	112	7.8	1,518	120	7.9	1,594	137	8.6
일반대학	1,142	77	6.7	1,290	94	7.3	1,359	100	7.4
교육대학	105	15	14.3	102	16	15.7	104	22	21.2
방송통신대학	30	6	20.0	30	6	20.0	26	7	26.9
산업대학	90	4	4.4	96	4	4.4	105	8	7.6

* 보직교수 비율은 처·실장, 학장, 또는 원장, 부속기관의 장을 대상으로 함
  자료: 교육과학기술부 내부자료(2007~2009), 국공립대학 주요 보직 현황 (민무숙·신선미
   (2010: 14)에서 재인용)

육 등 다양한 분야의 양성평등지표를 비교해 보면, 교육 분야의 양성평
등 수준과 성별 불평등 상황이 비교적 양호한 것으로 평가되고 있으나
유독 교육지표 중 한 항목인 여교수 비율이 가장 심각한 불균형 상태라
고 할 수 있다. 그리하여 여교수 비율을 높이는 노력으로 대학운영과
정책결정에 여교수 참여를 권장하고, 각종 위원회에 여교수 참여 의무
화, 특히 정부 각종 위원회 여성비율 30% 권장 및 대학의 주요의사 결
정에도 여교수의 역할이 강조되었다.

그럼에도 불구하고 여전히 여교수의 인적 자원은 취약하고, 적임자
가 부재하거나, 또 적임자로 발탁된 여교수의 경우는 보직이나 기타 행
정직 역할은 고사하게 되므로 대학운영에서 소외되고, 대학 의사결정
에서의 참여 비중은 계속하여 저조한 상태가 지속되고 있다. 전국여교
수연합회의 제11대 회장을 역임한 박남희 교수는 2010년 10월 경상대
학교 여성연구소 초청강연에서, 이를 극복하기 위해 "여교수들의 자질
향상과 역량강화" 및 "여교수들의 프로의식과 사회봉사 마인드" 등이
강조되어야 하며, 전국여교수연합회의 "여교수들이 대학에서의 정책
과 의사결정에 적극 참여하므로, 후배 여교수와 여대생들을 위한 제도
개발은 물론, 학내 여직원에 대한 배려와 시스템 발굴의 필요성까지도
제기할 수 있음"을 주장하고 있다.

5. 대학 행정 최고 책임자로서의 여교수의 리더십

21세기의 문턱을 넘어선 2000년대 초에 이미 여성 총장이 탁월한 리
더십과 경영 능력을 발휘하여 기여를 하고 있으나 수적으로나 영역에
서 여성 총장은 여자대학의 경우이거나 비교적 소규모 대학에서 임명
된 극소수에 불과한 실정이다. 특히 총장이 교수들의 선거로 결정하는
제도가 도입된 이후 선거로 선출된 여성 총장은 한 명도 없었고 1999
년 홍경표 교수(한남대)가 선거에 도전한 첫 여성후보자였다(홍경표,

2004: 15).

2004년 5월 전국여교수연합회의 춘계학술대회에서 홍경표 교수(한남대)는 총장선거에 도전한 자신의 경험을 중심으로 대학 최고책임자로서의 여교수의 역할에 대해 발표하였다. 총장선거에 도전하면서 여교수가 특수 상황이 되어 개인의 역량만이 선택의 기준이 아니라 선거가 진행될수록 여교수가 총장이 되기에는 적합하지 않다고 부각되는 경험을 통해 총장이 되려는 여교수로서의 조건과 덕목들에 대한 생각을 피력하고 있다. 특히 선출직 여성 총장을 배출하기 위해서는 개인적 차원에서뿐만 아니라 사회적 차원에서 숙고할 문제를 강조하고 있다. 21세기가 "3C(Change, Challenge, Chance)의 세기"로 규정하고 여성이 총장직 수행하는 데 남성과 다른 자질과 능력이 무엇인지, 직무수행의 강점을 지적하고 있다.

첫째, 여성 리더는 부패로부터 자유로울 수 있다는 강점을 지적하였다. 특히 대학 총장은 미래의 인재를 육성하고 관리하는 자리이므로 "권력을 행사하는 정치적 리더"보다 "관리를 잘하는 비정치적 리더"가 필요하고 이 점에서 여성이 남성보다 유리하다는 점을 강조한다.

둘째로는 부드러운 카리스마를 여성 리더십의 특징으로 꼽고 있다. 남성리더의 상징이 '권위주의적인 카리스마'라면 여성 리더십은 '상호 존중과 합의를 중요시하는 부드러운 카리스마'임을 강조하며 가꾸어 키워내는 따스함이 리더십의 중요 덕목이라고 주장하고 있다.

셋째는 여성 리더십의 최대 강점으로 여성의 본성인 보살핌의 윤리 의식을 지적하였다. 자신보다 타자에 대한 책임과 배려를 우선으로 하므로 구성원의 마음을 읽어내고 허물을 감싸주는 모성적 감수성이 바람직한 리더십이라는 것이다.

그러므로 민감한 도덕적 감수성과 타자에 대한 공감력, 모성애에 기반을 둔 보살핌의 윤리 의식은 남성에게는 찾기 어려운 여성 리더십의 특징이고 이러한 장점을 활용하여 대학을 더 잘 경영할 수 있다는 점을 강조하고 있다. 여교수들이 총장이 되기 위해서뿐만 아니라 사회개혁

차원에서 보다 적극적인 연대투쟁도 중요하다는 점을 지적하였다.

IV. 고급여성인력개발과 전국여교수연합회
활동의 지평 확대

1. 여성인적 자원개발을 위한 학생 지도방안과 여교수의 역할

전국여교수연합회는 21세기에 접어들면서 더욱더 다양한 주제와 이슈들을 개발하고 정책적, 실천적 대안을 논의하며 학술적이고 정책적인 역량을 키워가며 성장하게 된다. 학술행사의 주제도 비단 여교수 채용목표제나 대학 내 의사결정과정에서의 양성평등정책의 추진이라든가 여교수의 자녀양육과 관련된 실태분석이나 복지 정책 등, 여교수 자신들만의 문제뿐만 아니라 나아가 고급여성인력개발이라는 측면에서 여대생 대학생활 지도방안과 대책과 함께 통일을 대비한 여성 전문인력의 활성화 방안 등에 이르기까지 그 범위를 확대하여, 여성의 삶의 경험이 남성과 다르게 형성되고 사회경제적 위치가 다르므로 지식정보시대 고등교육기관에서의 여성인력개발의 과제를 살펴보고 있다.

특히 제2대 서영희 회장(선문대) 재임 시기인 2000년 11월10일 고려대인촌기념관에서 있었던 전국여교수연합회의 학술 세미나는 "통일에 대비한 여성전문인력의 역할"이라는 주제로 김학준 당시 한국교원단체총연합회장의 "최근의 한반도 정세와 동아시아"에 대한 발표와 장공자 교수(충북대 정치학)의 "전문여성인력의 활성화방안"과 조한혜정교수(연세대 사회학)의 "남북통일의 문화적 차원" 및 정현백 교수(성균관대 사학)의 "성평등과 평화의 만남: 평화교육을 위한 제언"에까지 그 논의의 지평을 넓혀가고 있다.

　제3대 이선재 회장(숙명여대) 임기인 2002년 5월에는 〈고급여성인력의 활성화 대책〉의 구체적인 제언으로 "여교수의 자녀양육 실태분석과 복지 정책적 제언"(이소희 숙명여대 교수)와 "방과 후 아동지도 현황과 대책"(이경희 강원대 교수)이라는 실질적인 주제를 다루고 있다. 한편, 2002년 11월에는 〈고급여성인력개발: 여대생의 대학생활 지도방안과 대책〉이라는 주제로 전국여교수연합회와 교육인적자원부가 공동으로 주최하는 학술세미나를 개최하고 당시 이상주 부총리겸 교육인적자원부 장관의 격려사에 이어 〈교육기관에서의 여성인력개발 과제〉(이화여대 곽삼근 교수), 〈여대생의 진로설계와 여교수의 역할〉(연세대 나윤경 교수)의 발제와 다양한 토론이 이어졌다.

　곽삼근 교수(이화여대)는 대학에서의 여성인적자원 개발을 위한 학생 지도방안으로 1) 전공개발 및 진로 다양화 교육, 2) 성 고정관념 전환을 위한 교육, 3) 직업의식 강화교육, 4) 핵심역량 함양 교육프로그램 운영, 5) 네트워킹과 멘토링 체제구축 및 실현, 6) 여대생을 위한 기업체험 프로그램의 실시 및 확대 6) 직업설계(work planning) 교육과정 개발 및 실시를 제시하였다. 이어 나윤경 교수(연세대)는 〈남녀공학 대학에서의 여학생 진로교육을 위한 여교수의 역할〉로 신입생 오리엔테이션, 커리어 대비교육 및 여학생 간 네트워킹 등 여학생에 대한 구체적 지도와 이를 위한 여교수 간의 네트워킹을 강조하고 있다. 이때 종합토론에는 교수들만이 아니라 3명의 여대생이 자신의 경험을 바탕으로 토론에 참여하고 있음을 주목할 수 있다.

　제6대 이경희 회장(경희대) 임기 동안인 2004년 11월의 제13회 추계 학술세미나에서도 여성부와 교육인적자원부의 후원으로 〈여대생 커리어 개발을 위한 활성화 방안〉에 대한 주제를 다루고 있는데, 신현옥 당시 여성부 인력개발담당관의 〈고학력 여성 청년층의 취업 현황 및 청년실업 대책〉의 주제발표에 이어, 〈여대생 커리어 개발의 현재와 미래〉(김분한 한양대 여대생 커리어개발센터장)와 〈전라북도 지역 여대생의 진로희망과 직업의식에 관한 조사연구〉(마인숙 전북대 여대생 커리어개발센터장)의 발표에 이어 서울과 지방을 대표하는 각 대학의 여대생 커리어개발 센터장(신라대 공미혜, 연세대 김현미, 아주대 김혜선, 충남대 박길순, 동서대 엄미례)의 프로그램 현황과 활동을 소개하며 다양한 토론이 이어졌다.

2006년 7월에 전국여교수연합회의 제8대 회장으로 취임한 구자순 교수(한양대)도 임기 동안인 2007년 6월에 개최된 제18회 학술세미나의 주제를 〈고용불안정 시대의 대졸여성의 고용현실과 취업방안〉으로 정하고 비정규직과 여성노동, 여대생들의 노동시장 진출을 위한 대안 모색 등을 논의하고 있다. 노동시장 유연화로 인한 비정규직의 확산 등, 고용불안정이 심화되면서 비정규직 노동자의 70%가 여성인력으로 구성되어 있어 비정규직 여성화 현상이 두드러지고 있는 상황에서 전국여교수연합회는 여대생들의 취업교육에 관심을 두고, 국가 경쟁력 확보를 위하여 여성인력활용의 중요성을 강조하고 있다. 구자순 회장은 학술세미나를 열면서 비정규직 확산 등 고용불안정 시대에 대졸여성들의 노동시장 불평등에 대한 사회적 여론을 환기하고, 개인적, 사회적 차원에서의 고용불평등에 대한 대안을 함께 모색하는 자리를 마련한 것이라는 취지를 밝히고 있다.

이날 〈비정규직과 여성노동〉에 대한 주제발표는 권혜자 한국고용정보원 동향분석팀장의 "여성의 경력단절현상이 특히 20대와 40대의 성별 고용형태별 직업분리와 임금효과를 중심으로" 나타나는 것을 검토하고 있고, 나임윤경 교수(연세대)와 최윤진 교수(연세대 여대생 커리어개발센터)는 "남녀공학대학교 여학생들의 변화된 취업준비와 대학의 과제"에 대해 발표하였다.

특히 이날 학술세미나에 앞서 12시부터 오후 2시까지는 전국 대학의 학·처장 등 여성보직교수 간담회를 개최하고 의견을 나누는 자리를 마련하였음이 주목할 점이다. 구체적으로 여성보직자들의 경험을 공유하며 대학 내에서의 의사결정과정에서 나타나는 성별불평등 사례에 대해 논의하였다. 당시 이장무 서울대 총장, 김영식 한국대학교육협의

회 사무총장 등이 함께하여 학술대회 개최 축사를 하고 의견을 나누는
자리도 마련되었다.

2. 성평등한 대학사회를 위한 문제제기

한편, 제4대 이선재 회장(숙명여대) 재임 시인 2003년 5월 31일에는
〈대학 내 성희롱, 성폭력 예방대책〉을 주제로 한 전국여교수연합회와
교육인적자원부의 공동세미나가 개최되었다. "대학 내 성폭력 예방의
교육적 접근"(연세대 김영희 박사)과 "교수 성폭력은 왜 '올바른' 해
결이 어려운가?"(동국대 조은 교수)의 주제발표와 함께 대학 성폭력상
담소 운영자들의 상담소 현황과 과제에 관한 간담회가 이어졌다. 당시
사회적으로 물의를 빚었던 대학 내 성폭력 및 성희롱 사건들로 대학 내
성폭력 상담소와 신고센터 들이 생겨났고, 또 그동안 은폐되어 다루기
를 꺼려하던 주제를 대학사회의 또 다른 성별 불평등 현상에 대한 중요
이슈로 삼고 전국여교수연합회가 시의적절하게 학술대회 주제로 다루
었다는 점에서 그 의의가 크다고 할 수 있다. 특히 조은 교수는 "대학
성폭력 사건의 은폐구조와 기제"와 아울러 여교수의 '모순적' 위치에
대해 지적하며 대학사회의 성찰과 여교수들의 연대를 촉구하고 있다.

또한 제5대 이소우 회장(서울대)도 2003년 12월에 〈대학사회 내 여
교수의 참여적 현실〉이라는 주제로 교육인적자원부와 여성부의 후원
으로 프레스센터 19층 기자회견장에서 학술대회를 개최하고, 대학사
회 내에서 발생하는 여러 가지 성불평등한 문제점들에 대해 살피며, 해
결방안을 모색하려는 시도를 하고 있다.

이날 발제자인 김혜순 교수(계명대)는 "여교수, 여자인가 교수인가"
라는 주제로 성평등한 대학사회를 위한 문제제기를 하고 있다. 김혜
순 교수는 대학사회에서의 성불평등이란 권한과 지위, 이해관계가 높
은 분야일수록 남자주도적이며, 권한과 지위, 이해관계가 동일한 영역

내에서 남자 중심적인 상황 정의와 평가가 주도하게 되는 위계적 성별 분리로 정의하며 대학 내 성차별은 그 정의상 경력과정 또는 직급별, 계열별, 학교유형별, 영향력 있는 남자의 후원 정도, 지역별로 다르게 경험되는 것임을 지적하고 있다(김혜순, 2003: 4). 김교수는 발표에서 "여교수로의 훈련과 진입, 여교수의 각종 보직임명까지는 최근이긴 해도 문제제기가 되어 왔지만, 여교수 채용목표제를 끌어낸 필자들도 현직교수는 아니고, 대학사회 내의 성차별을 문제 삼는 여교수들이 있었지만, 이는 학생과 교육을 주제로 삼은 글들이었고, 여자가 교수가 된 후의 이야기는 전무했었음"을 지적하고 있다.

이는 "험한 세상에서 여자가 전임교수가 되면, 누구나 조촐하나마 보직이라도 맡고 나면, 교수로서의 존경과 권한을 누리며 행복하게, 등 따습고 배부르게 살아가는 것으로 기대되었다"고 비판하며, "마치 결혼은 여자로서의 삶의 시작일 뿐이며, 드라마와 현실은 다르다"는 것과 비유하고 있다(김혜순, 2003: 11). 교수가 될 때까지 자신이 여자인 것을 부정하면서 또는 느끼지 못하면서 살아왔다면, 많은 여교수들은 교수가 되면서 비로소 여자로서의 삶을 시작하게 된다는 것이다. "대학은 공식적이고 제도적인 조직 원리에서 우리 사회에 내재된 남자 중심성으로부터 자유롭지 못하다"(김혜순, 2003: 11)는 점을 비판한다. 교수생활을 하는 것에 대한 정의나 기준이 남자 중심으로 만들어져 있기 때문에 여자로서 낯설고 부대끼게 되기 때문이라는 것이다. 이 적응과정은 당사자와 가족뿐 아니라 소속 조직에까지 파괴적인 영향을 줄 수 있다고 주장하고 있다.

이처럼 '교수직의 수행과 평가의 남자 중심성', '대학 일상의 남자 중심성', '행정보직 수행에서의 남자 중심성'의 문제와 '여교수의 지적인 이중노동'과 '인정받지 못하는 학생지도와 강의 전담 문제' 등 '교수 업무수행의 위계적 성별분리'의 문제와 심지어는 '성희롱이 범람하는 일상에서 중심잡기'라는 면에서도 "대학에서 여자로 살아가기 힘들다"(김혜순, 2003: 15-22)고 김혜순 교수는 지적하고 있다.

또한 대학사회에서 여자는, 교수든 학생이든, 직간접적으로 능력과 실력, 자질에 상관없이 성차별적 상황에 놓여있다는 문제의식은 있어 왔으나 이것이 공식적으로 제기되지 못했던 이유로 다음 몇 가지를 지적하고 있다(김혜순, 2003: 12-14).

첫째, 대학 내외의 구성원 모두, 사회 어느 부문보다도 대학에서는 공정하고 객관적인 기준이 적용될 것이라고 기대하기 때문에 성차별적 상황의 존재 자체를 부정하거나 인정한다 해도 이를 예외적이고 개인적으로 간주하는 경향이 있다. 그러므로 지성과 학문의 전당인 대학은 실력으로 승부할 뿐이라는 "신화" 때문에 문제는 개인차원으로 환원되어 왔다는 것이다.

둘째, 여성차별에 대한 문제를 느낄 여자교수의 절대적인 숫자가 적었거나, 다른 직종에 비해 상대적으로 혜택 받은 집단이므로 배부른 자의 불평이라는 비난으로부터 자유롭지 못했기 때문일 수 있다. 그러므로 여교수 스스로 이런 기대를 내면화하면서 전통적인 성별관행에 적응하고, 성차별에 대한 감수성을 억제해 왔음을 지적하고 있다.

셋째로는 "그동안 우리 사회에서 성불평등 관련 문제제기를 주도해온 인력이 주로 여자대학 또는 여자가 집중된 전공에 소속되어 있거나 여기서 배출되었다는 사실 또한 문제제기가 늦어진 것과 무관하지 않았음"을 지적한다. "진입과 대표성뿐 아니라 대학사회의 실제 일상을 구성하는 비공식적인 관행과 네트워킹에서 작동하는 원리는 남자주도적인 대학과 여자주도적인 대학에서 다르게 관찰"되어 이것이 관련 연구 인력의 문제의식 형성에 영향을 미쳤을 수 있음을 지적한다.

넷째, 문제를 제기한 여자박사나 여교수는 "남성노동력을 기준으로 조직된 남자주도의 조직으로 진입하고, 생존하기 위해 필사적으로 노력해야 하므로, 문제제기가 가져올 저항을 자초하기 싫다는 '생존전략적 자기검열'도 작용하고 있음"을 지적하고 있다.

그러나 김혜순 교수는 이제 여교수들이 개인차원의 적응을 넘어 "여교수, 그 후의 이야기"를 공개적으로 제기할 때임을 강조한다(김혜순,

2003: 13). 이는 차츰 대학사회 내 성차별의 심각성과 보편성을 경험한 여교수들이 증가하고 있으므로, 소극적으로는 여자교수들이 주장해야 할 직업윤리상의 이해관계를 위해서, 또한 여자교수들은 거의 누구나 자기 개인의 실력이나 특성보다는 여자라는 집단의 일원으로서의 여교수가 된 다음의 일상에서도 경험을 하는 것이기 때문이라는 것이다. 또한 이미 사회의 다른 조직에서 성별관행이 변화되고, 정부나 연구기관에서 여교수 관련 정책을 만드는 등, 현실이 변화하고 있으므로 당사자인 여교수들도 이에 학문적으로나 실천적으로 화답할 책무를 안고 있기 때문임을 주장한다. 현실의 변화를 주도해 보려는 현실참여는 어떤 형태이든 긴장을 고조시키고 그 주체가 여자교수이면 더욱 그러하지만 이를 받아들이고 출발해야 함을 강조하고 있다. 뿐만 아니라 다음 세대를 교육시키는 교육자로서의 책무 때문이기도 한데, 사회 어느 부문보다도 가장 원칙에 충실하고 모범과 비전을 보인다는 대학사회에서 여교수들이 경험한 성차별을 동료들과 함께 해결하고자 노력하면서 고양된 의식과 학내외의 가시성은 남녀학생 모두에게 역할 모델로서 유용하게 쓰일 것임이라는 것이다. 그리하여 대학사회, 나아가서 우리 사회에서 여자의 경험과 시각이 인정되게 하는 변화의 불씨를 지피기 위해서 여교수들이 자신들의 이익으로부터 자유롭게 성차별의 문제를 제기하여 이에 대한 사회적 가시성을 높이는 데 기여할 수 있음을 강조하고 있다(김혜순, 2003: 13-14).

따라서 이 문제를 제기하기 위해 1990년대 미국 MIT의 경우, 여러 대학이 이 사례를 벤치마킹하면서 전국적으로 퍼져나간 것처럼 자신의 경험과 다른 것을 지적해내기보다, 문제의식을 공유하면서 객관화시킬 수 있는 부분에 대해서는 함께 대책을 마련하기 시작하여야 한다는 점을 강조하였다. 이런 면에서 전국여교수연합회는 이 문제를 지속적으로 공론화하고 대책 마련의 발판이 될 공공의 의견서를 채택하거나 위원회를 구성할 것을 제시하고 있다(김혜순, 2003: 25-26).

3. 〈여성교수 채용목표제〉의 성과와 활성화 방안

전국여교수연합회의 세미나는 해를 거듭할수록 실질적인 주제와 알찬 내용으로 구성되었는데 여전히 〈여교수의 현황과 활성화 방안〉이라는 주제는 그 이후로도 꾸준히 전국여교수연합회 학술세미나의 시의적절한 주요 주제였다. 2003년 6월 5일 국회를 통과한 "여교수 채용목표제"가 양적인 면에 초점을 두었다면 점차 질적인 면에 대한 초점으로 발전되어 왔고 그러한 방향으로 나아가고 있다.

특히 2006년은 교육인적자원부가 2003년부터 국공립 일반 4년제 대학교를 대상으로 실시한 국공립대 여성교수 임용목표제 제1차 시기가 종료되는 해로, 이 정책이 여교수 임용증가와 대학사회 양성평등 문화를 만드는 데 기여해 온 점을 점검해 보기 위하여 다양한 학술세미나가 개최되었다. 특히 2006년 6월 "여교수 채용목표제의 현황과 평가"라는 주제로 춘계학술세미나를 개최하였다. 당시 제7대 목진자 회장(단국대)은 여교수 채용목표제, 양성평등제 실시, 여교수의 보직선임 등을 위해 노력해 온 그간의 실태와 문제점을 심도 있게 검증하고자 하였다. 이어 김화진 국장(교육인적자원부 대학지원국)은 여성인적자원을 최대한 활용하는 것이 바람직한데 그동안 잘되지 못하였다고 진단하고, 교육기본법에 의거, 양성평등제 실현, 여교수 정원확충을 위한 노력을 계속해 오고 있으며, 대학인적 구성에 획기적 변화를 가져올 수 있도록 여교수 확보율을 연차적으로 높이도록 하겠다고 하였다. 또한 양성평등 우수대학에 대한 지원 및 여교수 채용목표제를 달성하도록 독려할 것임을 천명하며 여교수가 여성멘토로서의 역할에 앞장서 줄 것을 당부하기도 하였다. 김영식 대학교육협의회 사무총장도 그동안의 여교수 채용목표제 구현을 위해 함께 한 감회를 표하며, 저출산 고령화 문제에도 기여하기 위해 여성전문인력을 경제활동에 적극적으로 참여시켜야 하는 점을 강조하였다. 그렇게 되면 여교수 활동과 진출은 당연히 높아질 것이라서 결국은 발전적으로 나아갈 것을 전망하며 여교수의 단합을 우선할 것을 요청하기도 하였다.

이때 흥미로는 것은 각 대학의 사례발표가 있었는데, 서울대(윤현주 교수)의 경우는 당시 1,734명의 교수 중 여교수는 184명으로 10.6%인데 2001년에 비하여 크게 향상된 결과라 평가하고 있다. 서울대는 대학교원임용 양성평등추진위원회를 설치하여 여교수 채용확대를 지원하고 있으며, 장기발전계획에도 실현방안을 제시하고 있었다.

수도권 소재 사립대의 사례발표에서 "대한민국 대학사회의 게임의 규칙"이란 사례가 가명으로 되어 있어 정현채 교수(군산대)가 대신 발표하였는데, 신규임용과정과 연봉책정 시의 불합리성을 지적하고, 학생들의 폐강유도를 은밀히 하고 있다든가, 수년 동안 집요하게 강의를 방해한다든가, 고립과 따돌림으로 교수생활을 하는 데 어려움을 초래하게 한 사례와 함께, 논문발표와 학술활동의 저지와 승진탈락은 물론 업무방해, 지연, 조작, 시비걸기, 사생활 침해, 경제적 손해 끼치기 등의 예들을 사실에 근거하여 그 내용을 발표하였다. 이러한 상황은 여자 교수가 교수직을 영위하기 위해 치러야 되는 대가이며, 이는 남성들이 지배하는 대학사회 게임의 규칙이기 때문이라는 자조적인 결론을 맺고 있다.

세 번째 사례는 목진자 교수(단국대)가 "대학 내에서 다수의 횡포란 무엇을 의미하는가?"라는 제목으로 발표하였는데, 인권 손상을 당하고 있는 수많은 여교수의 입장을 대변하고자 누적된 자료를 준비하여 제시하고자 하였으나 여러 가지 난제로 유인물 제시조차 못하는 현 상황에 대한 배경설명을 하고, 여교수연합회가 이와 같은 사례를 통하여 다수를 구하고자 하는 의지 표명이 절실하다는 점을 강조하고 있다.

2006년 12월 제8대 구자순 회장 재임 시에도 "국공립대 여성교수 임용목표제 발전 방안"이라는 주제를 가지고 제17회 추계학술세미나를 개최하였다. 차제에 국공립대 여성교수 임용목표제의 성과를 계승하면서 이를 전국의 대학사회로 확대, 발전시킬 수 있는 방안을 모색하고자 하였다.

김남희 연구위원(한국여성개발원)의 "국공립대 여교수 임용목표제의 성과와 발전방안," 민경찬 교수(연세대)의 "국공립대학에서의 양성평등 노력 추진 현황과 과제," 그리고 조옥라 교수(서강대)의 "사립대학에서의 여교수 임용의 현황과 전망"에 대한 주제발표를 통해 그동안의 성과를 논하고 배은경(서울대 교수), 민무숙(여성가족부 국장), 서영주(교육인적자원부 여성교육정책과장), 신광영(중앙대 교수), 박선이(조선일보 기자) 등의 활발한 토론이 진행되었다.

2007년 7월 제9대 신혜경 회장(서강대)이 취임한 후, 10월에 개최된 제19회 추계학술세미나에서도 "한국 대학에서 여교수의 현황과 전국여교수연합회의 활성화 방안"이라는 주제발표를 통해 박남희 교수(경북대)는 경북대의 경우와 함께 한국 대학의 여교수 현황과 대학에서의 입지를 살피고 있는데, 여교수의 역할 강화와 전국여교수연합회의 활성화를 위해 1)여교수 채용목표제의 지속적 추진, 2)여교수 보직임용 강화, 3)여교수의 네트워크 강화와 국제교류, 4)여대생 취업 전략, 5)직장 보육시설에 대한 방안을 제시하고 있다. 그리고 이정숙 교수(횃불 트리니티 신학대학원대학교)의 "여교수의 자질과 네트워크형성 방안"에 대한 발표에서는 "여교수의 수난시대는 여교수의 기회"임을 전제로 교수로서 기본적으로 요구되는 자질인 "Excellent Scholarship, Effective Teaching, Accessible & Sensible Mentorship, Mature Leader"로서의 자질을 강조하고, 지위에 따른 자질로는 "Committed, Confident, Capable, Communicative, Confrontative, Consolidating"의 자질을 강조하고 있다. 또한 네트워크 필요성으로 "자기보완, 동료와 관계자의 배려 및 효과적인 업무수행"을 제시하며, "교내와 교외의 효율적인 네트워크 형성방안"에 대해 다루고 있다. 이어 서영주 교육인적자원부 여성교육정책과장의 토론과 충북지회(지회장: 김영숙 청주대 교수), 부산울산경남지회(지회장: 이기숙 신라대 교수) 등의 지역사례에 대한 현황자료를 바탕으로 활성화 방안을 논하는 다양한 토론이 이어졌다.

V. 전국여교수연합회 10년과 제2의 도약

1. 10주년 기념 활동: 세계여성 리더들과의 연계와 국제학술대회 개최

여교수의 권익보호와 네트워크 강화를 위해 1998년에 설립한 전국여교수연합회는 10년 동안 꾸준히 여교수 임용과 관련하여 여교수 채용목표제, 여학생의 커리어 개발 및 취업현황, 직장여성들의 탁아문제 등의 실질적인 주제를 다루어 왔고, 고급여성인력 활용 방안과 대학 내의 성불평등 해소를 위한 다양한 활동을 추진해 오면서 성장하여 왔다. 2007년 7월에 취임한 제9대 신혜경 회장(서강대)은 전국여교수연합회 10주년을 맞이하여 2008년 6월 20일 창립 10주년 기념 학술세미나를 국제학회로 개최하였는데, 세계여성들과 손잡고 네트워크를 강화하고 여성 리더십을 위해 함께 일하자는 의도로 세계 여성 리더들과의 연계를 시도하고 있다.

이날 국제회의는 〈세계여성 리더들의 책임과 리더십〉이라는 대주제 하에, "세계여성들의 사회참여와 경제활동"(반도 마리코 일본 쇼와여자대학 총장), "세상을 바꾸는 S리더십"(이경숙 숙명여대 총장), "치유의 리더십을 기다린다"(이동원 지구촌교회 담임목사), "저출산 고령화 사회와 여성교육"(미즈타 노리코 일본 죠사이 국제대학 이사장), "디지털 리더십"(김춘호 건국대 부총장)의 주제 강연이 있었다. 주제발표는 존 다이슨 주한 미대사관 문화담당관의 "여성지도자: 글로벌 리더십과 그에 따른 책임들," 가모시타 히로미 후지 TV 서울지국장의 "언론에 종사하는 여성들의 역할," 추칭링 중국대사 부인의 "중국 여성 리더들의 책임과 리더십," 미꽁 클레메스 주한 독일대사관 홍보담당관의 "독일 정부의 직업 여성지원 프로그램" 및 손병옥 푸르덴셜 생명 부사장의 "여성 리더의 책임과 리더십"의 발표가 있었고 이어 에지리 미호코 일본 전 YWCA회장, 메리린 플럼리 한국외국어대 교수와 박남희 경북대 교수가 토론에 참여하였다.

당시 시게이에 도시노리 주한 일본대사의 축사와 손병두 서강대 총장, 이배용 이화여대 총장, 이광자 서울여대 총장, 이현청 상명대 총장과 박근혜 의원의 축사와 격려사로 10주년 축하를 전하였다.

한편 전국여교수연합회 대전·충남지회에서도 공주대학교 여교수협의회와 공동으로 2008년 6월 11일 유성에서 국제학술대회를 개최하여 10주년을 기념하였다. 당시 박남미 대전·충남지회장과 이성옥 공주대 여교수협의회장이 공동조직위원장으로 학술대회 주제는 〈Policies for Nourishing Women Leaders〉이었다. Heiker D. Hermanns 교수(인하대)의 "German Policies for Nourishing Women Leaders"라는 기조강연에 이어 Judith A. Cochran(The University of Missouri at Saint Louis)의 "Gender and Politics in America and the Middle East: A Comparison," 우복남(충남여성정책개발원)의 "러시아연방의 여성인재개발정책에 대한 소고," 하나오카 미치코(Hokuriku Institute of Wellness and Sport Science)의 "일본에서의 여성의 사회참가와 사회진출의 현황," 신동애(Kitakyushu University)의 "일본의 여성인력 양성정책에 관한 연구" 및 Kanazu Hidemi(Ishgawa University)의 "일본 대학에서의 '남녀 공동참가' 추진의 한 양상"에 대한 주제발표와 포스터세션의 다양한 발표가 있었다.

한편, 2008년은 전국여교수연합회 10주년을 기념하며 2월 15일 "한국 석학들로부터 듣는 새해 소망"이라는 초청 강연회도 있었는데, 이어령 이화여대 석좌교수의 강연과 손병두 서강대 총장과 다카하시(Takahashi) 일본 공보문화원장 등의 축사도 이어지는 기념행사를 가졌다.

2. 사단법인화를 통한 조직 내실화 기반 마련과 제2의 도약

전국여교수연합회는 1998년 5월 22일 창립된 이후 제1대 고정명 회장(국민대)부터 제10대 정경연 회장(홍익대)에 이르기까지 10여 년의 세월이 흐르는 동안 수차례의 학술세미나와 국제회의, 각 지회별 각종 학술행사를 개최함은 물론 우리나라 여성인력 양성 및 여교수의 지위 향상을 위한 임원들과 회원들의 끊임없는 문제제기와 해결점 모색을 위한 노력을 통해 많은 업적을 쌓으면서 발전해 오며 굳건히 자리매김해 왔다. 그리고 2009년 5월 25일에는 오랜 기간 동안 전국여교수연합회의 숙원사업으로 갈망해 오던 사단법인 설립 허가를 받아냄으로써, 여교수연합회가 발전의 초석을 다지는 매우 의미 있는 쾌거를 이루게 된다.

비영리법인으로의 법인 설립은 1998년 창립 초기부터 역대회장들과 임원들이 함께 노력하여 온 숙원사업으로 특히 사무총장을 맡아 활동해 오면서 전국여교수연합회의 활동과 역사를 잘 파악하고 있는 제8대 구자순 회장(한양대)에 의해 사단법인화를 위한 구체적 준비 작업이 거의 마무리되었으나 법제화를 위한 회장 임기와 조직의 내규 등과 관련한 의견조율로 지체되어 오다 결국 제10대 정경연 회장(홍익대)에 의해 2009년에 완성되었다. 정경연 회장은 물론 사무총장 양기진 교수(전남대)와 법정 등기이사들의 노고가 특별히 기억될 것이다.

사단법인으로 출범하는 전국여교수연합회의 초대 등기임원은 정경연 이사장(홍익대)을 비롯하여 김선숙(충남대), 김영순(목원대), 남인숙(대구가톨릭대), 박남희(경북대), 양진숙(한양대), 이성림(명지대), 조성남(이화여대)의 8인 이사와 감사로는 강선경 교수(서강대)가 등록되었다. 비영리법인 설립 허가를 받고 설립등기를 마무리함으로써 공적으로 기금이나 재원마련의 길이 열리게 되므로 여교수연합회의 활동이 더욱 발전적으로 이루어질 수 있는 기반이 확립되어 제2의 도약을 모색해 나가는 계기가 되었다.

사단법인으로 출범하는 첫 학술행사인 제22차 정기춘계학술세미나는 "여교수의 역량강화와 사회적 책임"이라는 주제로 5월 29일 홍익대에서 개최되었다. 권명광 홍익대 총장은 환영사를 통해 10여 년 동안 많은 일을 한 것에 대해 치하하며, 그 어느 때보다 시의적절한 테마를 선정하여 이루어지는 세미나인 만큼 대학사회를 위한 거대한 울림으로 퍼져나가기를 기대한다는 인사말을 전했다. 오명숙 교수(홍익대)는 "여학생의 역할 모델로서의 여교수-여학생 교육에서 여교수의 역할"을 짚어보며 여교수와 여학생의 현황과 문제점 및 역할인식에 대하여 심층적 연구결과를 발표하였다. 곽금주 교수(서울대)는 "대학운영에서의 여교수의 역할"에 대해 다른 대학과 서울대학교를 비교하여 고찰하며, 남성 중심적 관행과 구조를 통하여 여교수들의 역할 수행이 어렵다는 현실을 지적하였다. 나도선 교수(울산대)도 "여교수의 대 사회적 역할과 책임"이란 발표를 통해 교수 본연의 직책인 구도자, 교육자, 연구자의 역할과 사회의 모범적 지식인, 오피니언 리더, 사회공동체 참여자로서의 보완적 역할로 나누어 살피며 여성의 특이적 역할로 여성지도자와 여학생의 멘토로서의 입장, 그리고 여성단체 참여자의 입장에서 주된 관심사를 고찰하였다. 이혜숙(이화여대 교수), 김정희(한국대학교육협의회 선임연구원), 김선욱(이화여대 교수)이 참여하는 토론으로 이어졌다.

그동안 전국여교수연합회의 역대회장들의 임기는 7월 1일부터 1년간이었으나 사단법인 설립 정관의 원활한 운영을 위하여, 1월 1일부터 12월 31일까지의 회계 연도를 고려하여, 제10대 정경연 회장이 이사장의 직함을 맡되 제11대 회장으로는 박남희 교수(경북대)가 1년 반의 임기를 맡기로 하였고, 2011년도 1월 1일부터는 제12대 조성남 회장(이화여대)이 이사장을 맡는 것으로, 다양한 의견수렴 과정을 거친 후 결론지었다.

3. 전국여교수연합회 10년의 활동과 사단법인 설립 초기 활동

2009년 7월 1일부터 2010년 12월 31일까지 임기 1년 반 동안 박남희 교수(경북대)가 전국여교수연합회의 제11대 회장으로 활동을 펼쳐나 갔다. 박남희 회장은 연합회의 창립 초기부터 기회 있을 때마다 "여교 수의 활동과 대학에서의 양성평등"의 주제에 대해 여교수의 임용, 보 직, 여학생 지도 등의 현황과 전국여교수연합회의 활성화 방안에 대해 꾸준히 발표하거나 문제제기를 하며, 경북대 여교수회장, 전국여교수 연합회 대구 경북지회장과 제11대 전국여교수연합회장으로서 또 사단 법인의 제2대 이사장으로서 매우 활발하고 다양한 활동을 펼쳤다. 특 히 전국여교수연합회 활동의 10년 역사에 처음으로 지방대학 소속교 수가 회장으로 추대되었고, 여러 면에서 많은 부담과 애로가 있었을 것 같지만, 당당한 프로인 여교수로서 특별히 더 많은 일들을 순조롭게 수 행하였다고 할 수 있다.

11대 박남희 회장의 임기 동안의 많은 사업 가운데 특별한 활동으로 는 〈주한외교사절과 함께 하는 외국인 유학생 멘토링 세미나〉와 〈한 국전쟁 60주년 기념 외국인 유학생 지원을 위한 "사랑과 평화의 대 바 자회"〉 행사를 들 수 있을 것이다. 2010년 6월 15일부터 20일까지 한국 전쟁 60주년 기념 외국인 유학생 지원 장학기금 마련 "사랑과 평화의 대 바자회"가 롯데백화점 본점을 비롯하여 전국 38개 매장에서 동시에 개최되었다.

이 바자회는 전국여교수연합회가 롯데백화점과 공동으로 주관하고 국가보훈처와 외교통상부가 후원한 행사로 진행되었는데 한국전쟁 참 전국을 비롯한 각국의 한국 주재 대사와 대사부인들이 참석하였다. 한 국 측에서도 김정숙 여성단체협의회장, 유재건 한국유네스코 총재, 대 학총장 및 역대 회장들과 롯데백화점의 이철우 대표이사와 정승인 상 무 등의 기업대표를 비롯한 많은 기업에서도 관심을 가지고 참석하여 후원을 아끼지 않았다. 당시 정운찬 총리가 기증한 물품과 경북대, 경북외국어대, 서강대, 충남대, 이화여대, 숙명여대, 광주교육대, 충북대, 한국교원대, 전주대 총장들이 기증해 준 물품과 역대 회장들과 회원들이 평소 아끼던 소장품을 명사 애장품으로 기증하여 판매한 코너가 많은 관심을 받았다.

명사 애장품과 롯데백화점 전국 매장의 바자를 통해 마련된 총 1억 6천만 원의 장학기금은 2010년 12월, 한국전쟁 60주년 참전국 및 우방국에서 온 외국인 유학생 중에서 전국여교수연합회 이사들과 회원의 추천으로 선발된 100명을 대상으로 장학증서 전달식이 거행되었다. 장학증서 전달식에는 주한외교사절들, 대학총장 및 전국여교수연합회 이사들과 롯데백화점의 대표이사와 상무 등 관계자들이 참석하여 축하의 분위기를 고조시켰다. 한국전쟁 당시 우리나라가 민주주의를 수호하기 위해 입은 은혜를 감사하며 조금이라도 보답함과 동시에 에티오피아, 필리핀, 멕시코, 미얀마 등 한국전쟁 참전국과 우방국에서 와서 공부하는 유학생들에게 큰 격려가 된 행사였다.

또한 한국전쟁 60주년을 맞이하여 참전 16개국을 대상으로 우리가 받은 사랑과 배려에 보답하고자 하는 취지로 2010년 6월 10일에는 사단법인 전국여교수연합회와 충북대 여대생 커리어개발센터(센터장 김미혜 교수)와 공동으로 '주한외교사절과 함께하는 글로벌 멘토링' 행사를 충북대에서 개최했다. 이 행사에는 외국인 유학생(30명), 해당국 외교사절 3개국 대사 및 (사)전국여교수연합회 소속 여교수 및 여대생과 정부, 지자체 관계자 등 350여 명이 참석하여 1박2일간 진행된 행사에서 외국인 대학원 유학생, 해당국 외교사절, 국내여교수 및 여대생이 한 팀이 되어 진행하는 멘토링 및 세미나와 외국인 유학생 장학금 전달식, 충북 테크노파크 방문 및 충북지역 소재 산업체 시찰 등이 있었다.

2010년 11월 5일에는 여성정책포럼으로 전국여교수연합회가 한국여성정책연구원과 공동으로 〈대학사회와 성평등 세미나〉를 교육과학기술부와 여성가족부의 후원으로 개최하였다. 대학교원 임용양성평등위원회 위원장인 민경찬 교수(연세대)의 사회로 민무숙(한국여성정책연

구원 선임연구위원)의 〈여교수 임용목표제 성과와 향후과제〉, 서울대
여교수 회장인 정진성 교수의 〈국공립대학 여성인력의 활동과 성과:
서울대를 중심으로〉, 그리고 허라금 교수(이화여대 아시아여성연구센
터 소장)의 〈사립대학에서 여교수의 입지와 역할〉의 세 가지 주제발표
가 있었고 다양한 시각에서의 토론이 이어졌다. 여성 채용목표제가 대
학의 여성교원 증진에 상당한 영향을 주었다는 사실을 모두가 인정하
였으나 아직 대학사회에서 여전히 성불평등 관행이 비일비재한 현실
이라는 것이다. 대학의 양성평등 지표현황을 대학평가에 포함시켜야
하고, 여교수회를 보다 활성화하여야 한다는 다양한 의견들이 종합토
론에서 폭넓게 개진되었다. 이날의 주제와 다양한 토론은 앞으로도 대
학사회의 성불평등을 개선하는 데 필요한 적절한 계기가 되고 발표를
통해 정리된 내용은 좋은 지침서의 역할을 할 것으로 평가되었다.

이상의 여성정책포럼을 포함하여 제11대 박남희 회장의 임기인 1년
반 동안에는 총 5회의 전국학술세미나가 개최되었다. 2009년 11월 19
일에는 평생교육진흥원과 공동으로 〈녹색성장을 위한 평생교육의 역
할과 과제〉가 열렸고, 2009년 11월 27일에는 경북대 여교수회와 경북
대 여대생 커리어센터 및 전여연 대구 경북지회 공동으로 여교수역량
강화 전국학술세미나가 〈고령사회의 여성커리어 개발과 멘토링〉이라
는 주제로 개최되었다. 2010년 4월에도 여교수 역량강화 학술세미나가
〈For a Better Relationship on Campus〉라는 주제로, 또 2010년 9월에는
〈Gender Equality on Campus〉라는 주제로 양성평등 전국학술세미나
가 경북대에서 개최되었다.

4. 전국여교수연합회의 지회 활동

전국여교수연합회는 1998년 창립 초기부터 서울지회, 강원지회 및
영남지회를 결성하여 지회의 초기 활동도 활발하였는데, 그 후 지회가

추가적으로 결성되어 사단법인으로 등록된 2009년 시점에는 서울 본회와 대전·충남지회, 충북지회, 광주·전남지회, 전북지회, 대구·경북지회, 부산·울산·경남지회 및 강원지회의 7개 지회가 결성되어 활발한 활동을 하고 있다.

1998년 8월 29일 서울클럽에서 서울지부 대표 교수모임을 갖고 서울지부 준비위원장이었던 육완정 교수(단국대)가 서울지회장으로 선출되었고 총무로 김영숙 교수(국민대)가 선임되어 활동을 시작하였다. 당시 서울지역 43개 대학 가운데 23개 대학의 대표교수가 선임 되었고 당일 회의에는 10개 대학의 대표교수 16명이 참석하였다는 기록이 있다.

한편 강원지회도 1998년 9월 19일 춘천 두산리조트 코랄룸에서 강원지역 4개 대학 대표교수 6명이 참석하여 강원지회를 결성하고, 진성자 교수(강원대)를 초대 강원지회장으로 선출하였다. 당시 전문직여성 한국연맹 춘천클럽 회장이기도 한 진성자 회장의 주최로 1999년 5월 21일 "미래를 준비하는 전문직 여성"이라는 주제 아래, 김근화 여성자원금고 이사장과 귀순토목기사인 전문직업인 장인숙님을 강사로 초빙하여 행사를 하였다.

영남지회는 1998년 11월 21일 영남대학교 국제관에서 대구·경북지역 여교수를 대상으로 영남지회가 결성되었다. 그 이듬해 1999년 4월 30일에는 뉴영남호텔에서 대구·경북지회의 정기총회가 개최되어 당시 박찬석 경북대 총장의 축사, 서영희 부회장의 〈새천년을 여는 여교수의 역할〉이라는 주제의 특별강연이 있었고, 총회에서는 지회규정이 통과되어 5개 부서의 위원회(연구 및 교육위원회, 재정위원회, 국제위원회, 출판위원회 및 사회봉사위원회)를 두기로 하였다. 2000년 4월에는 대구·경북지회 총회를 가지고 〈대구 경북권 대학의 여교수 임용현황과 문제점 및 개선방안〉이라는 주제하에 박남희 교수(경북대)의 발표와 이상복 교수와 남인숙 교수의 토론이 이어졌고 만찬 및 레크리에이션의 순서를 가졌다는 기록이 있다.

1999년 12월에는 강원도의 조직 활성화를 위하여 영동지부협의회가 결성되어 회장에는 안임수 교수(관동대)가 임명되어서 강원지회는 영동지부협의회와 영서지부협의회로 조직을 갖추게 된다.

21세기에 들어서서 전국여교수연합회의 활동이 안정기에 들어서면서 각 지회의 활동도 지역별 특성에 따라 매우 활발히 진행되어 왔음을 알 수 있다.

전국여교수연합회 대구·경북지회에서는 2000년 4월 "대구·경북권 대학의 여교수 임용현황과 역할" 세미나에 이어 다양한 세미나와 행사를 벌여왔는데 특히 박남희 교수가 대구·경북지회장이 되면서 더욱 활발한 활동이 보고되고 있다. 대구·경북지회(회장 박남희)는 2006년 9월 12일부터 10월 16일까지 대구백화점 이벤트홀에서 어려운 이웃과 외국인 유학생들을 위한 사랑나눔바자회를 개최하여 많은 성과를 거두었다. 또한 2007년 10월 5일 경북대에서 대학운영에서의 여교수의 참여와 역할 및 대학 내 여교수 분포현황과 역할 강화에 관한 박남희 교수의 연구발표가 있었는데, 이 세미나는 전국여교수연합회 대구·경북지회와 경북대학교 여교수회(회장 정화숙)가 공동주최함으로써 대학 여교수회의 네트워크를 강화하고 전국여교수회와 서로 연대하여 연구하고 활성화하는 계기를 이루게 되었다. 또한 대구·경북권 대학에서 보직 임용경험이 있는 여교수들의 발제와 경험, 사례발표를 통하여 여성교수가 참여한 장단점을 분석하여 이를 활성화하는 방향을 제시하는 세미나도 개최하였다.

강원지회(회장 진성자, 강원대) 소속의 강원대 여교수회(회장 김승희)는 2006년 9월 "여성의 사회참여 역할 증대 및 리더십"에 관한 세미나를 김애실 국회의원(전 한국외대 교수)를 초청하여 개최하였다.

한편, 2007년부터 2008년 사이 각 지회 (대전·충남, 충북, 대구·경북지회)에서 다섯 번의 세미나를 개최하였다고 한다. 특히 대전·충남지회(회장 박남미, 공주대)와 공주대학교 여교수회는 전국여교수연합회 창립 10주년을 기념하여 유성에서 2008년 6월 국제학술세미나를 공동으로 개최하게 된다. 중앙의 전국여교수연합회가 서울에서 10주년을 기념하는 국제대회를 개최하는 것과 때를 같이 하고 있어 지회의 활발한 활동을 보여주고 있다.

이처럼 각 지회별로 여교수들의 화합과 연구증진, 사회봉사와 후진양성을 목표로 활발한 활동을 추진해 왔는데, 충북지회의 경우, 출발은 조금 늦었으나 지회결성 초기부터 매우 활발한 활동을 벌여왔다. 충북도 내 17개 대학이 소속된 충북지회(회장 김영숙, 청주대)는 2008년 5월 "글로벌 시대의 대학생 해외 진로 지도를 위한 여교수의 역할 해외 인턴십 및 해외취업 사례를 중심으로"라는 주제로 학술세미나를 개최하였고, 2009년 5월에는 제3회 학술세미나를 열고 "대학에서의 양성평등의 과제와 비전"이란 주제를 다루고 있다. 이 학술세미나를 열면서 당시 김영숙 충북지회장은 인사말에서 "대학에서의 양성평등 비전 제시는 여교수의 보직 참여와 대학정책 기여뿐만 아니라 여대생의 사회진출 향상에도 도움이 되므로, 결국은 피터 드러커(Peter Drucker)가 말한 것처럼 '글로벌 사회에서는 횡적 네트워크 구조가 더 큰 힘을 발휘하며, 한 사회가 성공하기 위해서는 도덕성과 배려, 민주적 의사소통을 핵심으로 하는 여성 리더십이 필수요건'이라고 역설하고 있다. 그러므로 여교수 연구활동도 세계의 글로벌 네트워크를 연결하여 한층 더 우수한 연구결과가 배출될 수 있도록 하고, 이와 함께 양성평등이야말로 진정한 지속가능 개발에 필수적 요소임을 강조하고 있다.

5. 대학별 여교수회의 활동과 여성교수 지원시스템

2011년 국공립대학의 전임교수직의 성별균형을 보면 남성교수 84.2%에 비해 여성교수는 15.8%로 2003년도의 90.4% 대 9.6%에 비해서 여성교수 비율이 현저히 증가하였고 2010년의 86.8% 대 13.2%에 비해서도 증가하고 있어 여교수 비율이 매해 조금씩 증대되어 감을 보여주고 있다(안재희 외, 2011: 51). 대학 내 위원회 및 보직자 현황에서도 남성교수 보직자 비율 87.4%에 비해 여성교수 보직자 비율은 12.6%로 현저히 낮으나(안재희 외, 2011: 57), 전반적으로 대학 내 여교수 임용 비율은 꾸준히 증가하고 있는 추세이다.

그러나 이런 비율로는 한 집단을 대변한다고 보기 힘들며, 한 집단을 대변하기 위해 필요한 최소 30%가 되기 위해서는 40여 년 이후가 되어야 한다고 보고 있다(박남희, 2012: 16). 이처럼 사회 각 분야의 여풍이 거세진다고 하나 최고 지식인 집단인 교수사회는 여전히 남성 중심으로, 대학의 여학생 비율이 50%를 넘어섰으나 정작 여교수 비율은 20%가 안 되고 있는 현실이다. 또한 대학사회는 임용은 물론 승진, 보직, 연구비에 이르기까지 교수직 수행에 관한 모든 것이 남성을 중심으로 이루어지고 있으며, 대학 내 주요 의사결정기구에 여교수는 없고 남교수에 의해서 주요 결정이 이루어지고 있다. 최근 서울대와 연세대 등 남녀공학 대학에서 처음으로 여성 부총장이 탄생하였고 학장, 대학원장, 부속기관장 등 주요 간부자리에서 여교수들의 임용이 증대되고는 있으나 통계적으로는 아직도 여성교수의 리더십 발휘는 미미한 실정이다. UNDP에서 발표하는 여성권한척도에서 우리는 아직도 하위권으로 여성 행정관리직이 9%, 여성 국회의원이 14% 수준이고, 대학의 처·실장 비율은 3.5%이며, 학장, 대학원장 비율도 10.4% 수준으로 정치, 경제부문과 비교했을 때도 현저히 낮은 수치로 나타나고 있어 "대학에서 더 두꺼운 유리천장"의 현실을 보여준다(김향숙, 2012: 96-97).

아직 저조한 대학교원임용 양성평등 현황에도 불구하고, 대학양성평등현황을 평가하는 다양한 평가지표가 개발되고 각 단계별 정책도구 또한 채택되어 여교수 임용비율의 증가, 여교수 의사결정 참여확대 및 대학교원 임용의 성평등을 위한 대학 내 인프라가 제도적으로 마련되면서, 교수사회에서 성평등이라는 주제가 이슈화되고 공론화되는 성과를 거두어가고 있는 중이다.

2010년 각 대학별로 대학교원임용 양성평등추진위원회도 설치되어 전체 41개 국공립대학 중 35개 대학(85.4%)에 설치되어 있다. 한편, 대학 내에서의 여교수회의 활동과 양성평등에 대한 노력은 지속되고 있는데, 2010년 전국 19개 대학이 우수대학으로 선정되었고, 경북대, 서울대, 충남대, 한국교원대 등은 4번에 걸쳐 양성평등 우수사례로 선정되었다.

특히 경북대의 경우는 여교수와 보직자 간의 정기간담회 및 고충처리위원회를 결성하고 산학협력 네트워킹 솔루션을 개발하고 맞춤형 인력양성과 보직참여 교수의 확대 등의 노력이 돋보인다. 서울대의 경우도 여교수 우선 채용과 여교수회의 공식기구화와 함께 출산 및 보육 지원으로 교원임기 신축운영제(Stop Tenure Clock), 임신 출산시 계약연장, 승진 및 정년보장 심사유예와 출산 전후 학기의 책임시수 감면 등의 정책을 추진해 오고 있다.

대학사회의 모든 분야에 여성의 질적, 양적 참여의 확대와 성인지적인 관점 도입 및 성주류화의 접근이 요청되고 있다. 앞으로 대학사회 성평등 이슈와 성주류화 이슈의 중요성에 대한 공감대를 넓히고 지속적인 토론의 장이 마련되어야 함도 앞으로의 중요한 과제일 것이다.

VI. 전국여교수연합회의 향후 과제와 여교수의 사회적 책임

1. 글로벌 지식기반사회의 여성 리더십과 여교수의 사회적 책임

2011년 1월, 사단법인 전국여교수연합회의 제3대 이사장이자 제12대 회장으로 취임한 조성남 회장(이화여대)은 이제 한국 여교수들은 〈사회적 책임과 새로운 여성 리더십의 창조〉에 관심을 기울여야 할 때임을 강조하고 있다.

〈전국여교수연합회〉는 1998년 5월 창립 이후 10여 년에 걸쳐 여교수의 권익신장과 임용확대를 위해 활발한 활동을 벌여오면서 여성고급인력 양성 및 활용방안을 찾고, 양성평등을 위한 정책적 구현과 여교수 보직 수행 등의 관련현안에 대한 해답을 효과적으로 모색하는 데 앞장서 왔다. 그러나 급변하는 21세기의 글로벌 지식기반사회 환경 속에서 여교수들도 보다 창조적이며, 혁신적인 사고를 필요로 함과 동시에 새로운 여성 리더십이 요청되는 상황을 직면하고 있음을 주목하고 있다. 그동안 우리 사회를 대표하는 여성 전문인력으로서 교수들의 역할과 책임을 증대하는 구심점으로 자리매김해 온 〈전국여교수연합회〉가 이제 대학뿐 아니라 우리사회 내의 역할 모델이자 리더로서의 사회적 역할과 책임에 대해 당면한 이슈들을 짚어보아야 할 때임을 강조하고 있다.

이에 따라 고학력 여성인력의 활용을 통한 사회적인 기여와 미래사회 발전을 위한 비전과 대안을 찾아보고자 하는 목적으로 2011년 5월 27일, 학술대회 주제를 〈한국 여교수의 사회적 책임〉이라고 설정하고 고학력 전문 지식인으로서 여교수들이 새로운 여성 리더십과 역할 모델을 성찰하며, 사회적 책임과 리더십의 새로운 모델을 창조하고 발전시키고자 그 방안을 모색하려는 시도를 하고 있다.

조성남 회장은 학술세미나를 여는 인사말에서 "우리 여교수들이 그동안 보여주었던 우리나라 여성교육에 대한 헌신, 섬김과 봉사의 정신과 조국사랑의 마음이 이제 오늘날 지구촌 다른 쪽에 있는 여성과 어린이를 위한 교육의 기회를 여는 데도 앞장서고, 우리가 물려받은 유산과 자원을 토대로 글로벌 평화와 한반도의 미래를 위해 그 지평을 넓히기를 소망하고 그 중요한 일의 중심에 우리 여교수들이 우뚝 서야함을 생각해 보려는 자리"라고 천명하고 있다.

학술심포지엄 제1부에서는 이화여자대학교 학술원 석좌교수이고, 대한민국 초대 인권대사를 역임한 박경서 교수의 〈한국대학, 여성교수, 그리고 Noblesse Oblige〉라는 주제를 통해 선진국가로 도약하기 위해 대학과 여성교수들이 공유하여야 할 요소들을 강조하고 있다. 이어서 제2부에서는 〈분야별 전문인으로서 여교수의 사회적 역할과 책임〉이라는 주제로, 1) 과학 기술분야(이혜숙 이화여대 교수), 2)문화 예술분야(유지나 동국대 교수), 3) 창조지식산업분야(장규순 동서울대 교수)에서의 여성 전문인력으로서의 여교수의 리더십과 사회적 역할을 각 분야별로 짚어 주고 있다.

이혜숙 교수는 성공적 과학기술인은 "미래탐구자이자 설계자", "끊임없이 탐구하고 노력하는 사람", "일이 되게 만드는 사람", "스스로 몰입하고 랩원들을 몰입시키는 사람", "차세대 인재를 육성하는 사람", "리더십 코드를 지닌 사람"임을 강조하며, 인재양성과 과학기술인의 멘토링 실적과 사례에 대해 설명하고 있다. 또한 장규순 교수는 발명과 창조지식산업에서 요구하는 여교수의 사회적 역할은 "미래인재가 겸비해야 할 능력을 갖추는 것"과 "그 미래인재를 교육하기 위한 능력을 갖추는 것"임을 강조하며, 우리가 가르쳐야 할 미래인재는 참여(participation), 열정(passion), 잠재력(potential power)를 모두 갖춘 신세대인 P세대인데 이들을 가르치는 여교수들은 트렌드를 읽을 줄 아는 멀티스페셜리스트(multi-specialist)가 되어야 함을 강조한다. 트렌드 인식의 핵심적 요소는 사건에 대한 통찰과 지식이 합하여 시대적 욕구를 고차원적으로 예측 가능하게 하는 인간 행동을 변화시키는 신호를 찾아내는 것임을 주장한다. 미래의 키워드는 Creation, Differentiation, Imagination이 요구되므로 자신들을 미래지향적으로 재창조하며 자신을 디자인하는 능력을 강조하고 있다.

2. 미래 여성인재교육과 혁신과 창조의 여성리더십

2011년 11월 25일 개최된 추계학술대회는 〈디지털 혁명시대의 정책과 여성 리더십〉이라는 주제하에 여성인력을 보다 효율적으로 폭넓게

활용하고 다음 시대를 이끌어갈 후속세대를 위한 새로운 리더십 모델
을 찾아보려는 의도로 마련되었다.

"혁신과 창조적 사고"(진기남 연세대 교수), "미래 여성인재의 활
용과 국민경제"(이재인 대통령실 고용복지수석실 여성가족비서관),
"지방화 시대의 여성과 리더십"(이혜숙 경상대 교수), "일자리 창출
과 학교복지의 적용을 위한 과학과 복지의 하이브리드"(조성남 이화
여대 교수), "글로벌 기업에서의 여성인재교육과 리더십"(김혜경 GE
Healthcare HRD 부사장), "농업과 유통 부문의 청년장사꾼의 혁신"(김
가영 생생농업유통 대표), "모바일혁명과 여성 리더십"(장동훈 삼성전
자 전무) 등 변화하는 시대의 여성 리더십에 대한 다양한 주제발표가
있었다.

한 국가의 여성인력의 적절한 활용여부는 선진사회로 진입하는 핵
심요인으로, 특히 고학력 여성인력의 양성과 활용은 미래사회의 발전
을 위한 필수 과제라 할 수 있다. 전국여교수연합회는 창립 이후 10년
간 여교수 권익 향상 및 대학의 양성평등문화 확산 위주의 활동에서 여
대생 취업 및 고학력 여성경제력 향상, 외국인 유학생 지원 등으로 활
동 영역의 폭을 넓혀왔다. 2010년 이후의 주요활동으로는 학술활동 이
외에도 여대생 커리어 개발과 취업멘토링 세미나를 개최하였고, 한국
전쟁 60주년을 기념하여 참전국 출신 유학생에게 수여하는 장학금 1
억 6천만 원을 조성하여 100명의 대학원 유학생에게 장학금을 지급하
였으며, 주한외교사절들과 여교수회원들이 함께하는 유학생 멘토링을
통하여 전국여교수연합회의 대(對)사회적인 역할의 지평을 확장시
켜 왔다.

2011년 이후 제12대 조성남 회장(이화여대)의 임기를 기점으로 전국
여교수연합회의 주요활동의 방향은 사회의 지도층 여성전문인으로서
의 여성교수들의 사회적 책임에 주목하며, 다양한 분야에서의 여교수
들의 사회적 기여도와 함께 글로벌 차원의 Nobless oblige에 대한 의식
과 활동을 확산시키려는 방향을 설정하고 있다. 즉 베풀고 나누며 사회

의 아픔을 함께하는 여교수회로의 발전을 목표로 여교수들의 대학 내에서의 위상과 여학생들의 역할 모델로서의 자부심 고양, 여교수들의 대학행정에의 보다 적극적인 참여 등은 물론이고, 나아가 여교수들의 사회에서의 적극적 참여에 관한 인식을 높이는 데 일조해 갈 것이라는 과제를 안고 있다. 이러한 기대와 노력을 통해, 이제 여교수들은 한국 사회와 대학의 울타리를 넘어 세계와 미래를 향한 사회적 책임과 선진적 리더십 함양을 위하여 시간과 공간을 초월한 열려진 의식으로 더 높은 차원의 꿈과 비전을 제시하는 데도 선도적 역할을 해 나갈 것이다.

또한 혁신과 창조의 여성 리더십이 요구되는 디지털 혁명시대의 미래 여성인재 교육과 대학사회에서의 새로운 혁신의 여성 리더십을 창조해 나가고자 전국여교수연합회는 한발 앞서고 있다.

2012년 5월 현재, 전국여교수연합회는 제13대 회장으로 취임한 송은선 교수(한국교원대)의 리더십 아래 "소셜 네트워크 시대에서 대학사회의 평등문화"를 주제로 춘계 학술세미나를 준비하며 나눔과 협력이 가능하다는 SNS시대에 대학에서의 여성인재교육과 함께 여교수들의 대응에 대해 미리 생각해 나가고 있다.

〈부록 11-1〉 전국여교수연합회 연혁

제1대	1998년 5월 22일	전국여교수연합회 창립 제1대 고정명 회장(국민대) 취임
	1998년 12월 15일	제2차 세미나 및 송년회
	1999년 12월 27일	제3차 세미나
제2대	2000년 7월 1일	제2대 서영희 회장(선문대) 취임
	2000년 6월 2일	창립 2주년 기념세미나
	2000년 11월 10일	제 5차 학술세미나
	2001년 5월 19일	창립 3주년 기념 6차 춘계학술세미나 및 총회
제3대	2001년 7월 1일	제3대 이선재 회장(숙명여대) 취임
	2001년 11월 10일	제7차 추계학술세미나
	2002년 5월 25일	제8차 춘계학술세미나 및 총회
제4대	2002년 7월 1일	제4대 이선재 회장(숙명여대) 취임(연임)
	2002년 11월 2일	제9차 추계학술세미나
	2003년 5월 31일	제10차 춘계학술세미나 및 정기총회
제5대	2003년 7월 1일	제5대 이소우 회장(서울대) 취임
	2003년 12월 22일	제11회 추계학술세미나 및 정기총회
제6대	2004년 7월 1일	제6대 이경희 회장(경희대) 취임
	2004년 11월 26일	제13회 추계학술대회 및 간담회
	2005년 6월 3일	제14회 춘계학술세미나 및 정기총회
제7대	2005년 7월1일	제7대 목진자 회장(단국대) 취임
	2005년 12월 15일	전국여교수연합회 홈페이지 오픈
	2005년 12월 20일	제15회 추계학술세미나
	2006년 6월 14일	제16회 춘계학술세미나 및 정기총회
제8대	2006년 7월 1일	제8대 구자순 회장(한양대) 취임
	2006년 12월 11일	제17회 추계학술세미나
	2007년 6월 2일	제18회 춘계학술세미나 및 정기총회
제9대	2007년 7월 1일	제9대 신혜경 회장(서강대) 취임
	2007년 10월 12일	제19회 추계학술세미나 및 임시총회
	2008년 6월 20일	제20회 창립 10주년 기념 춘계국제학술세미나 및 정기총회

제10대	2008년 7월 1일	제10대 정경연 회장(홍익대) 취임
	2008년 12월 18일	교양연수 및 임시총회
	2009년 5월 25일	사단법인 설립 허가 취득
	2009년 5월 29일	제22회 춘계학술세미나 및 정기총회
제11대	2009년 7월 1일	제11대 박남희 회장(경북대)/ 사단법인 제2대 이사장 취임
	2009년 11월 19일	평생교육진흥원과 공동 정책포럼
	2009년 11월 27일	여교수역량강화 공동학술대회(경북대)
	2010년 4월 15일	여교수역량강화 전국학술세미나(경북대)
	2010년 6월10~11일	주한외교사절과 함께하는 유학생 멘토링 세미나(충북대)
	2010년 6월15~20일	한국전쟁60주년기념 외국인유학생지원(사랑과 평화의 大바자)
	2010년 9월 3일	양성평등 전국학술세미나
	2010년 11월 5일	한국여성정책연구원 공동 학술세미나 및 정기총회
제12대	2011년 1월 1일	제12대 조성남 회장(이화여대) 취임, 제3대 사단법인 이사장 취임
	2011년 4월15~16일	제12대 임원 워크숍 및 연수(대전 충남)
	2011년 5월 27일	춘계 학술심포지엄(한국 여교수의 사회적 책임) 및 총회
	2011년 10월 14일	국제학술대회(커뮤니티 건강성 연구; 살기좋은 도시 비교)
	2011년 11월 25일	추계 학술세미나(디지털 혁명시대의 정책과 여성 리더십) 및 정기총회
제13대	2012년 1월 1일	제13대 송은선 회장(한국교원대), 제4대 사단법인 이사장 취임
	2012년 5월 25일	춘계 학술세미나(소셜 네트워크 시대에서 대학사회의 평등 문화)

참고문헌

제1부 성평등 공간으로서의 대학사회

〈제1장〉 평등의 실행 공간으로서의 대학 · 오정진

김예슬. 2010.『김예슬 선언-오늘 나는 대학을 그만둔다, 아니 거부한다』. 느린걸음.

자크 랑시에르. 2008.『정치적인 것의 가장자리에서』. 길.

〈제2장〉 대학에서의 숨은 그림 찾기, '공간-여성-권리-정치' · 임애정

김보명. 2008. "1990년대 대학 반성폭력 운동의 여성주의 정치학."『페미니즘연구』제8권1호, 191-217쪽.

김양희. 2006.『여성, 리더 그리고 여성리더십』. 서울: 삼성경제연구소.

나임윤경. 2006.『여성과 남녀공학대학교의 행복한 만남을 위하여』. 서울: 학영사.

랑시에르, 자크. 2008.『무지한 스승』. 서울: 궁리.

_____. 2008.『정치적인 것의 가장자리에서』. 서울: 길.

슈뢰르, 마르쿠스. 2010.『공간, 장소, 경계—공간의 사회학 이론 정립을 위하여』. 에코리브르: 서울.

안숙영. 2011. "젠더와 공간의 만남을 위한 시론."『여성학연구』제21권 제2호, 7-37쪽.

임애정. 2011. "대학공간에 대한 권리와 여성."『여성학연구』제21권 제

2호, 39-80쪽.

최병두. 2009. 『도시 공간의 미로 속에서』. 파주: 한울.

통계청. 2011. 『통계로 보는 여성의 삶』.

포세, 프레드. 2010. "공간, 이데올로기, 그리고 도시의 정치학: 앙리 르페브르의 철학을 소개하며." 『부산대학교 인문학국(HK) 학술 심포지엄 및 콜로키움 자료집』. 2010년 10월 14일, 63-73쪽.

[관련자료]

이상현. 2008. "울산 남녀공학고교 내신성적 여학생 '강세'." 연합뉴스, 2008년 9월 16일.

찌우. 2008. "여학생이 공부를 더 잘하는 이유"(http://blog.daum.net/amadacy/17289904(2008년 6월 24일)).

〈제3장〉 남녀교수들의 성평등 의식, 현주소를 보다 · 최정혜

경상대학교 양성평등추진위원회. 2010. 『여성인력 확대를 위한 양성평등조치계획 보고서』.

교육인적자원부. 2006. 『국공립대학 양성평등 조치계획 운영지침 및 평가계획』. 1-24쪽.

김태현. 2010. "대학사회에서 성차별의 문제, Gender Equality on Campus, WWP Program 1." 『양성평등 전국 학술 세미나 자료집』. 11-39쪽.

민무숙 · 신선미. 2010. "여교수 임용목표제의 성과와 향후과제." 『대학사회와 성평등 여성정책포럼』. 2010년 11월 5일, 한국여성정책연구원, 3-35쪽.

박남희. 2010. "전국여교수연합회의 활동과 대학에서의 양성평등." 2010 초청강연 경상대학교 여성연구소 초청강연.

여교수역량강화 전국학술세미나. 2010. 경북대학교 여교수회.

이기숙. 2003. "여교수 채용목표제와 지역대학의 현황." 1-23쪽.

이혜숙. 2010. "대학사회 성주류화의 현황과 과제-경상대학교 사례를 중심으로." 『대학사회와 성평등』. 여성정책포럼 자료집, 한국여성정책연구원 69-74쪽.

전국여교수연합회. 2004. 『제12차 춘계학술세미나 및 2003년 정기총회

자료집』.

정경아 외. 2008.『대학의 여성인력 참여확대 및 능력증진 지원사업 운영 및 성과 분석』. 교육과학기술부.

정경희. 2004. "여성차별실태와 정책과제."『보건복지포럼』제95권, 50-61쪽.

한국여성정책연구원. 2009.『성인지통계』(http://gsis.kwdi.re.kr).

_____. 2010.『여성정책포럼: 대학사회와 성평등』.

홍숙기. 1997. "여대생 교육, 어떻게 할 것인가."『대학교육』3, 4월호.

〈제4장〉 고학력 대졸여성의 진로 · 김상대

고용노동부 · 한국고용정보원. 2011.『2009 대졸자 취업정보』. GOMS.

교육과학기술부 · 한국교육개발원. 2011.『2011 고등교육기관 졸업자 건강보험 DB연계 취업통계연보』.

금재호 · 윤자영. 2011.『외환위기 이후 여성 노동시장의 변화와 정책과제』. 한국노동연구원, 2011-02 정책자료.

최지희 · 강일규 · 나영선. "고등교육단계의 여성의 직업교육 강화방안 연구." 한국직업능력개발원.

제2부 대학사회와 성주류화의 방향

〈제5장〉 대학사회 양성평등, 어디까지 왔나? · 송인자

교육통계. 해당연도.

김영옥외. 2009.『성인지 예산제도의 실효성 제고방안 연구』. 여성부.

송인자. 2009.『성별영향평가와 성인지 예산제도의 이해』. 한국양성평등교육진흥원 교육교재.

신선미외. 2009.『고학력 여성의 사업서비스업 진출 촉진방안』. 한국여성정책연구원.

_____. 2008.『여대생의 직업세계 인식 실태조사』. 한국여성정책연구원, 103쪽.

민무숙. 2009.『대학의 여성인력참여확대 및 능력증진 지원사업 운영 및 성과분석』. 교육과학기술부.

여성가족부. 2010.『2010년 성별영향평가 지침』.

여성가족부·한국여성정책연구원 성인지 예산센터. 2010.『2011년도 성 인지 예산서 작성 매뉴얼』(http://www.mogef.go.kr/korea/view/policy/policy01_01_01c2.jsp).

〈제6장〉 대학사회 성주류화, 방향과 과제는 무엇인가? · 이혜숙

『경상대신문』, 2010년 4월 13일; 2011년 9월 20일.

경상대학교. 2006.『경상대학교 장기발전계획(2006-2015)』.

_____. 2012.『업무일지』.

경상대학교 양성평등추진위원회. 2011.『여성인력 확대를 위한 양성평 등조치계획 보고서』.

경상대학교 종합인력개발센터. 2007.『여대생 취업스쿨』.

『교수신문』, 2004년 9월 20일; 2011년 4월 17일; 2011년 4월 18일.

권희경 외. 2010.『창원대학교 여교수 역량 강화 방안』. 창원대학교 교수 회, 2010년 연구보고서.

김경희·신현옥. 2004. "정책과정을 통해 본 젠더와 평등개념의 제도화: 양성평등채용목표제와 국공립대 여성교수채용목표제를 중심으 로."『한국여성학』제20권 3호, 171-206쪽.

김혜란 외. 2010.『서울대학교 여교수 지원제도 도입에 관한 연구』. 서울 대학교 여교수회·서울대학교 여성연구소.

김혜순. 2004. "여자 교수가 당면하는 성차별적 대학일상에 대한 문제제 기: 남녀공학대학을 중심으로."『미디어, 젠더 & 문화』. 한국여성 커뮤니케이션학회, 5-37쪽.

나향욱. 2010. "「국공립대 여성교수 임용목표제」의 의의 및 향후 발전방 안."『대학사회와 성평등: 여성교수 임용목표제 성과와 과제』. 여 성정책포럼 자료집, 한국여성정책연구원·(사)전국여교수연합회, 89-91쪽.

민무숙·신선미. 2010. "여교수 임용목표제의 성과와 향후과제."『대학 사회와 성평등: 여성교수 임용목표제 성과와 과제』. 여성정책포럼 자료집, 한국여성정책연구원 · (사)전국여교수연합회, 3-35쪽.

서미경. 2010. "대학에서의 성 평등 현황 및 과제에 대한 토론." 『대학사회와 성평등』. 2010 경상대 여성연구소 학술대회 자료집, 60-62쪽.

안재희 외. 2008. "한국, 스웨덴, 독일의 여교수확대정책 비교 분석." 『교육사회학연구』 제18권 제1호, 67-91쪽.

_____. 2011. 『대학교원임용 양성평등정책에 관한 연구』. 교육과학기술부.

여진경. 2010. "토론문." 『대학사회와 성평등: 여성교수 임용목표제 성과와 과제』. 여성정책포럼 자료집, 한국여성정책연구원 · (사)전국여교수연합회, 75-78쪽.

원숙연. 2010. "성 주류화 기반으로서 공공정책 영역의 현실." 『국가와 젠더: 성 주류화의 이론과 실천』. 이화여자대학교 한국여성연구원 기획. 이재경 엮음, 141-165쪽.

이정숙. 2004. "대학사회 내 의사결정과정에서의 여교수 참여―구체적 사례 토의." 『전국여교수연합회 제12차 춘계학술세미나 및 2003년 정기총회 자료집』. 전국여교수연합회, 28-30쪽.

이혜숙. 2008. "지역대학 여성연구소의 필요성과 전망―경상대학교 사례를 중심으로." 『사회과학연구』 제26집. 경상대학교 사회과학연구원, 101-124쪽.

_____. 2010. "대학사회 성주류화의 현황과 과제―경상대학교 사례를 중심으로." 『대학사회와 성평등: 여성교수 임용목표제 성과와 과제』. 한국여성정책연구원. (사)전국여교수연합회 여성정책포럼 자료집, 69-74쪽.

_____. 2011. 『여성과 사회』. 知&you.

_____. 2012. "대학사회 성 주류화의 과제와 젠더정치." 『소셜 네트워크 시대에서 대학사회의 평등문화』. 전국여교수연합회 춘계세미나 자료집, 117-132쪽.

정진성. 2010. "국립대 성평등 정책 사례: 서울대학교 여교수 지원제도 현황과 과제." 『대학사회와 성평등: 여성교수 임용목표제 성과와 과제』. 여성정책포럼 자료집. 한국여성정책연구원 · (사)전국여교수연합회, 39-54쪽.

_____. 2012. "대학에서의 성평등―서울대학교의 성평등제도 수립 노

력."『소셜 네트워크 시대에서 대학사회의 평등문화』. 전국여교
수연합회 춘계세미나 자료집, 99-116쪽.

『중앙일보』, 2011년 4월 11일.

최정혜·서의훈. 2010. "대학에서의 성평등 현황 및 과제―경상대학교
를 중심으로."『대학사회와 성평등』. 2010 경상대 여성연구소 학
술대회 자료집, 38-57쪽.

허라금. 2010. "대학에서의 성주류화의 과제."『대학사회와 성평등: 여
성교수 임용목표제 성과와 과제』. 여성정책포럼 자료집. 한국여성
정책연구원·(사)전국여교수연합회, 57-65쪽.

허영희. 2010. "대학사회의 성주류화 지연의 이유와 여성연구소의 과
제."『대학사회와 성평등』. 2010 경상대 여성연구소 학술대회 자
료집, 58-59쪽.

⟨제7장⟩ 독일 대학의 성주류화·하이케 헤르만스, 강보길

Allmendinger, J., and Thomas Hinz. 2002. Programmierte(UN-)Gleichheit?
Geschleschtsspezifische Chancen bei der Bewillingung von
Forschungsanträgen. *Zeitschrift für Soziologie*, Vol.31(4): 275-293.

Arbeitskreis der deutschen Universitätskanzler(innen). 2009. *Leistungsorientierte
Mittelvergabe und Zielvereinbarungen.* Empfehlungen zur Gestaltung von
Steuerungssystemen auf der Ebene Land/Hochschule, At http://www.uni-
kanzler.de/fileadmin/Dateien/UAK1 Publication-1(1).pdf

Baer, Susanne, and Sandra Obermeyer. 2010. *Rechtliche Grundlagen für
Maßnahmen zur Förderung der Chancengleichheit in der Wissenschaft.* Bonn,
Berlin: Bundesministerium für Bildungund Forschung, At http://www.
bmbf.de/pub/massnahmenfoerderung chancengleichheit wissenschaft.pdf

Beaufaÿs, Sandra. 2004. Wissenschaftler und ihre alltägliche Praxis: Ein Einblick in
die Geschlechterordnung des wissenschaftlichen Feldes. *Forum Qualitative
Sozialforschung,* Vol.5(2), Art. 10/2004. At http://www.qualitative-research.
net/fqstexte/2-04/2-04beaufays-d/htm

Becker, Ruth, Anne Casprig, Beate Kortendiek, A. Senganata Muenst, and
Sabine Schaefer. 2010. *Gender-Report 2010: Geschlechter(un)gerechtigkeit*

an nordrhein-westfaelischen Hochschulen. Dortmund: Studien Netzwerk Frauen-und Geschlechterforschung NRW Nr.9. At http://www.geschlechtergerechte-hochschule-nrw.de/download/genderreport

Beuter, Isabe. 2010. Wissenschaft und Geschlecht–Karrieren und Barrieren auf dem Weg an die Spitze. *CEWS Journal,* Vol. 74: 24-27. At http://www.gesis.org/download/download.php?url=/fileadmin/cews/www/download/cews-journal74.pdf

Brouns, Margo. 2007. The Making of Excellence-gender bias in academia. In Wissenschaftrat(ed.). *Exzellenz in Wissenschaft und Forschung-Neue Wege in der Gleichstellung.* Köln: Wissenschaftsrat: 23-42. At http://ids.hof.uni-halle.de/documents/t1607.pdf

Council of Europe. 1998. *Gender Mainstreaming: Conceptual framework, Methodology and Presentation of Good Practices.* Strasbourg: Council of Europe. EG-S-MS(98) 2rev. At http://www.coe.int/t/dghl/standardsetting/equality/03themes/gender-maintreaming/EG S MS 98 2 rev en.pdf

Degethoff de Campo, Heidi. 2008. *Investitionen in die Zukunft, Bericht 2007-2008.* Berlin: Technische Universität. At http://www.tu-berlin.de/fileadmin/i31/Bericht-2007-2008-web.pdf

Deutsche Forschungsgemeinschaft(DFG). 2008. *The DFG's Research-Oriented Standards on Gender Equality.* Bonn: DFG. At http://www.dfg.de/download/pdf/foerderung/grundlagen_dfg_foerderung/chancengleichheit/forsc hungsorientierte_gleichstellungsstandards_en.pdf

Koreuber, Mechthild. 2010. *Frauenförderung und Gender Mainstreaming— Profilelemente einer exzellenten Universität.* Berlin: Freie Universität. http://www.fu-berlin.de/sites/frauenbeauftragte/media/bericht_7.pdf

Krimmer, Holger, Freia Stallmann, Markus Behr, Annette Zimmer. 2003. *Karrierewege von ProfessInnen an Hochschule in Deutschland, Projekt Wissenschaftskarriere.*Münster http://www.mentoring.uzh.ch/literatur/wika broschuere.pdf

Leemann, R. J. 2002. *Chancenungleichheiten im Wissenschaftssystem. Wie Geschlecht und soziale Herkunft Karrieren beeinflussen.* Zürich: Rügger.

Limbach, Jutta. 2007. Zur Situation von Wissenschaftlerinnen im Kontext gesellschaftlicher Normen und Strukturen. In Wissenschaftsrat(ed.). *Exzellenz in Wissenschaft und Forschung—Neue Wege in der Gleichstellung.* Köln: Wissenschaftsrat: 11-22. At http://ids.hof.uni-halle.de/documents/ t1607.pdf

Lind, Inken. 2007. Ursachen der Unterrepäsentanz von Wissenschaftlerinnen– Individuelle Entscheidungen oder strukturelle Barrieren? In Wissenschaftsrat(ed.) . *Exzellenz in Wissenschaft und Forschung—Neue Wege in der Gleichstellung.* Köln: Wissenschaftsrat: 59-86. At http://ids.hof.uni-halle.de/documents/t1607.pdf

Lind, Inken, and Andrea Löther. 2007. Chancen für Frauen in der Wissenschaft- eine Frage der Fachkultur? Retrospektive Verlaufsanalysen und aktuelle Forschungsergebnisse. In *Schweizerische Zeitschrift für Bildungswissenschaften.* 29, 2: 249-271.

Löther, Andrea. 2007. *Personelle und finanzielle Ressourcen der Gleichstellungsarbeit an Hochschulen—Erste Ergebnisse einer CEWS-Umfrage.* CEWS-Newsletter, No. 54, 4. Bonn: Kompetenzzentrum Frauen in Wissenschaftund Forschung CEWS. At http://www.gesis.org/download/fileadmin/cews/ www/download/cews-news54 Schwerpunkt Gleichstellung-Loether 2007. pdf

_____. 2011. *Hochschulranking nach Gleichstellungsaspekten 2011.* Bonn: GESIS-Leibniz-Institut für Sozialwissenschaften: Kompetenzzentrum Frauen in Wissenschaft und Forschung CEWS. At http://www.gesis.org/download/ fileadmin/cews/www/download/cews-publik16.pdf

Metz-Göckel, Sigrid, Kirsten Heusgen, Christina Möller, Ramona Schürmann, Petra Selen. 2009. *Wissenschaftlicher Nachwuchs ohne Nachwuchs?* Dortmund: Hochschuldidaktisches Zentrum(HDZ): Technische Universität Dortmund. At http://www.hdz.tu-dortmund.de/fileadmin/ Projekte/Wissen Elternschaft/Zwischenergebnisse WoE.pdf

Ramm, Michael, and Tino Bargel. 2005. *Frauen im Studium: Langzeitstudie 1983-2004.* Berlin: Bundesministerium für Bildung und Forschung (Federal Ministry for Education and Research). At www.bmbf.de/pub/frauen_im_studium_1983-2004.pdf

Richter, Dagmar. 2000. Die Berücksichtigung des Geschlechts bei der Vergabe und Schaffung öffentlicher Ämter in der Wissenschaft. *Wissenschaftsrecht: Beiheft*, Vol.14(7).

United Nations. 1997. Report of the Economic and Social Council for 1997. New York: A/52/3.18 September 1997. At http://www.un.org/documents/ga/docs/52/plenary/a52-3htm

Walby, Sylvia. 2005. Gender Mainstreaming: Productive Tensions in Theory and Practice. *Social Politics: International Studies in Gender, State and Society*, Vol. 12(3): 321-343.

Wennerås, Christine, and Agnes Wold. 2007. Nepotism and Sexism in Peer-Review. *Nature*, Vol. 22: 341-343.

Wissenschaftsrat(publ.) 2005. *Empfehlungen zur Ausgestaltung von Berufungsverfahren*. Köln: Wissenschaftsrat. At http://wissenschaftsrat.de/download/archiv/berufungsverfahren.pdf

Wissenschaftsrat(publ.). 2007. *Empfehlungen zur Chancengleichheit von Wissenschaftlerinnen und Wissenschaftlern*. Koeln: Wissenschaftsrat. At http://www.gleichstellung.uni-bonn.de/pdf-dokumente/empfehlungen wissenschaftsrat

제3부 여교수 역량강화 방안과 젠더정치

〈제8장〉 여성교수의 지위현황으로 본 대학사회의 젠더정치 · 구자순

공미혜. 2004. 『성과 성 정치학』. 서울: 한울아카데미.

교육과학기술부. 2006. 『교육통계연보』. 교육부.

과학기술부. 2001. 『여성과학기술인력 채용목표제 추진방안(안)』. 미발간 자료.

김경희 · 신현옥. 2004. "정책과정을 통해 본 젠더와 평등개념의 제도화: 양성평등채용목표제와 국공립대 여성교수채용목표제를 중심으로." 한국여성학회. 『한국여성학』 20(3), 171-206쪽.

김경희. 2004. 『성 평등과 적극적 조치』. 서울: 푸른사상.

김남희. 2006. "국공립대 여교수임용목표제의 성과와 발전방안." 『국공립대 여성교수임용목표제의 발전방안(2006년 추계세미나 자료집)』. 전국여교수연합회, 2006년 12월 11일, 5-18쪽.

김미경 · 서동희. 2004. "한국과 영국, 스웨덴의 여성정책의 형성과 정부 역할의 변화: 여권론적점을 중심으로." 한국행정학회 편. 『한국행정학보』 38(6), 349-370쪽.

김선욱 · 김명숙. 1994. 『여성일정비율 할당제 도입에 관한 연구』. 서울: 한국여성개발원.

민경찬. 2006. "국공립대학에서의 양성평등 노력 추진 현황과 과제." 『국공립대 여성교수임용목표제의 발전방안(2006년 추계세미나 자료집)』. 전국여교수연합회, 2006년 12월 11일, 19-29쪽.

민무숙 · 허현란. 1998. 『대학의 남녀교수 불균형 현황과 개선방안』. 서울: 한국여성개발원.

민무숙. 1998. 『대학의 남녀교수 불균형 현황과 개선방안』. 서울: 한국여성개발원.

_____. 2002. "한국교육정책에서의 젠더 문제의 위치와 과제." 한국교육사회연구학회 편. 『교육사회학연구』 12(2), 81-97쪽.

_____. 2003. "국공립대 여성교수 채용목표제의 추진성과와 향후 과제." 『젠더리뷰 여성정책포럼』 4, 11-16쪽.

_____. 2002. "국공립대 여성교수 채용목표제 도입의 필요성 및 제도적 방안." 『국공립대 여성교수용목표제 도입방안에 관한 공청회 자료집』. 주관 한국여성개발원, 2002년 2월 7일.

목진자. 2006. "대학 내에서 다수의 횡포란 무엇을 의미하는가?" 『여교수채용목표제의 현황과 평가(2006년 춘계세미나 자료집)』. 전국여교수연합회, 2006년 6월 14일, 51쪽.

박남희. 2006. "여교수채용목표제의 현황과 평가." 『여교수채용 목표제의 현황과 평가(2006년 춘계세미나 자료집)』. 전국여교수연합회, 2006년 6월 14일, 5-16쪽.

안재희. 2007. "한국과 독일의 STE분야 성 평등교육정책 비교분석: 여교수확대정책을 중심으로." 2007년 춘계 한국여성학회 발표논문.

윤현주. 2006. "서울대학교 여성인력 확대사례 및 현황." 여교수채용 목표제의 현황과 평가(2006년 춘계세미나 자료집). 전국여교수연합회, 2006년 6월 14일, 17-30쪽.

이영애. 1999. 『국가와 성』. 서울: 법문사.

이정옥 · 박은미. 2007. "대학 내 여교수현황과 역할강화에 관한 연구." 『2007년 전국여교수연합회 대구 경북지회세미나 자료집』.

이재기. 2002. 『여교수채용확대를 위한 대학평가 및 지원방안에 관한 연구』. 교육과학기술부.

장공자 외. 1998. 『새로운 정치학』. 서울: 인간사랑.

전국여교수연합회. 2006. "대한민국 대학사회의 게임의 규칙: 사례발표 2." 『여교수채용 목표제의 현황과 평가(2006년 춘계세미나 자료집)』. 전국여교수연합회, 2006년 6월 14일, 31-50쪽.

정해숙 외. 2002. 『OECD국가의 성 평등정책』. 서울: 한국여성개발원.

한국여성개발원. 2002. 『국공립대 여성교수채용목표제 도입방안에 관한 공청회』. 2002년 2월 7일.

Bacchi, C. L. 1999. *Women, Policy, and Politics*. London: Sage.

Beck, U. 1992. *Risk Society Towards a New Modernity*. London: Sage.

Butler, J. and Scott, J. 1992. *Feminists Theorize the Political*. New York: Routledge.

Fitzgerald, L.F. 1991. "Sexual Harassment: The Definition and Measurement of a Construct." In M. Paludi(ed.). *Ivory Power: Sexual Harassment in Academia and the Workplace*. New York: SUNY Press.

Harding, S. 1995. "Just Add Women and Stir?" *Gender Working Group, United Nations Commission on Science and Technology for Development, Missing Links*.International Development Research Center.

Mazur, Amy. M. 2002. *Theorizing Feminist Policy*. New York: Oxford University Press.

OECD. 2005. "Study on Declining Interest in Science Studies: Preliminary Report on the Quantitative Analysis." *Global Science Forum*.

Orlans, K.P., and R. Wallace. 1994. *Gender and the Academic Experience. Lincoln.* Ne: University of Nebraska Press.

Ritzer, George. 2007. *Contemporary Sociological Theory and Its Classical Roots*(2nd edition). New York: Mc Graw Hill Higher Education.

Stetson, D. M., & A. M. Mazur. 1995. *Comparative State Feminism*. Newbury Park, CA: Sage.

Walby, S. 1988. "Gender, Politics, and Social Theory." *Sociology*, 22: pp.215-232.

〈제9장〉 **여교수회의 활동과 의미 · 김영화**

교육과학기술부 · 한국여성과학기술인지원센터. 2011. 『여성과학기술인
과 함께하는 기운찬 10가지 이야기 - 일과 삶의 조화, 여성친화적인
과학기술 문화를 선도하는 10개의 아름다운 이야기』.

〈제10장〉 **대학사회의 몰성성(沒性性) 극복을 위한 성인지적
여교수 역량강화 방안 · 권희경**

권희경 · 류은정 · 김윤정 · 유지애. 2010. 『여교수 역량 강화 방안』. 창원
대학교 교수회.

교육인적자원부. 2012. 『교육통계연보』.

김양희 · 이수연 · 김인순 · 김은경. 2004. 『성 인지 정책 지침 개발』. 여
성가족부.

백진아. 2005. "여성 노동정책의 제도화와 패러다임 전환을 위한 시론:
쟁점과 방향." 『사회이론』 28, 187-215쪽.

서울대학교 여성연구소. 2010. 『서울대학교 여교수 지원제도 도입에 관
한 연구』.

송인자. 2009. 『성별영향평가와 성인지 예산제도의 이해』. 한국양성평등
교육진흥원 교육교재.

한정자 · 함인희. 2004. "시민단체의 조직구조 및 조직문화에 나타난 성
불평등 현황 연구." 『사회과학연구논총』 13, 79-107쪽.

〈제11장〉 **전국여교수연합회의 활동과 과제 · 조성남**

고정명. 1998. "여성교수의 역할에 대한 이해." 전국여교수연합회 활동
및 세미나 자료집 (1998.5~2000.6).

김영희. 2003. "대학 내 성폭력 예방의 교육적 접근." 『대학 내 성희롱
성폭력 예방대책』. 전국여교수연합회 교육인적자원부 공동세미

나 자료집, 3-29쪽.

김향숙. 2012. "여교수 지원정책 어디까지 왔나?" 『소셜 네트워크 시대에서 대학사회의 평등문화』. 전국여교수연합회 춘계학술세미나 자료집, 95-98쪽.

김혜순. 2003. "여교수, 여자인가 교수인가: 성평등한 대학사회를 위한 문제제기." 『대학사회 내 여교수의 참여적 현실』. 전국여교수연합회 제11차 추계학술세미나 자료집, 3-28쪽.

민경찬. 2004. "대학행정에서의 여교수 참여 현황 및 관련정책." 전국여교수연합회 제12차 춘계학술세미나 및 2003년 정기총회 자료집, 2-14쪽.

민무숙 · 신선미. 2010. "여교수임용목표제의 성과와 향후과제." 『대학사회와 성평등: 여성교수 임용목표제 성과와 과제』. 전국여교수연합회 한국여성정책연구원 공동학술대회 발표자료집, 3-35쪽.

박남희. 2007. "전국여교수의 현황과 전국여교수연합회 활성화 방안." 『전국여교수의 현황과 전국여교수연합회 활성화 방안』, 13-34쪽.

_____. 2012. "대학 운영에 여교수의 역할과 참여의 한계성." 『소셜 네트워크 시대에서 대학사회의 평등문화』. 전국여교수연합회 춘계학술 세미나 자료집, 15-24쪽.

송미섭. 2000. "교직의 여성화 어디까지 왔나." 전국여교수연합회 활동 및 세미나 자료집 (1998.5~2000.6), 97-123쪽.

안재희 외. 2011. "대학교원임용 양성평등정책에 관한 연구." 교육과학기술부.

이영자. 2000. "한국사회에서의 여성교수의 역할." 전국여교수연합회 활동 및 세미나 자료집(1998.5~2000.6), 51-56쪽.

이정숙. 2007. "여교수들의 자질과 네트워크 형성방안." 『전국여교수의 현황과 활성화방안』. 전국여교수연합회 제19회 추계학술세미나 및 임시총회 자료집, 35쪽.

이혜숙. 2012. "대학사회 성 주류화의 과제와 젠더정치." 『소셜 네트워크 시대에서 대학사회의 평등문화』, 전국여교수연합회 춘계학술 세미나 자료집, 117-132쪽.

전국여교수연합회 충북지회. 2009. 「제3회 학술세미나 자료집」.

전국여교수연합회. 2000.「전국여교수연합회 활동 및 세미나 자료집」

(1998.5~2000.6).

_____. 2001. "고급여성인력의 활성화 대책: 여교수채용목표제." 제7차 정기세미나 자료집.

_____. 2002. "고급여성인력개발: 여대생의 대학생활 지도방안과 대책." 전국여교수연합회 교육인적자원부 공동세미나 자료집.

_____. 2002. "고급여성인력의 활성화 대책 II." 제8차 정기세미나 자료집.

_____. 2004. "여대생 커리어개발을 위한 활성화 방안." 제13차 추계학술세미나 자료집.

_____. 2004. 전국여교수연합회 제12차 춘계학술세미나 및 2003년 정기총회 자료집.

_____. 2007. "고용불안정 시대의 대졸 여성의 고용현실과 취업 방안." 춘계학술세미나 자료집.

_____. 2007. "대학운영에 있어서 여교수의 참여와 기대 역할." 정책세미나자료집.

_____. 2007. "전국여교수의 현황과 활성화 방안." 제19회 추계학술세미나 및 임시총회 자료집.

_____. 2008. 전국여교수연합회 10주년 기념 국제학회 자료집.

_____. 2009. "여교수의 역량강화와 사회적 책임." 제22회 춘계학술세미나 자료집.

_____. 2010. "대학사회와 성평등: 여성교수임용목표제 성과와 과제." 전국여교수연합회 한국여성정책연구원 공동학술대회 발표 자료집.

조은. 2003. "교수성폭력은 왜 '올바른' 해결이 어려운가?" 『대학 내 성희롱 성폭력 예방대책』. 전국여교수연합회 교육인적자원부 공동세미나 자료집, 39-51쪽.

홍경표. 2004. "대학 행정에서의 여교수의 역할: 대학 최고 책임자로서의 여교수의 리더쉽." 전국여교수연합회 제12차 춘계학술세미나 및 2003년 정기총회 자료집, 15-18쪽.

Women Professors Association in Daejeon and Chungnam & Kongju National University. 2008. *Policies for Nourishing Women Leaders.*

색인

| ㄱ |

가부장제 (의식) 95, 293

가족 패러다임 188

가족 · 노인 · 여성 · 청년부(BMFSF) 194

가족-친화적(인) 환경(조성) 200, 204

건강권 55, 63

경상대학교 74, 159, 169, 214, 279

경제활동참가율 145

고급여성인력 (활용 방안) 299, 312, 322

고용불안정 시대 314

골드미스 127

공간정치 64-65

공간주권 구현 48, 50

관계적 공간 42

교수 성폭력 315

교수사회 26

교수의 성별비율 129

교수평가제 175

교원 성비 70

교원임기 신축운영제 279, 333

교육공간 47

교육공무원법 229, 301

교육과학기술부 98, 143, 160, 301, 302

교육권 52, 55, 63

교육인적자원부 301

교직의 여성화 현황 293

국가공무원법 33

국공립대학 양성평등조치계획 301

국공립대학 여성교수 임용목표제 226, 301

국공립대학교수협의회 177

국공립총장협의회 177

| ㄴ |

남녀고용기회균등위원회 221
남녀고용평등법 212, 283
남녀차별 (경험) 85-86, 293
남성 중심적 문화 271, 281
남성중심사회 127
남성후원조직 190

| ㄷ |

대안적 역할모델 38
대졸여성 97
대학 내 성차별 316
대학 내 성폭력 및 성희롱 315
대학 성폭력상담소 315
대학 현황 70
대학공간 40, 43-44, 46, 50
대학교원임용 양성평등위원회 250,
301
대학문화 290
대학발전계획 175
대학사회 (양성평등) 125, 237
대학생들의 취업욕구 136
대학에서 성별 분리현상 186
대학역량강화사업 176
대학의 남성지배적 구조 189
독일학술재단(DFG) 195
돌봄노동 263
동등한 대우(equal treatment) 156

디지털 혁명시대 337

| ㄹ |

리더십 310

| ㅁ |

만족도가 높은 직업 104
몰성성(沒性性: Gender blindness)
261

| ㅂ |

배타성 26
보살핌노동 139
보육서비스 171
보직교수 77
비공식적 네트워크 189

| ㅅ |

사립대학 33, 216
사립학교법 33

사회적 공간 42
살만한 삶 42
서울대학교 여교수회 212, 222
성 고정관념 313
성 동일성 26
성 형평성(gender-equity) 148
성별 구조 70
성별분리 통계 175
성별영향(분석)평가 128, 146, 151,
    176
성불평등 30, 81
성역할 고정관념 126, 150
성의 차이 29
성인지 (관점) 69, 126
성인지 예산(제도) 128, 149, 175, 176
성인지적 예산 175, 176
성인지적 프로그램 280
성정체성(gender identity) 128
성정치(gender politics) 210
성주류화 (도구) 94, 145, 153, 158,
    170, 171, 192
성주류화를 위한 재정지원정책 202
성차별 69, 210
성평등 67
성평등 문화 179
성평등 의식 67, 69, 80
성평등 이슈 94, 153
성평등 지수 68
성폭력 30, 31
성폭력 · 성희롱 예방교육 31, 163
성희롱 22, 30, 88
성희롱 · 성폭력 상담소 155, 161,
    168
성희롱교육 89
세계여성대회 156
섹스(sex) 209
승진 및 정년보장 심사유예 333
실적 중심주의 25
실태조사 79

| ㅇ |

알파걸 127
양성평등 74
양성평등 문화 281
양성평등 비전 331
양성평등 우수대학 254
양성평등문화 확산 94
양성평등조치계획 (보고서) 96, 127,
    154, 176, 276
양성평등지원센터 277
양성평등지표 310
양성평등추진실적 우수대학 264
양성평등추진위원회 95, 154, 160,
    170, 174
양성평등한 조직 문화 280
여교수 고충처리기구 280
여교수 역량강화 264
여교수 임용 확대방안 297
여교수 지원제도 91, 168
여교수의 비율 26, 70
여교수직 충원 199

여교수회 28, 169, 174, 179, 239
여대생 커리어개발센터 (지원사업)
　　142, 145, 277
여대생들의 취업교육 314
여성 리더십 322, 331, 337
여성 취업자 97-98
여성가족부 140
여성과학기술인 215
여성과학기술인지원센터(WIST) 설치
　　운영사업 144
여성과학기술인협회 215
여성과학인 육성(지원)사업 140, 142
여(성)교수 임용목표제 154-155, 158,
　　212
여성교수 채용목표제 26, 73, 213
여성교원 채용 우대 정책 277
여성권한척도(Gender Empowerment
　　Measure) 220, 300, 332
여성노동시장 현황 98
여성문제위원회 202
여성발전기본법 147, 156, 283
여성비하 의식 293
여성생명과학포럼 226
여성신진학자 지원프로그램 198
여성연구소 169, 174, 179, 277
여성의 고학력화 98
여성의 대학 진학률 184
여성인권 42-43, 49
여성인력개발종합계획 144
여성인력활용 314
여성임원할당제 132
여성정책기본계획 144

여성정책포럼 327
여성주의 209
여성총장 219, 310
여성친화적 환경 조성 277
여성학자 지원 멘토링 프로그램 201
여학생 비율 26
여학생들의 MINT 분야 진출 187
여학생회 31
역량강화 (프로그램) 144, 177, 273
역차별(backlash) 142
역할 모델 318
연봉제 175
위계성 23
유럽연합 193
유리천장(glass ceiling) 132, 332
유엔개발계획(UNDP) 220
의식 전환 92
의제형성 (접근) 193, 198
인적자원 143
일과 가정의 양립 278, 283

ㅈ

자기결정권 59-60, 63
자아실현 60, 63
장기발전계획 304
적극적 조치(affirmative action) 73,
　　156, 229, 302
전국여교수연합회 179, 212, 224,
　　234, 286

전임교수 75
정책 실행 수단 204
정책네트워크 159, 179
정책의 변화 204
젠더(gender) 209
젠더관점 156, 159
젠더문제 27
젠더에 대한 몰이해 37
젠더정치 155, 211
젠더평등정책 211
졸업 후 진로 현황 102
종신교수제(tenure system) 231
주니어교수직 183
주류화(mainstreaming) 142
주변화 72
직무 만족도 103
직업교육 121
직업별 전공-업무 일치도 101
직장보육시설 273, 278

| ㅌ |

통합적 접근 198
통합주의적 193

| ㅍ |

평등기회사무국(EOO) 181, 201-202

| ㅎ |

학생회 여성위원 31
한국교육개발원 98
한국여성정책연구원 327
한국여성학회 226
행복 추구 58, 63

| ㅊ |

청년실업 313
총여학생회 169
출산 및 양육 지원방안 278
출산 휴가 278
취업 현황 102
측정 도구 79

필자 소개 (원고게재 순)

❖ 오정진 • 부산대학교 법학전문대학원 교수

❖ 임애정 • 부산대학교 여성연구소 전임연구원

❖ 최정혜 • 경상대학교 가정교육과 교수

❖ 김상대 • 경상대학교 경제학과 교수

❖ 송인자 • 한국양성평등교육진흥원 교수

❖ 이혜숙 • 경상대학교 사회학과 교수

❖ 하이케 헤르만스 • 경상대학교 정치외교학과 교수

❖ 강보길 • 학익여자고등학교 교사

❖ 구자순 • 한양대학교 정보사회학과 명예교수

❖ 김영화 • 경북대학교 사회복지학과 교수

❖ 권희경 • 창원대학교 아동가족학과 교수

❖ 조성남 • 이화여자대학교 사회학과 교수